Notice historique

SUR

VEUREY
en Dauphiné

PAR

L'Abbé Joseph MOUTON

Archiprêtre de Valbonnais

Ancien curé de Veurey

GRENOBLE
IMPRIMERIE G. GUIRIMAND
56, Avenue Félix-Viallet, 56
—
1912

Notice historique

SUR

VEUREY

PERMIS D'IMPRIMER

Grenoble, le 2 juillet 1911.

                              THIVOLET,
                              vic. gén.

Notice historique

— SUR —

VEUREY

en Dauphiné

== PAR ==

L'Abbé Joseph MOUTON
Archiprêtre de Valbonnais

Ancien curé de Veurey

GRENOBLE
IMPRIMERIE G. GUIRIMAND
56, Avenue Félix-Viallet, 56
—
1912

DÉCLARATION

En donnant le nom de *vénérable*, de *bienheureux* ou de *saint* à certaines personnes de haute piété — au cours de cette notice historique — l'auteur n'entend le faire qu'au sens et dans la mesure autorisés par le décret d'Urbain VIII, et déclare en outre soumettre pleinement son modeste travail au jugement de l'autorité ecclésiastique.

Colligite quæ superaverunt fragmenta ne pereant.

Ramassez les morceaux qui sont restés de peur qu'ils ne se perdent.

St Jean, VI, 12.

Ne méprisez point les institutions, les lois et les mœurs de vos pères ; car chaque siècle vit et agit d'après la mesure de lumière et d'expérience qui lui a été départie : et le midi ne méprise point l'aurore, et la fleur ne dédaigne point la racine qui l'a produite.

Ch. Sainte-Foi.

Cliché BOREL.   VUE GÉNÉRALE DE VEUREY en 1910

A mes chers Paroissiens

C'est pour vous que j'ai écrit cette modeste notice. C'est à vous qu'il convient de la dédier.

La paroisse est une famille et toute famille bien ordonnée a ses archives familiales, son livre de Vie. Ce livre précieux devrait exister dans chaque foyer. Les chefs de famille y consigneraient scrupuleusement les naissances, baptêmes, mariages, décès, les dates heureuses et malheureuses, les catastrophes et les relèvements, les actions d'éclat et les vertus obscures, les joies et les douleurs. A certain jour les enfants pourraient relire quelque page de ce livre d'or et y puiser un renouveau de courage pour affronter les combats de la vie.

Ce travail que je vous ai si souvent demandé de commencer pour votre propre famille, je l'ai entrepris pour la grande famille paroissiale. Ma tâche, vous en conviendrez, était quelque peu plus ardue que la vôtre, et plus d'une fois je me suis rappelé involontairement les vers du poète berrichon :

> C'est un métier si trahissant
> Voyez-vous ben, que d'fair' des livres !
> Faut tant d'souci ! Faut tant s'dém'ner ! (1)

mais la pensée de vous être utile soutenait mon labeur.

Comme cadre à mon sujet j'ai choisi la paroisse de préférence à la commune. La paroisse est plus ancienne. Elle peut même revendiquer l'honneur d'avoir donné le jour à la commune (2). D'autre part elle en est pour ainsi dire restée

---

(1) Gabriel Nigond. *Nouveaux contes de la Limousine.*

(2) La paroisse fut la seule unité collective qui survécut. L'Etat lui-même ne fut plus que la communauté religieuse politiquement organisée. (Imbart de la Tour, *Les Origines de la Réforme* (correspondant, 10 février 1903).

l'âme. Sa vie est plus intense et d'un ordre plus élevé. Son passé est vénérable. Son âge est fait des siècles. Elle a eu elle aussi tour à tour ses gloires, ses épreuves, ses deuils, ses triomphes, ses jours ensoleillés et ses heures crépusculaires. Laisser tout cela dans le silence des armoires et dans la tombe me semblerait d'une indifférence quelque peu irrespectueuse. Le curé n'a pas seulement à veiller sur la cendre sacrée des morts : il doit encore les faire revivre pour l'édification des âges à venir.

Je n'ai pas la prétention de donner ici un travail d'érudition. J'entends seulement, mes chers paroissiens, sauver par cette brochure de précieux documents qui vous feront connaître et aimer votre pays et laisser à mes successeurs quelques glorieux débris du passé sur lesquels ils pourront venir méditer aux heures douloureuses.

Jph-Hte MOUTON,
Curé de Veurey.

Veurey, le 9 janvier 1910.

CHAPITRE PREMIER

Physionomie générale

Veurey : son site et ses environs. — « Vue royale ». — Etymologie du nom de Veurey. — Géologie. — Industries locales. — Ethnologie.

Le touriste qui suit le cours de l'Isère, par la rive gauche, en aval de Grenoble, rencontre à 15 kilomètres de cette ville, un coquet village, gracieusement assis à mi-coteau. C'est Veurey. Paroisse et commune à la fois, cette localité de 620 (1) habitants, à une altitude de 198 mètres, est devenue « un agréable point de départ d'excursions » (2).

Rien ne manque en effet à ce site pour le rendre à la fois riant et grandiose. Encadré à l'Est par l'Isère dont un pont suspendu de 200 mètres relie les deux rives ; au Nord par le bec de Saint-Ours (993 m.) ; au Sud-Ouest par la pyramide de la Buffe (1627 m.) ; traversé du couchant au levant par le torrent de Voroise aux nombreuses et pittoresques cascades, le paysage est vraiment enchanteur, ne le cède en rien à ceux d'alentour, et légitime pour sa part le mot du grand paysagiste Achard : « La vallée de Voreppe est un atelier de peinture ».

Cette partie de la vallée du Grésivaudan (3), vue de

---

(1) Recensement de 1906.
(2) Guide Joanne.
(3) Louis XII appelait la vallée du Grésivaudan le « plus beau jardin du si beau pays de France ».

Veurey, se déroule en effet dans un diorama incomparable : à gauche la Roche de Vouise et les collines qui dominent Voiron, les riches coteaux de Saint-Jean-de-Moirans, les Balmes de la Buisse, les contreforts de la Tençon, le col de la Placette, et le vieux bourg de Voreppe ; en face, sur le flanc des rochers de Chalve, dans une échancrure peuplée de sapins noirs, le couvent de Chalais (1), où l'illustre Lacordaire venait se reposer de ses triomphes ; à droite le Casque de Néron, la Bastille et les Balmes de Fontaine se rapprochant pour ouvrir un nouveau panorama d'où émergent, derrière un rideau de peupliers, les clochers de Grenoble, et où, plus loin, miroitent sous les feux du soleil couchant les châteaux d'Eybens et de Bresson ; enfin, dans le fond, le Taillefer avec ses neiges presque éternelles : le tout reflété par l'Isère aux sinuosités capricieuses.

Les habitants de Veurey n'ont pas à se déranger pour contempler la belle nature. Elle vient elle-même étaler à leurs pieds toutes ses merveilles en condensant dans un même tableau tous les éléments qui constituent le paysage idéal. M. de Montrol traduisait Veurey par *vue de roi*, vue royale. Cette étymologie, toute fantaisiste qu'elle est, n'en exprime pas moins, d'une façon très sincère et très heureuse, l'admiration de tous ceux qui ont gravi les pentes de Veurey.

L'étymologie vraie de ce nom nous sera donnée par le latin. Veurey a la fortune d'avoir son nom latin. Dans sa Table des principales terres qui composaient le comté de Grésivaudan, Pilot (2) nous le donne à son rang alphabétique : Veurey, *Voreium*. Guillaume de l'Isle, célèbre géographe, dans une carte datée de l'année 1710 (3) est plus

---

(1) Ce monastère bénédictin fut fondé vers 1108, sous le pontificat du *seigneur Hugues*, évêque de Grenoble. L'évêque Guillaume IV donna *Chaleys* aux Chartreux en 1303.

(2) *Histoire de Grenoble*, page XI.

(3) L'auteur a en sa possession la reproduction photographique de cette carte intitulée : « Tabula Delphinatus et Vicinarum regionum distributa in Principatus, Comitatus &c cum iisdem nominibus quæ in antiquis chartis sub principibus Delphinis expressa reperiuntur auctore Guillelmo de l'Isle e regia scientiarum academia 1710. »

explicite et mentionne Veurey sous cette appellation : *Castrum Voreii*. La racine de *Voreium, Vor*, identique à celle de *Vorappium*, Voreppe *(Vorago alpium)* renferme l'idée d'abîme, de gouffre. Quand le voyageur quitte Moirans pour *monter* à Grenoble, il pénètre dans une vallée étroite, défendue à son entrée par deux contreforts naturels, la Tençon et le bec de l'Echaillon. Au pied de la Tençon s'étage le bourg de Voreppe et derrière l'Echaillon se cache Veurey. L'engouffrement, s'il m'est permis de parler ainsi, commence donc bien à ces deux localités, qui furent admirablement choisies par les Romains pour défendre leur conquête.

D'autre part, si des hauteurs de Veurey on examine attentivement le cours de l'Isère depuis Grenoble, en aval, on constate que cette rivière trace une diagonale assez violente dans la plaine, et semble venir s'engouffrer à Veurey comme dans un abîme, un réservoir, où elle recevait autrefois les eaux du Ruisset, de la Voroise et même de la Roize, un peu plus bas, vers le Petit Port. Ici encore notre étymologie serait rationnelle. Acceptons la jusqu'à ce que l'on puisse établir que *Voreium* a une origine celtique, ce qui ne nous déplairait pas. Reculer la date d'existence de Veurey comme village, comme agglomération d'habitants, ne peut que rendre son histoire plus vénérable encore.

Au point de vue géologique Veurey appartient au crétacé inférieur. Sur la rive gauche de la Voroize nous trouvons le facies Urgonien et sur la rive droite l'Albien et le Sénonien. Un peu plus à gauche, à Jayères, toujours dans le val du rif (1) de Voroize, nous découvrons le Myocène de l'époque tertiaire, et si nous suivons l'Isère, vers l'Ouest nous constatons le Barrémien, le Hauterivien, et au Petit Port le Valanginien. En quittant ce hameau nous entrons dans le Jurassique avec une énorme masse calcaire qui se termine à l'Echaillon par des éboulis du Pléistocène.

C'est dans cette partie de la chaîne de Lans que se trou-

---

(1) *Rif* signifie ruisseau du latin *rivus*. Dans les Parcellaires de Veurey, il est toujours question du rif de Voroise ou Voroize (Voroysia).

vent les carrières de l'Echaillon : carrières de pierres dures et de marbres, d'où sont sorties de superbes colonnes monolithes destinées à la basilique de Fourvières (1).

Ces carrières n'ont pas été ignorées des Romains. On a retrouvé la pierre de l'Echaillon dans des constructions romaines, notamment à la montée Chalemont (Grenoble). Une lampe romaine et divers ustensiles découverts dans les carrières elles-mêmes établissent que les Romains avaient commencé de les exploiter.

« Les stations préhistoriques des environs de Grenoble
« sont toutes néolithiques. Elles ne peuvent en effet dater
« que de la fin du Pléistocène, la vallée de l'Isère n'ayant
« dû devenir habitable que pendant la dernière des phases
« interglaciaires. Les glaciations antérieures ayant eu une
« amplitude bien plus considérable que la plus récente des
« invasions glaciaires, cette dernière semble, en effet, avoir
« été localisée dans le fond de la vallée. Il est probable
« même que les abris des balmes de Fontaine, de l'Echail-
« lon, et de la Buisse sont postérieurs à cette phase ultime
« de la période glaciaire » (2).

Avant d'arriver au bec de l'Echaillon on rencontre une grotte transformée en carrière. A quelque distance en aval une petite cavité est creusée dans le rocher. La proximité de la grande grotte, qui a contenu, paraît-il, de nombreux débris — malheureusement perdus — de l'époque néolithique à nos jours, incita en 1904 M. Hippolyte Muller à pratiquer des fouilles dans la petite grotte, avec l'autorisation, toujours aimablement accordée, d'ailleurs, de M. Biron, propriétaire de cette partie des balmes de l'Echaillon. Voici une coupe idéale de la fouille générale :

---

(1) Ces carrières d'où sont sortis également plusieurs monuments remarquables, appartiennent actuellement à M. Georges Biron.
Parmi ces monuments, il faut citer ceux de la *République*, de *Gambetta*, d'*Alphand*, d'*Alexandre Dumas* à Paris ; celui de *Carnot* à Dijon, de *Doudart de Lagrée* à Grenoble ; le *Grand Opéra*, le *Pont Alexandre III*, le *Palais de Justice* et l'*Hôtel de Ville* de Paris ; le *Musée-Bibliothèque* de Grenoble, et surtout la balustrade exécutée en *Echaillon blanc* sous Lesdiguières (1620) et le *Centenaire*.
(2) Observations de M. Kilian.

Os d'animaux		
Poteries romaines	Fissures.	
Monnaies		
Os d'animaux	0 m. 10 à 0 m. 30	
Poteries romaines		
Os humains		1 m. 10
Epingle en bronze	0 m. 30 à 0 m. 90	
Poteries anciennes		
Argile du fond	0 m. 90 à 1 m. 10	

Les monnaies romaines ont été trouvées dans la fissure de gauche en F, le 24 juin 1906 (1). Deux de ces quatre pièces de bronze, assez bien conservées, sont à l'effigie de l'empereur Numérien, les deux autres à celle d'Aurélien.

Dans le passé, Veurey a vécu de l'exploitation de ses forêts, de l'exportation de divers bois et surtout du sapin, de la construction des bateaux. Ses habitants étaient ou *patrons sur l'Isère*, ou mariniers, ou *fustiers* (2). De cet âge d'or, il ne reste plus pour le rappeler un peu qu'une scierie, très prospère d'ailleurs, et quelques départs de radeaux, fort espacés, au cours de l'année. L'industrie des chapeaux de paille, et l'atelier de tissage pour la soie, établis, vers 1850, n'eurent pas de suite. La ganterie, qui subit en ce moment une crise grave (3), amena un peu de bien être. Si elle venait à disparaître, les Veurois, heureusement bons cultivateurs et excellents vignerons, n'auraient plus que leur champ comme source de revenus à moins qu'ils ne se décident à aménager leurs maisons pour y recevoir les villégiateurs que leur urbanité et les agréments de leur localité semblent devoir attirer à Veurey.

Si les Veurois sont plutôt paisibles, ils le doivent aux éléments favorables dont leur race a bénéficié.

Ce pays habité primitivement par les Celtes et par les Celtes les moins belliqueux, comme nous le verrons plus

(1) Rapport de MM. Müller et Flusin au Congrès scientifique de Lyon, 1906.
(2) On appelait « fustiers » les constructeurs de bateaux.
(3) 1908-1909.

loin, a subi l'invasion de deux éléments étrangers, le *romain* et le *burgonde* (1). Le premier n'a pas eu la même influence que le second sur la race celtique. On ne peut nier toutefois que la civilisation romaine ait eu une action efficace sur les peuplades primitives.

Venus en alliés plutôt qu'en conquérants les Burgondes restèrent pour ainsi dire sur un pied d'égalité avec les habitants envahis. De ce contact adouci durent résulter des relations plus faciles et une plus grande fréquence dans les croisements. Il y eût fusion lente et progressive des deux races. « En fait il serait possible, d'après M. Fauché-« Prunelle (2), de retrouver à beaucoup de nos familles « dauphinoises, et de préférence aux familles nobles (3), une « origine germanique ». Cette fusion a laissé subsister, quoique mitigées, les hérédités et aptitudes pathologiques propres aux deux races, avec prédominance toutefois de la *race celtique numériquement supérieure*. Cette dernière race subsiste donc avec un mélange d'éléments germaniques. Il est rationnel de penser que l'apport des éléments nouveaux dût se faire surtout au niveau des grandes voies historiques d'invasions. C'était le cas du *castrum Voreii* qui se trouvait à proximité de la grande artère de Vienne à Briançon (Brigantium).

Ajoutons, à la lumière des archives paroissiales (4) que les habitants de Veurey, pays comme isolé par l'Isère et les montagnes qui l'entourent, se sont surtout mariés entre eux et l'on comprendra plus facilement pourquoi il est plus facile de retrouver chez eux que chez d'autres, les qualités distinctives des races dont ils sont issus, et qu'ils se sont transmises par l'hérédité.

---

(1) D'après M. d'Arbois de Jubainville, les conquêtes burgonde et wisigothique, franque et normande semblent avoir apporté en France plus de sang germanique qu'il n'en reste à l'Allemagne aujourd'hui (*Revue Celtique*).

(2) Recherche des anciens vestiges germaniques en Dauphiné, 1862-1863.

(3) Notamment la famille d'Agoult de Saint-Vincent.

(4) Actes des mariages de 1668 à 1907.

CHAPITRE II

Veurey avant la conquête romaine

Allobrogie. — **Allobroges de la rive gauche de l'Isère ou Voconces.** — **La tribu des Cassenates.** — **Sigores.** — **Souvenirs druidiques.** — **La grotte des Fées.** — **Le culte d'Isis.** — **Le Passage d'Annibal.** — **Thèse de M. Larauza.** — **Opinion de Napoléon.** — **Conclusion.**

Tous les peuples qui composent le Dauphiné ont fait partie de l'Allobrogie. Cette antique et valeureuse nation était divisée en plusieurs provinces ou petits états. Les peuples qui habitaient entre le Rhône et l'Isère (rive droite) étaient les *Allobroges proprement dits* ; ceux au contraire qui vivaient au-delà de l'Isère (rive gauche) s'appelaient les *Voconces*. Veurey appartenait donc à ces derniers et partant à l'Allobrogie.

L'Isère séparait certainement les Allobroges proprement dits des Voconces. Nous en trouvons une preuve dans Cicéron « Isara flumen maximum quod est in finibus Allobrogum (1) ». Sur la rive gauche, en face des *Meldes* (Meylan) qui occupaient le massif de la Chartreuse, se trouvaient les *Tricolles*, et au-delà du Drac les *Cassenates*, dont le chef-lieu *Cassenaticum*, fut depuis nommé *Chassenage* ou *Sasse-*

---

(1) Epist. Cic. ad famil.

nage, et devint le chef-lieu de la baronnie et plus tard du canton civil dont devait dépendre Veurey.

La tradition grâce aux rivalités de villages nous a conservé une appellation donnée couramment par les habitants de Voreppe aux gens de Veurey, il y a quelque vingt ans encore (1). Ils ne disaient pas Veurois, mais bien *Sigores*. Aimar Rivail nous donne les Sigores comme faisant partie des tribus qui habitaient entre l'Isère et la Durance, et qui devaient composer le Dauphiné (2). Cette tribu (3) se serait-elle rendue redoutable ou odieuse au point de déteindre sur tous les Voconces ou de faire bénéficier de sa propre réputation tous les clans de la rive gauche de l'Isère ? Il est permis de le croire. Ce sobriquet de *Sigores* doit remonter jusqu'à ces temps reculés, et semble en outre indiquer que les Allobroges proprement dits et les Voconces n'étaient pas toujours amis. Les premiers étaient de race gallique, les seconds appartenaient aux Gallo-Ligures. L'Isère et le Drac étaient la ligne de démarcation entre les peuplades du Nord et celles du Midi.

La religion de l'Allobrogie était le Druidisme. Les Druides qui en étaient les prêtres, cumulaient d'ailleurs le Sacerdoce, la Magistrature, et l'Autorité publique. Ils affectionnaient l'Allobrogie, à cause de ses sites qui s'harmonisaient fort bien avec leurs rites mystérieux : ce qui explique pourquoi ils y étaient en grand nombre, au dire de M. Chapuys de Montlaville (4).

Torrents, cascades, gouffres, forêts ombreuses rien ne manquait au décor recherché par les Druides. Au milieu du bois de la propriété Bourne se dressent et émergent des chênes, arbres favoris du Druidisme, un monument mégalithique, véritable menhir, construit par la nature (5). A quel-

---

(1) L'auteur a entendu lui-même les Voreppins appeler les Veurois : Sigores.

(2) *Description du Dauphiné*, page 3. Edition 1852.

(3) Les Sigores habitaient par conséquent le pays des Voconces ou Vocontiens.

(4) *Histoire du Dauphiné*.

(5) La roche de Mortières.

ques mètres plus haut, dans un promontoire de rochers, dominant la prairie, une grotte sauvage vient compléter le paysage druidique. On la nomme la *Grotte des Fées* (1). Est-ce un débris des croyances primitives aux génies des Eaux et des Bois, aux *Dames Faées* (2) qui fréquentaient les hêtres séculaires et les sources limpides ? Ou bien plutôt n'est-ce pas un simple souvenir, amplifié par l'imagination de nos paysans, des gracieuses et spirituelles damoyselles du Châtelard, qui, en marquises Pompadour, prenaient leurs ébats dans ce site enchanteur, ou la nuit, drapées dans un *linceul* (3) épouvantaient les courtisans trop empressés de la souche de Noé (4) ? La légende, toujours amie du mystère, y évoque les druides et druidesses à la robe blanche et au voile noir, cueillant à certains jours le gui sacré avec la faucille d'or ; mais la tradition, plus sérieuse, rapporte que le prêtre catholique y célébrait la messe et s'y cachait au temps des guerres de religion.

Le culte d'Isis, apporté par les voyageurs ou les gens de trafic trouva facilement place à côté de celui de Teutatès. Il se répandit assez vite dans les environs de Cularo, principalement chez les Cassenates.

L'autel d'Isis, trouvé à Pariset (5), semble par son inscription donner raison à ce que nous venons de dire. On trouve

---

(1)   *Au-dessus de la grotte humide,*
Au bord des plafonds crevassés
Pour se voir au miroir liquide
Des végétaux se sont fixés ;
En d'opulentes retombées
Lianes, sveltes liserons,
Descendent vers les jacobées
Et les sédums aux lourds fleurons.
                    Fées et Chimères. — Louis ALOTTE.

(2) Ces divinités champêtres appelées matrœ, fatœ, déesses mères, sont devenues au moyen-âge les dames blanches, les fées bienfaisantes ou nuisibles, effrayant les passants par leurs apparitions nocturnes. Le culte des matrœ dans la cité des Voconces. Florian Vallentin. Paris, 1880.

(3) Expression de l'époque, signifiant *drap de lit.*

(4) Stratagème employé par Françoise de Balmeinas et Catherine de Rochebrune. Voir chap. XVI, page 225.

(5) Pilot. *Histoire de Grenoble*, chap. I, page 5.

encore dans l'ancien pays des Cassenates plusieurs noms formés d'Isis tels que *Pariset* (par-isis, adorateur d'Isis), *Esy*, *Iseron*, etc. Le nom d'*Isère* lui-même ne viendrait-il pas d'*Isis ?* On sait que cette déesse était spécialement révérée dans les Gaules par les gens de rivière.

L'Isère a joué un trop grand rôle dans l'histoire de Veurey pour que nous hésitions à donner quelques explications sur l'étymologie de son nom qui sera d'ailleurs longtemps encore un sujet de controverse.

Typhon, raconte la *Mythologie égyptienne*, avait dépecé le corps d'Osiris en quatorze morceaux qu'il dispersait ensuite dans une île du Delta. Isis parcourt échevelée, sur une barque de papyrus, les sept bras par lesquels le Nil va se décharger dans la mer. Elle ne retrouve que treize morceaux du cadavre divin, remplace le quatorzième par de la cire, et reconstitue ainsi le corps de son époux. A partir de ce moment Isis domine et protège les eaux, les rivières et les fleuves. Les voyageurs orientaux venus en Allobrogie par le Rhône et l'Isère durent semer un peu partout sur leurs bords le culte de la grande déesse égyptienne (1).

Isis (la lune) n'a pas délaissé sa chère Isara (l'Isère). Toujours elle se mire et baigne voluptueusement dans les eaux argentées sur lesquelles elle promène sa mélancolie. Osiris (le soleil) nous prive bien de quelqu'un de ses *morceaux* lumineux en se cachant derrière la montagne beaucoup trop vite, mais la barque de nos fustiers, moins légère que celle de la déesse, corrige cette parcimonie, en mettant les Veurois, plusieurs siècles durant, en rapport avec la Provence, le Midi, le pays du Soleil (2).

Isis, comme toutes les divinités gréco-romaines, verra son culte décroître peu à peu jusqu'au VIIe siècle, et finalement disparaître devant la gloire chaque jour grandissante des vierges, des pontifes et des martyrs de la primitive Eglise (3).

---

(1) *La mythologie illustrée*, sous la direction de Bescherelle aîné.

(2) Ces rapports commerciaux avec le Midi par l'Isère et le Rhône ont été une source de richesse pour Veurey.

(3) C'est le culte de saint Nicolas qui devait supplanter celui d'Isis. Voir page 301.

Avant de passer à la conquête romaine nous devons rappeler que Veurey a été mêlé à une grande question historique. Sans prétendre conclure qu'Annibal a foulé notre sol nous résumerons les arguments développés par MM. Macé et Larauza en faveur de la thèse qui fait remonter la rive gauche de l'Isère par le général carthaginois.

Ecartons d'abord la route du Petit-Saint-Bernard, la moins possible, la plus impraticable qu'eût pu choisir Annibal.

Celle du Grand-Saint-Bernard a été condamnée par Tite-Live. Pour suivre cet itinéraire il aurait fallu qu'Annibal traversât l'Isère, remontât le Rhône jusqu'au confluent de ce fleuve avec la Saône. Où serait alors ce que Polybe (III, 10) appelle l'*Ile* ? Or Polybe (1) indique les journées de marche et il en compte quatre depuis l'endroit où Annibal traversa le Rhône jusqu'à l'Ile. Une armée a-t-elle jamais pu se rendre en quatre jours de Roquemaure à Lyon ? La même impossibilité milite contre le Petit-Saint-Bernard.

L'opinion favorable à la route du Mont-Genèvre (2) se heurte malheureusement à un texte de Tite-Live, trop formel pour être interprété d'une façon poétique : « consistere jussis militibus Italiam ostentat, subjectos que Alpinis montibus circumpadanos campos » (XXI, 35). Polybe, en cela, (III, 11) est parfaitement d'accord avec Tite-Live, et dit comme lui que pendant la halte de deux jours qu'Annibal fit au sommet des montagnes il montra à ses soldats, pour relever leur courage, les vastes plaines arrosées par le Pô. Or du col du Mont-Genèvre on n'aperçoit que des sommets

---

(1) Des quatre auteurs que l'on doit consulter de préférence sur la question Polybe, Strabon, Tite-Live et Pline l'Ancien, le premier est incontestablement le plus sûr à cause de sa précision habituelle, de l'époque où il a vécu et du soin qu'il avait pris de venir lui-même visiter les Alpes et examiner de ses propres yeux le théâtre des évènements.
Cf. S. Roman : *La traversée des Alpes par Annibal, à propos du livre du colonel Hennebert.*

(2) Cibrario dans son *Histoire de Turin* conclut néanmoins en faveur du Mont-Genèvre et soutient que le calcul du temps employé par Annibal s'accorde avec cette opinion.

de montagnes, pas une plaine, pas même une vallée, encore moins la vallée du Pô.

Deux passages seulement remplissent la condition posée par Polybe et Tite-Live : celui du Mont-Viso et celui du Mont-Cenis.

Le Mont-Viso présente trois cols à étudier : le col de la Croix, le col de la Traversette et le col de l'Agnel.

Pour arriver du Rhône au col de la Croix il y a beaucoup plus que les huit cent stades indiqués par Polybe. Si l'on substitue l'Eygue à l'Isère pour satisfaire l'historien grec, on ne peut plus expliquer comment Annibal a pu aller chez les Allobroges, pacifier leurs différends, remettre leur roi sur le trône. D'ailleurs ce col encore très inaccessible en 1704 devait l'être absolument en 218 av. J.-C. (1).

Le col de la Traversette offre en effet un panorama incomparable de toutes les plaines de l'Italie septentrionale que l'on embrasse d'un coup d'œil, mais sa percée, le trou de la Traversette, n'existait pas sous la domination romaine, encore moins à l'époque d'Annibal. Elle ne date vraisemblablement que du moyen âge.

Le col de l'Agnel aurait conduit le général Carthaginois beaucoup au midi de Turin. Il eût été obligé de traverser le Pô et de remonter longtemps et péniblement vers le nord.

Des difficultés énormes se dressent donc devant Annibal s'il passe par un de ces trois cols. De plus il dépasse de beaucoup les stades et les journées de marche consignés par Polybe, et enfin est obligé de brûler les Allobroges ou de les abandonner à leurs discordes.

Il ne reste donc que le Mont-Cenis, qui a pour lui d'imposantes autorités : Albanis Baumont, le comte de Stolberg, le célèbre érudit et voyageur Millin, Abauzit, l'illustre genevois de Saussure, et enfin l'homme assurément le plus compétent en semblable matière, Napoléon, qui dans les Mémoires publiés par le général Montholon (tom. II, pag. 156-162, édit. de 1823) déclare formellement au nom des prin-

---

(1) Le lieutenant général La Para tenta inutilement en 1704 de faire descendre du canon du col de la Croix au fortin de Mirebouc.

cipes stratégiques et de l'art de la guerre, qu'Annibal a dû prendre la route du Mont-Cenis. Cette opinion a été magistralement étayée et élucidée par M. Larauza, un des maîtres les plus distingués de l'Ecole normale supérieure, dans une dissertation, trop peu connue peut-être, mais où l'impartialité marche de concert avec l'érudition.

Suivant l'illustre professeur, Annibal traverse le Rhône, entre Avignon et Pont-Saint-Esprit, un peu au-dessus de Roquemaure, remonte la rive gauche du Rhône pendant quatre jours, arrive au delta décrit par Polybe et formé par le confluent du Rhône et de l'Isère. En contact avec les Allobroges, chez qui il n'entre pas, comme il résulte d'un texte de Tite-Live, Annibal pacifie leurs différends, et remonte la rive gauche de l'Isère *per extremam oram Vocontiorum*.

Le « ad lœvam in Tricastinos flexit (1) » n'indique pas précisément qu'Annibal prend la direction de la Durance, car pour cela il serait obligé d'obliquer à droite. Il continue de tenir la gauche du pays des Voconces, tout en se rapprochant des Tricastins ou bien il remonte tranquillement la rive gauche de l'Isère ce qui reviendrait au même.

Une difficulté plus apparente que réelle se présente au pas de l'Echaillon. Annibal a-t-il pu le franchir avec une armée ?

On peut y répondre d'une manière très simple. Avant la construction de la route départementale, les habitants de Saint-Gervais, de Saint-Quentin, de Veurey, de Sassenage, de la rive gauche en un mot, correspondaient entre eux, en tournant les marais, en suivant les montagnes à quelque élévation. Le chemin de Veurey à l'Echaillon, par le Petit-Port existe encore d'ailleurs. Le seul obstacle serait le pas de l'Echaillon même ; mais il est si court à traverser ! Ce serait faire injure au grand Capitaine que de le supposer hésitant en face des quelques heures de travail à fournir pour faire passer l'armée. D'autre part ce passage a pu s'effectuer à un moment où l'Isère était fort basse. En 218

---

(1) Tite-Live.

av. J.-C. nous ne sommes cependant plus aux époques de la formation de la terre et si l'Isère a plus d'eau, son lit est plus large et ses rives peuvent fort bien être mises à sec en certaines périodes de l'année. « Cette objection, si formidable, dit M. Macé (1), tirée d'une connaissance superficielle des lieux, tombe d'elle-même quand on a un peu plus sérieusement étudié les localités » (2).

L'objection que l'on fait à propos du passage de la rivière appelée « Druentia » par Tite-Live, paraît plus spécieuse. Tous les commentateurs ont admis que cette rivière torrentueuse roulant avec fracas dans plusieurs lits à la fois ses eaux caillouteuses était la « Durance ». Mais pour aller chercher la Durance soit à Tallard, soit à Embrun, il faut qu'Annibal quitte les frontières des Allobroges, revienne sur ses pas, retourne vers le midi au risque de rencontrer les Romains qu'il évite avec tant de soin, et se prive du concours et des services des Allobroges qui lui sont tout dévoués. Est-ce raisonnable ?

Selon Larauza le Drac présente tous les caractères dépeints par Tite-Live, et ce serait ce torrent qui aurait été franchi par l'armée carthaginoise en amont de son confluent avec l'Isère. Ainsi Annibal aurait passé à l'extrémité du pays des Voconces. Ensuite il se serait engagé dans ces plaines « *campestre iter* » qui ne seraient autres que la belle et fertile vallée du Grésivaudan. Tite-Live a pu confondre Drac et Durance. Ces substitutions étaient fréquentes chez les anciens. Ainsi Strabon donne à la Durance le nom de *Durio*. Du reste, dit encore M. Larauza, ces confusions s'expliquent facilement si l'on réfléchit que tous ces noms de fleuves ou de rivières Rhodanus, Dravus, Dracus, Droma, Doria, Druentia, Durio ont tous le même radical ρέω, couler (3).

---

(1) *Description du Dauphiné*, d'Aymar Rivail, page 338. Edit. de 1832.

(2) Ne pourrait-on pas encore émettre une hypothèse : celle du passage de l'armée carthaginoise par Montaut et le col de l'Eygalen ? Annibal évitait ainsi le pas de l'Echaillon.

(3) Dans une hymne en l'honneur de Saint-Eldrade, originaire d'Ambel près de Corps, le Drac porte le nom de Derausum (cette hymne est

AVANT LA CONQUÊTE ROMAINE

Annibal quitte l'Isère à Montmeillan, entre dans la vallée de l'Arc, et parvient au sommet du Mont-Cenis. Sur ce plateau il campe pendant deux jours et sans être gêné. L'armée peut se développer sur une superficie de trois lieues de longueur et d'une demi-lieue de largeur (1). De là Annibal peut montrer à ses soldats les plaines circumpadanes, exciter leur enthousiasme, et leur faire oublier les rigueurs de la saison. Dans quatre jours les carthaginois seront dans les plaines de la Gaule Cisalpine.

Le génie de Napoléon a toujours conçu ainsi l'itinéraire d'Annibal. C'est d'un poids bien lourd dans la balance en en faveur de l'hypothèse de M. Larauza. Visant les autres opinions, l'Empereur disait fréquemment que les commentateurs déraisonnaient depuis des siècles (2).

On discutera sur cette question (3) jusqu'à la fin du monde à moins qu'un archéologue ne vienne à trouver la marmite authentique dans laquelle Annibal faisait sa soupe au cours de son passage par les Alpes ; mais il est bien à craindre que cet ustensile soit la fameuse marmite *inattingible et pénombrale* dont parle Léon Bloy dans le *Désespéré*.

Quoi qu'il en soit Veurey a l'honneur d'avoir entendu prononcer son nom dans une question qui intéresse l'histoire mondiale. Il a été associé à une discussion mémorable, et il garde *autant* de chances que d'autres localités — pour ne pas dire *plus* — d'avoir vu passer Annibal.

---

citée par M. l'abbé Dussert dans *La Mure et son mandement*, page 35, édition 1903) Derausum se rapproche trop de Durio, Durance pour qu'une confusion ait été impossible.

(1) En 1692, le duc de Savoie, Victor Amédée II, en guerre avec Louis XIV y campa avec ses troupes.

(2) *Napoléon, ses opinions et ses jugements sur les hommes et les choses*, par M. Damas-Hinard, tom. 1ᵉʳ, p. 79.

(3) Les dissertations publiées sur ce sujet sont, dit-on, au nombre de 150 environ.

CHAPITRE III

Veurey sous la domination romaine

Défaites des Allobroges. — Soumission des Voconces. — Province romaine. — Nouvelles divisions administratives : Narbonnaise, Viennoise. — Le « Castrum Voreii ». — Fouilles de 1888. — Nécropole gallo-romaine. — Cimetière de Saint-Ours.

L'Italie avec son ciel, son soleil, ses plaines fertiles, ses richesses artistiques, a depuis longtemps séduit et attiré nos pères. Les Voconces se mêlèrent à toutes les invasions gauloises qui depuis Bellovèze (587 av. J.-C.) et pendant quatre siècles franchirent les Alpes pour se répandre dans la péninsule italique (1).

Rome comprit bientôt qu'il lui fallait la chaîne des Alpes pour assurer sa sécurité. Le moindre prétexte fut pour le Sénat le motif d'une expédition dans la Gaule. Appelés par les Massaliotes (154 av. J.-C.) les Romains accoururent et ne repartirent plus. Les Ligures, les *Voconces* et les Allobroges furent successivement vaincus par le consul Domitius (125-122 av. J.-C.).

---

(1) A. Allmer, « Inscriptions antiques de Vienne ». *Le Journal de Vienne* 1869, cite les passages des auteurs établissant ce point d'histoire.

Veurey comme tout le pays des Voconces (1) est désormais englobé dans la province romaine. Toutefois comme les Voconces n'ont opposé qu'une faible résistance (2) à la conquête, ils obtiennent le titre d'*alliës*, *fœderati* « *gens fœderata Vocontiorum* (3). Ils conservent leurs lois, leurs coutumes, leurs assemblées de tribus et probablement aussi leur religion.

Les Allobroges de la rive droite, moins opportunistes que leurs frères de la rive gauche, plus tyrannisés qu'eux d'ailleurs par les nouveaux maîtres de l'Allobrogie, exaspérés à la fin par la conduite des Romains à leur égard se lèvent en masse et courent aux armes. « La guerre éclata à la manière d'une conjuration ; tout ce qu'il y avait de Gaulois le long de l'Isère, se levant tout d'un coup, se précipita comme d'une impulsion soudaine, contre les Romains (4) ».

Nous pouvons supposer que ce réveil du courage et de l'indépendance, double caractère des Allobroges, entraîna les habitants des deux rives, mais Catugnat, leur chef, fût vaincu par le propréteur Promptinus, et *Solonium* (?), dernier refuge des insurgés, finit par tomber au pouvoir des Romains (62 av. J.-C.).

Rome était à l'apogée de sa gloire avec Auguste au moment où naissait à Bethléhem le Sauveur des Nations ; mais l'Empire, livré aux légions courait bientôt à sa ruine pendant que la Religion de Jésus envahissait peu à peu le monde. Les persécutions commençaient avec Néron et les chrétiens décimés se multipliaient de jour en jour. Les tyrans néanmoins périssaient tour à tour par le poison et

---

(1) Le pays des Voconces s'appelait « Vocontium ».

(2) Est-ce les Voconces qui auraient fait dire à Tacite « nul peuple ne fût plus vite soumis que les Gaulois » ? Les Veurois sont les dignes fils des Voconces. Ils ne se battent pas, mais se *chinent* et se désarment par une saillie habituellement spirituelle. « *Assez de paroles*, disait un meunier à son débiteur, *paie, ou je te pose ma main sur la figure.* » Le père Choirat se redresse alors de toute sa taille et d'un ton solennel : « *Meunier, sache que je ne crains ta main que dans mon sac.* » César avait bien compris le caractère des Voconces.

(3) Pline, I, III, 5.

(4) Hersog. *Galliæ narbonensis, historia*, page 69.

le poignard et le Sénat sans le savoir préparait la diffusion de l'Evangile en faisant coloniser les terres conquises.

C'est ainsi que l'Allobrogie fût une des premières provinces de la Gaule soumises au nouveau régime qui était tout d'abord purement militaire. Auguste avait organisé trois provinces : la Narbonnaise, la Lyonnaise et l'Aquitaine (27 av. J.-C.). Voreium était de la Narbonnaise. L'année suivante, la Narbonnaise, devenue province impériale, entra dans une période de calme et de rapide prospérité (1). Au IIe siècle la Narbonnaise (2) fut divisée en trois parties distinctes : la première et la deuxième Narbonnaise et la Viennoise. La création de la province Viennoise rattacha à la ville de Vienne tout le territoire des Voconces (3).

La position stratégique de Voreium frappa les généraux de César, et ce gracieux coteau, défendu par l'Isère, et commandant si bien la vallée de Cularo, devint bien vite un camp retranché occupé par une garnison romaine. C'est de ce moment sans doute que doit dater cette appellation de *Castrum Voreii*, conservée dans une carte de Guillaume de l'Isle dressée en 1710, d'après les plus anciens géographes (4). La garnison se dédoubla. Un poste fut établi à Saint-Ours, au-dessus du bec de l'Echaillon, d'où la vue embrassait une grande partie de la province Viennoise. Ce poste défendait merveilleusement l'entrée des Alpes. On peut y voir encore les vestiges d'un cimetière romain, des tombes assez bien conservées, et des tuiles romaines, absolument identiques à celles découvertes à Veurey (5).

---

(1) Herzog, p. 105.

(2) Une pièce de monnaie Narbonnaise a été trouvée en 1905 près de l'église de Veurey.

(3) *Annuaire de la société de l'hist. de France*, 1851, p. 120.

(4) *Tabula Delphinatus*, citée plus haut, page 10.

(5) M. Thibaud, propriétaire de Saint-Ours, possède plusieurs poteries et amphores ainsi qu'un fragment de pierre portant en pur romain l'inscription suivante : VVTE. Ce mot semble dérouter les chercheurs. La lettre I qui couronne le V ne serait-elle pas placée ainsi pour indiquer qu'elle le précède et le suit à la fois ? Nous aurions alors VIVITE, fragment sans doute d'un texte sacré sur une cuve de baptistère.

Nous voici donc en présence de documents authentiques. Des découvertes récentes vont nous donner la physionomie de Veurey au IIIe siècle de notre ère.

En 1888 on procéda à la rectification de la route de Veurey à Montaud. La pente en fut singulièrement adoucie dans la portion qui passe au pied de la tour dite des Templiers, et près de l'église. De nombreuses tombes furent mises à jour. « Ces tombes, toutes montées avec de la tuile à crochets, étaient du type dit Champdolien et paraissaient dater du IIe ou IIIe siècle. » C'est l'opinion de M. Hippolyte Muller, bibliothécaire de l'École de Médecine, dont nous allons résumer l'intéressant rapport (1).

Au cours des travaux on remania l'escalier sis à l'entrée du cimetière. Sous l'une des marches fut trouvée une amphore romaine de la contenance de six à huit litres, qui renfermait un nombre considérable de petits bronzes (2).

M. Muller analysa cinq à six cents de ces pièces. Cinq empereurs et une impératrice y étaient représentés : Valérien père, Gallien, Salonine, épouse de Gordien, Salonin, fils de Gallien mort en 259, Postume et Claude II. Ce dernier empereur, comptait à lui seul 380 pièces.

« Maintenant, ajoute notre distingué numismate, comment expliquer la présence sous l'escalier du cimetière de cette quantité de monnaies toutes pour ainsi dire à fleur de coin. Pas d'or. De l'argent on n'en frappait plus. Pas de grands ni de moyens bronzes. Ne serait-ce pas le trésor d'une cohorte, d'une armée plutôt que celui d'un citoyen quelconque, étant donné le bon état des pièces dont beaucoup n'ont pas circulé. En tous cas, ce trésor, découvert dans un cimetière romain, lui servant d'égide en quelque sorte et retrouvé en 1888 a bien pu être enfoui dans un moment de trouble. » Il n'y aurait rien d'étonnant à cela. Nous sommes au IIIe siècle, en pleine anarchie militaire.

---

(1) *Bulletin de la Société Dauphinoise d'Ethnologie et d'Anthropologie.* Tome V, octobre 1898.

(2) Cette amphore, brisée par un coup de pioche, est en ce moment au musée de Grenoble grâce à l'obligeance de Mme Marion-Sirand.

Les légions s'occupent à faire ou à défaire les empereurs. Les Césars ne sont plus que des jouets pour elles.

Quoi qu'il en soit, ces monnaies, ces tombes, ces tuiles à crochets, les cloaques romains coupés par la route nouvelle, la tour circulaire dont les fondations ont été découvertes récemment (1905) dans le champ des Sœurs, les substructions de remparts romains, une pièce d'Alexandre Sévère trouvée dans un autre champ, les débris de mosaïque, tout nous permet d'établir qu'il y a eu à Veurey, au IIIe siècle, une garnison romaine et un castrum très fortifié.

Dans le jardin du presbytère, nous avons nous même trouvé à côté de tuiles à crochets des débris de sculpture romaine en marbre blanc, ce qui indique que la nécropole gallo-romaine s'étendait jusque-là et se trouvait en dehors de l'enceinte fortifiée (1).

L'église actuelle possède deux fûts de colonne en poudingue romain supportant deux bénitiers ornés d'anges sculptés vers le XIIIe siècle. Ces colonnes n'auraient-elles pas appartenu à un temple païen, élevé jadis, pour la garnison romaine ? Partout où ils s'arrêtaient, les officiers romains importaient le luxe et le confortable de la métropole et cherchaient à se faire une petite Rome, pour se consoler de la *grande*, dont la gloire d'ailleurs allait bientôt s'éclipser (2).

Voreium d'ailleurs était en communication directe par voie fluviale, par l'Isère, le Rhône et la mer avec la capitale de l'Empire. Les poteries, tuiles et marbres lui arrivaient par voie d'eau, et cette position privilégiée à l'entrée des Alpes a du faire bien vite du Castrum Voreii un port fluvial, un débarcadère important comme elle en avait fait déjà un centre stratégique au point de vue militaire.

(1) Une partie des murs d'enceinte, part de l'angle nord-est de la tour des Templiers, remonte dans le champ des sœurs jusqu'à la tour circulaire dont il a été question, se brise, redescend vers le grand portail du presbytère, et sépare le jardin curial de la propriété de Boisverd. De la Tour, au levant, ces murs passaient par le couvent et la propriété Marion.

(2) Les Romains appréciaient beaucoup les habitations construites dans les campagnes. Les officiers et colons romains établirent ainsi dans les campagnes de la Gaule des *villæ* nombreuses.

Les Romains font toujours grand même dans la décadence, et c'est à regret qu'on les quitte pour entrer dans cette période obscure qui va du IVe au XIIe siècle et dans laquelle on trouve si peu de documents pour l'histoire locale. Le Nord s'ébranle. L'étoile de Rome pâlit. Le Ve siècle verra la déposition du dernier de ses empereurs, et l'établissement des Germains en Gaule. Toutefois un grand fait vient éclairer l'histoire de notre pays dans cette nuit des siècles si justement appelés « siècles de fer » : l'apparition du Christianisme et les conquêtes rapides du Catholicisme que proclament encore les glorieux débris de nos églises mérovingiennes.

CHAPITRE IV

Veurey sous les Mérovingiens

Découverte de crânes burgondes. — La « via domitiana »
Burgondes et Gallo-Romains. — La vieille église de
Veurey. — Chapiteaux mérovingiens. — Les Lombards.
— Organisation paroissiale.

La découverte de l'importante nécropole de Voreium amena l'étude des crânes qui y furent trouvés (1). Leur état de conservation permit de les authentiquer assez facilement. Il y avait des crânes d'autochtones et des crânes de burgondes. Nous renvoyons le lecteur au magistral rapport de M. Muller paru dans le *Bulletin de la Société Dauphinoise d'Ethnologie et d'Antropologie* (2). Nous savons maintenant que les Burgondes sont venus s'établir à Veurey, ont fusionné avec les autochtones, et ont obtenu droit de cité dans notre castrum gallo-romain. C'est un fait capital pour notre histoire locale.

Les Burgondes ou Burgundes étaient un peuple de l'ancienne Germanie. Battus par les Gépides, refoulés au-delà du Rhin, sur la rive gauche, par Probus et Maximien vers la fin du IIIe siècle, vaincus à nouveau par Aetius en 435 ils sont définitivement écrasés par les Huns. Les survivants demandent alors à Aetius la concession de quelques terres

---

(1) Tome Ier. No 3. Décembre 1894.
(2) L'auteur a donné à M. Muller un crâne trouvé près de l'église et qui a été authentiqué comme crâne de burgonde. Il a été déposé au Museum.

dans un province paisible. Le général romain leur accorde la Sabaudie qui s'étendait probablement de Grenoble à Genève, c'est-à-dire la Savoie agrandie d'une partie du futur Dauphiné. Par un traité de 422, Honorius cède aux Burgondes toute l'Allobrogie.

« Moins barbares que les autres Germains, dit Larousse, « presque tous charpentiers et forgerons (1), les Burgondes « adoptèrent facilement les mœurs romaines ». Ils se cantonnèrent dans le pays comme les armées des Césars, maintinrent l'organisation administrative existante, afin de saisir les impôts que l'Empire avait établis et d'en continuer la perception. Conquérants habiles, ils laissèrent à leurs sujets leurs lois et leurs coutumes (2). Si l'on en croit Orose « les Burgondes traitèrent les Gaulois moins en sujets qu'en frères ». Paisibles et diplomates comme les Voconces ils sympathisèrent et fusionnèrent bien vite, préparant par cette affinité le tempérament et le caractère dauphinois.

Ils arrivent dans notre pays vers le milieu du Ve siècle. Ils suivent les voies romaines ou bien se servent des rivières pour se répandre dans l'Allobrogie. L'oppidum de Veurey, on l'a vu plus haut, lui ouvre bien vite ses portes. Placé sur l'Isère, à proximité de la route qui va de Morginum (3) à Cularo, accessible d'ailleurs par le chemin de la rive gauche déjà connu des Voconces, des Romains et même des Carthaginois, Voreium ne peut pas ne pas tenter les Burgondes. Vont-ils suivre tranquillement la *via Domitiana*, avec leurs charriots et convois, sans s'assurer les oppida qui commandent la vallée de Gratianopolis ? Leurs cavaliers n'hésitent pas à passer l'Isère pour s'emparer sans coup férir du castrum Voreii, où les gallo-romains énervés par la conquête et de plus en plus détachés de la Métropole

---

(1) Les forges de l'Eygalen et l'industrie des fustiers viendront encore confirmer l'influence burgonde.

(2) Fauriel. *Gaule mérid.*, tome I, p. 446.

(3) Moirans. « Veurey et Moirans, dit M. Müller, se trouvent sur la grande route, dite *voie domitienne*, qui menait d'Italie à Vienne. » Voir bulletin ci-dessus.

accueillent presque comme des amis les nouveaux envahisseurs (1).

En grande partie catholiques les Burgondes ne tardent pas à tomber dans l'Arianisme et ce sera une de leurs grosses difficultés pour s'implanter chez les Gallo-Romains. Depuis l'arrivée de Saint-Domnin à Cularo, c'est-à-dire, depuis près d'un siècle, ceux-ci reçoivent la doctrine catholique. De là cette lutte longue et ardente entre le clergé catholique et le clergé arien que l'énergie des évêques et les conciles finissent par ramener à l'unité.

C'est vers cette époque sans doute que Veurey voit s'élever, peut-être sur les ruines d'un temple païen (2) la première église chrétienne et catholique. Notre vieille église, démolie en 1853, avait en effet tous les caractères de l'architecture mérovingienne. Le clocher, simple mur percé à jour et couvert d'un auvent (3), les colonnettes en poudingue romain conservées dans l'église actuelle, et surtout les chapiteaux encore visibles dans le jardin curial, attestent le plus pur mérovingien.

Ces chapiteaux sont en molasse. Quoique effrités par les intempéries, ils sont assez bien conservés pour dire leur âge. L'un est de feuilles d'acanthe d'une extrême simplicité ; l'autre porte des volutes plus ou moins régulières. Le troisième, beaucoup plus remarquable, représente un sujet symbolique : une tête de femme nimbée, surmontée d'un soleil dont les rayons sont parfaitement conservés ; au-dessous une lune en relief, et tout autour des petites cavités jetées çà et là de forme circulaire paraissant simuler des étoiles ou des constellations. Serait-ce la Vierge *pulchra ut luna, electa ut sol* ? Serait-ce la femme de l'Apocalypse auréolée d'étoiles, la Reine du Ciel ? Tout permet de le

---

(1) Les Burgondes étaient blonds, grands, au crâne plus ou moins allongé. L'évêque-poète Sidoine-Apollinaire leur donne sept pieds *(septipes)* comme taille, une longue chevelure *(criniger)* qu'ils graissaient de beurre rance *(Infundens acido comam butyro)*.

(2) C'est l'opinion de M. Muller.

(3) La vieille église surmontée de son clocher a été photographiée d'après un vieux dessin découvert par l'auteur.

croire. C'est assurément un sujet chrétien, rendu d'une façon encore informe : caractère particulier et critérium presque infaillible des sculptures de l'époque mérovingienne.

Qu'y a-t-il d'étonnant d'ailleurs que Voreium, situé à proximité de Gratianopolis, et déjà depuis longtemps colonie romaine, ait reçu dès le VIIe siècle un missionnaire, un délégué de l'évêque, un archiprêtre comme l'on disait alors. Les premiers apôtres de la province Viennoise, parlant surtout la langue latine, ont dû tout d'abord évangéliser de préférence les Vici où cette langue était connue et usitée. C'est ainsi que la colonisation romaine a préparé les voies à l'Evangile.

Après plusieurs siècles d'une existence mêlée de douleurs et de triomphes, l'Eglise finit par absorber la société romaine. Dès lors la puissance, la juridiction, les honneurs affluent vers les évêques. Le municipe romain fait place à la paroisse. On ne construit plus ni cirque, ni théâtre, mais bien des temples chrétiens et des oratoires. Lorsque l'Eglise s'organise dans les provinces cisalpines les divisions territoriales des tribus gauloises servent de base aux divisions de l'ordre spirituel. Les pagi reparaissent à leur tour et chacun d'eux est desservi par un archiprêtre. « Les pa-
« roisses de village ne sont organisées, il est vrai, que
« longtemps après l'invasion des Barbares (1) », mais Voreium, n'est plus un vicus quelconque. Poste avancé et déjà fort important du pagus dont Die — dea Vocontiorum — est le chef-lieu, il est permis de supposer qu'il n'a pas attendu longtemps son organisation paroissiale. La vieille église en témoigne.

Veurey, qui appartient d'abord au premier royaume de Burgondie ou Bourgogne, passe avec lui sous la domination des Francs, en 531, par la conquête qu'en font Childebert et Clotaire. A la mort de ce dernier, ses quatre fils s'étant partagé ses Etats, il échoit à Gontran, roi d'Orléans.

---

(1) Voir une dissertation de M. Revilloud : *Le clergé chrétien dans les campagnes. — Etablissement des paroisses rurales.*

Ce prince repousse les Saxons et les Lombards qui ravagent depuis longtemps la province Viennoise. En 570 les Lombards y rentrent, remontent le cours de l'Isère sous la conduite de Rhodan et s'avancent jusqu'à Grenoble dont ils mettent le siège. Mommol, gouverneur de Bourgogne, les taille en pièces et poursuit les fuyards jusqu'à Embrun. Veurey respire comme tous les bourgs du Grésivaudan. Du haut des tours de leur castrum, ses habitants paisibles ont vu avec épouvante les voiles lombardes flotter sur l'Isère. Leur panique a été de courte durée. Délivrés de ces terreurs, sauvés d'une nouvelle invasion de barbares païens, ils vont reprendre leur mouvement normal et progressif vers la civilisation sous la puissante, douce et bienfaisante influence de l'Eglise et du Clergé.

CHAPITRE V

Les Carolingiens. Les Dauphins

Du VIIIᵉ au XIIIᵉ siècle

Les Sarrasins. — Second royaume de Bourgogne. — Le Fort de l'Eygalen, dit « des Sarrasins ». — Les Dauphins. — Veurey et la Seigneurie de Sassenage. — Pouillés du XIᵉ et XIIᵉ siècles. — L'Eglise paroissiale. — Eglise et Cimetière gallo-romain d'Aqualenz. — Monument commémoratif. — Forges martinets de l'Eygalen. — La Chapelle de Veurey. — Intensité de la vie catholique au XIIᵉ siècle.

Après les Lombards, les Sarrasins. Pendant que la nouvelle dynastie commençait de se couvrir de gloire avant de monter sur le trône, le Grésivaudan était troublé par les incursions des Maures. Ecrasés par Charles Martel à Avignon et sous les murs de Narbonne, ils abandonnaient définitivement la Provence. Quelques tribus néanmoins remontaient le cours de l'Isère, s'arrêtaient et se fixaient sur ses rives. De là, sans doute, ces noms d'origine arabe : Teppoz, Marcoz, Visioz, Falcoz, etc... De là aussi ces types mauresques que nous retrouvons encore en Maurienne, en Dauphiné, et même à Veurey.

Ce qui s'était passé sous les fils de Clovis se renouvela sous les héritiers de Charlemagne. Les provinces du Sud-Est se séparèrent à nouveau de la Couronne, et Veurey fit ainsi partie du second royaume de Bourgogne dont le premier roi, Boson, fut proclamé par les évêques à Mantaille.

Sous Conrad le Pacifique, héritier de Boson, vers le milieu du xe siècle, des hordes de païens (1) se jetèrent dans le Grésivaudan et y commirent de grands ravages. Pilot croit que ce sont des Hongrois. D'autres penchent pour une nouvelle invasion Sarrasine. Quoi qu'il en soit, « il est établi, « dit M. Prudhomme, que dès la fin du IXe siècle, et pendant « la moitié du xe, les Sarrasins ravagèrent fréquemment les « pays du Sud-Est de la Gaule (2) ».

Si l'on s'en rapporte à la tradition, Isarn, évêque de Grenoble, avec sa petite armée chrétienne, serait venu guerroyer à Voreium contre les nouveaux envahisseurs, et leur aurait infligé une défaite vers le Petit-Port. Saint-Ours, occupé jadis par les Romains, serait devenu un poste d'observation contre les Maures. Ceux-ci s'étaient déjà cantonnés et même fortifiés dans notre contrée comme l'attestent les vestiges d'un retranchement, appelé le *Fort des Sarrasins*, encore visible aujourd'hui, et situé au-dessus du hameau de l'Eygalen. C'est un mamelon, en forme circulaire, d'environ douze mètres de diamètre, entouré d'une tranchée, de trois mètres de largeur. L'emplacement était bien choisi. De ce point, en effet, la vue s'étend jusqu'à Voiron et au Grand-Lemps. Les Sarrasins pouvaient surveiller à leur aise la plaine de Tullins et de Moirans, ainsi que le col de l'Eygalen, qui mène à Veurey. Isarn a donc très bien pu venir les harceler sur la rive gauche de l'Isère. Il n'avait que le Drac à traverser pour s'y transporter (3).

(1) Le cartulaire de Saint-Hugues, suspect d'ailleurs, ne dit pas si ces païens sont Maures ou Hongres.

(2) *Histoire de Grenoble*, page 65.

(3) D'après Pilot, *Revue du Dauphiné*, Charlemagne aurait fait construire une église en l'honneur de Saint-Vincent (La cathédrale), en mémoire d'une victoire éclatante remportée par son père sur une nation païenne qui s'était avancée jusqu'aux portes de Grenoble.

D'après les anciennes chroniques, cette bataille aurait eu lieu entre Voreppe et Veurey.

Dans le roman de Garin le Loherain, il est parlé d'un grand combat livré à l'entrée d'une vallée profonde par Pépin allant secourir un roi de Maurienne.

Cliché BOREL.

LA CROIX DE L'EYGALEN
érigée le 14 septembre 1907
sur l'emplacement de l'ancien cimetière de Sainte-Marie-Magdeleine

Si l'influence des évêques grandissait avec leur dévouement à la chose publique, celle des Comtes qui avaient élu Boson s'affermissait parallèlement et la famille de Guigue d'Albon sera déjà prépondérante quand Rodolphe III le Fainéant, roi de Bourgogne, viendra à mourir. Ce prince laissa ses Etats à l'empereur d'Allemagne ; mais les évêques s'opposèrent, ainsi que les seigneurs, à cette cession et profitèrent de l'anarchie pour se déclarer indépendants.

C'est alors qu'un Guigue, Guigue le Vieux, prit le titre de comte de Grésivaudan vers 1050. C'est aussi à cette époque que l'on doit fixer l'origine de toutes les seigneuries dont la réunion forma le Dauphiné. Le plus puissant de tous ces seigneurs, hommagers de l'évêché de Grenoble, était celui de Sassenage.

La seigneurie de Sassenage, située sur la rive gauche de l'Isère et du Drac, comprenait les terres de Sassenage, Fontaine, Seyssins, Seyssinet, Pariset, Claix, Engins, Noyarey, *Veurey*, Méaudre, Lans, Villard-de-Lans, Corençon et Autrans. De ce moment Veurey dépendra plus que jamais de Sassenage, que Sassenage soit baronnie, archiprêtré, ou chef-lieu de canton. Nous verrons bientôt les seigneurs de Veurey prêter hommage aux barons de Sassenage.

A cette époque, XIe et XIIe siècle, il nous est encore impossible de nommer un seigneur de Veurey. Plusieurs familles sans doute luttent d'influence. L'une d'entre elles finira par devenir prépondérante, mais nous ne la connaissons pas encore.

Au point de vue ecclésiastique nous sommes un peu plus documentés. Le pouillé (1) du diocèse de Grenoble, dressé sous l'épiscopat de l'évêque de Saint-Hugues, cite comme existant alors dans notre localité une église paroissiale, *ecclesia de Voreio* (2).

La paroisse de Veurey prenait bien vite une certaine importance puisqu'au XIIe siècle un autre pouillé mentionne

---

(1) Un pouillé *polletus* est un état du diocèse. C'était l'inventaire des bénéfices ecclésiastiques.
(2) Cart. de l'Eglise de Grenoble. Chart. C, I, P.

trois sanctuaires à Veurey : 1° l'église paroissiale, dont nous avons parlé plus haut ; 2° l'église d'Aqualenz, et 3° une chapelle dénommée simplement Chapelle de Veurey (1).

Nous avons déjà parlé de l'église paroissiale. Après celle-ci le sanctuaire le plus important est sans contredit celui de l'Eygalen. Son titre, « ecclesia de Aqualenz », indique qu'il ne s'agit pas ici de simple chapelle de secours, mais bien d'une église avec cimetière et presbytère : église desservie toutefois par le curé de Veurey ou son vicaire (2). Les fondations de cette église existent encore. Elles accusent quarante pieds de long. L'église avait donc de douze à quatorze mètres de longueur sur trois de largeur. Elle devait avoir un campanile sur la façade comme toutes les églises ou chapelles de cette époque. La croix commémorative de cette église et du cimetière qui l'entourait, érigée le 14 septembre 1907 (3), est à peu près à la place où devait se trouver l'autel. L'église occupait donc le chemin actuel de Veurey à Montaud (4). Le presbytère, dont il reste quelques ruines, était à quelques mètres au Nord-Ouest.

Le cimetière qui entourait cette église était gallo-romain. Nous y avons trouvé la tuile romaine : preuve irrécusable que cette nécropole était contemporaine de celle de Veurey, et de celle de Saint-Ours, où l'on trouve des vestiges de la même époque. Au bas du mamelon où s'élevait l'église, sur le rif de Voroyse, il y avait des forges. Des débris de minerai en font foi. Le marteau découvert dans le cimetière, de style romain, n'indiquerait-il pas que ces forges sont bien antérieures à l'invasion sarrasine, à laquelle on les faisait remonter tout d'abord ? Sans nul doute l'Eygalen a été dès

---

(1) Extrait d'une étude archéologique de M. le chanoine Auvergne. *Semaine religieuse*, 1868, n° 10.

(2) Les curés de Veurey ont eu un vicaire jusques vers la Révolution.

(3) Cette croix en fonte peinte, scellée sur un socle en pierre de l'Échaillon a été bénite par M. Nublat, curé archiprêtre de Voreppe. Le terrain appartenant à M. Rozan fut pieusement offert par lui.

(4) Cette chapelle est mentionnée dans le cartulaire de Saint-Hugues comme appartenant à la paroisse de Saint-Quentin : « Suprà montem dicti loci Sancti Quintini est capella Beata Marie Magdalenes que est unita dicte curœ ; et est in colle, tendens apud Vourey (Veurey).

l'époque de la conquête romaine un centre relativement important (1). Jusqu'en 1860 ce village a eu une vie assez intense. Depuis il a décliné rapidement et aujourd'hui c'est à peine si on y compte une dizaine de feux.

Quant à la chapelle, dont il est aussi question dans le pouillé du XIIe siècle, tout porte à croire qu'elle se trouvait au hameau de Jayères, de l'autre côté de la Voroise. Ce torrent, souvent menaçant, avait fort bien pu en nécessiter la construction. Une fenêtre romane et une porte ogivale, encore visibles, accréditent cette hypohèse (2).

Quoi qu'il en soit les trois sanctuaires ci-dessus nous indiquent qu'au XIIe siècle la Religion était fort prospère à Veurey et que la paroisse y était parfaitement organisée, puisque l'église paroissiale est nommée dans les documents de l'époque et semble même insuffisante pour les besoins du culte. Veurey avait donc déjà à ce moment un recteur ou curé. Malheureusement il nous faudra aller jusqu'en 1580 pour commencer la chronologie des curés de Veurey. En attendant étudions l'organisation lente de la vie communale qui naît pour ainsi dire de la vie paroissiale.

(1) Dans un procès Drevon-Bourne (XVIIIe siècle), nous lisons : «...car quoy qu'il soit vray qu'il y a quatre ou cinq siècles que le bas-Veurey n'était pas si habité que le haut-Veurey et que dans le haut-Veurey il y avait une église que l'on appelait la Madeleine... »
— Dans un acte de 1615, il est question d'un chemin public qui va du Peron à la chapelle de Sainte Marie Madeleine : « iter publicum protenditur de pirono versus capellam beatæ Mariæ Magdalenæ... »
Le monument élevé par les soins de l'auteur au lieu dit *la Madeleine*, porte sur la partie supérieure du piédestal, ces paroles latines : *Stat crux dum volvitur orbis*. Sur la face sud-ouest on lit : « Cette croix || a été érigée || le 14 septembre 1907 || en souvenir de l'église de l'Egalen || (AQUALENS) || et des Morts || qui attendent en ce lieu || la résurrection glorieuse. — Sur la face opposée : Pie X, pape || glorieusement régnant || Paul-Emile Henry || évêque de Grenoble || Joseph-Hippolyte Mouton || curé de Veurey. — Aqualens, vient de aqua lenis, eau douce, bonne pour la trempe, sans doute : ce qui explique l'établissement des Martinets. On a écrit successivement Aqualenz, Aiqualenz, Aqualanz, Eygalein, Aygalen, Eygalen et enfin Egalen.

(2) Cette chapelle, mentionnée dans le Pouillé pourrait être aussi la chapelle de Saint-Ours, depuis longtemps détruite.

CHAPITRE VI

Veurey au XIIIᵉ siècle

Le Dauphiné. — Inondation de 1219. — La Maison=Forte ou Bâtie=Forte de Veurey. — Description. — Le moucharabys. — Veurey et le dauphin Humbert Iᵉʳ. — Le chevalier Reymond Bertrand. — Reconnaissance et hommage. — Eygalanz. — Origine de la mense delphi= nale et des fermes royales. — Les Templiers et les Chevaliers de Saint=Jean de Jérusalem.

C'est au début du XIIIᵉ siècle que les comtes de Grésivau-dan ou d'Albon prennent, avec Guigues André, le titre de Dauphin. L'origine de cette appellation est loin d'être expli-quée. « Dès que le nom de Dauphin eût été adopté, on donna « au pays celui de Dauphiné et ce nouveau nom s'étendit à « mesure que le Dauphin acquit de nouvelles posses-« sions (1) ». Veurey, fief de Sassenage, entrait par le fait dans le Dauphiné.

Les pays qui possèdent des documents ou monuments du XIIIᵉ siècle, de ce grand siècle de l'architecture religieuse et de la puissance féodale, ont le droit d'en être fiers. Veurey n'a qu'un monument de cette glorieuse époque, mais il est intéressant à étudier. C'est sa *Maison-forte* ou *Bâtie-forte*, appelée plus communément la *Tour des Templiers*.

Avant d'aborder ce sujet rappelons la grande inondation de 1219. Les eaux de la Romanche, arrêtées dans leur cours à Livet par un éboulement du rocher de la Farre, formèrent

---

(1) Pilot. *Histoire de Grenoble*, chap. V.

le lac Saint-Laurent qui rompît ses digues à son tour, et se jetèrent sur Grenoble, à dix heures du soir, dans la nuit du 14 au 15 septembre. Ce fût la plus mémorable des inondations que vit la capitale du Dauphiné. Veurey, grâce à sa position élevée, pouvait braver la nappe d'eau qui submergeait toute la plaine ; mais son commerce fluvial, sa battellerie déjà importante, sa partie basse, et quelques passagers attardés peuvent bien avoir eu à souffrir de l'épouvantable catastrophe. La panique dût être affreuse tout le long de l'Isère.

Veurey, ses seigneurs et ses habitants n'étaient pas seulement défendus par l'Isère, mais encore par les vieilles fortifications gallo-romaines, et surtout par la Maison-forte qui fût construite vers le milieu du XIIIe siècle, probablement sur les ruines d'une tour romaine, comme le cloaque romain qui en sort semble l'indiquer.

C'est en effet à cette époque (XIIIe siècle) que la France se couvrit de ces forteresses isolées. Les rois accordaient assez souvent à certains personnages, soit seigneurs, soit même bourgeois la permission de construire une maison-forte dans telle ou telle paroisse « Licentia construendi domum fortem intra parochiam ». Beaucoup de ces maisons sont encore debout dans le Sud-Ouest de la France, mais en Dauphiné on les compte et très peu sont aussi bien conservées que celle de Veurey qui réalise tous les détails d'installation et d'architecture de ces tours féodales.

Cette maison-forte, appelée aussi bâtie-forte dans les reconnaissances ou transactions, est une tour de forme carrée ou plutôt rectangulaire de quinze mètres en façade au levant sur treize mètres de côté. Les murs ont deux mètres d'épaisseur. Il y avait un rez-de-chaussée et deux étages. L'entrée devait être sur la façade Nord, à la place de la porte actuelle qui a remplacé la porte ogivale plutôt basse, seule ouverture par laquelle on pouvait accéder à la tour, qui, elle, a dix-sept mètres de hauteur (1).

---

(1) D'après la tradition cette tour a été plus haute à l'origine, ce qui expliquerait la disparition des créneaux primitifs.

Le premier étage est éclairé par de belles fenêtres malheureusement dépourvues de leur architecture, mais munies de bancs en maçonnerie dans leur embrasure à l'exemple de celles du second étage. Celles-ci, ogivales, géminées et subtrilobées, sont encore dans un état de conservation qui nous permet de juger ce que devaient être les autres (1). Des meurtrières plongeantes se découvrent çà et là dans les murs au nord, au couchant et au midi. Au second étage on voit encore la cheminée et l'évier. Les maisons-fortes n'étaient pas une demeure seigneuriale ; mais elles étaient jour et nuit occupées par une milice ou corps de garde.

A la hauteur du premier étage, en façade, à l'angle nord-est de la bâtisse, on voit une porte étroite, murée aujourd'hui, qui donnait sur un petit balcon. C'était la « cage du moucharabys (2) » qui surveillait et protégeait la porte d'entrée. L'escalier de service est construit dans le mur du côté nord. Les meurtrières qui l'éclairent servaient aussi à défendre la porte du rez-de-chaussée. Sur les murs était un chemin de ronde soutenu par des mâchecoulis dont les murs portent les traces. Les créneaux ont disparu.

Aucun fossé ne protégeait cette forteresse, mais au levant le vieux rempart romain était à quelques mètres. Son abord du côté de bise était aussi fort difficile. M. Leo Drouyn a remarqué à peu près partout que les maisons-fortes étaient bâties isolément et sans aucunes dépendances. C'est ce qui paraît avoir eu lieu pour celle de Veurey, car le vieux château des Saint-Ours (3), probablement le château primitif des seigneurs de Veurey, se trouve plus au midi.

Ici on se demande à qui fût octroyée la construction de cette bâtie-forte par l'autorité royale ou delphinale. Est-ce à

---

(1) Sur la façade nord il y a une fenêtre ogivale semblable à celles de la façade est. Elle a été restaurée en 1906 avec un goût parfait par Mme Amat, propriétaire actuel de la Maison-forte depuis longtemps transformée en fénil.

(2) Est-ce de ce mot que serait venu mouchard ?

(3) Ce château, reconstruit vers 1850, appartient aujourd'hui à M. Marion.

noble Reymond Bertrand, chevalier, le premier seigneur de Veurey, que nous connaissons grâce à une reconnaissance de 1284 ? « Noble Reymond Bertrand, reconnaît tenir en
« fief de François de Sassenage tout ce qu'il avait à Vourey
« et à Eygalanz (1), soit hommes, cens, usages, services,
« etc..., qui avait appartenu à Humbert, dauphin, comte de
« Vienne et d'Albon, et à dame Anne, son épouse, et qui
« avaient été albergés à Aymard de Sassenage — dont il
« avait fait hommage à François de Sassenage saufs les
« hommages au Dauphin et à l'évêque de Gap, et à Reynaud
« de Montauban, et ledit François de Sassenage confirma
« la concession qui avait été faite à Bertrand par ledit
« Humbert, dauphin, et ladite Anne, son épouse, — qui y
« est insérée en date de la veille de l'Ascension 1284 ».

Par cette pièce nous connaissons les seigneurs de Veurey de la fin du XIIIe siècle. Ce sont les Bertrand. Mais ils sont feudataires des Sassenage, du Dauphin, de l'évêque de Gap, et de Reynaud de Montauban. L'Egalen (Eygalanz) fait partie de la seigneurie de Veurey. Cette seigneurie a même appartenu directement au dauphin Humbert Ier et à Anne, son épouse : ce qui explique pourquoi certains procès de la fin du XVIIIe ou du commencement du XIXe siècle parlent de plusieurs terres de la Rive comme étant de la *mense delphinale* : terres qui sont devenues *fermes royales* (2).

En 1291, le sept des ides de décembre, noble Reymond Bertrand, *chevalier*, rend hommage à François de Sassenage, pour tout ce qu'il tient en fief dans la paroisse de Veurey.

Ce titre de chevalier, que prend noble Bertrand, incite à faire une autre hypothèse. Est-ce que la Maison-forte n'aurait pas été concédée à un ordre de chevalerie, aux

---

(1) Hameau de l'Egalen. — Dans les cartulaires de saint Hugues, il est question de *Petrus de Aqualenz* et de sa femme *Adélaïde* qui donnent à l'évêque de Grenoble toute la decime *totam decimam* qu'ils ont dans la paroisse de Veurey. — Carta de Noiareto. — Cl. B.

(2) Ces fermes royales nous sont connues par l'acte de décès (1772) du sieur Pierre Cauville, employé dans les fermes du roy et de brigade à Veurey.

Templiers, dont Bertrand (1) serait un représentant ou un acquéreur ?

Ce qui est à noter, c'est que notre maison-forte nous est arrivée à travers les âges sous la dénomination de *Tour des Templiers*. Cette appellation, si fidèlement conservée par la tradition, est-elle à dédaigner ?

Les archives des commanderies templières en Dauphiné ont été à peu près complètement détruites, aussi avons-nous eu beaucoup de peine à retrouver les traces du passage des Templiers à Veurey.

Il n'est pas douteux cependant que les chevaliers de Saint-Jean de Jérusalem aient été propriétaires dans ce pays. A Saint-Ours on peut voir encore sur le triomphe de la fontaine leur écusson parfaitement conservé. D'autre part, au même lieu, un cimetière est venu se superposer à la nécropole gallo-romaine dont nous avons déjà parlé et ce cimetière est encore appelé le Cimetière des Templiers.

Nous savons en effet qu'après la confiscation des biens et propriétés des Templiers par les Dauphins, les Chevaliers de Saint-Jean, héritiers du Temple, réclamèrent leurs droits et rentrèrent en possession de plusieurs commanderies. Le dauphin Jean II consentit à faire droit aux requérants et Humbert de la Baulme, Humbert de Balma, l'un d'entre eux est mentionné dans une charte du 1er mai 1314 comme administrateur de ces biens : « perceptor donorum..... de « Eschirolliis (Eschirolles) et Allevardo (Allevard) et Ave- « lane..... et Vourrey..... ordinis sancti Johannis Jerosolo- « mitani « miliciæ Templi condam ».

On pourrait arguer qu'il s'agit ici de Vouray et nom de Veurey. Nous répondrons que, jusque vers la Révolution, nous trouvons fréquemment Vourey pour Veurey ; témoin

---

(1) Jean, abbé d'Albeval et de Beaulieu, après la destruction de l'abbaye d'Albeval, par l'inondation de 1219 fut témoin le 19 avril 1230, à un acte passé à Veurey, par lequel Pétronille, veuve d'Humbert de Veurey, et son fils Philippe firent une donation à l'abbaye de Chalais. (Car. du prieuré de Chalais, ch. XXXIII, p. 56.) — Cet Humbert de Veurey pourrait bien être un seigneur de Veurey, ancêtre de Bertrand. Nous apprenons du moins, par ce document, l'origine des possessions des religieux de Chalais dans la paroisse de Veurey.

la reconnaissance de 1284, citée plus haut, et dans laquelle nous lisons Vourey. La confusion avec Vouray, près de Tullins, n'y est cependant pas possible à cause de la mention de l'Eygalen. Pourquoi d'ailleurs Voreium n'aurait-il pas fait Vourey, aussi bien que Voluredum (1) ? Nous n'ignorons pas que Vouray a été une commanderie fort importante : mais en quoi cela est-il incompatible avec l'établissement, à Veurey, d'une milice templière ? Il y a plus : l'éminent archiviste du Rhône (2) croit même que Veurey dépendait de la commanderie de Vouray.

Le séjour à Veurey — très authentiqué — des chevaliers de Saint-Jean de Jérusalem qui ont pris, comme on le sait, lieu et place des Templiers, nous confirme absolument dans notre opinion, et donne créance à la tradition locale.

Ainsi Veurey, modeste localité du Dauphiné, voit son histoire se confondre pendant quelque temps avec celle d'un grand ordre de Chevalerie. Il se trouve par là associé à un des événements les plus palpitants d'intérêt, à une des pages les plus tristement célèbres de notre histoire nationale.

Nous allons voir en effet les Templiers, infidèles à leur mission, rejetés par l'Eglise, et supprimés par un concile œcuménique.

Veurey a été trop inféodé aux Templiers pour que nous passions sous silence leur condamnation et ses raisons. Veurey a trop ressenti le contre-coup de ce dénouement tragique pour que nous hésitions à lui consacrer quelques lignes. Nous étudierons cette grosse affaire avec toute l'impartialité désirée, sans passion aucune, et à la lumière des documents. C'est une question trop ignorée, trop légèrement traitée, et malheureusement trop faussée dans les ouvrages anticatholiques pour ne pas essayer de faire resplendir jusque dans cette petite brochure la vérité historique odieusement travestie.

---

(1) Nom latin de Vouray, près Tullins.
(2) M. Georges Guigue.

CHAPITRE VII

Veurey au XIVe siècle

Le Concile général de Vienne. — Durand de Mende. — Crimes des Templiers. — L'enfant muré de Veurey. — Sagesse de Clément V. — L'Eglise et les personnes des Templiers. — Opinion de Voltaire. — Jugement de Michelet. — Les Routiers et François de Sassenage. — Visites pastorales de 1340 et de 1399. — Le Prieuré de Veurey. — Origines du patronage des Réguliers et des Prieurés. — Saint-Georges, patron de Veurey. — La Vigne à Veurey. — Textes de Pline l'Ancien : Vin, treillages et tonneaux des Voconces. — Les Reconnaissances. — Réunion du Dauphiné à la France. — Etienne de Murianette.

Le XIVe siècle s'ouvrait par l'affaire des Templiers, et c'est un concile œcuménique (1) qui allait en connaître. Les Pères avait deux autres questions à traiter : les secours à porter à la Terre-Sainte, et la Réformation des mœurs ; mais la question du Temple, intéressant les deux autres, et préparant leur solution, devait nécessairement obtenir la priorité.

Les seigneurs, bourgeois et manants de Veurey plus encore que ceux des autres paroisses de la contrée devaient attendre avec angoisse la décision suprême. Les Templiers ne s'étaient pas installés dans ce pays sans fusionner bien

(1) XVe Concile général.

vite avec la population. Etaient-ils populaires ? Avaient-ils des ennemis ? Nous ne savons. Quoi qu'il en soit, ils étaient tout puissants et leur chûte allait être d'autant plus effroyable que leur domination paraissait plus assurée.

C'est le 16 octobre 1311 que les Pères du concile au nombre d'environ 300 (1) se rendirent à l'église Saint-Maurice, à Vienne en Dauphiné, pour implorer les lumières de l'Esprit-Saint et ouvrir à nouveau les grandes assises de l'Eglise.

Des synodes s'étaient tenus et des mémoires avaient été rédigés pour préparer les travaux du Concile. L'un de ces mémoires, qui nous est parvenu, est l'œuvre de Guillaume Durand, évêque de Mende (2), homme de zèle, de science, et de foi, et d'une droiture inattaquable. Son témoignage sur les Templiers sera d'autant plus fort qu'il n'hésitait pas, lui, évêque, à dénoncer partout où il les rencontrait, les abus du clergé.

Dans son rapport, Durand concluait à la suppression de l'ordre du Temple, si mal famé, qu'il a inspiré aux infidèles et aux incrédules l'horreur du nom chrétien. « Il faut le
« supprimer, dit-il, sans aucun retard de peur de laisser,
« par une condamnable lenteur, l'étincelle grandir à l'état
« de flamme capable d'incendier l'univers, comme cela est
« arrivé pour l'hérésie d'Arius. Et qu'on ne dise pas qu'un
« ordre si noble et si célèbre ne peut être retranché sans
« suivre de point en point toutes les formes ordinaires du
« Droit, et sans épuiser la discussion. Cette raison ne doit
« point émouvoir le Pape en face du grave scandale qui
« s'est élevé de cet ordre et qui va grandissant tous les
« jours. Ce n'est point le cas de tant discuter mais celui
« d'appliquer cet oracle de la Vérité éternelle : « si ton œil
« ou ta main droite te scandalisent, coupe ta main, arrache
« ton œil, et jette-les loin de toi ».

L'Eglise, et c'est là une grande preuve de sa divine vita-

---

(1) D'après Villani et Saint Antonin.
(2) Ne pas confondre ce jeune prélat, avec un autre Durand, son oncle, auteur du *Rational*.

lité, ne craint pas de confesser les abus et les excès qui se glissent dans ses rangs. Elle n'hesite pas à se couper la main ou à arracher son œil. Les Templiers avaient été son bras droit dans la lutte contre le Coran, elle s'en privera néanmoins.

Parmi les griefs relatés contre le Temple il en est de notoires, et d'autres encore insuffisamment établis.

Les actes d'idolâtrie, d'adoration d'une « tête » ne paraissent avoir été produits que dans certaines commanderies. Il n'y a pas lieu actuellement de les mettre sur le compte de l'ordre.

Le second chef d'accusation, l'immoralité, ne semble pas non plus devoir être généralisé. Le contact des Musulmans a été funeste à l'Ordre mais la corruption orientale n'avait peut-être pas encore contaminé toutes les commanderies.

L'accusation capitale portée contre les Templiers est le reniement du Christ. Le petit nombre de ceux qui se défendirent d'une pareille accusation (une vingtaine au plus), la déposition naïve de plusieurs, la déclaration si nette et si précise des Templiers de Florence, l'explication donnée par un des grands dignitaires de l'ordre, Geoffroi de Gonneville, ne permettent pas de douter qu'en France ou en Italie du moins, c'est-à-dire, dans six provinces le candidat à « *la milice du Christ* », pour y être admis, ait été obligé d'apostasier Celui pour lequel il s'engageait à combattre. Le nouveau chevalier devait cracher trois fois sur le Crucifix (1).

Après un si horrible sacrilège, devenu « point d'Ordre » (2), on peut s'attendre à tous les débordements. C'était la porte ouverte à l'immoralité, à l'idolâtrie et à l'assassinat. Sans doute il ne faut accepter qu'avec circonspection les légendes forgées par l'imagination populaire au sujet des Templiers, comme par exemple ces histoires d'enfants murés vivants dans certaines chapelles appartenant au Temple.

---

(1) Jacques de Molay et Hugues de Péraud furent contraints de renier le Christ.

(2) Les Templiers.— *Amand Rastoul*.— Il n'a pas été prouvé que cet horrible sacrilège était devenu un *point d'ordre*, sinon il y aurait eu matière plus que suffisante pour faire condamner l'ordre.

Ici, néanmoins, c'est notre devoir d'historien de relater un incident qui se produisit lors de la démolition de notre vieille église mérovingienne. Cette église, suivant la tradition, avait appartenu aux Templiers comme d'ailleurs tout le village de Veurey.

Un matin de l'année 1855 les ouvriers abordent avec leur pioche le mur situé derrière l'autel. Il sonne creux. Le briquetage tombe. On se trouve immédiatement en face d'une niche dans laquelle se dresse un squelette d'enfant de douze à quatorze ans — squelette qui ne tarde pas à tomber en poussière au contact de l'air. M. le curé Gérante, en racontant le fait le jour même dans l'après-midi à une de ses paroissiennes (1), ajoutait : « J'ai entendu beaucoup d'hor-« reurs sur les Templiers, je commence à croire qu'ils pou-« vaient bien murer des enfants (2) ».

Les Templiers s'étaient adonnés à l'ivrognerie et le proverbe : « boire comme un templier », leur a survécu. Des hommes voués à ce vice on ne peut plus dégradant de la nature humaine devaient aller à tous les excès.

Le Pape n'alla pas aussi vite que Guillaume Durand le désirait. Il ne saurait être accusé de précipitation ni d'arbitraire.

Philippe le Bel avait commencé de spolier le Temple en 1307. Le Pape protesta. Philippe IV faisait un crime à Clément V de sa lenteur. Celui-ci laissait l'enquête suivre normalement son cours. Les interrogatoires furent conduits avec beaucoup de ménagements et de douceur. Mais ce qu'il faut savoir surtout c'est que Clément V, interprétant en cela d'ailleurs l'opinion de la majorité du Concile, supprima l'Ordre inculpé par voie de provision, et non par sentence définitive, c'est-à-dire, par précaution, par voie de règlement apostolique, et non par voie de condamnation judiciaire. *(Via provisionis et ordinationis apostolicæ).*

(1) Mme Amat, propriétaire de la Tour des Templiers, de qui l'auteur tient textuellement la déclaration de M. Gérante.

(2) Cet enfant a parfaitement pu être emmuré après sa mort. La niche ayant été immédiatement fermée le squelette a fort bien pu, de l'avis de doctes médecins, rester debout durant des siècles. Les Templiers enterraient les morts *debout*.

Le lecteur nous saura gré de citer ce passage de la bulle (1) qui montre le pape Clément V sous son vrai jour :
« .....entre ceux qui disent qu'il faut pour les crimes susdits
« promulguer la sentence de condamnation contre cet
« Ordre, et ceux qui disent que les procédures qui ont eu
« lieu ne permettent pas, après une mûre et longue délibé-
« ration, de le condamner avec justice, Nous, n'ayant que
« Dieu en vue, et prenant en considération le bien des
« affaires de Terre-Sainte, sans incliner ni à droite ni à
« gauche, nous avons pensé qu'il fallait prendre la voie de
« *provision* et de *règlement* pour supprimer les scandales,
« éviter les dangers, et conserver les biens destinés au ser-
« vice de la Terre-Sainte ».

Dans les bulles : *Vox in excelso et Considerantes dudum*, le Pape a porté sur l'Ordre du Temple l'appréciation la plus équitable. « Si au lieu d'accueillir sans examen, dit
« M. Rastoul (2), les calomnies d'origine italienne, on exa-
« mine la conduite de Clément V à la lumière des actes
« officiels, on constate qu'elle a toujours été judicieuse.
« Défenseur naturel des privilèges du Temple, il protesta
« contre la violence du Roi de France jusqu'au jour où les
« interrogatoires de Poitiers lui dévoilèrent la culpabilité
« des religieux. Convaincu dès lors que l'Ordre ne pouvait
« se maintenir sans « périls pour la foi » il s'efforça d'en
« obtenir l'abolition par les voies du droit. En l'affaire des
« Templiers, Clément V n'a point failli à ses devoirs envers
« l'Eglise ».

Quant aux personnes des Templiers le Concile général statua ce qui suit : 1° Ceux qui seront trouvés innocents ou qui paraîtront mériter l'absolution seront entretenus honnêtement, suivant leur condition, sur les revenus de l'Ordre ; 2° Ceux qui auront confessé leurs erreurs seront

---

(1) Le texte de cette bulle *Vox in excelso* fut découvert à la fin du siècle dernier dans les archives d'Ager en Catalogne, et imprimé en 1806 par Villanuova dans son ouvrage intitulé *Voyage littéraire aux églises d'Espagne* C'est de là que le savant bénédictin Dom Gams l'a tiré en 1865.

(2) *Les Templiers*, chap. IX, page 62.

traités avec indulgence ; 3° Pour les impénitents et les relaps on les traitera rigoureusement ; 4° Ceux qui auront persisté à nier qu'ils soient coupables seront mis à part et logés séparément, ou dans les maisons, ou dans les monastères, aux dépens de l'Ordre.

Quoi de plus équitable ou de plus modéré, quand on se reporte à cette époque où la justice féodale était encore si imprégnée de barbarie, si sommaire et si expéditive ?

Quant aux grands maîtres, Jacques Molay et Guy, leur supplice doit être mis sur le compte de Philippe le Bel qui n'attendit pas la sentence de la Commission de Paris.

On a fait de Molay un martyr. « Singulier martyr en
« vérité que ce chef d'ordre arrogant et faible qui s'était
« dérobé à la défense de ses religieux et qui n'avait pas su
« trouver en sa conscience soit assez de courage pour refuser
« de prêter des aveux mensongers, soit plus probablement
« assez de loyauté pour persister dans ses aveux s'ils étaient
« véridiques (1) ».

« Ainsi tomba, dit M. l'abbé Falcoz dans une intéressante
« étude sur la question (2), cet ordre de chevalerie, le plus
« noble, le plus puissant peut-être que l'Eglise ait eu dans
« son sein. Le bruit de sa chûte retentira encore longtemps
« dans l'histoire, et bien que cinq siècles nous séparent de
« ces tragiques événements, ils nous émeuvent encore, tant
« il est vrai que rien ne nous attache et ne nous frappe
« comme le malheur et le mystère. Il y aura toujours dans
« ce drame historique des Templiers une énigme qui éveille
« la curiosité, une grande calamité qui excite la commisé-
« ration. Mais il nous suffit de constater ici que l'Eglise
« n'a point outrepassé ses droits, qu'elle n'a manqué pour
« sa part ni de zèle, ni de patience dans la recherche du
« vrai, ni de modération dans le maintien et l'application
« de la justice (3) ».

(1) M. Amand Rastoul, archiviste paléographe, déjà cité.
(2) *Le Concile de Vienne*, par M. l'abbé Falcoz, prof^r d'histoire au Rondeau, mort en 1907, curé de St-André, de Grenoble.
(3) *Semaine religieuse de Grenoble*, année 1870, n°s 26, 27, 29.

Notons en passant que Voltaire n'a pas osé absoudre les Templiers. Il reconnaît qu'ils vivaient avec tout l'orgueil que donne l'opulence, et dans les plaisirs effrénés que prennent trop souvent les gens de guerre. Michelet écrit à son tour « qu'il n'est pas difficile d'arrêter un jugement sur « les désordres du dernier âge de la Chevalerie du Tem-« ple (1) ».

L'Eglise sort donc triomphante, de l'aveu même de ses adversaires, de ce drame lugubre qui ouvre le XIVe siècle. Elle s'est conformée à la loi organique de son histoire. Elle a élagué les branches mortes pour jeter une frondaison nouvelle et proclamer une fois de plus sa jeunesse immortelle.

Veurey, qui appartenait en grande partie aux Templiers, dut ressentir vivement le contre-coup de leur condamnation. Les Chevaliers de Saint-Jean de Jérusalem ou Hospitaliers prirent leur lieu et place. Héritiers de leurs biens, ils firent oublier leurs prévarications. Ainsi notre pays échappa aux convoitises des seigneurs voisins et des Dauphins, et par là aux suites funestes des guerres féodales.

Nos barons, d'ailleurs, allaient avoir à combattre un ennemi commun. Les « Grandes Compagnies » devenues inactives par la cessation des grandes guerres, se jetèrent sur le Dauphiné en 1374. Après avoir rançonné les habitants du Grand Serre les Routiers tournèrent à l'Est et pillèrent Roybon, Tullins, passèrent l'Isère à Saint-Quentin, et vinrent camper entre Noyarey et Veurey. Là ils se partagèrent en deux bandes dont l'une repassa l'Isère au-dessous de Voreppe. François de Sassenage qui les guettait profita de cette faute, fit une sortie de son château et les accula jusqu'à l'Isère en leur faisant beaucoup de mal. La nuit étant survenue les Routiers (2) s'emparèrent de toutes les barques qui se trouvaient à leur portée, et au petit jour commençaient à traverser la rivière lorsque l'intrépide baron

---

(1) Les armes des Templiers étaient « d'Argent à la croix recrossetée de gueules ». Leurs couleurs étaient ; *Blanc* et *Noir*.

(2) Leur accoutrement était bizarre, leurs casques de toutes formes et surmontés de panaches rouges et noirs, couleurs de flammes et de tempête. Cherest.

reparut et les rejeta sur Voreppe et Moirans, malgré une résistance acharnée de leur part.

Remarquons en passant que la battellerie devait être assez prospère à ce moment-là puisque les barques jouaient un rôle si important dans le sauvetage des Routiers.

Nos paysans, qui eurent sans doute beaucoup à souffrir de ces pillards organisés, durent bénir François de Sassenage qui défendait si bien ses vassaux. Les seigneurs n'étaient pas encore devenus inutiles. Le château-fort était une sécurité pour tous.

Veurey et ses barons ne pouvaient que sympathiser de plus en plus après ces événements. Le futur canton de Sassenage jetait des racines profondes. Cependant, déjà à cette époque, s'étaient établies des relations au point de vue ecclésiastique entre notre paroisse et celle de Voreppe. Un pouillé du diocèse de Grenoble, remontant aux premières années du XIVe siècle, mentionne pour la première fois un prieuré à Veurey, *prior de Voroy* (1). Il y est taxé à une somme de seize livres seulement.

Un pouillé postérieur — celui de 1497 (2) — nous apprendra que le prieuré de Veurey était alors uni à celui de Saint-Didier de Voreppe et que la cure de la même localité, dont les revenus n'étaient que de vingt-cinq florins, était à la présentation du prieur de Voreppe (3). Le prieuré de Veurey était en effet réuni à celui de Voreppe depuis le 1er décembre de l'année 1327 (4). Les curés-prieurs de Veurey ayant toujours, *de temps immémorial*, habité le presbytère actuel dont certaines parties semblent en effet fort anciennes, il est permis de supposer que la maison curiale et ses dépendances n'est pas autre chose que le prieuré de 1327. Le voisinage de la vieille église mérovingienne ne peut que fortifier cette opinion.

---

(1) Cartul. de l'Eglise de Grenoble. Suppl. XII, page 278.
(2) Ce pouillé a pour auteur François du Puy, official de Grenoble et plus tard général des Chartreux.
(3) Cartul. de l'Eglise de Grenoble; chart. suppl. XIII, p. 356.
(4) *Arch. de l'Isère*: Invent. des titres de l'Evêché de Grenoble de 1789, f. 548.

C'est ici que nous pourrions placer les deux visites pastorales de 1340 et de 1399. Celle de 1340 est faite par Jean de Chissé : « Item die mercurii predicta seq. (26 janvier) in sero ivit Dominus Gratianopolim et in crastinum rediit apud Vuyreyum. Item die jovis seq. (27 janvier) visitavit dominus ecclesiam de Vuyreyio et receptus ut prius missam audivit et plures confirmavit et tonsuravit..... Prandium ibi cepit, et litteras de eligendo confessario et C^a usque ad biennium dom^e Margarete, relicte dom^i Alberti de Cassenatico et consorti Guigonis Bertrandi, et causam matrimonii inter quosdam de prioratu de Vineis officiali suo gracianopolit. remisit decidendam. Defectus ecclesiœ sunt hii ; fontes et Eucaristia sunt sine cera, non est imago sancti, nullus monachus ibi residet, nichil ministrat prior curato ». L'évêque arrivé à Veurey, entend la messe, confirme et tonsure plusieurs sujets, examine plusieurs causes de mariage, remet la décision à son official, fait des observations sur l'état des Fonts baptismaux et l'Eucharistie, constate qu'il n'y a aucune image de Saint, que les *moines* ne gardent pas la résidence, et que le prieur ne donne rien au curé. Arrivé à Saint-Quentin il donne commission au prieur de Saint-Etienne pour absoudre Guillaume de Veurey, *Guillelmum de Vuyreyio*, de toutes les excommunications qu'il a encourues, « ad instanciam prioris de Muyrenco (Moirans) racione cujusdam sequestre, et noc de consensu prioris (1) ».

Sur la visite de 1399, par Aymon de Chissé (2), nous trouvons le document suivant : « Item die mercurii xxv mensis junii, audicta missa et visitatione facta in Sancto Quintino, venit dominus ad ecclesiam de Vorey (3) et reperit in eadem ecclesia corum male coopertum, lapidem fontium non tenentem aquam, sed erat infra unus alius lapis ad tenendam ipsam : cetera bene. Est in eadem ecclesia quœdam capella

---

(1) *Arch. de l'Isère.* Visites pastorales, 14, 15.
(2) Aymon Ier de Chissé ou Chissay.
(3) Veurey s'est appelé tour à tour *Voreium — Voureyium — Vuyreyium — Voroi — Veroy — Verey — Vurey — Vorey — Vourey — Veurey.*

quam fundavit curatus condam dicti loci, non est dotata nec celebratur in eadem. Curatus est novus, parrochia habet circa LIIII focos. » L'évêque trouve le chœur mal couvert. La cuve baptismale ne tient pas l'eau sainte mais il y a au-dessous une autre cuve qui la reçoit. Le reste est en bon état. Dans l'église il y a une chapelle, non dotée, fondée par un ancien curé mais on n'y célèbre pas. Le curé actuel est nouveau. La paroisse compte 54 feux (1).

Veurey se rattachait — par le prieuré de Voreppe — à l'abbaye de Saint-Pierre de Vienne, très florissante à cette époque. Les curés de Veurey prennent le titre de *prieur* et le garderont jusqu'à la Révolution. Nous verrons messire Louis Durand, notre confesseur de la foi, signer encore : *curé-prieur de Veurey*, ce qui indique que la cure de Veurey était encore à la présentation du prieur de Voreppe, et en recevait la portion congrue.

Un livre publié à Utrecht en 1697 et intitulé : « *Histoire de l'origine et des progrès des revenus ecclésiastiques* », nous donne d'intéressantes explications sur l'origine des prieurés et des patronages. Citons le passage le plus saillant : « ..... Depuis qu'il leur (aux religieux) a été permis
« de posséder des terres, et même des fiefs ou seigneuries,
« ils ont eu plusieurs églises en leur disposition qu'ils ont
« gouvernées par eux-mêmes ou par des prêtres séculiers.
« Ils ont pour l'ordinaire donné les paroisses à gouverner
« à des prêtres séculiers en leur fournissant une pension
« assez modique et ils avaient même la liberté de les chan-
« ger à leur volonté... Mais ils furent enfin obligés de mettre
« des curés ou vicaires perpétuels dans leurs églises pour
« empêcher une infinité d'abus et c'est de là que sont venues
« en partie les cures auxquelles ils nomment en qualité de
« patron. »

Et plus loin nous lisons au sujet des prieurés : « .... Quand
« il y avait des terres éloignées du monastère, il fallait y

---

(1) La même visite relate 30 feux pour Noyarey — 40 feux pour Sassenage. — 120 pour Saint-Quentin et 120 pour Voreppe — En 1497, Veurey atteindra 60 feux (visite de Laurent Ier Allemand).

« mettre quelque religieux qui en prit le soin..... voilà l'ori-
« gine des prieurés..... Il est arrivé dans la suite des
« temps que plusieurs de ces prieurés ont été confiés à des
« séculiers... »

Les abbayes ou prieurés importants nommaient aux cures mais c'était l'évêque qui conférait les pouvoirs spirituels.

Le prieuré de Veurey fût en effet établi par des religieux venus de celui de Voreppe qui, lui-même, était une dépendance de l'abbaye bénédictine de Saint-Pierre de Vienne. Les bénédictins se déchargèrent ensuite du spirituel et du temporel sur les séculiers que nous rencontrons dès 1686 avec le double titre de prieur-curé de Veurey.

Notre prieuré fût dès l'origine dédié à Saint-Georges. Il y a donc tantôt six cents ans que l'illustre soldat-martyr est patron de la paroisse de Veurey. Dans nos archives nous ne le trouvons mentionné comme tel pour la première fois que le 23 avril 1662, dans un baptême. Les archives départementales (1) sont heureusement venues à notre secours, et nous savons maintenant que ce patronage remonte aux premières années du XIV siècle, et d'une façon précise au 1ᵉʳ décembre de l'année 1327.

Au point de vue féodal les barons de Sassenage continuent de recevoir hommage des seigneurs de Veurey. Ils étendent même leur domaine direct sur cette paroisse.

En 1303 nous trouvons la reconnaissance d'une vigne, d'un pré et d'une *isle* appelée *Brayarde* en la paroisse de Veurey faite par noble Bertrand demoyseau à Hugues de Sassenage.

C'est la première vigne que nous rencontrons dans les reconnaissances (2). Ceci ne prouve pas que la souche *léti-*

---

(1) *Arch. de l'Isère* : Invent. des titres de l'Evêché de Grenoble de 1789, f. 548.

(2) Les reconnaissances étaient des actes passés périodiquement devant notaire ou commissaires désignés à cet effet par tous les tenanciers d'une même seigneurie dans lesquels chacun d'eux venait déclarer le nombre et l'étendue des parcelles possédées et la quotité des redevances à acquitter. J. Roman, *L'émancipation des serfs, ses causes et ses conséquences.*

flante de notre bon père Noé soit d'importation récente à Veurey.

Pline le Naturaliste connaissait le vin des Voconces. Au Livre XV° il nous apprend que nos pères, encore peu gourmets, dépréciaient le divin nectar en y ajoutant des arômes. Ils le parfumaient avec de l'absinthe et de la résine d'épicea. — Les vins poissés étaient à la mode. — Ils étaient mieux inspirés quand ils taninaient le vin fermenté avec le moût pressuré, que Pline appelle *mustum tortivum* (1).

Le même auteur constate que dans le pays des Voconces, les vignes étaient en treillages, parce qu'elles avaient besoin d'appui pour résister à la fureur des vents : « Vetant hoc alicubi venti ut in Africa et in Narbonensis provinciœ partibus ». Veurey, comme nous l'avons dit plus haut, faisait partie de la première Narbonnaise (2).

Il y avait sans doute d'autres raisons d'élever la vigne. On la rendait plus inaccessible à la gelée, et d'autre part on pouvait entre les treilles cultiver les céréales et plusieurs plantes légumineuses. Le treillage nous rappelle l'imprécation de Cineas, l'ambassadeur de Pyrrhus, contre la souche mère du vin d'Aricie qu'il trouvait fort amer : « Merito matrem ejus pendere in tam alta cruce. »

C'est aux Grecs en effet que les Gaulois du III° siècle avant Jésus-Christ avaient emprunté le treillage comme c'est des Romains qu'ils apprirent à planter la vigne. Voici comment les Cisalpins déterminèrent à les imiter leurs frères Allobroges et Voconces. L'un d'entre eux — s'il faut en croire Tite-Live et Plutarque — nommé Aruns, voulant venger un affront appelle à son secours les Transalpins (3) et pour mieux les décider à franchir les Alpes, leur envoie un vin dont la saveur agréable fait tomber toutes les hésitations. Les Voconces volent au secours de leurs frères d'Italie, et

---

(1) Les viticulteurs bourguignons taninent encore leurs vins de cette façon : Ils ajoutent à chaque barrique deux ou trois brocs de vin pressuré de la même récolte.

(2) Des pièces de monnaies trouvées à Veurey en 1905 confirment ce point historique.

(3) Les Gaulois d'au-delà des Alpes par rapport à Rome.

reviennent en Allobrogie avec ces souches vigoureuses qui, jusqu'à l'apparition du phylloxéra au XIXᵉ siècle, renaîtront de leur propre frondaison, en réalisant le mot du célèbre naturaliste romain : « Nec est ligno ulli œternior natura » — aucun arbre ne vit plus longtemps que la vigne. (Liv. XIV, 2).

Remarquons aussi que les Voconces n'ignorent pas le tonneau — « Circa Alpes ligneis vasis condunt circulisque cingunt » (Pline, Liv. XIV, 27). — « Les Gaulois qui habitent au pied des Alpes — en deçà et au-delà — renferment leur vin dans des vases de bois qu'ils entourent de cercles. » — Il ne s'agit donc ici ni de l'amphore, ni de l'outre, ni même du tronc d'arbre creusé, mais du tonneau cerclé, du tonneau actuel, avec moins de grâce dans la forme sans doute mais déjà avec tous les éléments essentiels qui le constituent.

Lorsque les Templiers deviennent seigneurs de Veurey ils trouvent donc la vigne déjà prospère et vieille de plus de treize siècles. Ils auront du moins le mérite de ne pas la laisser périr.

Cette digression sur la vigne et le vin occasionnée par la reconnaissance de 1303 ne doit pas nous faire omettre la question des reconnaissances, fort intéressante au point de vue de la documentation.

En 1309 plusieurs habitants de Veurey font des reconnaissances en faveur de Hugues de Sassenage pour héritages, cens, services et pensions qu'ils lui doivent (1).

En 1310 une reconnaissance du même genre est passée en faveur dudit Hugues par Pierre Silvestre Poncet, fils de Guillaume Silvestre et par plusieurs autres habitants de Veurey (2).

Ces reconnaissances ne sont autre chose que les hommages rendus par les vassaux à leurs seigneurs respectifs

---

(1) *Archives de l'Isère*. Ces reconnaissances ont été rendues nécessaires par la transformation de la propriété seigneuriale en simples rentes..... Ces reconnaissances n'étaient pas autre chose que le rôle de l'impôt. J Roman.

(2) *Archives de l'Isère*.

pour les terres ou droits qu'ils tenaient d'eux. Ces hommages étaient prêtés à l'église le dimanche qui suit celui de la Quadragésime appelé *dimanche Reminiscere* parce que l'introït de la messe de ce jour commence par ce mot *Reminiscere* — Souviens-toi. Le vassal ne devait pas oublier de qui il tenait son fief et comme les hommages étaient prêtés précisément pendant le chant de *Reminiscere*, ils prirent le nom de reconnaissances (1).

C'est dans une de ces reconnaissances que nous trouvons la première mention de la maison-forte ou tour carrée de Veurey dont nous avons donné plus haut la description détaillée. « Le 21 novembre de l'année 1354 noble Guigues « Bertrand reconnaît tenir en fief de François de Sassenage « une maison-forte située en la paroisse de Veurey et tous « les autres biens qu'il possédait dans tout le mandement « de Veurey — sauf ce qu'il tenait de Didier de Sassenage « dont il lui fit hommage — sauf l'hommage qu'il devait au « Dauphin (2) ».

Depuis la réunion du Dauphiné à la France, en 1349, les Sassenage cherchent à étendre de plus en plus leur domaine direct dans le mandement de Veurey.

Le 27 avril 1398 noble Reymond Dambel demoiseau passe à noble François de Sassenage la vente de la troisième partie du château de Veurey qui avait appartenu à noble Josceline Bertrand pour le prix de vingt florins d'or.

Si les Bertrand s'en vont en quenouille et vendent leurs terres les Saint-Ours commencent à sortir de l'obscurité mais ne portent encore que le titre de *noble*. Comme cette famille s'est identifiée avec notre histoire locale nous

---

(1) Par exception la Reconnaissance de 1303 eut lieu le lundi après la feste de Saint Pierre.

(2) *Archives de l'Isère*. Les Sassenage à leur tour prêtent hommage au Dauphin. En 1333, le 18 février, Albert de Sassenage fait une reconnaissance de tout ce qu'il a en la paroisse de Vourey, en quoy que le tout consistait. Ici il s'agit bien de Veurey — car Vouray près de Tullins ne faisait pas partie de la baronnie de Sassenage.

Les Sassenage portaient : Burelé d'argent et d'azur de dix pièces au lion de gueules, armé, lampassé et couronné d'or, brochant sur le tout. Cri : Sassenage. (Voir le frontispice.)

croyons devoir interrompre le cours régulier de la Chronologie pour lui consacrer un chapitre spécial, qui sera comme un relais entre la période médiévale et l'époque moderne (1).

Mais avant de quitter ce XIVᵉ siècle, marqué par l'annexion du Dauphiné à la France, remarquons et notons que Veurey a l'honneur de posséder le notaire qui procède à l'inventaire des biens Delphinaux : « Inventarium pro Dalphino post decessum magistri Anthonii Actuherii ». C'est Etienne de Murianette, notaire à Veurey, qui succède à maître Anthoine Actuyer dans l'importante fonction de notaire du Dauphin (2) et qui prend part en cette qualité à la liquidation delphinale.

---

(1) Il faut dire que c'est au XIVᵉ siècle surtout que commence la décadence de la noblesse proprement féodale. Une noblesse composée surtout de notaires et de gros marchands commence à se faire jour.

(2) *Archives de l'Isère.* Table des inventaires des fonds des *Archives de l'Isère.* Extrait des protocoles d'Etienne de Murianette.

Cliché Borel.

CHATEAU DES SAINT-OURS DE L'ECHAILLON
Au Petit-Port (xiv° siècle)

CHAPITRE VIII

Les Saint-Ours de l'Eschaillon

Une famille dauphinoise et veuroise. — Pierre de Saint=Ours. — Antoine de Saint=Ours. — Jean de Saint-Ours, seigneur de l'Eschaillon. — Le château des de Saint=Ours au Petit-Port. — Noblesse et Médecine. — Abel de Saint=Ours. — Louis-Charles de Saint-Ours. — Marguerite-Amédée de Saint=Ours. — Un acte mortuaire. — L'abbé de Saint-Ours. — Un mariage inattendu. — Les Saint=Ours au Canada. — Colonisation. — Un filleul de roi. — Le Chevalier de Saint-Ours. — Les Saint=Ours et les Chorot Boisverd. — Les Armes des Saint=Ours.

Louis Veuillot a écrit un mot très profond entre beaucoup d'autres non moins mémorables : « Si j'avais à refaire le monde, je conserverais la Noblesse, mais je ne la mettrais pas ». La Noblesse a de belles pages dans son histoire. Elle en a aussi de moins glorieuses. Il faut cependant admettre qu'à certain jour un homme a émergé de la foule et a concentré sur lui l'admiration des autres par ses qualités physiques ou par ses vertus morales, par son intelligence ou par sa volonté. Si maintenant cet homme a eu des descendants dignes de lui, on peut facilement expliquer que sa famille ait acquis sur les autres familles une influence prépondérante capable de se survivre plusieurs siècles. C'est l'histoire de la lignée des Saint-Ours de l'Echaillon, seigneurs de Veurey. Jusqu'à la Révolution nous rencontrons souvent leur nom. Il est mêlé aux événements les plus importants du pays. Mais il n'était pas inutile de mettre en relief cette famille qui, pendant plus de cinq cents ans, incarne pour ainsi dire notre histoire locale.

Pierre de Saint-Ours — Le premier membre connu de cette ancienne famille dauphinoise est Pierre de Saint-Ours (1), mis au nombre des nobles de Veurey dans une révision des feux de l'an 1339, dix ans avant la réunion du Dauphiné à la France.

Pierre et Claude de Saint-Ours — A cette époque il y a sans nul doute plusieurs nobles à Veurey, puisque nous y connaissons déjà noble Raymond d'Ambel. Les Saint-Ours ne portent pas encore le titre de seigneurs dudit lieu. C'est ce qui ressort d'ailleurs d'une quittance passée le 23 mars 1374 par le Seigneur de Veurey en faveur de Pierre et Claude de Saint-Ours. Ceux-ci nous paraissent être les fils du précédent à moins que Pierre, mentionné en 1339, ne soit encore vivant. Il est plus probable cependant que ce Pierre, deuxième du nom, est celui dont il est question dans un acte du 14 avril de l'an 1400, à côté de Lancelin de Saint-Ours.

Lancelin de Saint-Ours

Antoine de Saint-Ours — Dans une révision des feux de l'année 1448 nous trouvons Antoine de Saint-Ours. Il combattait pour le Dauphin, à la bataille d'Anthon (11 juin 1430) où le prince d'Orange fût défait (2).

---

(1) Nous ne mettrons en marge que les noms de ceux de Saint-Ours qui paraissent s'être succédé à Veurey comme chefs de famille, et dans le sommaire du chapitre nous annoncerons seulement les noms les plus glorieux.

(2) Les sources auxquelles nous avons puisé pour écrire cette étude rapide sur les Saint-Ours sont l'*Armorial du Dauphiné*, les archives des familles *de Saint-Ours* et *de Boisverd*, et enfin les *registres de catholicité*.

Jean de Saint-Ours

Jean de Saint-Ours, son fils, suivit en 1483, le baron de Sassenage, qui marchait au secours du marquis de Saluces contre la Savoie. Il fut marié le 5 février 1467 à demoyselle Françoise de Repellin, dont il eut Georges de Saint-Ours.

Georges de Saint-Ours

Georges contracta mariage avec demoyselle Anne Baile, le 20 décembre 1500. Deux enfants naquirent de ce mariage : François qui ne paraît pas avoir eu de postérité, et Georges, qui, substitué à François, son frère, dans le testament de leur père, recueillit toute la fortune paternelle (1).

Georges de Saint-Ours fils du précédent

Ce Georges de Saint-Ours, deuxième du nom comme chef de famille, servit en Italie, et fût marié deux fois : une première fois le 24 janvier 1536 à demoyselle Urbaine (2) Rolland, fille de noble Laurent-Jean Rolland et de Jeanne d'Avallon, et une deuxième le 21 juin 1551, à demoyselle Anne de Roybon. Ces deux alliances, par les dots qu'elles apportent à Georges qui a déjà recueilli toute la fortune de ses ancêtres, vont porter à l'apogée la famille de Saint-Ours. Aussi Etienne, second fils de Georges, héritier unique par la mort de son aîné Pierre, va-t-il prendre le titre de *Seigneur de l'Echaillon*, que la branche directe désormais sera jalouse de porter jusqu'au XIXᵉ siècle (3).

---

(1) Georges de Saint-Ours n'est pas encore seigneur de Veurey, dont la terre, seigneurie et juridiction, viennent d'être acquises par les de Vachon de dame Anne de Montaud. Toutefois les Saint-Ours ont des droits sur Veurey comme en fait foi la déclaration faite le 20 mars 1540, par devant le vice-bailly, et dans laquelle il est stipulé que Georges de Saint-Ours tient et possède en ladite paroisse de Veurey neuf sestiers avec François Vachon.

(2) C'est Yolande Rolland, et non Urbaine (contrat de mariage de Georges de Saint-Ours) L'Armorial a fait erreur

(3) De sa seconde femme, Georges eut une fille Marguerite qui devint

CHAPITRE HUITIÈME

C'est vers cette époque aussi, en pleine Renaissance, que fût construit ou reconstruit le château des Saint-Ours, au Petit-Port. Aliéné à la Révolution il a consrvé néanmoins jusqu'à nos jours sa physionomie primitive. Les propriétaires successifs (1) qui l'ont habité l'ont assez respecté. On peut voir encore la vaste cuisine avec sa haute cheminée, les plafonds à la française, les croisées en pierre de taille, et la tour carrée qui flanque la vieille gentilhommière au Nord. La façade donne directement sur le chemin qui va de Veurey aux bains de l'Echaillon par le Petit-Port. La ferme (2) plus au Sud-Est, vers Veurey, et quelque peu isolée, porte également les caractères de l'architecture de l'époque. On sent que ce hameau, défendu par l'Isère et une enceinte de rochers, a coulé des jours tranquilles à l'ombre du manoir seigneurial. Il a trop bien gardé son caractère et son cachet du XVe siècle. Ce village, aujourd'hui un peu mort, a eu aussi sa vie intense, son commerce de bois, sa battellerie, et son bien être relatif. Il a vu chevaucher dans ses chemins rocailleux les gentes damoyselles, et par ses seigneurs presque tous officiers de l'armée delphinale ou de l'armée française, il a connu les gloires ou les malheurs de la patrie. Le Petit-Port a été pendant plusieurs siècles un centre important de la vie Veuroise. Mais peu à peu les Saint-Ours ont délaissé le vieux castel pour leur château de Veurey où ils semblent se fixer dès le XVIIe siècle. Les autres nobles du bourg les attirent. Il n'y a plus autant de rivalités que jadis. La sécurité publique commence à s'établir. Il fait meilleur vivre. La noblesse, tout en alimentant l'armée, devient moins belliqueuse. Elle va cultiver ses terres plus que jamais, les étendre par de riches mariages, et enfin les émietter peu à peu dans des procès interminables.

---

religieuse de saincte Claire, à qui il fait une pension annuelle de dix livres.... Il lui assure sa vie *honestement* avec ses héritiers si elle ne peut demeurer en ladite religion.

(1) Ce château est habité aujourd'hui par les familles Louis Vieux et Xavier Vieux.

(2) La ferme appartient maintenant à la famille Eybert.

Mais revenons à Etienne de Saint-Ours (1). Capitaine d'infanterie, il épousa le 20 juin 1580 Marguerite, fille de noble Hugues de Dorgeoise (2), seigneur de la Tivolière, et de Guigonne de la Croix.

De cette alliance naquirent Louis de Saint-Ours mort sans postérité, *Henri* qui va continuer la dynastie, et Louise mariée à Pierre de Quinson.

Henri de Saint-Ours, seigneur de l'Eschaillon, officier au régiment de Sault, lieutenant de la Compagnie de Ferron au régiment de Levis, puis capitaine au même régiment, contracta, à l'exemple de son père, une alliance fort honorable en épousant, le 25 janvier 1632, Jeanne de Calignon, fille du grand prévôt du Dauphiné, et de Diane de Beaumont. Les Calignon, illustrés par le chancelier de Navarre, Soffrey de Calignon, étaient une des principales familles du Dauphiné.

Si la branche directe recherche la fortune par les alliances, les autres Saint-Ours ne restent pas inactifs. La science, la médecine et la chirurgie les attirent. Abel de Saint-Ours se fait une jolie place dans le Corps de Médecine de Grenoble.

Les apothicaires ont déjà depuis longtemps dans cette ville une situation fort honorable. Les épidémies et les guerres les ont mis en relief en démontrant leur utilité. Les consuls ne dédaignent pas d'être apothicaires. La Noblesse ne croit pas s'abaisser non plus en jalousant ce titre nouveau devenu d'ailleurs fort populaire. En 1611 Abel de Saint-Ours (3) signe les statuts de l'honorable corporation de Gre-

---

(1) Estienne de Saint-Ours hérite le titre *de seigneur de Veurey* de son frère Pierre, comme nous l'apprend une quittance passée en 1589 entre Ravinel de Saint-Ours, châtelain de Veurey et Estienne de Saint-Ours seigneur de Veurey, qui fait valoir les droits qu'il tient de *noble Pierre de Saint-Ours, seigneur de Veurey .. allé de vie à trépas..... layssant à luy survivant noble Estienne de Saint-Ours, seigneur dudit lieu, son frère...»* Archives de la paroisse de Veurey.

(2) Les Dorgeoise habitaient Coublevie. Leur château est occupé actuellement par Mme Devèze.

(3) Il habitait le Châtelard, comme le témoigne son testament.

noble comme *maître apoticaire*. Le 30 août 1614 il fait partie du Corps de Médecine (1) au même titre. Nous le trouvons enfin au nombre de ceux qui déposent une plainte contre un *Delorme* qui fût condamné pour exercice illégal de la médecine (2).

Ceux des de Saint-Ours qui n'auront à prétendre ni aux titres nobiliaires, ni aux héritages, ni aux honneurs militaires se donneront à la Médecine et à la Chirurgie. Ils abandonneront la particule et deviendront les Saint-Ours, tout court (3). De père en fils ils seront *praticiens*, notamment comme les deux Saint-Ours qui se succéderont à la Mairie au commencement du XIXe siècle.

La famille de Saint-Ours atteint donc son apogée vers le milieu du XVIIe siècle. Richesses terriennes, alliances, officiers distingués, titres scientifiques, rien ne lui manque pour la placer parmi les plus influentes familles dauphinoises. Malheureusement comme les familles royales et princières, comme toute famille, les Saint-Ours vont redescendre l'horizon et connaître le silence des crépuscules non sans cependant jeter encore, toutefois, un rayon de gloire, et peut-être le plus éclatant de tous, sur leur blason, dans la personne d'une de leurs filles, comme nous allons le voir bientôt.

Revenons à Henri de Saint-Ours. De son mariage avec Jeanne de Calignon il eut trois fils et une fille : *Pierre*, fondateur de la branche du Canada ; *Louis*, seigneur de l'Eschaillon ; *Antoine*, dont la branche tombe en quenouille par le mariage en 1755 de Sébastienne de Saint-Ours avec Claude de Boisverd ; Marguerite, mariée le 16 janvier 1666, à Antoine d'Euvrard, seigneur de Courbon. Cette branche est aujourd'hui éteinte.

---

(1) *Annales de l'Ecole de Médecine de Grenoble*.

(2) Deux quittances de 1582 et 1583, signées Delorme, établissent que ce dernier avait été le créancier de Claude de Saint-Ours.

(3) D'après les registres paroissiaux les de Saint-Ours et les Saint Ours sortent de la même souche.

Louis de Saint-Ours seigneur de Veurey

Louis de Saint-Ours, seigneur de l'Echaillon, contracte alliance avec Anne Pellissier, dont la famille semble déjà établie depuis quelque temps à Veurey. Ces Pellissier du Plan s'allieront plus tard aux de Rivière et nous donneront les Pellissier de Rivière.

Louis de Saint-Ours (1) eût comme enfants : Hugues de Saint-Ours, baptisé en 1699, dont le parrain fût Hugues de Calignon de Chamoussière et la marraine dame Olive de la Chaussée ; Jean-François de Saint-Ours, décédé un mois après sa naissance en 1702 ; Jeanne de Saint-Ours ; Joseph de Saint-Ours.

Hugues de Saint-Ours

Hugues de Saint-Ours, seigneur de l'Eschaillon, paraît dans plusieurs actes, notamment dans le mariage d'une nièce du curé Dufour en 1730. De son mariage avec Marie-Claire du Vivier naquirent :

Louis de Saint-Ours (1733), dont le parrain fût Louis de Vachon, chanoine de Saint-André de Grenoble ;
Marguerite-Amédée de Saint-Ours, la Sainte (2) ;
Madeleine de Saint-Ours ;
Louis-Charles de Saint-Ours, dont le parrain est le même que celui de feu son frère aîné ;
Marie-Rémy-Michel de Saint-Ours ;
Marie-Josèphe-Léonarde de Saint-Ours (3) ;
Marie-Hugues-François de Saint-Ours, le futur chanoine de Saint-Chef et député du Clergé ;
Marie-Josèphe-Jeanne-Charlotte de Saint-Ours.

Louis-Charles, qui prit le titre de Seigneur de l'Eschail-

---

(1) Louis de Saint-Ours meurt en 1717. Une pierre tumulaire conservée dans l'église actuelle de Veurey atteste que les de Saint-Ours sont devenus seigneurs directs dudit lieu.
(2) Voir la déclaration placée au frontispice de cette notice.
(3) Mariée à noble Laurent de la Mérie, le 17 octobre 1758. Avec elle et son frère l'abbé de Saint-Ours s'éteignait au commencement du XIXe siècle la branche des Saint-Ours de Veurey.

lon, fût le dernier héritier de la branche directe. Avec lui devait s'éteindre les seigneurs de Veurey. Ses sœurs furent mariées ou demeurèrent dans cette paroisse qu'elles édifièrent par leur piété et leur dévouement à la Religion. L'une d'elles fût même particulièrement remarquable par les vertus qu'elle pratiqua dans une vie relativement brève, et par une mort qui attira l'attention publique. « Explevit multa in tempore brevi ». « Les familles, dit un illustre philosophe chrétien (1), dans lesquelles la sève chrétienne a circulé finissent par produire, après plusieurs générations, un saint ou un homme de génie ». Les Saint-Ours furent bénis en Marguerite-Amédée.

Rien n'est plus aride que ces parchemins du XVIe, XVIIe, XVIIIe siècles. Nos recteurs se contentaient d'y consigner les baptêmes, mariages, et sépultures. Comme nous leur serions reconnaissants aujourd'hui d'avoir glissé entre ces divers actes, de temps en temps, un petit mot sur tel ou tel événement de l'histoire locale, sur les récoltes par exemple, sur les fêtes profanes ou religieuses, sur la vie communale ou paroissiale. C'est une raison de plus pour nous d'être bien reconnaissants à Messire Jean Durand, curé de Veurey, d'ajouter à l'acte de décès de Marguerite-Amédée de Saint-Ours (2) la phrase, j'allais dire la perle si précieuse que le lecteur saura, comme nous, estimer à sa juste valeur :

« Le 7 octobre 1771, j'ai enterré dans le cimetière de
« Veurey demoiselle Marguerite-Amédée de Saint-Ours,
« âgée d'environ 32 ans, fille à feu noble Hugues de Saint-
« Ours et à dame Claire du Vivier, qui a *vécu* et est *morte*
« en odeur de sainteté — en présence des soussignés avec
« nous de ce enquis et requis — F. Joyeux, C. Michon,
« Durand, prieur-curé. »

Hugues de Saint-Ours venait en effet de mourir six mois

---

(1) Blanc de Saint-Bonnet.

(2) Marguerite-Amédée de Saint-Ours de l'Echaillon est marraine en 1731 d'un enfant Jallifier.

auparavant et avait été inhumé dans l'église de Veurey. Il avait eu le bonheur de faire sa mission en mars 1771. Le 30 novembre 1735, ce père très chrétien faisait ondoyer sa fille, après s'être muni de l'autorisation du prince-évêque de Grenoble, qui avait accordé un délai de quatre mois pour le supplément des cérémonies. Les solennités du baptême eurent lieu en effet le 31 mars 1736 par le ministère de Messire Dufour, curé-prieur de Veurey.

C'est tout ce que nous savons de cette vie angélique. La naissance, la mort, et l'odeur de sainteté embaumant la vie et la mort. C'est peu et c'est beaucoup que ces deux mots de Messire Durand. Il nous disent tant de choses dans leur laconisme. Ils évoquent tout ce qui fait une âme de sainte : piété extraordinaire, charité sans bornes, douceur rayonnante, condescendance avec les humbles, vie angélique dans le bien être d'un château et peut-être — une mort aussi prématurée semblerait l'indiquer — des souffrances héroïquement supportées ou une maladie longue à consomption lente acceptée avec une résignation étonnante que seule peut expliquer une union intime et inaltérable de l'âme avec Dieu.

On ne peut se défendre d'une impression faite à la fois de bonheur et de vénération quand on rencontre la signature de la sainte damoyselle dans les registres. Elle signe au mariage de noble Laurent de la Mérie. Dans les baptêmes on trouve plus fréquemment son nom. En 1767, quatre ans avant sa mort elle est marraine de François-Joseph-Amédée Michon. Il semble que les gens du peuple envient l'honneur de lui faire tenir leurs enfants sur les Fonts du Baptême, car on la voit plus souvent remplir les fonctions de marraine chez les petites gens que chez les nobles.

Elle retourne à Dieu l'année même où les pères Joséphistes viennent de prêcher une grande mission : elle semble en avoir été l'hostie de propitiation (1). La mission

(1) Elle eut la consolation avant de mourir de voir la belle mission de 1771.

fût en effet très consolante comme nous le verrons plus loin. A-t-elle rencontré, avant de mourir, à l'église, au presbytère, ou dans le chemin du château, le petit-neveu du prieur-curé, enfant de dix ans, qui à vingt ans de là, devait être le conseiller, le directeur et le modèle du clergé dauphinois pendant la période révolutionnaire. Les deux prédestinés se sont ils connus ? C'est très possible. Quoi qu'il en soit ils se sont trouvés dans les demeures éternelles avec nos curés confesseurs de la foi, et nous ne doutons pas que la paroisse de Veurey doive beaucoup à tous ces protecteurs qu'elle a au ciel. Marguerite-Amédée de Saint-Ours doit veiller particulièrement sur les œuvres préservatrices de la jeune fille, plus nécessaires aujourd'hui que de son temps, et comme celles-ci sont relativement prospères en ce moment nous n'hésitons pas à l'attribuer à son intercession.

Elle suivait de près dans la tombe son père noble Hugues de Saint-Ours, décédé au mois d'avril de la même année 1771. Le titre de Seigneur de l'Eschaillon et de Veurey passe à son deuxième fils Louis-Charles de Saint-Ours, marié à Jeanne-Pellissier de Rivière. C'est lui qui fût le parrain de la petite cloche, appelée plutôt Caroline que Charlotte. Baptisée en 1788 elle a traversé la Terreur, et aujourd'hui encore après l'inique et sacrilège Séparation elle jette dans le ciel noir des notes d'espérance.

Suivit-il son frère, Marie-Hugues de Saint-Ours, chanoine de l'insigne chapître de Saint-Chef, qui émigra à Lausanne ? Il nous a été impossible de l'établir. L'abbé de Saint-Ours, lui, goûta, certainement le pain amer de l'exil. Il avait même franchi la frontière, avant la promulgation des décrets de proscription. Ce fût la raison pour laquelle il ne fût pas considéré comme émigré. Après un séjour relativement court à Lausanne, il rentra en France, et probablement à Veurey, où il attendit des jours meilleurs. Représentant du Clergé à l'Assemblée de Vizille, il pouvait mieux que personne suivre toutes les phases de la Révolution et constater dans quelles horreurs la Démagogie avait noyé les revendications pacifiques et les légitimes espérances des États du Dauphiné.

En 1819, il remplaçait au Conseil de Fabrique son frère Louis-Charles de Saint-Ours, qui allait bientôt s'éteindre ; le 6 juillet 1821 à l'âge de 79 ans. Trois ans plus tard, l'abbé de Saint-Ours qui n'avait jamais été dans les Ordres, quoique chanoine (1), contractait mariage avec Mlle Silvie Colon de la Tour-Baujac. Cette alliance sauvait les débris de la fortune des de Saint-Ours en les apportant à une autre famille noble. Cette union allait être bientôt brisée par la mort. Le 8 avril 1828 Marie-Hugues de Saint-Ours de l'Eschaillon, chanoine et comte de Saint-Chef, décédait à l'âge de 83 ans (2). Avec lui, son frère Louis-Charles et sa sœur Marie-Pauline, la branche directe des de Saint-Ours s'éteignait après avoir été mêlée pendant plus de cinq cents ans à l'histoire du Dauphiné.

Le nom des Saint-Ours survivait cependant aux seigneurs de l'Eschaillon, grâce à la branche du Canada, fondée par Pierre de Saint-Ours.

Capitaine au régiment de Carignan, chevalier de Saint-Louis, conseiller d'honneur d'épée au conseil souverain du Canada, parent du général d'Estrades, Pierre suivit *son corps* au Canada. Lorsque le régiment fût rappelé en France, le roi désira laisser au Canada quatre capitaines *à chacun desquels il accorda sept lieues de terres en longueur sur une largeur de quatre lieues, lesdites terres titrées, avec dix mille livres de capital, pour y construire des habitations* (3). Pierre de Saint-Ours, placé à la tête de ces quatre capitaineries, s'établit à douze lieues de Montréal, où il fonda plusieurs villages et devint lieutenant du roi des Trois-Rivières.

La branche du Canada était fondée. Elle fût assez glo-

---

(1) Tout le monde sait que le canonicat n'exigeait ni les ordres sacrés, ni les ordres mineurs. M. de Saint-Ours n'était que *tonsuré*.

(2) Jusqu'à sa mort les gens de Veurey l'appelèrent *le Chanoine*.

(3) Archives de la famille de Saint-Ours de l'Echaillon et de la famille de Boisverd.

rieuse soit par ses alliances, soit par ses hauts faits. Louis de Saint-Ours, qui avait eu Louis XIV pour parrain, versait son sang pour la France. Un autre Saint-Ours était tué à la bataille d'*Oudenarde*. Plusieurs servirent dans la marine. Le *Chevalier de Saint-Ours*, lieutenant de vaisseau, commandait la frégate l'*Amphitrite* le 17 février 1783, jour de la prise du vaisseau anglais l'*Argo*. Sa belle conduite lui mérita le grade de capitaine de vaisseau. En 1787 il était capitaine-commandant dans les volontaires étrangers de Lauzun.

Les archives de la Marine établissent éloquemment que les Saint-Ours, au Canada comme en Dauphiné, payèrent noblement de leur personne sans se préoccuper beaucoup du soin de leur fortune. Cette famille a été avant tout et pardessus tout dauphinoise et française. Elle finira plutôt pauvre, mais elle n'aura pas marchandé son sang à la patrie.

La dernière héritière de la branche du Canada a été Mlle Herminie de Saint-Ours.

Quant au peintre genevois de Saint-Ours nous ignorons s'il était des Seigneurs de Veurey.

Les armes des Saint-Ours étaient : d'or à un Ours de sable (voir le frontispice).

La branche tombée en quenouille par le mariage de Sébastienne de Saint-Ours avec Claude de Boiverd n'est plus représentée aujourd'hui depuis la mort du dernier des Boisverd — Louis-Raymond de Boisverd — que par ses deux sœurs : Alice (1) Chorot de Boisverd et Marguerite-Mathilde Chorot de Boisverd (2).

Nous allons rencontrer bientôt les Chorot Boisverd, châtelains de Veurey, de père en fils. Sans avoir l'importance des de Saint-Ours, cette famille sera intimement liée à notre histoire locale. Sans lui consacrer un chapitre spécial nous la mettrons en relief autant que les événements l'exigeront.

(1) Mme Runel.
(2) Mme Opigez.

Remarquons, en achevant cette étude sur les Saint-Ours, que les annales communales ou paroissiales se confondent le plus souvent avec celles d'une famille dont la commune ou la paroisse partagent l'éclat ou la renommée. Les lignées seigneuriales n'auraient rendu à l'histoire locale que le service inappréciable d'en être le *centre* et le *lien* que la féodalité et la noblesse n'auraient pas été inutiles.

CHAPITRE IX

Veurey au XVe siècle

Le Château de Veurey. — Les Bertrand. — Vigne et lods. — Pontonnier. — La maison du prieur. — Jean de Miribel. — La Pragmatique Sanction. — Jean de Veurey. — Le Dauphin à Veurey. — Une chasse mémorable. — « Lumen lumini favet ». — Châtelain et châtellenie. — Le port de la Roche-Pariset. — Redevances de la paroisse de Veurey. — Malheurs publics.

Si les de Saint-Ours font partie des nobles de Veurey au commencement du XVe siècle, ils ne paraissent pas être les plus riches et les plus puissants. Le château de Veurey ne leur appartient pas encore. Un contrat de vente passé le 11 juillet 1402 entre Jaquemet des Aures, de la paroisse de Varze (Varces) et noble Henry de Sassenage, nous apprend que ce dernier fait l'acquisition « *de la troisième partie du château de Veurey qui avait appartenu à noble Joceline Bertrand pour le prix de quarante-cinq florins* ». L'acte ajoute que ledit des Aures agit « *en qualité d'héritier de Béatrix Bertrand, sa femme* (1) ».

Cette troisième partie du château de Veurey, vendu par parties brisées, en trois lots, est-elle la deuxième ou la dernière part ? Déjà en 1398 nous avons vu François de

(1) *Archives de l'Isère*

Sassenage acquérir la troisième partie dudit château. Cette expression « *troisième partie* » signifie évidemment une des trois fractions du castel veurois. La vente de 1402 concerne-t-elle le deuxième ou le troisième tiers du château des Bertrand, c'est ce qu'il nous est impossible d'établir faute de documents. Il est probable que les Sassenage font l'acquisition des trois parts et deviennent par le fait seigneurs directs de Veurey. Dès lors ils pourront recevoir en leur propre château ou en l'église de Veurey les hommages des autres nobles de Veurey qui tiennent d'eux quelque chose en fief.

Mais quel est ce château ? Est-ce le château des Chorot (1), voisin de l'église et du cimetière ? Ecartons cette hypothèse puisque déjà, comme nous l'allons voir, les Chorot l'habitent et ont dans le pays une certaine importance par leur double fonction de capitaine-châtelain et de notaire delphinal. Ce château est plutôt celui qui abritera les derniers héritiers des Saint-Ours et que M. Penet fera reconstruire en 1860 sous la direction et d'après les plans de M. le curé Gérente (2).

La propriété des Bertrand se morcelle, et va passer en d'autres mains. Le champ qui confronte la Tour des Templiers et qui certainement dépendait du castellum est aliéné. Un acte de 1404 nous donne de curieux détails à ce sujet :
« *Pierre Garampon, de la paroisse de Vourey* (3), ayant
« acquis *une vigne* et un (champ) contigus contenant vingt-
« cinq fossérées (4) *situées sur le cimetière dudit Vourey*
« lieu dit *Champ Eynard* — confrontant d'un côté Pierre
« Duport, *pontonnier, les héritiers de Josserand Bertrand,*
« et un chemin public — de l'aultre côté du *prieur* de
« Voreppe et de Guillaume Chabert..... il fût convenu
« que toutes et quantes fois que la vigne viendrait à se
« vendre les lods en appartiendrait au Roy à cause que

---

(1) Château habité actuellement par Mme Opigez de Boisverd.
(2) Château habité aujourd'hui par la famille Marion.
(3) Voir les pages 48 et 57.
(4) La fossérée est ce qu'un homme peut creuser (fouir) en un jour.

« ledit Jacquemet l'avait hommagée avec plusieurs autres
« choses... »

Cette transaction nous fixe sur plusieurs points. Il y est d'abord question d'une vigne. C'est la seconde que nous rencontrons. Déjà en 1303, il y a un siècle, une vigne était hommagée par un Bertrand. Cette vigne suppose naturellement l'existence d'autres treilles dans le pays, et si un simple pontonnier peut déguster du vin de son crû on se demande pourquoi les bourgeois négligeraient la vigne. Pierre Garampon n'est ni un seigneur, ni un noble, ni même un de ces cossus marchands qui frôlaient la bourgeoisie, et cependant il a vigne, pressoir et cuve. Il paraît qu'au seuil du XVe siècle le paysan n'était pas si malheureux qu'on a bien voulu le dire, qu'il pouvait améliorer sa situation, acquérir un champ et une vigne sans difficulté, vendanger ses raisins et boire de son vin. Il était peut-être plus heureux qu'aujourd'hui.

Pierre Duport, dont il est question dans la vente ci-dessus, ne serait-il pas l'ancêtre de ces Duport-Roux, marchands et notables dont le nom figurera dans les archives jusqu'au XXe siècle ? Il est pontonnier. Bien qu'à cette époque les gens sortent moins de chez eux, ce ne doit pas être une sinécure que de passer les allants et venants. La traversée doit être parfois très dangereuse à cause des inondations assez fréquentes de l'Isère.

Nous sommes également fixés sur le cimetière, toujours autour de l'église, comme à l'époque mérovingienne et dans la période gallo-romaine.

Il n'est plus question que des héritiers des Josserand Bertrand, ce qui nous indique que cette ancienne famille a disparu, du moins, de nom et d'influence.

La vigne achetée se trouve au-dessus du cimetière, c'est-à-dire sur l'emplacement qui sera occupé en 1908 par une prairie appelée Champ des Sœurs. Elle est confrontée d'un côté, au Nord-Ouest, sans nul doute, par le prieur de Voreppe. Le prieur de Voreppe, de qui dépend le curé-prieur de Veurey, a donc son pied-à-terre à Veurey. Il y vient percevoir à des époques fixes les revenus et fruits du prieuré et en même temps régler la portion congrue que les bénédictins de Voreppe doivent verser au curé de Veurey La maison du prieur doit se trouver à proximité du château des Chorot, capitaines-châtelains (1).

Enfin cette vigne doit rester en lod au Roy. Cela veut dire que le roy percevra un droit sur la vigne en cas de vente ou de mutation. Ce droit revenait également aux seigneurs et aux Dauphins. Ils exerçaient ce droit non pas sur les personnes ou les fruits, mais sur les fonds. Cette redevance était-elle plus onéreuse que les droits de mutation qui nous pressurent aujourd'hui ? Il est permis d'en douter.

Dans ces ventes et morcellements de château et de terres il n'est pas question de la Maison-forte ou Tour carrée des Templiers. Celle-ci ne fait pas ou ne fait plus partie du château de Veurey, et n'appartient pas aux Sassenage car le 11 février 1446 noble Jean de Miribel *prête hommage pour la Maison-forte de la bastie de Veurey et des appartenances* (2).

Ce Jean de Miribel serait-il le même que Jean de Veurey, secrétaire delphinal, qui joua un rôle assez important dans les luttes homériques provoquées entre les Dauphins et les Archevêques de Vienne par la Pragmatique Sanction. Nous croyons plutôt que ce Jean de Veurey n'est autre que Jean Chorot, châtelain, dont il sera question dans le présent chapitre à propos d'une chasse mémorable.

La Pragmatique Sanction est une ordonnance rédigée à Bourges en 1438 dans une assemblée de prélats et de docteurs que présidait le roi de France Charles VII, assisté du Dauphin, son fils. Le gallicanisme et l'esprit du concile schismatique de Bâle en inspirèrent la plupart des articles qui étaient au nombre de vingt-trois. Entre autres choses on y proclamait la supériorité des conciles sur le Pape ;

---

(1) Aujourd'hui, dans le pâté de maisons qui va de la maison Chevalier à la place publique.

(2) *Archives de l'Isère.*

on y reconnaissait la légitimité et l'œcuménicité du concile de Bâle, et on renouvelait la plupart de ses décisions sur les réserves, les annates, les expectatives et les autres revenus du saint-siège. Les évêques, fidèles au siège de Pierre, ne pouvaient donc pas admettre la Progmatique Sanction devenue loi du royaume l'année suivante 1439. Les archevêques de Vienne la combattirent sans se lasser. En 1441 ce siège si important était occupé par Geoffroy Vassal. Un incident vint mettre le feu aux poudres.

Un certain Nicolas Very, chapelain incorporé de l'Eglise de Vienne, avait un débat avec Antoine Piochet et Vital Dubreuil au sujet de deux petits bénéfices de cette Eglise. Il s'adressa à Rome et obtint des sentences contre ses adversaires. Ceux-ci ne voulurent pas s'y soumettre et furent frappés d'excommunication. Ils portèrent alors leur cause devant le Conseil delphinal. Le 20 octobre 1441 Raoul de Goncourt écrit au gardier de Vienne d'empêcher qu'en cette affaire il soit porté la moindre atteinte à la Pragmatique Sanction qui voulait régler les censures en restreignant le droit d'appel, et interdisait à la Cour de Rome de s'occuper de la collation des bénéfices. Aussi Vital Dubreuil obtint-il des lettres du roi contre Nicolas Véry. Il requit Jean d'Auxerre, lieutenant du gardier, de les exécuter en la personne de l'archevêque. Le dimanche 3 décembre, Jean d'Auxerre rencontra Geoffroy Vassal dans la ville. Il lui exposa l'affaire tout en marchant. Arrivé à la porte du Cloître l'archevêque porta la main sur lui et dit à ses serviteurs : « Tenez et prenez *ce ribaubz et le menez en prison* ». On lui arracha des mains les lettres qu'il tenait. On le brutalisa. Son vêtement fût déchiré ; son chaperon tomba dans la boue. Il fût même frappé *in parte posteriori sue persone* (1). Aux cris poussés par Jean d'Auxerre, Vital accourut. L'archevêque le saisit par son vêtement. Jean d'Auxerre fût alors relâché avec cette imprécation : « *Va-t-en de par le diable, que jamais ne te voye !* »

---

(1) Orthographe du génitif à cette époque.

Jean de Veurey, secrétaire delphinal, et procureur fiscal du Graisivaudan, chargé de faire une enquête sur cet incident, vint à Vienne le vendredi 8 décembre. Descendu à *l'auberge de l'Epée*, il y manda le gardier Pierre Mortier. Celui-ci, retenu par la goutte, ne put venir. Jean de Veurey se rendit auprès de lui ; fit citer le juge, le courrier, et le procureur des comtes. Jean d'Auxerre fût aussi convoqué et narra son aventure. Plusieurs témoins confirmèrent son récit.

Le samedi 9 décembre Jean de Veurey, accompagné des officiers delphinaux, se présenta devant l'archevêque, protesta contre l'*arrest* (1) de Jean d'Auxerre, placé sous la sauvegarde delphinale, et réclama les lettres confisquées. Geoffroy Vassal répondit que Pierre Costaing avait déjà son neveu Jacques pour son lieutenant et qu'il ne pouvait en avoir un second. Jean d'Auxerre avait voulu exécuter des lettres que l'archevêque ne connaissait pas. On l'avait arrêté parce qu'il parlait mal à l'archevêque. Il avait commis des crimes dans la ville et en sa qualité de clerc, *clericus solutus ;* il était soumis à la juridiction de l'archevêque. Au reste celui-ci se déclarait prêt à rendre les lettres confisquées, et affirmait que ses officiers n'usurpaient pas la juridiction du Dauphin. Le 15 janvier l'archevêque et le chapître envoyaient un mémoire au Conseil delphinal. L'incident était clos, mais l'état de guerre créé par la Pragmatique Sanction allait durer longtemps encore. Quoi qu'il dût en arriver, Jean de Veurey s'était acquitté avec beaucoup de tact de sa délicate mission. Il avait amené, sans le froisser, l'archevêque de Vienne à une certaine résipiscence qui pouvait satisfaire le Dauphin sans que les droits de l'Eglise fussent entamés (2).

Est-ce en considération de ce service rendu que le Dauphin va venir chasser à Veurey ? Si Jean de Veurey, est

---

(1) Arrestation.

(2) M. Claude Faure, archiviste paléographe, a traité à fond, cette question de la Pragmatique sanction, et son application en Dauphiné. C'est à lui d'ailleurs que nous empruntons ce qui concerne Jean de Veurey.

le même que Jean Chorot, ou un membre de sa famille, ce sera un insigne honneur pour les Chorot que de recevoir le futur Louis XI, et le dévouement à la cause delphinale aura été princièrement payé. En tous cas, Jean de Veurey, quel qu'il soit, n'a pu que rendre très favorable à son pays celui qui allait bientôt monter sur le trône de France.

Le Dauphin, grand amateur de chasse, prend un beau matin le caprice de diriger ses pas vers le village de Veurey. « L'ennui naquit un jour de l'uniformité ». Le gibier de Veurey ne sera pas meilleur que celui de Bouquéron, mais le décor sera nouveau ; et quand nous disons décor, nous n'entendons pas la poésie, le grandiose, le mélancolique du site : toutes choses qui laisseraient le dauphin plutôt indifférent, mais bien les accidents de terrain, les rochers, les torrents, la Voroyse à franchir, les imprévus, les obstacles, seules attractions du futur dompteur de la féodalité. Le prince va être servi à souhait. Au moment où il va entrer avec une suite nombreuse de gentilshommes dans les bois giboyeux qui dominent Veurey, un violent orage éclate, et semble vouloir tout compromettre. Jean Chorot, châtelain de Veurey, qui fait au Dauphin les honneurs de sa châtellenie, lui offre l'hospitalité dans son manoir, et fait servir un de ces menus princiers avec mets, entremets, desserte, issue, boute-hors, qui constituaient des repas gigantesques. Les queues (1) de vin du crû sont vidées sans parcimonie et cependant la gaîté des convives et les attentions de l'amphytrion ne peuvent dérider le prince qui, voyant sa chasse manquée, se répand en imprécations contre l'atmosphère et s'approche à tous moments des vitraux de la salle pour consulter l'horizon. Il est en proie à une vraie consternation lorsque tout à coup, par un de ces subits changements de ciel si fréquents en Dauphiné, l'orage s'apaise et un rayon de soleil vient illuminer le visage du Dauphin. Le châtelain s'incline alors devant son hôte auguste, et s'adressant à tous les seigneurs présents, leur dit en montrant le rayon de soleil qui donnait en plein sur le visage

(1) Sorte de futaille usuelle au xv° siècle.

du Dauphin : « *Videte, domini, lumen lumini favet* ».
« Voyez, Messires, la lumière est propice à la lumière ! »
Le futur roi de France, charmé de cette flatterie délicate, si pleine d'à-propos, ordonne que désormais le blason des Chorot, jusque-là *d'azur au chevreau d'argent*, soit accompagné de la devise : « *Lumen lumini favet* » et *qu'un chef de gueules, chargé de trois étoiles d'or* (voir frontispice), *soit cousu sur l'écusson* (1).

L'histoire ne nous dit pas si la chasse, sans nul doute reprise aussitôt, fût heureuse. La journée était déjà suffisamment glorieuse pour le pays et ses châtelains. Sans cet incident, consigné dans un blason, Veurey aurait peut-être toujours ignoré qu'il avait reçu la visite d'un futur roi de France et non l'un des moins illustres. L'esprit bien français et bien dauphinois de Jean Chorot, nous a valu cette page intéressante de notre histoire locale.

C'est ici le lieu d'étudier ce qu'était le châtelain. A l'origine, *chastellain, castellanus*, signifiait un préposé à la garde d'un château, un concierge si l'on veut, dont nos rois récompensèrent parfois la fidélité en leur donnant en fief le château dont ils avaient eu la garde (2). De là son titre de *Seigneur chastellain*. Comme dignité et rang il était inférieur au baron. De gardien du château le châtelain devenait le gardien du bourg fortifié, de la paroisse, de la communauté. Il avait à sa disposition des sergents, des soldats, un ou plusieurs greffiers, dont il pouvait connaître des méfaits en première instance. Il avait sa cour de justice, *assises du châtelain*, et sa juridiction constituait la châtellenie (3). Il se confondait parfois avec le prévôt. Mais les châtelains s'étant laissés entraîner à des abus, une ordonnance de Philippe le Bel, en 1310, les plaça sous les ordres

(1) Archives de la famille de Boisverd.
(2) Laurière. *Glossaire du Droit français*.
(3) La châtellenie est une division administrative très ancienne, contemporaine de celle des mandements, cette charge était inféodée. Une ordonnance d'Henri III, du 17 août 1575 porte qu'une maison forte pour être érigée en châtellenie doit avoir haute juridiction, foire, marché, etc...

des sénéchaux, des baillis et des prévôts. Leurs principales fonctions furent dès lors de lever le contingent des troupes demandé par le bailli (1), d'envoyer chaque année aux auditeurs des Comptes l'exposé fidèle des revenus et autres droits delphinaux ou royaux, de faire la police de la châtellenie, de fournir des vivres aux soldats du dauphin ou du roi, de rendre la justice et d'apaiser les différends. En 1640, Adam de Saint-Ours meurt sans s'être libéré complètement d'une dette contractée à l'égard d'Adam Michon. De là un procès entre Michon et les héritiers du débiteur. Messire Chorot, châtelain, provoque une transaction par l'engagement d'*une pièce de pré* et *noyerie*, et le différend s'arrange. Cet engagement est reçu par Bellon, sergent ordonnateur du lieu. La cour de châtellenie est en effet composée du châtelain, d'un procureur fiscal, d'un notaire ou greffier et de quelques sergents. Dans les registres paroissiaux nous rencontrons fréquemment ces titres. Le châtelain est officier de guerre et officier de justice en même temps. Le châtelain était donc tout désigné pour devenir notaire delphinal et enfin, comme conséquence naturelle, notaire royal.

La châtellenie de Veurey semble avoir appartenue comme en fief à la famille Chorot de temps immémorial. Rien ne nous dit que Jean Chorot, le châtelain de 1450, soit le premier de sa lignée qui ait exercé cette fonction. Les documents nous manquent à ce sujet dans les siècles précédents. Mais à partir du XVe siècle la fonction de capitaine châtelain ou la charge de notaire royal ne sortent presque plus de la famille Chorot, devenue au XVIIe siècle *Chorot Boisverd*, par le mariage d'un Chorot avec une Boisverd.

Les transactions commerciales ne semblent pas se ralentir au XVe siècle. Les exportations de bois se font par le port de la Roche-Pariset, comme le témoigne le document suivant : « Vers 1500, les seigneurs de Sassenage avaient

---

(1) Plusieurs châtellenies formaient un bailliage. Il y eut sept bailliages en Dauphiné, jusqu'à Louis XI, qui en 1447, les réduisit à deux. Veurey a toujours fait partie du bailliage de Graisivaudan.

« accoutumé de payer deux sestiers de froment annuelle-
« ment et chaque habitant des paroisses de Fontaine, Sas-
« senage, Veurey la même chose que les habitants de
« Pariset ». Cette redevance fût payée aux dauphins, jusqu'au moment où le port de la Roche-Pariset eût comme
seigneur direct le chapître de Notre-Dame de Grenoble (1533).

Si le port de la Roche est le principal embarcadère des
localités de la rive gauche, les autres ports de Veurey, les
grand et petit ports ne restent pas inactifs. Nos péagers,
comme beaucoup d'autres, ont pu se laisser aller à certains
abus. Ils ne paraissent pas cependant avoir été trop inquiétés par la ligue lyonnaise qui voulait « réformer les
« péaïges et réprimer les grans tirannies, exactions, et au-
« tres infinis abus qui de jour en jour se font par les
« péaigeurs accenseurs et leveurs d'iceulx péaïges, et aultres
« tribus tant par terre que par eau, et faire abolir, et
« abattre les nouveaulx péaïges mis sus depuis soixante ans
« en ça (1) ». Grenoble n'a pas répondu aux invitations de
la Ligue. Les marchands d'alentour — et Veurey en compte
déjà un certain nombre — demeurent dans la même indifférence, forts de leur privilège qui les exempte des droits
de péage.

Les péagers, d'ailleurs, sont devenus un peu plus exi-
geants à cause sans doute de la peste qui sévit particulièrement à Grenoble de 1482 à 1485. Dès qu'un habitant est
soupçonné d'être atteint du fléau, dit M. Prud'homme, il
est impitoyablement chassé de la ville et réduit à aller mourir sans soin et sans abri dans les campagnes voisines.

Les passages des gens de guerre qui se succèdent presque
sans interruption pendant la guerre d'Italie en Dauphiné
et particulièrement dans notre région, ne feront que multi-
plier les cas de mortalité pour les habitants et les animaux
domestiques.

Le XVe siècle s'achève donc plutôt, pour notre pays,
dans les calamités de toute espèce. Avant de le quitter,

(1) *Histoire de Grenoble*, par M. Prudhomme, page 290.

rappelons l'enthousiasme provoqué de 1429 à 1431 par les victoires de Jeanne d'Arc, les oraisons spéciales où l'on invoquait dans *toutes* les églises du diocèse le Dieu qui avait voulu sauver le monde par la main d'une femme, les sacrifices que *toutes* les paroisses s'étaient imposés par les trois ordres pour seconder la pucelle libératrice, et l'écho douloureux produit dans *tous* les cœurs dauphinois par ses malheurs et son martyre (1).

(1) *Histoire de Grenoble*, par M. Prudhomme, page 252.

CHAPITRE X

Veurey au XVIᵉ siècle

Les de Vachon. — Seigneurie de Veurey. — La Tour des Templiers. — Anne de Montaud. — Veurey et le Prieuré de Saint=Robert. — François Iᵉʳ et les registres parois= siaux. — Veurey et la Réforme. — Guerres de religion. — Claude de Saint=Ours. — Lesdiguières à Veurey. — Le Parcellaire de 1589. — Consuls. — Juge ordinaire. — Prud'hommes. — Tenants et Possédants en 1518. — Arrêt du roi François Iᵉʳ. — Veurey en 1589. — Sobri= quets. — Mas, roches, isles, fontaines. — Le « Pré de la Cure ». — Vigne et verger du presbytère. — Mense épiscopale. — Le Peron. — Serment des Prud'hommes.

Un événement fort important marque le nouveau siècle pour notre histoire locale. Veurey passe des Sassenage aux Vachon (1). Originaire de Viri024 où Etienne Vachon possé= dait une terre en fief, et dans laquelle il vivait en 1454, cette famille a singulièrement étendu sa puissance terrienne et son influence en Dauphiné. Pierre de Vachon, fils ou petit fils d'Etienne est la souche de la branche de Veurey qui s'éteindra vers 1640.

Le 12 mai 1531 « François Vachon (2), paye entre les mains

---

(1) Les armes des de Vachon sont : « De sable, à la vache passante, d'or ».

(2) François de Vachon fut président au Parlement de Grenoble sous François Iᵉʳ. Protecteur des lettres « il ne passait point agréablement les heures de son loisir » dit Guy-Allard (*Bib. du Dauphiné*) « s'il n'es-

du sieur La Colombière dix-huit cent quatre-vingt-neuf livres pour l'acquisition de la terre de Veurey avec ses droits et appartenances faite de dame Anne de Montaud, mère et procuratrice de Philibert de Sassenage ». Le 29 avril suivant, maître François Vachon (1) rend hommage au roy François Ier pour ladite seigneurie dont un autre acte nous donne les limites : « Maître François Vachon, docteur en droits, acquiert de dame Anne de Montaud la terre, seigneurie, et juridiction de Veurey. Ladite seigneurie confronte les mandements de Noyarey, de Saint-Quentin et la rivière d'Isère avec une tour sans couvert et un verger joignant icelle (2) ».

Cette tour sans couvert, et qui ne devait pas l'être, puisqu'elle avait été destinée à abriter un corps de garde, comme nous l'avons vu plus haut, semble donc déjà à ce moment vouée à un certain abandon. C'est la tour des Templiers. Elle n'a plus autant de raison d'être. Elle sera désormais beaucoup plus un épouvantail qu'une forteresse.

En devenant seigneurs de Veurey, les Vachon ne cessent pas d'être les vassaux des barons de Sassenage, comme en témoigne une déclaration de Georges de Saint-Ours et dans laquelle il dit : « tenir et posséder en ladite paroisse de Veurey neuf sestiers avec maître François Vachon, alors seigneur dudit Veurey, fief du baron de Sassenage 3) ». Tout le monde sait qu'un fief est un domaine noble qu'un vassal tient d'un seigneur sous certaines conditions.

Si d'une part cette déclaration nous apprend que les Vachon, seigneurs de Veurey, sont vassaux des Sassenage,

---

tudioit pas, et ses plus charmantes conversations estoient avec les gens de lettres ».

(1) A côté de François de Vachon, avocat au Parlement, citons encore comme appartenant à la branche de Veurey :

Henri de Vachon, procureur général à la Chambre des Comptes en 1567 ;

Jean de Vachon, conseiller au Parlement en 1585 ;

Marc de Vachon, gentilhomme ordinaire de la Chambre du roi en 1602, dont le frère Gabriel de Vachon fut chevalier de Malte.

(2) *Archives de l'Isère.*

(3) *Ibidem.*

de l'autre elle prouve que les Saint-Ours continuent d'acquérir et d'étendre leur influence.

Ils ne sont pas cependant les seuls à revendiquer des droits en la paroisse de Veurey. La même année (1540), Jacques de Briançon, religieux du Prieuré de Saint-Robert, fait hommage pour son prieur des droits et cens que celui-ci possède à Veurey, Noyarey et Saint-Quentin. L'année suivante (1541), noble Ennemond Mélact prête également hommage pour les cens, rentes, droits et devoirs que les mêmes religieux (de Saint-Robert) ont à Voreppe, Cornillon, Saint-Laurent-du-Pont et Vourey (Veurey) (1).

C'est vers cette époque que les curés commencent à tenir le registre des baptêmes et des sépultures. François Ier, par une ordonnance, leur enjoint de les rédiger avec la plus scrupuleuse exactitude. Malheureusement les guerres de religion viennent retarder ou compromettre cette heureuse innovation par les pillages et les incendies qu'elles occasionnent. Les registres les plus anciens de Veurey qui aient été conservés ne commenceront qu'à l'année 1636. Jusqu'à la Révolution, ils seront entre les mains du Clergé et rédigés par lui. Ils seront ce qu'on appellera plus tard l'*état civil*. Bien qu'ils ne mentionnent pas les défunts, à qui la sépulture catholique a été refusée, ils constituent un répertoire très précieux et une base sérieuse pour les statistiques de population.

Les registres de cette époque nous seraient très utiles pour établir le nombre des défections provoquées par l'hérésie dans la paroisse de Veurey. Il ne semble pas cependant que la Réforme ait fait ici beaucoup de prosélytes, car les actes de baptêmes et de sépultures qui commencent en 1636 en porteraient des traces. De 1636 à 1701 nous ne ren-

---

(1) Dans une reconnaissance du 21 janvier 1550, Jehan Malespine reconnait tenyr et volloyr tenyr en emphiteose desdits religieux et couvant de Sainct Robert une pièce de terre située en la paroisse de Veurey aygallanz lieu dict dessoulz l'eglize de la Marie Madaleyne s'engageant à payer annuellement la moytié d'un bichet et quatre modurières et demy froment beau et recepvable mesure de Moyrenc (Moirans). (Arch. de la famille Bourne, héritière des papiers des Saint-Ours.)

controns aucun mariage mixte et il nous faut aller jusqu'en 1746 pour assister à une abjuration, et encore la personne qui abjure paraît-elle n'être pas originaire du pays.

Le catholicisme eut cependant à enregistrer une défection qui aurait pu en entraîner d'autres à Veurey. Claude de Saint-Ours, que nous allons bientôt retrouver comme châtelain, passa avec les siens au Protestantisme. Peut-être est-ce par esprit de contradiction et d'opposition vis-à-vis des Saint-Ours de l'Echaillon qui, eux, restent fidèlement attachés à l'orthodoxie.

Cette défection semble n'avoir amené que des désagréments à Claude de Saint-Ours. Dans une réclamation qu'il adresse au juge ordinaire, il se plaint de ce que lui et ses domestiques sont inquiétés et molestés parce qu'on les accuse de travailler aux « festes catholiques chômées, mais cela, dit-il, procède plustost de pure vindicte et de l'animosité que quelques uns dudict mandement dudict Veurey conservent contre luy..... et s'il a souffert luy et ses domestiques beaucoup d'incommodité et domage, c'est parce que le procureur d'office ne luy a pas donné le nombre et le cathalogue des fêtes qui s'observent actuellement dans le mandement dudict Veurey... Il réclame les privilèges qui sont concédés dans les édicts à ceux de la relligion réformée de laquelle il fait profession (1) ». Cet acte de protestation est reçu par le notaire royal et delphinal, et gain de cause est donné à Claude de Saint-Ours, sa réclamation paraissant tout à fait légitime. Il ne devait pas sans doute ignorer quelles étaient les fêtes catholiques chômées à Veurey, mais il semble que le procureur était tenu de les notifier à qui de droit et que cette formalité n'avait pas été remplie (2).

Veurey est donc resté fidèle au catholicisme. Ce n'est pas

---

(1) Le 9 août 1587, le seigneur des Diguières, gouverneur et lieutenant général sous l'authorité du Roy de Navarre prend sous sa protection et sauvegarde Claude de Saint-Ours, chastelain de Vurey, sa famille, ses serviteurs et domestiques. (Arch. de la famille Bourne).

(2) C'est probablement à cette époque que Claude de Saint-Ours fut révoqué par Jean Vachon, seigneur de Veurey, conseiller du Roy en son Parlement de Dauphiné, sur les plaintes et doléances des consuls et habitants de Veurey et remplacé par Jean Chorot.

la moindre de ses gloires. Aussi ses habitants durent-ils se réjouir sincèrement en apprenant la conversion et l'abjuration de Lesdiguières, préparées dans la collégiale de Saint-André par l'éloquence si persuasive et si débordante d'onction du doux évêque de Genève, Saint-François de Sales.

Lesdiguières n'était pas un inconnu pour les Veurois. Il avait traversé cette paroisse avec son armée pour aller au secours des protestants assiégés dans Moirans par Laurent de Maugiron (1580). Il se disposait à traverser l'Isère à Veurey même quand il apprit la défaite de ses coréligionnaires.

Le chef des Huguenots, qui travaillait avec tant d'activité au triomphe de son parti et de la Réforme en Dauphiné, jetait l'effroi partout où il passait avec ses troupes. La Tradition locale rapporte que le curé de Veurey avait quitté le presbytère pour se réfugier au Châtelard. Il se cacha même certain jour dans une citerne. La roche de Mortières lui servait de chaire à prêcher et la grotte des Fées de sanctuaire. Veurey ne paraît pas avoir souffert davantage des guerres de religion. Au point de vue religieux et doctrinal, notre population est restée absolument fidèle à l'orthodoxie.

Heureuses les paroisses qui n'ont pas été empoisonnées par l'hérésie. Quelque indifférentes qu'elles puissent devenir, au point de vue des pratiques religieuses, il reste dans les âmes un fonds de catholicisme, un tempérament catholique dont la vitalité se révélera tôt ou tard. L'hérésie dessèche les cœurs plus que l'indifférence, et rend plus difficile le retour à Dieu. Elle laissera peut-être encore la nature produire quelques bons fruits, mais en fermant les écluses du surnaturel elle devient incapable de parachever l'homme, de l'élever jusqu'au sublime, jusqu'à la sainteté proprement dite.

A la suite des guerres d'Italie sous François Ier et des guerres de religion, plus ruineuses encore, sous ses fils dégénérés, les propriétés ont été envahies peu à peu et les bornes reculées à l'avantage du plus fort. Le fisc est toujours intraitable à répartir les impôts d'une façon peu conforme à l'équité. Devant les plaintes et les réclamations qui s'élèvent de toutes parts *la souveraine Cour du Parlement de Grenoble* rend un arrêt ordonnant « l'estimation et évaluation générale de tous les fonds, terroirs et propriétés taillables (1) ès tailles qui se perèquent à Veurey tant ordinaires qu'extraordinaires ».

« Au nom de Dieu à tous présens et à venir soit notoire et manifeste, comm' ainsi soit que les consuls, manans (2), et habitants (3) du mandement de Veurey, considérans les grandes et insuportables charges ès quelles, à l'occasion des Guerres, misères et calamités du Temps ils sont sujets, et que à la pérécation (4) des Tailles tant ordinaires qu'extraordinaires, on ne pouvait procéder avec tant d'égalité et proportion, que aucun des habitants dudit mandement et autres forains taillables et contribuables ne fissent plainte d'avoir été cottisés excessivement ce qui a par ci-devant occasionné plusieurs procès et dépenses à leur grand préjudice et intérêts, aïant présenté requête à la Cour de ce Païs de Dauphiné, aux fins qu'il lui plût leur permettre de faire procéder à l'estimation et évaluation de tous et un châcun les fonds et propriétés assis et situés rière (5) ledit mandement et autres taillables en icelui, pour icelle faîte, être par ci-après procédé à la cottisation et pérécation desdites tailles, et impositions de toutes natures, au sol la livre, et par ce moyen remédier auxdites plaintes, et garder égalité et proportion entre tous lesdits taillables et contribuables, sur laquelle ladite Cour de Parlement auroit fait l'Arrêt dont la teneur s'en suit ».

Ce préambule de l'Arrêt de la Cour, nous apprend d'abord quel esprit chrétien préside aux actes civils. *Au nom de Dieu*, est une expression consacrée que nous trouvons en

---

(1) Imposables.
(2) De *manentes*, demeurant dans le pays.
(3) L'*habitant* est celui qui séjourne dans la localité d'une façon continue.
(4) Pérécation signifie *répartition équitable*.
(5) *Rière* signifie *dans*.

tête des ordonnances royales, des arrêts de parlement, des affermages, des testaments, quittances, arrentages, etc... Nous ne voyons pas comment la Révolution en supprimant Dieu dans le Droit public a développé la conscience individuelle et la foi publique.

Nous apprenons aussi que Veurey avait une administration municipale présidée par un consul ou plusieurs consuls. Dans le texte ci-dessus la Cour emploie le pluriel peut-être parce qu'elle s'adresse aux consuls de l'avenir, comme à celui qui est en fonction actuellement. Dans la suite nous verrons en effet qu'il n'est question que d'un consul. Consul peut être pris en deux sens : 1° dans le sens de *maire* ; 2° dans le sens d'*échevins* (conseillers municipaux actuels). Le premier sens est le plus communément donné au titre de *consul* (1). Cependant la Cour semble dans le présent arrêt donner le second sens à ce mot quand elle rappelle les requêtes ou *assemblées* des consuls comme nous l'allons voir.

Quoi qu'il en soit le consul, ou les consuls ont parfois de mauvais jours à subir. Il ne se passe pas un siècle sans que quelque calamité publique ne fonde sur leurs administrés. Inondations assez fréquentes, incendies de villages entiers, disette, épidémies, contributions de guerre, tout relève du consulat. Sauf pour la réquisition de l'armée qui est du ressort de la châtellenie, sa sollicitude et sa vigilance sont toujours en éveil. Ce n'est pas toujours une sinécure. Aidés dans leur tâche par les curés les consuls rivalisent avec eux de dévouement et d'abnégation. Cette entente du curé et du consul devait singulièrement promouvoir le bien de la Communauté.

« Henri de Bourbon, Prince des Dombes, Gouverneur et Lieutenant général pour le Roi en Dauphiné, à tous ceux qui ces présentes verront : Salut. Açavoir faisons que sur la requête présentée par les consuls, manans (2) et habi-

---

(1) Picot. *Etats généraux* (Elections), V, p. 264.

(2) Les manans « sont ceux qui demeurent ès-villes et cités et n'ont point franchise en bourgeoisie ». Lavisse et Rainbaud. *Hist. gén*, II, 453.

tans (1) du mandement de Veurey, Vù l'Arrêt de la Cour du 14 avril 1584, donné à la requête des consuls de la Mure ; acte d'Assemblée desdits consuls de Veurey du 14 mai 1589, ladite requête répondue le 13 juillet audit an ; conclusions du Substitut du Procureur général du Roi au pied d'icelle, signé *Expilly*, du même jour et an par lesquelles il dit les n'empêcher les fins de ladite requête à la charge que les suplians observeront de point en point le contenu dudit arrêt. La Cour a permis auxdits suplians de nommer et convenir de prudhommes, pour faire description et état de la valeur de châcune sestérée de terre, pré, vigne, bois ou herme, selon la situation des lieux, pour y avoir égard lors de la cottisation des tailles contre les possesseurs qui seront Roturiers et Taillables, tant seulement, sans qu'il soit loisible aux suplians insérer audit Etat ou Régistre les noms des tenanciers et possesseurs desdites pièces, soit roturiers, nobles ou privilégiés, et sans que ledit Régistre ou Etat d'évaluation puisse être tiré en conséquence de Parcelles ou Cadastre ; permet néanmoins auxdits consuls de faire état en papier volant du nom des possesseurs taillables et roturiers avec le nombrement des pièces possédées par le châcun desdits roturiers et taillables, lesquels papiers volans seront mis en fillasses pour être retirés et changés, lors du changement, augmentation, ou diminution des tênements ».

D'après ce que nous venons de voir, il y a plusieurs consuls à la tête de la communauté de Veurey — deux au plus (2) — ou bien tous les échevins sont appelés *consuls*, puisqu'il y a assemblée des consuls à Veurey comme à la Mure.

Le Substitut du Procureur général, qui signe « *Expilly* », pourrait bien être le même que cet Expilly, né à Voiron, qui fût précepteur du fils du Roi de Naples, récita au Tasse, dans sa prison, quelques vers de la *Jerusalemme délivrée*,

---

(1) L'habitant est celui qui réside d'une façon continue dans l'enceinte d'un bourg, et supporte les charges du lieu.

(2) Ces deux consuls sont Jacques Bœuf et Michel Ravinel-Forrier (procès-verbal qui se trouve à la fin du Parcellaire).

lui fit retrouver la raison pour quelques instants (1), et ce qui nous intéresse davantage, nous dauphinois, chanta les *marchés* et *foires* du Dauphiné.

Remarquons déjà à cette époque l'existence des prud'hommes « *ces hommes d'une sagesse et d'une probité reconnues* » qui sont pris comme arbitres dans une question aussi grave que celle de limitation de propriétés.

La Cour, d'ailleurs, veille avec une prudence scrupuleuse à ce que ce parcellaire, soit plutôt un *constat* actuel des propriétés qu'un registre des droits existants. Elle ne veut pas plus consacrer les droits des privilégiés et nobles que ceux des roturiers. Elle tient à ce qu'on ne puisse pas *tirer conséquence*, au dépens du droit de l'Etat d'évaluation qui va être dressé. C'est pour cela qu'elle ordonne que ces constats soient consignés en *papiers volans* qui pourront être réunis en *fillasses*, de manière à ce qu'on puisse les *retirer*, et les *changer*, suivant les jugements qui auront été rendus, les ventes passées, ou les morcellements effectués.

« Enjoignant auxdits consuls, lorsque les biens mention-
« nés auxdits Etats volans seront vendus à personnes nobles
« ou privilégiées, de retirer et ôter hors la filasse, lesdits
« états pour être biffés et lacérés et les vendeurs déchargés
« pour le regard des choses vendues. Comme aussi est en-
« joint auxdits consuls d'augmenter lesdits tennements,
« lorsque les biens de roture seront aliennnés par les nobles
« et privilégiés à personnes taillables et roturières, à peine
« du faux, dépens, dommages et intérêts des parties. Et
« sera le présent règlement inséré au commencement et à
« la fin du Régistre qui sera fait à la forme que dessus ; et
« lequel Régistre sera apporté pardevant la Cour, pour être
« vû auparavant que s'en pouvoir servir, sur les mêmes
« peines de faux ; le tout par provision et jusqu'à ce qu'au-
« trement soit par le Roi ou ladite Cour, ordonné. *Si don-
« nons* en mandement au Juge, Châtelain et Consuls de
« Veurey, non sujets à Parcelles et Cadastre, et les autres

(1) Une toile d'Ernest Hébert (musée de Grenoble) reproduit cette scène.

« qu'il appartiendra, le châcun en son endroit, Jurisdiction
« et Ressort, observer de point en point, faire garder et
« effectuer le susdit Arrêt et Règlement, sur les peines por-
« tées par icelui ; leur permettant à ces fins de nommer et
« convenir de prud-hommes pour faire ladite description
« et séparation des mas étant rière (1) ledit Mandement et
« Châtelenie, avec état de la valeur de chacune sestérée (2)
« de terre, pré, vigne, bois ou herme, selon la situation des
« fonds, pour lors de la pérécation des tailles qui se lèvent
« audit lieu, y avoir tel égard que de raison contre les pos-
« sesseurs roturiers desdits fonds tant seulement ; et sans
« que ledit Etat ou Régistre qui en pourra être fait puisse
« être tiré en conséquence de Parcelles et Cadastre, et par
« cet effet que les présentes seront insérées et inscrites au
« commencement et à la fin des Régistres qui en seront
« dressés à la forme susdite, lesquels seront rapportés par
« devant ladite Cour, pour être vûs auparavant que s'en
« pouvoir servir, à peine de faux : Et de même au premier
« des huissiers de ladite Cour, ou Sergent Royal Dalphinal
« sur ce requis de mettre le présent Arrêt à dûe et entière
« exécution, de point en point, selon sa forme et teneur, en
« contraignant tous et châcuns les réfractaires, contreve-
« nans et autres qui pour ce seront à contraindre à y obéir
« et obtempérer, te défendant toute connaissance de cause ,
« de ce faire te dônnons pouvoir. En foi de quoi avons fait
« mettre et apposer le scel royal Dalphinal à ces présentes.
« Donné à Grenoble en Parlement, le dernier du mois de
« juillet, l'an mil cinq cent quatre-vingt-neuf (3). Par la
« Cour. Besson. »

Juge, châtelain et consuls, voilà ceux qui, par ordre hiérarchique, doivent exécuter et faire effectuer l'Arrêt de la Cour. Veurey a donc un juge ordinaire. Nous ignorons le

---

(1) *Riere* signifie *dans*.

(2) La sétérée était une mesure de surface valant 900 toises delphinales ou 6 bichettées. La *bichettée* comptait *150 toises quarrées*, et la *toise quarrée* était de *36 pieds quarrés*.

(3) C'est le lendemain de cet arrêt, le 1er août, que le roi Henri III est assassiné par Jacques Clément.

nom de celui qui préside à la *description* et *séparation* des propriétés en 1589, mais quarante ans plus tard, en 1629, nous apprenons par le dossier d'un procès que le *juge ordinaire* de Veurey, Augustin Bernard, docteur en *droitz*, mande et commande au châtelain du lieu ou à son lieutenant et sergent royal de faire comparaître devant lui à Grenoble deux citoyens de Veurey en litige, Michel Sallamand et Jehan Lambert. Le sergent royal delphinal se transporte en effet du lieu de Sassenage au lieu de Veurey et au Petit-Port pour s'acquitter de sa mission.

Si le châtelain peut connaître de certains différends de peu d'importance et surtout de ceux qui s'élèvent entre ses agents, sa juridiction n'est pas très étendue puisque les litiges qui naissent à propos du droit de propriété, ou des transactions commerciales, relèvent du juge ordinaire.

« En exécution duquel arrêt a été procédé à l'estimation,
« évaluation et mensuration desdits fonds et terroirs par
« les prud'hommes sous-nommés et surnommés. Premier
« Michel Joyeux, fils à feu Nicolas, laboureur du Petit-Port,
« âgé de cinquante-cinq ans, Nicolas Chevallier-Favet, la-
« boureur d'Eygallen, âgé d'environ soixante ans, Pierre
« Borel, laboureur du Châtelard, âgé de cinquante ans,
« laboureurs ; honnête Jean Dhostaz, marchand dudit
« Veurey (1), âgé de quarante-cinq ans, Antoine Malespine-
« Dagay, Pierre Michon, dudit Veurey, âgés, le châcun,
« d'environ quarante ans, maîtres-ouvriers à faire maisons,
« granges, bâtimens et exemens (2) sur eaux et Jean Bru-
« net, fils à feu Ennemond, laboureur et édiffieur d'arbres
« et rifs et maître mesureur de terres, ledit Brunet, âgé
« d'environ trente-quatre ans ; lesquels susnommés pru-
« d'hommes ont comparu pardevant nous dits Châtelain et
« Greffier dudit Veurey, lesquels moyennant leur serment
« par eux prêté ont dit et rapporté soi être transportés
« expressément de leur domicile le lundi 13ᵉ de novem-

---

(1) « Marchand de futailles et négociateur en reysses à reysser bois. » Reysse signifie scie ; reysser, scier.
(2) Expertises.

« bre 1589 fin au 17ᵉ février an présent 1590 sur tous et
« un châcun les fonds, pièces et propriétés, amplement
« mentionnés, confinés, mesurés et évalués sur tous et un
« châcun les articles des possesseurs d'icelles contenus en
« la fillasse ci-jointe et iceux évalués suivant les avis, ins-
« tance, et équitément pour francs et exempts des servis
« directs, annuels, et perpétuels, suivant et à la forme de
« l'acte et consentement fait par ladite communauté, atta-
« ché en la présente fillasse ; après avoir entendu la lecture
« de leur rapport et estimation, desquelles choses lesdits
« consuls nous ont requis actes, qu'avons octroyé, en pré-
« sence de Georges Gilbert, Jean Brunet, fils à feu Bastien,
« Jean Joyeux, et autres dudit Veurey, témoins requis et
« soussigné avec nous, qui a sçû écrire et nous sommes
« soussignés. Ainsi à l'original, signé, De Saint-Ours (1),
« châin Chorot, greffier, Gilbert, présent (2) ».

Les consuls et les prud'hommes n'ont donc pas tardé à se mettre à l'œuvre en exécutant l'arrêt de la Cour. Après avoir prêté serment, les prud'hommes, dont le Parcellaire nous donne le nom, l'âge et la profession, commencent leur difficile et délicat travail le 13 novembre 1589 et l'achèvent le 17 février de l'année suivante. Pour l'accomplir, les mois d'hiver leur étaient d'ailleurs plus propices. Ce Parcellaire est le plus ancien qui ait été conservé. Il présente d'abord un intérêt rétrospectif en nous donnant les noms de plusieurs veurois déjà propriétaires audit lieu de Veurey en l'année 1518, ce qui nous permet d'établir que les Duport-Roux, les Barthellemieu, les Brunard, les d'Hostaz, les Jaillet, les Meur, les Pic, tiennent et possèdent dès les premières années du XVIᵉ siècle. Les Pic et les Duport-Roux étaient d'ailleurs alliés par le mariage de Claudaz Duport-Roux et de Claude Pic, garde de la Monnaye. Un arrêt du roi François Iᵉʳ, de 1518, rendu en faveur des Saint-Ours,

---

(1) Remarquons que c'est un Saint-Ours qui remplit les fonctions de châtelain, et qui préside à la confection du Parcellaire. Les Chorot cependant ne tarderont pas à réintégrer la châtellenie.

(2) Archives municipales de Veurey.

dût avoir une certaine répercussion vis-à-vis de plusieurs habitants, à propos de la délimitation des propriétés. Beaucoup d'autres familles, sans doute, tenaient et possédaient déjà dès 1518, mais nous ne donnons à l'occasion que celles mentionnées par le Parcellaire, nous bornant d'ailleurs aux plus notables.

En 1589, il y a environ cent cinquante maisons ou granges couvertes en tuiles. Nous en trouvons dans tous les hameaux. Nous comptons une vingtaine de fours banals, tous couverts en *thuiles*, évidemment, ainsi que plusieurs moulins sur la Voroyse : le *moulin Penel*, au mas des Gilbertes, le moulin de *Gilbertière*, bien de l'Evêché de Grenoble, le moulin du *Peron*, à deux meules, les moulins *des Gilbert*, sur lesquels plusieurs habitants ont des droits de *modure*. La vigne, les vergers, les noyeraies, les chataigneraies reviennent souvent dans les évaluations. Il n'y a pas cependant que des cultivateurs à Veurey. Nous rencontrons *Ennemond Roibet*, tisserand, *Gerlat-Capieuchon*, chapelier (1), *Claude Alleyron*, également chappuis, *Fréjus Eybert* et *Jean Romestaing*, tailleurs d'habits, *Jean Chaîne*, maréchal, *Pierre Michon-Maurin*, trolliandier (2), *Claude Michon*, affaneur (3), et *François Duport-Roux*, clerc (4) dudit Veurey. N'oublions pas *Pierre Monnier*, qui tient le batoir et pressoir d'huile au Peron.

Un pays où tout le monde travaille, cultive, achète, fait du commerce, possède au moins *un ove* (5) quand il n'a pas *maison commode à faire logis*, alimente les moulins et le pressoir à huile, et fait vivre deux chapeliers, sans parler des cordonniers et des boulangers, ce pays, dis-je, n'est pas un pays bien malheureux, ni un pays bien pressuré par le gouvernement du roi. La gaîté et l'esprit français

---

(1) Les chapeliers s'appelaient à cette époque *chappuis*.
(2) Le trolliandier faisait aller le pressoir à huile.
(3) L'affaneur se louait pour faner ou moissonner, et percevoir l'*affanure*.
(4) Le clerc devait être ce que nous appelons aujourd'hui le sacristain.
(5) Ove de *ovum*, œuf, signifiait un petit coin de terre.

président aux relations sociales. Les sobriquets, par lesquels ils se traduisent, en sont une preuve indéniable, et le Parcellaire de 1589, tout aride qu'il paraît à première vue nous en donne une nomenclature que le lecteur lira avec d'autant plus de plaisir que le Veurey du XXe siècle ne se prive pas à cet endroit et renchérit encore sur le Veurey du XVIe siècle.

Cette coutume du surnom ou sobriquet nous vient, dit-on, de la Lorraine. Le Dauphiné n'avait peut-être pas besoin de l'emprunter à la province de Jehanne la Pucelle. L'esprit y est encore assez primesautier pour que nos pères trouvassent à eux seuls ce second nom destiné le plus souvent à remplacer le premier ou à devenir le principal, le nom de maison.

Veurey ayant été longtemps un pays fermé, tout le monde y est parent, grâce aux mariages successifs entre cousins. Le sobriquet y est devenu par le fait plus nécessaire qu'ailleurs pour distinguer les familles, les souches et les branches. Donnons dans ce chapitre quelques sobriquets du XVIe siècle ; ils ne manquent pas de saveur. Aux XVIIe et XVIIIe nous ferons de même. Voici les plus intéressants relevés sur le Parcellaire :

Berard-Bit, dit Joli-Cœur.
Barruel, dit Brussin.
Béril, dit Berland.
Béril, dit Piro.
Gerlat, dit Belleton.
Gerlat, dit Niquet.
Gerlat, dit Pichonnier.
Gerlat, dit Capieuchon.
Gerlat, dit Piceardon.
Gerlat, dit Patasson.
Gerlat, dit Capiton.
Chorot, dit la Lance.
Borrel, dit Morrion.
Joyeux, dit Gonnet.
Joyeux, dit la Guerre.
Joyeux, dit Patat.
Juillet, dit Drujot.
Eybert, dit Margot.
Jean de Saint-Ours, dit Noir.
Malespine, dit Borroillet.
Michon, dit Criard.
Michon, dit Mortier.
Malespine, dit Paté.
Pompetiot, dit Gayère.
Pompetiot, dit Vignard.
Pompetiot, dit Patet.
Ravinel, dit Tondu.
Remillat, dit Mémort.
Sicaud, dit Moton.
Allard, dit Prouessat.

Les noms des mas ou hameaux ne sont pas moins intéressants que les sobriquets. Plusieurs sont tombés dans l'oubli. D'autres ont survécu en se modifiant quelque peu. Il n'est pas inutile de les redonner ici dans leur physionomie primitive, de marquer ainsi leur ancienneté, et de leur imprimer une fixité qui servira de lien entre les générations. Pour compléter la topographie de Veurey en 1589, nous ajouterons aux noms de mas ceux des roches, des rifs et des îles.

Les mas de Veurey au XVIe siècle :

Arcalla (l') (en Saint-Ours).
Arcellins (les).
Balma (la).
Brua ou Bruas (la).
Buissières (les).
Barmettes (les).
Bastères (les).
Boisvert.
Borrels (les) (près de l'Isère).
Canavette (la).
Cavagny.
Chatroux.
Champ-Cheyti.
Charpènes (les).
Charmetta (la).
Clos (le).
Comba (la).
Corbellières.
Cour des Beneys (la) (1).
Croza (la).
Blagy (la).
Bastères (les).
Chabodères.
Chabertes.
Champs raches.
Chanaveries.
Charmenon.
Charmeys (les).
Charrière (la).
Chauchery (la).
Chaussonières.
Croix des Chorot (la).
Croza (la).
Corgnolerey.
Dallières.
Devers (les).
Espinassi.
Deux-Rus (les).
Eyssards (les).
Falcons (les).
Favières.
Fley (le).
Font-Chauda.
Fonds-Pied.
Glèrette (la).
Gliout (le).
Grandes-Rivoires (les).
Gottay ou Gottaz (la).

(1) Nous n'avons pu fixer d'une façon précise l'endroit où se trouvait la cour des Beneys. Nous nous demandons aussi d'où vient cette expression fort curieuse.

Jayères ou Jaillères. Palletta (la).
Joannès (en). Pisserotte (la).
Larappe (en). Planfey.
Lamporey. Repose-Gonnet.
Lalevoz. Rattières.
La Veyria. Rina (la).
La Vivielle. Traces (les).
Magdeleine (la). Trapettes (les).
Malles-Herbes. Terrou (le).
Morestel. Savatel.
Mollard-Brun. Sonery (la).
Murian. Vorsey (le) (Eygalen).

Les rochers ou roches, tout comme les mas, portent un nom qui les distingue :

Le bec de la Cuchy (la Cuche).
La roche de l'Eychalier.
La rochas de l'Eychalanchy (au-dessus de l'Eygalen).
La roche de la Feissy (Echaillon).
La roche de la Freytolle.
La roche d'Haoutrans (entre Montaut et Autrans).
La roche du Provorel.
La roche du Sappet.
Roche-Rousse.

Après les roches citons les rifs (1) qui en descendent avec plus ou moins d'impétuosité :

Le rif de Favières.
Le rif de Voroyse, *rivus voreiensis*.
Le rif de Merdarel (2).
Le rif Pollat.
Le rif du Port (au Petit-Port).
Le rif de Favières.
Le rif de Pomier-Oysel.

(1) Du latin rivus, ruisseau.
(2) Et non pas Verdaret, comme l'on dit aujourd'hui.

L'Isère, encore sans digues, se répand librement dans la plaine et forme plusieurs îles que le Parcellaire ne dédaigne pas :

L'Islon.
L'isle de la Chambre.
L'isle Bayard.

L'île de la Chambre, se trouvait probablement en face du Béril. Les religieux de Notre-Dame de Challeys y possédaient, en 1589, une pièce de gliery (1) et un pré qui leur avaient été reconnus par les prédécesseurs d'Antoine Béril. Quand à l'île Bayard, c'est sans doute la même que l'isle Brayarde, mentionnée dans une reconnaissance de 1303. Ces îles, dit le Parcellaire, sont formées par des brassières *mouvant d'Isère*. Ce n'est pas la seule expression curieuse que nous ayons à relever. Plusieurs propriétaires ont des droits sur les moulins comme celui de ne pas *païer modure*. Noyarey s'écrit couramment Noirey (2). Un coin de terre s'appelle ove, de ovum. œuf. Hermes, arpages, hautins, plassages, chazeaux, ratel, *rière, gauchons* (3) *de dra* (4) *ruinés, reysses à reysser bois*, etc..., sont des termes ou expressions de l'époque parfois difficiles à traduire.

Veurey est déjà à cette époque doté de quelques fontaines. Le Parcellaire mentionne la *fontaine du Béril* et la *fontaine de Jallaz*. On pourrait ajouter *Fontchauda* ou *la source chaude* (5) en Eygalen.

Nous glanons encore ici ou là quelques détails intéressants. Ainsi nous apprenons que le capitaine *Michallon*, châtelain *d'Hautefort*, a possédé des terres à Veurey ; que la famille du *Menon*, en la personne de *noble Jean du*

(1) Parties basses et marécageuses.
(2) Peut-être pour distinguer le village de Novarey du terrain planté de noyers qui s'écrivaient indifféremment noyeraie ou noyarey.
(3) Petites rigoles qui dans la montagne s'embranchent sur les draies pour empêcher que les eaux ne ravinent celles-ci.
(4) Dra, drayes, ou draies, couloirs par lesquels descendent les pièces de bois.
(5) Eygalen.

Menon, y est encore propriétaire ; que le Châtelard est la propriété de Claude de Saint-Ours, le châtelain qui vient de présider à l'estimation et à l'évaluation des biens taillables ; que la maison-forte est *la tour du seigneur de Veurey*.

Citons quelques noms de baptême féminins cueillis en passant, comme *Dimanche* de Dominica, féminin de Dominique (Dominicus), *Giena*, Jeanne ou Eugénie, *Florie* ou *Fleurie*, nom d'autant plus gracieux qu'il est mieux accompagné comme pour *Fleurie Joyeux*, et *Clauda*, ou *Claudaz*, féminin de Claude.

Mais ce qui nous intéresse particulièrement au point de vue curial, c'est la mention qui est faite au Parcellaire du pré de la cure au mas des Arcellins en Eygalen et de la *vigne curiale* à Veurey. Celle-ci n'est pas imposée n'étant pas taillable comme bien d'Eglise, mais, comme le pré des Arcellins, se trouve nommée dans les confrontations. « *Item* près l'Izère une pièce de vergier. joignant la *vigne de la cure* du couchant. » Le curé de Veurey, en 1589, jouissait donc d'une vigne qui se trouvait au-dessous du presbytère et n'était séparée de l'Isère que par un verger. C'est la vigne actuelle, peut-être plus étendue alors. Il y a longtemps, comme on le voit, que les recteurs de Veurey récoltent leur vin de messe.

La citation du pré de la cure (1) en Eygalen n'est pas d'un moindre intérêt. M. le curé Girerd pourra dire un jour que l'origine de ce pré « *se perd dans la nuit des temps* ». Nous avons du moins, grâce au Parcellaire, la certitude qu'en 1589 il est déjà bien d'Eglise, et l'on ne voit pas que depuis cette époque jusqu'à nos jours, il ait cessé d'être une dépendance de la cure de Veurey. Une reconnaissance de 1733 par laquelle Daniel de Saint-Ours (2) reconnaît posséder *du fief et directe* du marquis de Chaulnes, seigneur de Veurey, Saint-Quentin, Moutaud et autres lieux, divers prés, bois et terres en Eygalen, renferme une ligne bien

---

(1) Ce pré a été confisqué par la loi de séparation en 1906.
(2) Archives de Saint-Ours, propriété de la famille Bourne.

précieuse sur la question : « *partie bize le bois de la cure de Veurey* ». Actuellement le pré est encore bordé au midi par quelques arbres qui en dépendent et qui sont encore là pour témoigner des empiètements successifs des voisins à travers les siècles (1).

A côté de la mense curiale, il y a la mense épiscopale. L'évêché de Grenoble exerce un droit de propriété sur moulin, battoir, béal (2), plassages (3), bois, vignes, etc..., mais comme les biens de mense épiscopale et curiale sont exempts de tailles, il nous est difficile d'estimer leur valeur ou d'évaluer leur étendue puisque le Parcellaire ne précise rien à cet égard. Ces biens et droits de l'Evêché doivent remonter aux temps déjà reculés où les évêques de Grenoble possédaient conjointement avec les Comtes d'Albon ou bien aux époques plus récentes où les seigneurs, par des donations successives, dotaient la mense épiscopale.

Notons aussi qu'un prêtre, *Antoine Borel*, enfant du pays, laisse en mourant une assez jolie propriété que se partagent ses héritiers : les Romestaing, les Guignard et les Remillat. Ce prêtre n'est certainement pas curé de Veurey, car il n'est mentionné que comme *prêtre dudit Veurey*.

Revenons, en terminant, sur l'élection des prud'hommes et sur la prestation de serment à laquelle ils furent soumis avant d'entrer en fonctions. C'est encore une page du Parcellaire qui va nous renseigner et compléter ce que nous avons déjà dit sur les consuls et prud'hommes.

« L'an mil cinq cent quatre-vingt-neuf, et le dimanche douzième jour du mois de novembre, environ deux heures après midi, et pardevant nous Claude de Saint-Ours châin dud. Veurey et au *Peron place publique*, lieu *accoutumé faire assemblées*, sont comparus Jacques Bœuf et Michel Ravinel-Forrier, consuls modernes (4) dud. Veurey,

---

(1) Le pré lui-même a été singulièrement réduit par les empiétements.
(2) Canal conduisant l'eau au moulin (bedalium). De là *béalier*.
(3) Cour intérieure, petite place.
(4) Consuls actuels.

assistés de Jacques Duport et Jacques Ravinel-Chanaz, leurs Con^ers, etc... »

Le Peron est donc la place publique où se tiennent les assemblées de citoyens et où se discutent les intérêts communaux. C'est là où les manans et habitants dud (1). Veurey *tant pauvres que riches* ainsi que les *forains* se sont réunis et ont élu les prud'hommes susnommés tous unanimement et d'une commune voix. Le lendemain lundi 13 novembre sur l'assignation de Jean Brunet, sergent ordinaire de Veurey, les élus se sont présentés devant Claude de Saint-Ours et après avoir prêté le serment sur les Saintes Ecritures ès (2) mains dud. Châtelain ils ont promis et juré de procéder à ladite estimation et évaluation des fonds taillables audit Veurey, le plus justement et également que faire se pourra, selon conscience, toutes *faveurs cessans.*

C'est ainsi qu'au XVIe siècle, grâce à la Religion et au serment qui ne s'explique pas sans elle, la conscience et la justice président à la confection du Parcellaire et à la péréquation des tailles. Aujourd'hui, au XXe siècle, est-ce que la même honnêteté préside à la répartition des impôts ? Il faut être un historien dépourvu de toute probité et un bien malhonnête homme pour ne pas reconnaître l'influence du catholicisme sur la concience publique. Ces convictions chrétiennes, cet accord unanime dans l'élection des prud'hommes, cet empressement des consuls et du châtelain à exécuter l'arrêt de la Cour et à guérir les effets désastreux des guerres de Religion, dues à la Réforme qui vint troubler la paix de l'Europe, cette concorde entre les riches et les pauvres, entre les administrés et les préposés à la communauté, tout cela nous montre un Veurey relativement heureux, un Veurey famille, un Veurey modèle dont les générations à venir n'auront qu'à bénéficier.

(1) Dudit.
(2) Dans.

CHAPITRE XI

Veurey au XVIIe siècle

LA PAROISSE ET LES CURÉS

Les de Chaulnes, seigneurs de Veurey. — Testament de Charles de Chaulnes. — Les de Chissé. — Le marquisat de Chaulnes. — Formation de la paroisse. — Messire Claude Barbier. — Messire Gaspard Sougey. — Actes de Baptême. — Messire Pierre Puissant. — Les enfants naturels. — Messire Anthoyne Ripert. — La Fête patronale. — La Confrérie du Rosaire. — Les Pénitents. — Une délibération. — Le Cardinal le Camus. — Messire Laurent Videl.

Durant la période qui va de 1540 à 1630 Veurey change encore de seigneurs en passant des de Vachon aux de Chaulnes. Nous n'avons aucun acte établissant d'une façon précise ce transfert qui a dû s'effectuer vers la fin du XVIe siècle ou au commencement du XVIIe. Ce qui est certain c'est qu'en 1630 les de Chaulnes sont seigneurs de Veurey, puisqu'ils passent comme tels tous leurs droits aux de Chissé. « Le 10 novembre 1630, vente passée par messire
« Antoine de Chaulnes, seigneur de la Bastie, de Meylan
« et *de Veurey*, à noble Joachim de Chissé, seigneur de
« Saint-Quentin, *de la terre, seigneurie* et *juridiction de*

« *Veurey*, du lieu et mandement de Veurey, hommes, su-
« jets, rentes, cens, services et autres droits (1) ».

La famille de Chaulnes, originaire de Picardie, se fixa en Dauphiné vers le milieu du XVIe siècle avec *Pierre de Chaulnes*, procureur du Roy. Antoine de Chaulnes, fils de Pierre, fût le père de ce *bel esprit*, de ce *poète subtil*, Claude de Chaulnes, que Saint-Aignan cite comme un « *rimeur incomparable* » et qui sera appelé par Charles Nodier le *Scarron de la province*. Claude de Chaulnes, oncle du poète, cadet d'Antoine, conseiller au Parlement, eût de son mariage avec Marguerite de Chissé ou Chissay *Paul de Chaulnes*, évêque de Sarlat en 1701, mort évêque de Grenoble et insolvable en 1725. Noble Paul de Chaulnes, chanoine (2), assistait comme tel à un baptême à Veurey en 1674. L'année précédente, *Charles de Chaulnes*, seigneur de Veurey, laissait par testament la somme de cinquante livres à cette paroisse. Il avantageait de même les autres paroisses qui faisaient partie de sa terre de Chaulnes (à Noyarey). « *Je veux qu'il soit distribué aux plus pauvres* « *et aux plus nécessiteux des paroisses de la terre de* « *Chaulnes, Veurey, Saint-Quentin, etc..., à chaque la* « *somme de cinquante livres* ». Ce ne fût qu'avec *Joseph de Chaulnes*, petit-fils d'Antoine, que la terre de Noyarey ou de Chaulnes fût érigée en marquisat (1684). Les de Chaulnes de Dauphiné était la branche cadette (3). La branche aînée s'était fixée à Paris.

Si Veurey passe avec la terre de Chaulnes aux de Chissé en 1630 par la vente du 10 novembre et revient aux de Chaulnes, comme le prouve le testament de Charles de Chaulnes de l'année 1673, c'est que les de Chaulnes avaient gardé des droits sur ladite terre par le mariage de Marguerite de Chissé avec Claude de Chaulnes en 1631. Les de

---

(1) *Archives de l'Isère*.
(2) De la collégiale de Saint-André de Grenoble.
(3) Les armes de Chaulnes étaient (d'après l'Armorial du Dauphiné) : « D'azur au chevron d'or, accompagné de trois clous de la passion de même. » Les de Chaulnes possédaient aussi la terre de la Marcousse (Poliénas), où il y avait une maison-forte.

Chissé étaient probablement tombés en quenouille (1).

Cette famille, cependant, avait jeté un certain éclat. Elle avait donné quatre évêques à Grenoble : Jean II de Chissé, mort en 1350 à la Chartreuse de Paris ; Rodolphe de Chissé, sacré le 23 février 1351 par l'ancien dauphin Humbert, devenu archevêque d'Alexandrie. Il fût transféré ensuite, en 1380, à l'archevêché de Tarentaise. Aimon Ier de Chissé, qui souscrivit au concile de Constance et fit construire le tombeau en forme d'autel qui se trouve dans le chœur de l'Eglise cathédrale, permuta en 1427 avec son neveu, évêque de Nice, qui devint évêque de Grenoble et assista au concile schismatique de Bâle en 1431. Dans un baptême à Veurey, en l'année 1640, on trouve le nom de Christophe de Chissé, capitaine au régiment de Mgr le duc de Lesdiguières.

Nos registres paroissiaux de baptêmes et de sépultures ne remontent pas au-delà de 1636. La rédaction de la première page semble cependant indiquer qu'il y a eu des actes dressés précédemment, qui ont été perdus ou détruits. Les recteurs de Veurey, comme tous les autres, durent se soumettre à l'ordonnance de François Ier, mais les plus anciens registres de notre région, notamment ceux de Moirans qui remontent à 1580 ne datent que de la fin du XVIe siècle. Les nôtres, dont l'âge est fort respectable si on les compare à tant d'autres, commencent en l'année 1636. Ils sont néanmoins très précieux à beaucoup de titres et nous renseignent tout d'abord d'une façon très précise sur la chronologie des curés.

Selon notre méthode qui consiste à étudier les familles, personnes, mœurs ou coutumes au moment où les archives nous les révèlent nous allons donc parler des curés de Veurey ; mais comme les curés s'identifient avec la paroisse il nous paraît utile de jeter un coup d'œil rétrospectif sur

---

(1) Cette famille s'éteignit en effet en 1680 par cinq frères tous braves officiers qui ne laissèrent qu'une sœur mariée à Claude de Chaulnes. Les armes des Chissé sont : « Partie d'or et de gueules au lion de sable armé et lampassé de gueules brochant sur le tout. Devise : *Toujours*. »

la formation de celle-ci et sur son évolution à travers les siècles.

La conquête religieuse de notre pays fût lente et régulière.

Le Christianisme entre par la Narbonnaise, s'avance par la Viennoise où le paganisme est puissant et vivace, et se dirige vers Genève. Les rives de l'*Isara* ressentent bien vite par conséquent sa divine influence. Les premières églises chrétiennes s'établissent d'abord dans les *Civitates* (cités), dans les *Vici* (bourgs) ou *Castra* (forteresses, bourgs fortifiés). Les localités où le latin est parlé doivent nécessairement attirer les premiers missionnaires, et c'est ainsi que la conquête romaine ouvre des tranchées à l'Evangile et que le latin sert de véhicule à la vérité catholique.

Le castrum Voreii (1) ne tarde pas sans doute à recevoir dans ses murs son premier prêtre catholique, puisque dans la vieille église mérovingienne on pourra découvrir des vestiges (2) d'un temple païen. L'église, en effet, remplace fréquemment un sanctuaire du paganisme. Les premiers évêques savent « que le peuple change moins aisément ses habitudes que sa foi. Le peuple allait porter aux idoles son encens et ses prières. Il n'a pas à prendre un autre chemin pour offrir au Christ ses hommages. Lui faciliter ainsi la pratique d'une nouvelle religion, c'est puissamment aider à sa conversion (3) ».

Les nouveaux convertis se groupent autour de cette église et du prêtre qui la dessert. La paroisse se constitue peu à peu. Le prêtre qui la gouverne prend bientôt le titre de *Curator* (qui a soin de..... curateur) du mot latin *cura* (sollicitude) d'où est venu *curé* ; ou bien celui de *parochus* (qui pourvoit) d'où vient le mot *parocchia* (paroisse) ; ou bien encore celui de *rector* (recteur, qui dirige), titre que les curés portent plus particulièrement dans les nécrologes, épitaphes et autres actes rédigés en latin.

---

(1) Voir chap. III, page 27.
(2) *Ibidem*, page 29.
(3) Joseph Ageorges. *Le clergé rural sous l'ancien régime*, page 9.

Le recrutement du clergé s'opère en ce temps-là d'une façon toute démocratique. Le dignitaire d'une église doit être pris parmi les clercs et les clercs parmi les fidèles. Le prêtre vit des revenus de son église, et peu à peu, par la force des choses, un patrimoine paroissial se forme, indépendant du patrimoine de l'église épiscopale. Les évêques confèrent les pouvoirs spirituels dont ils sont les seuls dépositaires. L'élection seule appartient à la communauté des fidèles. L'évêque confirme l'élection, juge des aptitudes de l'élu, lui donne l'investiture, mais le peuple, comme on le voit, participe à l'élection. C'est ce qui donne une grande force au clergé rural de cette époque. Il faut dire que les électeurs en l'espèce sont des fidèles, c'est-à-dire, des chrétiens pratiquants et fervents. Il n'y a donc aucune comparaison à établir entre ce mode d'élection et celui qui sera employé en 1792 pour remplir les cadres du clergé schismatique et qui permettra à des gens de tout acabit, voire même à des athées et à des impies forcenés, de choisir en plein cabaret les représentants du Seigneur. L'Eglise modifiera sa discipline à mesure que les mœurs se modifieront à travers les âges. Elle évoluera avec sagesse et lenteur sans jamais laisser porter la moindre atteinte à sa hiérarchie.

L'élection par le peuple fait place vers le VIIe siècle au patronage. Le seigneur dote l'église et devient influent auprès de l'évêque. Le curé, à cette époque troublée par les guerres incessantes de la féodalité, cherche et trouve souvent dans le seigneur appui et protection. Il devient son client. Le donjon protège le modeste clocher, mais le fort abuse bientôt du faible. De là des abus dont la réforme ne tarde pas à s'imposer. Le grand Pape Saint Grégoire VII la réalise au risque de s'aliéner les barons, les princes et les empereurs. La paroisse acquiert une nouvelle vie. Le curé, émancipé du seigneur, redevient l'homme de tous. Il sait être digne et fier au castel et compatissant à la chaumière. « Quand au XIIe siècle, dit M. Ageorges (1), le vicus

---

(1) *Le clergé rural sous l'ancien régime,* pages 15 et 16.

« définitivement transformé put nourrir ses chevaliers au
« château et ses serfs entre l'église et la demeure du sei-
« gneur, le curé fut là pour faire entendre aux uns et aux
« autres la parole de paix et d'amour. Arbitre souvent,
« conseiller toujours, il s'immisça par devoir à la discus-
« sion des intérêts communaux. Il devint un juge sans
« mandat officiel dont l'influence s'étendit jusqu'aux ques-
« tions de juridiction contentieuse... Si l'on se dispute, il
« met sa croix de bois entre les adversaires... Un peu plus
« tard, au XVᵉ et XVIᵉ siècle, il monte sur la pierre des
« Morts, et devant les hommes assemblés il donne son avis
« sur tout ce qui intéresse la communauté. C'est lui qu'on
« chargera de distribuer les secours aux indigents et aux
« malades. C'est lui qui entretiendra l'école ; c'est lui qui,
« en grande partie, devra veiller à la conservation de
« l'église et tenir le cimetière en bon état. » A mesure que
le pouvoir Central s'organise, l'autorité curiale augmente.
Le curé est comme l'organe de la loi. L'instruction domini-
cale devient une sorte de leçon administrative et judiciaire
autant qu'un sermon. Au XVIIᵉ siècle un édit royal rappel-
lera qu'on doit lire au prône les ordonnances relatives aux
infanticides.

Messire Claude Barbier 1631 — Telle est la situation et l'influence du curé sur son troupeau au moment où Messire Claude Barbier exerce le ministère curial à Veurey (1). C'est dans un inventaire dressé en 1631 par maître Chorot, châtelain de Veurey et notaire royal, que nous trouvons le nom de ce curé avec ces titres : chappelain, pᵇʳᵉ (2) et curé de Veurey. De quelle chapellenie s'agit-il ici ? Nous ne pouvons le préciser. Celle de l'Eygalen qui constitue comme une petite paroisse peut très bien permettre

---

(1) Dans un acte notarié (Arch. Chorot-Boisverd) nous trouvons parmi les témoins un curé de Veurey du nom de Jullien Saujon. L'acte est de 1580.

(2) Pᵇʳ ou pᵇʳᵉ est un abbréviatif de presbyter, prêtre.

à Messire Barbier d'ajouter à son titre de curé de Veurey celui de Chapelain. C'est tout ce que nous savons de ce recteur. Nous ignorons la date de sa nomination ainsi que celle de sa mort ou de la cessation de ses fonctions.

Messire Gaspard de Saugey ? -1641

Messire Gaspard de Saugey, dont nous ne connaissons pas non plus la date d'entrée en fonctions, mais qui est curé en 1636, comme les registres en témoignent, est probablement le successeur immédiat de Claude Barbier. Son rectorat, très court, nous fournit cependant quelques indications intéressantes. Dans un baptême il est parrain d'un de ses paroissiens à qui Messire Pichon, curé de Noyerey (1), administre le sacrement. Ce cas n'est pas rare aux XVIIe et XVIIIe siècles. Les curés acceptent souvent d'être parrains de leurs propres paroissiens.

Dans un baptême nous lisons parmi les signatures : « *Besset, maître des cérémonies* ». C'est toute une révélation. Nous apprenons par là que la confrérie des Pénitents du Saint-Sacrement, fondée à Grenoble (2) vers 1630, est déjà établie à Veurey. Nous allons en avoir bientôt la confirmation. Dans le règlement de ladite confrérie il y a en effet un chapitre consacré au *maître des cérémonies* qui devient dans la paroisse un personnage important. Grâce à lui et à ses confrères le Culte retrouve une certaine splendeur.

Les baptêmes ont encore un autre avantage ; celui de nous faire connaître certaines personnes de qualité qui habitent la paroisse ou y viennent, ainsi que les relations de parenté ou d'alliance qui existent entre familles. Sous Messire de Saugey, par exemple, nous rencontrons au baptême d'une Françoise de Saint-Ours, Claude

(1) Noyarey s'écrit habituellement à cette époque Noyerey ou Noyrey.
(2) Paroisse Saint-Laurent.

Eynard, procureur de la Cour du Parlement du Dauphiné ; Françoise Eynard, sa femme. Damoyselle Marie de Beaumont, est marraine d'une Gabrielle de Saint-Ours. Dans un autre baptême nous trouvons même deux marraines : damoyselle Louise du Sert et damoyselle Marguerite de Benoist. Plus d'une fois les actes de baptême seront de précieux indicateurs pour les généalogistes.

Le dernier baptême de Messire de Saugey est du 12 décembre 1640. Ce curé ne décède pas à Veurey. Aucun acte ne l'indique. Bien que les sépultures ne soient pas encore consignées dans les registres, les curés, comme nous le verrons d'ailleurs, rédigent déjà l'acte de sépulture de leurs confrères ou prédécesseurs.

Messire Pierre Puissant 1641-1657 — Quoi qu'il en soit, Messire *Pierre Puissant* débute le 27 janvier par le baptême de Jean de Saint-Ours, dont le parrain est *Jean de Calignon*, oncle maternel, et la marraine Marguerite de Saint-Ours de l'Echaillon. Les de Calignon, alliés aux de Saint-Ours, le sont également aux Chorot, châtelains de Veurey. En 1644, Antoine Chorot a pour parrain *Antoine de Calignon*, lieutenant de messieurs les maréchaux de France en Dauphiné. Il signe à côté d'*Izabeau Daube du Touvet*. Jane de Calignon est marraine dans un baptême où Messire Boysson, prieur de Voreppe, signe comme parrain. Messire Jean Cuchet, prieur de Bellegarde (1), remplit également, en 1646, les fonctions de « *susceptor* (2) ». Le nom de *Joseph* commence à se donner. Il est encore relativement rare.

Les enfants naturels sont mentionnés avec les noms du père et de la mère. La recherche de la paternité n'est pas encore interdite. L'aveu du nom du père est même obliga-

---

(1) Les *Vachon* portaient le titre de seigneurs de *Veurey* et de *Bellegarde*.

(2) Au XVIIe siècle les parrain et marraine sont fréquemment appelés *suscepteurs*, susceptores de suscipere, recueillir, soutenir, protéger.

toire devant le juge. Ainsi, quelques années plus tard — dans un baptême de l'année 1672 — il est formellement déclaré que la mère, une fille du Petit-Port, donne l'enfant à noble de Flévin, seigneur de la place de Vienne. Les mœurs publiques ne paraissent pas cependant souffrir de cette sévérité des lois civiles et ecclésiastiques. Les registres sont là pour l'attester. Les naissances illégitimes sont rares et les enfants sont nombreux dans les familles. Remarquons, en passant, le sens d'une expression qui pourrait embarrasser les chercheurs. Les enfants légitimes sont aussi apppelés naturels et à certaines époques on lit couramment : N..... *enfant naturel et légitime de.....* Le sens de naturel serait alors ici celui de *normal, viable, né selon les lois de la nature*, plutôt que celui de *né selon les lois religieuses*, cette dernière condition étant marquée d'ailleurs par légitime. Cette observation permettra d'éviter certaines confusions (1).

Les actes de baptême ne nous révèlent pas que des noms et titres de noblesse. Les bourgeois, les marchands, les gens du peuple, les manants, moins *illitérés* (illettrés) qu'on se le figure, y apposent leurs noms. C'est ainsi que plusieurs nouvelles familles apparaissent vers le milieu du XVIIe siècle : les Allouis, les Brotel, les Bernard-Guêla, les Brunet, les Sappey, les Savoyan, les Trappet dont un, Laurent, est consul de Veurey en 1643.

La même année, c'est un Jean Brunet qui est maître des cérémonies. En 1646 cette charge a passé à un Brotel. La famille Brotel paraît très dévouée à la Religion. Les Brotel signent d'abord Brotel la Croix, mais bientôt ils suppriment Brotel et ne gardent que La Croix. En 1647 un La Croix se signe ainsi et ajoute à côté de son nom : *second officier*. En 1654 un autre La Croix, ou peut-être le même, écrit au registre des baptêmes : « La Croix n'ayant quand à présent point de charges ». Pourquoi ces charges diverses : maître de cérémonies, premier officier, second officier ? Comment les expliquer sans la Confrérie des Pénitents ? Un document

---

(1) *Naturel* est aussi employé par opposition à *adoptif*.

va bientôt faire lumière complète sur cette question éminemment paroissiale.

Les prêtres ne se voient peut-être pas encore dans des réunions périodiques (1), mais ils se rencontrent assez souvent dans les cérémonies liturgiques. Messire Jacques de Chanron, curé de Pommier, vient à Veurey baptiser un Alleyron. Les prêtres se prêtent leurs services dans le saint ministère sans paraître se préoccuper des distances que les moyens de locomotion, en honneur à cette époque, sont peu propres à abréger. Messire François de Lisle, prêtre habitué à la cathédrale, vient remplacer deux mois Messire Puissant en 1655. La santé du curé de Veurey ne se remet pas vite en état, car un autre prêtre du nom de Ripert, vient le suppléer à son tour pour lui succéder bientôt. En 1657 Messire Puissant résigne ses fonctions. Il sera encore mention de lui comme témoin dans un baptême présidé par Messire Ripert, et nous perdrons sa trace sans avoir aucun document sur son décès ou sur sa sépulture.

Messire Anthoyne Ripert 1657-1688

Ce baptême, auquel assistent l'ancien et le nouveau curé et que confère Messire Fayolle, curé de Voreppe, en juillet 1657, est celui d'Anthoyne Gillibert.

Les actes de baptêmes, suivis à partir de 1668 des actes de mariages et de sépultures, continuent d'être fort curieux par les renseignements qu'ils nous procurent et par certains détails empreints d'une naïve simplicité. Pour le supplément des cérémonies du baptême, Messire Ripert emploie la formule suivante : « *a été reçu aux cérémonies de l'Eglise après avoir été baptisé* ». Pour les sépultures, on trouve tour à tour : *j'ai enterré, j'ai enseveli, j'ai sépulturé*. Comme

---

(1) Nous n'avons pas rencontré d'allusion aux conférences ecclésiastiques dans les archives paroissiales. Nous savons cependant que le cardinal le Camus les avaient ordonnées et que dans certains archiprêtrés, très accidentés, comme celui de Valbonnais, les curés s'y rendaient à cheval. (Procès de Jean Roux, curé de Chantelouve.)

ses prédécesseurs Messire Ripert accepte d'être parrain d'un de ses paroissiens, mais à cette occasion il veut nous faire savoir « *qu'il est frère de lait de la mère* ». Plus loin, dans l'acte de sépulture de sa belle-mère, Monda Chassolier — sépulture présidée par Messire Hierosme Renol (1), curé de Noyarey — il se croit obligé, afin de prévenir toute méprise, de nous expliquer que son père Jacques Ripert, marchand de Grenoble, avait convolé en secondes noces.

Un baptême du 23 avril 1662, où nous lisons : « *23 avril, fête de Saint-Georges, patron de la paroisse de Veurey* », nous confirme pleinement dans ce que nous avons déjà dit du Patron de Veurey (2). Vingt ans plus tard, au baptême de Georges Gerlat, nous lisons encore : « *23me avril 1682, jour et feste de Saint-Georges, notre illustre patron.* »

Il était vraiment illustre entre beaucoup ce soldat romain, né en Cappadoce, élevé par Dioclétien aux premiers grades de l'armée, qui osait reprocher à cet empereur sa rage persécutrice, résistait à la meule, à la roue aux pointes d'acier et aux honneurs, confondait les idoles devant l'autel d'Apollon et enfin avait la tête tranchée pour Notre Seigneur Jésus-Christ le 23 avril de l'an 303.

Saint-Georges fut toujours en grande vénération chez les Grecs et chez les Latins.

Les Grecs lui ont donné le titre de *grand martyr* et sa fête chez eux est encore d'obligation. L'ancienne Colchide, aujourd'hui *Géorgie*, l'honore encore comme son patron titulaire.

Le culte de Saint-Georges n'a pas été moins célèbre en Occident. Il était répandu dès le VIe siècle dans toutes les Gaules d'après Grégoire de Tours. Sainte-Clotilde lui élevait des autels et lui dédiait des églises. Saint-Grégoire le Grand, un peu plus tard, lui rendait à Rome les mêmes

(1) Ou Revol.
(2) Voir la page 59, ch. VII.

honneurs. C'étaient principalement les guerriers qui l'invoquaient comme leur patron, surtout après la première Croisade. A la bataille d'Antioche (1), ainsi qu'au siège de Jérusalem, il intervint visiblement en faveur des chrétiens. Cette protection singulière de Saint-Georges à l'égard des Croisés acheva de rendre son culte vraiment populaire parmi les Latins. La république de Gênes le choisissait pour son patron principal pendant qu'un concile national d'Angleterre rendait sa fête obligatoire dans toute la Grande-Bretagne. Mais ce qui est encore plus intéressant pour nous c'est de savoir qu'il devint le patron de notre chère province, que son image fût représentée sur la bannière delphinale avec cette exergue : *Saint Georges et Dalphiné*, cri de guerre de nos pères, et que ce glorieux étendard, déposé dans la sacristie de l'église Saint-André de Grenoble, faisait partie des précieux et religieux joyaux, *pretiosa et virtuosa jocalia*, des Dauphins de Viennois.

Saint Georges a été représenté de diverses façons. Le plus souvent il est à cheval menaçant un dragon de sa lance. Près de lui, enchaînée à un rocher, une jeune fille qui semble destinée à être la proie du monstre, attend avec sérénité et confiance son salut du guerrier. Cette peinture s'explique communément par un usage de l'art grec qui consistait à représenter les villes et les provinces par une femme. Près de Saint Georges ce serait la Cappadoce qui attend de lui sa délivrance du monstre de l'idolâtrie. C'est l'allégorie antique que le pinceau d'Eugène Delacroix a immortalisé dans une toile que le musée de Grenoble a le bonheur de posséder.

Au XVIIᵉ siècle le nom de Georges est fréquemment imposé aux garçons. D'ailleurs il n'a jamais été délaissé, tant s'en faut. Jusqu'au XXᵉ siècle, sans discontinuité, il y aura des Georges à Veurey. Quant au féminin de Georges il sera toujours fort rare, plus rare même que *Monda, Ennemonde, Phélise* (2), *Chaterinne, Anthoynie, Christo-*

---

(1) D'après la chronique de Robert le Moine.
(2) Féminin de Phélix, Félix.

phelle, *Lionette* et *Dimanche* (1), qui est fort en vogue vers 1650.

Messire Ripert paraît très souvent comme témoin dans les testaments et mariages passés devant le notaire royal et delphinal Marc Chorot. Il signe toujours à la place d'honneur. Le curé semble avoir, à cette époque, une influence morale considérable. Il ne vit pas en dehors de la société. Il favorise le mariage en arrondissant au besoin la dot d'une pauvre fille, comme en témoigne le testament de Fréjus (2) Chorot : « A l'instant ledit Fréjus Chorot,
« testateur, a desclaré avoir resseu de Messire Antoine
« Ripert, prestre et curé dudit lieu, six livres que ledit
« Sr Ripert avait donné à ladite Jeanne Cuchet, sa femme,
« par leur contrat de mariage de quoy il le quitte, présents
« les subs nommés.... »

La paroisse, de son côté, a une vie très intense. La Confrérie du Rosaire, très prospère, entretient la piété chez les femmes. Les hommes se maintiennent dans la foi et la fraternité évangélique grâce à la Confrérie des Pénitents du Saint-Sacrement. Disons un mot de ces deux associations.

« Quoique la vie d'une association pieuse, dit M. Hippolyte
« Muller dans son étude documentée sur la Confrérie du
« Rosaire d'Izeaux, puisse paraître peu intéressante au point
« de vue de l'histoire d'une commune, il ne s'en suit pas
« que cela doive être vrai il y a 150 ans. — Au contraire, les
« petits pays, les villages à une époque où les moyens
« de communication étaient relativement rudimentaires,
« vivaient, évoluaient dans une atmosphère locale assez res-
« treinte, et tous les actes importants de la vie d'une com-
« mune pivotaient absolument autour de l'église qui était la
« maison commune, le plus grand lieu de réunion dans
« lequel habitait le prêtre, l'homme généralement le plus
« instruit du lieu, chargé d'une mission pacificatrice et
« ayant l'habitude d'apporter les consolations verbales (spi-

---

(1) Voir page 108.
(2) Fréjus pour Ferjus.

« rituelles) et parfois matérielles aux humbles, aux deshé-
« rités comme aux riches..... Aussi est-il tout naturel de
« trouver la plus exacte expression de la vie d'une commune
« dans les registres de la paroisse, où étaient parfois ins-
« crites avec les actes civils de nombreuses et curieuses rela-
« tions des événements journaliers et locaux (1) ».

Nous pourrions ajouter à ces fort judicieuses réflexions que nos registres paroissiaux actuels, que les archives même purement paroissiales continuées par les curés d'aujourd'hui, que les procès-verbaux de nos confréries actuelles ne seront pas à dédaigner un jour, et reproduiront mieux la physionomie d'une époque que le registre des délibérations de la mairie. Les prêtres ont encore la partie bien belle s'ils veulent noter au jour le jour les faits divers, matériels ou moraux, en un mot ce que nous appellerions les pulsations morales de la famille paroissiale.

En prenant possession de sa paroisse, Messire Ripert a dû trouver déjà établie la Confrérie du Rosaire, car en 1658 il existe dans l'église de Veurey un autel dédié à Notre-Dame-du-Rosaire. Nous le savons par un testament de cette année-là. Une pieuse damoyselle, du nom de *Jeanne Mottet*, fait trois legs pour œuvres pies dont un de *dix-huit livres pour réparations de l'autel du Saint-Rosaire establi dans ladite église de Veurey*. Le Saint-Rosaire, c'est-à-dire la Confrérie de ce nom, est donc érigée dans la paroisse. C'est vers 1630, d'ailleurs, que ces confréries commencent à s'établir dans la région. Jeanne Mottet, sœur du Rosaire, pense à l'autel de sa confrérie dans ses dernières volontés. Son exemple sera imité par beaucoup d'autres sœurs comme le témoigneront les testaments déposés chez le notaire royal. C'est ainsi qu'à cette époque certaines chapelles de l'église paroissiale, ici celle d'une confrérie, là celle du seigneur, s'embelliront et s'enrichiront d'âge en âge, au point de rivaliser avec le sanctuaire lui-même par la somptuosité de la décoration.

Le Protestantisme en s'attaquant à la Très-Sainte Vierge et à l'Eucharistie ranime ces deux dévotions fondamentales

---

(1) *Revue archéologique,* juillet 1900.

du Catholicisme dans la France entière et en particulier dans le Dauphiné. L'apparition de la Mère de Dieu au protestant Pierre Combet, et le miracle de l'Osier, les sanctuaires nombreux élevés à cette époque à Notre-Dame des Grâces, les nombreux pèlerinages qui s'organisent arrêtent les progrès de la Réforme.

Les *Pénitents blancs* ou du *Saint-Sacrement* font pour la Présence Réelle ce que le Rosaire a fait pour la Vierge. C'était d'ailleurs le but de la Confrérie : « ...*par ce moyen, disent les statuts, s'augmentera l'honneur dû au Saint-Sacrement et à la Sainte Messe, et ensuite s'enseveliront toutes les hérésies suscitées contre ce pieux et fréquent usage, et contre l'Adoration et la Foi Catholique de ce divin Mystère* (1) ».

La première de ces confréries, établie dans le diocèse de Grenoble, est celle de Saint-Laurent. Elle est à peine organisée que beaucoup de paroisses désirent en être dotées à leur tour. L'évêque Pierre Scarron promulgue les bulles de Paul III, Paul V et Clément VIII en 1631, et c'est à partir de ce moment que les Pénitents se développent dans la région.

Les Pénitents doivent chanter l'Office du Saint-Sacrement à certains jours de l'année et surtout pendant l'octave de la Fête du Corps de Dieu, de même que les Ténèbres dans la Semaine Sainte. Ils sont absolument tenus de revêtir en cérémonies leur habit, aube, ou sac « *se remettant en mémoire la pénitence des Ninivites, lorsqu'ils se couvrirent de sacs pour apaiser l'ire de Dieu* (2) ». La confrérie est en même temps une société de secours mutuels, avec un infirmier pour visiter les malades de la compagnie, et ce qu'il y a de plus intéressant à remarquer, c'est que cette société de secours mutuels ne limite pas la bienfaisance à ses membres, mais l'étend à tous les pauvres de la paroisse comme le prouve cette distribution du quart de la cueillette à *tous*

---

(1) Bréviaire à l'usage de la *Confrairie* des Pénitents Blancs.
(2) *Ibidem*.

les indigents à l'issue de l'Office, les trois autres quarts étant réservés aux confrères (1).

Les bâtonniers portaient le bâton, dit de rogation (2). Les deux bâtons qui nous restent, sont surmontés d'une petite croix. Sur l'un des panonceaux se trouve le monogramme du Christ, et sur l'autre est peint un cœur renversé ceint d'une couronne d'épines. Le vice-recteur marchait en tête avec la canne, et le recteur fermait la marche avec le Bâton Pastoral, au-dessus duquel étaient représentées les armes ordinaires du Très-Saint-Sacrement.

Nous n'avons qu'un document sur nos Pénitents, mais il est fort précieux, car il nous indique que Veurey fût une des premières paroisses à posséder une confrérie de ce genre. C'est une délibération par laquelle les frères expriment leur reconnaissance à Messire Ripert pour son dévouement à la compagnie. La voici avec le style et l'orthographe du temps. Cette délibération, cette relique, devrait-on dire, est une feuille éparse du cahier des procès-verbaux, malheureusement disparu (3) :

« Semblable remonstrance a esté faicte par qui deffeux (par ceux qui dessus) que ayant esgard aux peynes extraordinaires que Mre Anthoine Ripert, p^{bre} (prêtre) et curé prenoict pour la confrérie tant pour confesser les pénistants, prosessions, visiter les malades mesme à dire une messe touttes les années pour les confrères pénistants pendant l'autave (octave) du Saint-Sacrement nous servant ponctuellement touttes les troizième dimanche du mois et festes auxquelles nous sommes obligés par nos estatuts qu'il serait à propos de lui faire présant de quelque chose pour dégrévement. Ladite assemblée desdits confrères, tous d'ung mutuel consantement ont prié le recteur de faire la proposition cy-dessus à Messire Anthoine Ripert, lequel à la prière du recteur estant mouze (venu) dans la chapelle

---

(1) Bréviaire à l'usage de la *Confrairie* des Pénitents Blancs.
(2) De *rogare*, prier.
(3) Cette page a été trouvée par l'auteur dans les combles du presbytère.

faisant cognoistre la bonne volonté des confrères et qu'ils étaient fort pauvres n'estant pas bien encore establis qui pour touttes les peynes qu'il prent à la confrérie cy-dessus exprimées de se contenter d'une demy pistolhe vallant cinq livres dix soulz, et de nous servir à l'avenir comme il a faict pour le passé conformément à nos estatuts, recevant ledit Messire Anthoine Rispert la proposition cy-dessus raisonable le tout à son agrément s'est avec nous soubsigné ceux qui l'ont seu faire. »

Cette délibération est signée par *Esnard*, recteur, *La Croix*, *Trappet*, *Chaperon*, deux pénitents du nom de *Brunet*, *Borel*, deux confrères du nom de *Joyeux*, *Georges Michon*, deux autres pénitents de la famille *de Saint-Ours*, le secrétaire de la Confrérie *Sibillat*, et enfin par *A. Ripert*, curé.

Constatons en passant que beaucoup « *l'ont seu faire* » sans être tous de la noblesse ou de la cléricature, car le plus grand nombre sont gens du peuple. L'école presbytérale de l'époque ne faisait guère plus d'illettrés que l'école obligatoire d'aujourd'hui. En tous cas elle donnait à la patrie de meilleurs citoyens.

Au-dessous des signatures nous trouvons la réception de trois nouveaux frères : « f. *Jaque Oriol*, a esté resceu en l'année 1666 ; f. *Louis Chorot*, a esté resceu en l'année 1666 ; f. *Joseph Massarel*, a esté resceu en l'année 1668. »

Par ce document nous savons que la Confrérie des Pénitents existe en 1666, et qu'elle est établie à Veurey depuis peu de temps, ce qui permet de la voir apparaître vers l'an 1640. En 1670 c'est un *Chorot* qui est maître des cérémonies. Déjà, en 1649, nous avons vu un *de Saint-Ours* signer dans un baptême avec le même titre. Les Seigneurs et les Châtelains ne dédaignent donc pas d'être membres de la Confrérie. Ces titres divers de *maître des cérémonies*, d'*officier*, de *porte-bassin*, dont paraissent très fiers les frères, sont des titres de fonctions empruntés aux statuts de la Confrérie. Si donc, en 1639, nous trouvons déjà un maître de cérémonies *Besset*, c'est que les Pénitents existent sous le rectorat de Messire de Saugey, et n'ont pas été établis très longtemps après ceux de Saint-Laurent de Grenoble.

Messire Ripert reçoit, en 1688, Mgr Etienne le Camus, évêque et prince de Grenoble, récemment promu au Cardinalat par le Pape Innocent XI, *cardinal malgré le roi*, comme il avait été *évêque malgré le Pape*. Le saint cardinal visite régulièrement son diocèse. Nous rencontrons son visa plusieurs fois, notamment en 1697. Il est regrettable que Messire Ripert ne nous ait pas noté quelques détails de cette visite canonique. Soyons toutefois indulgents, car dans quelques jours il va rendre son âme à Dieu et le 5 juillet 1688 nous allons assister à ses funérailles qui seront présidées par son voisin le curé de Noyarey. « L'an mil six cent quatre-vingt-huit et le cinquième juillet, je curé de Noyarey ay ensevely Messire Anthoine Ripert, prêtre et curé de Veurey, âgé de 62 ans, dans le tombeau de ses prédécesseurs en présence des sousnommés. Ainsi le certifie : Cuchet, curé de Noyerey. »

Les curés de Veurey ont donc un tombeau qui leur est réservé. Depuis plusieurs siècles sans doute dans ce tombeau dorment et attendent la glorieuse résurrection les prédécesseurs de Messire Ripert (1).

Laurent Videl   Le nouveau curé, messire *Laurent Videl*, n'est pas encore prêtre (2) quand il reçoit ses feuilles de nomination. Il se prépare dans la retraite à l'ordination sacerdotale. Il a 42 ans. Il délègue, pour prendre possession de sa cure, un carme déchaussé de Grenoble, *le frère Gaspard de Sainte-Catherine de Sienne*. La prise de possession a lieu le 5 septembre 1688. Messire Videl inaugure son ministère par la sépulture de *Jacques Gillibert*. Comme la plus grande partie de son rectorat appartient au siècle suivant, nous croyons

---

(1) La reconstruction de l'église n'a pas permis de retrouver ce tombeau.

(2) Il faut savoir que la nomination à une cure est canoniquement indépendante de l'ordination sacerdotale. Celle-ci n'est pas nécessaire pour que le curé ait juridiction au sujet de certains droits et de certaines fonctions comme celle de témoin officiel au mariage.

devoir interrompre la chronique paroissiale, pour aborder la vie communale qui sort d'une certaine pénombre au point de vue documentaire.

Messire Ripert nous a apparu comme un prêtre pieux, zélé et fort dévoué à sa paroisse. Son passage marque une période très florissante dans la vie paroissiale. Dieu seul connaît les mérites de tous ces prêtres qui ont administré Veurey au cours du XVIIe siècle, et qui l'ont conservé dans la foi et la piété catholiques. Nous ne pouvons que répéter pour eux et les âmes qu'ils ont dirigées dans les voies du salut :

Bienheureux ceux
qui meurent dans le Seigneur ! (2).

(1) *Apoc.* XIV, 13.

Cliché BOREL.
CHATEAU DES CHOROT DE BOISVERD (état actuel)
Châtelains de Veurey

CHAPITRE XII

Veurey au XVIIe siècle

VIE COMMUNALE — LES CONSULS

Le Mandement de Veurey. — Châtelain. — Bailliage et Présidial. — Syndics et Consuls. — Elections consulaires. — Le fermage de la boucherie. — Les prix de la viande en 1657 et en 1679. — Les Sobriquets au XVIIe siècle. — Marchands et Magasins. — Revision des feux de 1698. — Origine de cette expression. — Fonds nobles et ecclésiastiques. — La Dîme. — Consul « moderne ». — Les gens de guerre et les « demy=monstres ». — Sollicitude du gouvernement royal. — Les Répara. — Mouvement de population. — Le centenaire « Pierre Branchon, dict le Jeune ». — Une maison « Louis XIII ».

Le mouvement communal qui se produit au moyen-âge s'étend bien vite dans notre région. Vers le milieu du XIIe siècle le Dauphiné tout entier s'enthousiasme pour les libertés municipales avec d'autant plus d'ardeur que les institutions romaines y ont survécu aux invasions des barbares. Mais de cet engouement à l'établissement définitif du régime municipal il y aura trois siècles d'élaboration.

La féodalité a divisé le Dauphiné en Mandements, c'est-à-dire en districts ou territoires correspondant à l'étendue de chaque juridiction (1). Un mandement comprend habituellement plusieurs paroisses ; souvent il rappelle par ses limites naturelles le pagus des Allobroges et des Voconces. Les cantons actuels reproduisent assez bien les anciens mandements. Veurey toutefois semble, dès l'origine, avoir constitué un mandement à part, comme l'indique clairement une transaction de 1531 qui limite ou confronte la juridiction de Veurey par les mandements de Noyarey et de Saint-Quentin et par la rivière d'Isère.

Un officier de la justice seigneuriale est placé dans chaque mandement ; les ordres qu'il donne, les lettres de justice qu'il délivre s'appellent aussi mandements (mandamenta, mandare, ordonner). Cet officier est ordinairement un *châtelain*. Nous avons déjà traité du châtelain et de la châtellenie (2). Nous avons dit que cette charge semblait un apanage dans la famille des Chorot. Au XVIe siècle ils l'exercent déjà. A la fin du XVIe et au commencement du XVIIe elle sort de leur maison, pour aller aux de Saint-Ours, « bourgeois de Veurey (3) ». Puis elle revient aux Chorot dans la seconde moitié du XVIIe en la personne de *Marc Chorot, dict Boisverd*, à cause d'une alliance contractée avec la famille de Boisverd (4) : d'où *Chorot de Boisverd*. Quoiqu'anoblis les Chorot restent vassaux des seigneurs de Veurey.

Le châtelain cote et paraphe les registres de catholicité de la paroisse : ce qui nous a permis de connaître à peu près la succession des Châtelains de Veurey.

Quelquefois à cette époque le Châtelain accumule diverses fonctions comme celles de juge (5) et de notaire royal (6) et

---

(1) En Dauphiné *mandement* signifie une *juridiction* (Ducange). Ce mot est toujours usité pour désigner les décisions prises par les évêques dans les limites de leur juridiction spirituelle.

(2) Voir les pages 86 et 87.

(3) La famille des *praticiens*.

(4) Les Labory-Boisverd, de Loriol (Drôme).

(5) Nous avons déjà dit que le châtelain pouvait connaître de certaines causes. Voir page 86.

(6) A ce titre le chatelain en ajoute un autre : « garde du scel royal ». (Archives des Chorot.)

delphinal. A Veurey, au XVIIe siècle, dans la première moitié du moins, nous trouvons que la châtellenie appartient aux Chorot pendant que les Gerlat exercent la charge de notaire royal, et les Bernard celle de juge ordinaire de Veurey.

Le Châtelain est au premier degré de la justice ordinaire. Au-dessus de lui sont le bailli et sénéchal, desquels ressortissent les appelants des châtelains. Veurey appartient au bailliage de Grésivaudan, et à partir du XVIIe siècle, c'est le bailli ou le vy-bailli qui paraphe les registres de catholicité. Le bailli à son tour est de la juridiction du Parlement, et Veurey dépend donc du Parlement de Dauphiné, comme le Parcellaire de 1589 l'a officiellement démontré par un arrêt de la Cour de ce Parlement.

Dès cette époque il est souvent question du présidial, de juge au présidial, d'avocat au présidial.

Les présidiaux qui avaient été institués, en 1552, par le roi Henri II, étaient des tribunaux de première instance pour les personnes qui n'avaient pas le droit de réclamer une juridiction spéciale, ou pour les causes qui ne la nécessitaient pas. Ils jugeaient tantôt sans appel, tantôt sous réserve de l'appel au Parlement. Les présidiaux furent placés dans des villes où existaient déjà des bailliages ou des sénéchaussées, et leurs magistrats, à ce qu'il semble, pouvaient faire partie à la fois des deux sièges.

Veurey au XVIIe siècle est du ressort du présidial de Grenoble, comme il l'est du bailliage de Graisivaudan.

Si le châtelain a la police communale ; s'il lève les troupes demandées par le bailli, « s'il doit être prévenu (1) » par les bourgeois pour l'élection des consuls, il n'a pas à s'immiscer dans la gestion des intérêts de la communauté.

Au XIVe siècle et surtout au XVe — car au XIVe le régime municipal commence à peine dans les mandements et les paroisses du Dauphiné — les bourgeois, marchands, notables, parviennent à se choisir un mandataire chargé de représenter les intérêts communs. C'est d'abord le syndic

---

(1) Charte d'Humbert II en faveur de Saint-Marcellin (1343).

(syndicus), mot emprunté aux lois romaines. Mais l'étendue des pouvoirs des syndics ayant soulevé de fréquentes discussions judiciaires, le Conseil Delphinal et le Parlement, s'inspirant toujours des municipes romains, ressuscitent les *consuls* (consules). Cet usage d'appeler consuls les représentants des communes se répand jusque dans les plus humbles paroisses de la province. Le nom de syndic ne disparaît pas complètement. On le retrouve encore assez longtemps dans les actes d'affaires — mais il semble réservé à celui, élu aussi par les bourgeois, qui est spécialement chargé de faire exécuter les legs ou donations en faveur de l'église : il prend alors habituellement le titre de *syndic fabricien*.

L'élection des consuls se régularise peu à peu. Les bourgeois ne sont plus les seuls à voter. Tous les habitants majeurs, et payant les taxes municipales, participent bientôt aux assemblées générales (1). Les deux tiers des électeurs doivent prendre part au vote, et les élus doivent obtenir la majorité des suffrages exprimés (2). Les habitants forains (3) sont exclus du consulat. Les pouvoirs consulaires ne durent qu'une année. Un consul, régulièrement élu, est contraint d'accepter, mais il ne peut être renommé qu'après le délai de cinq ans (4).

Les consuls figurent comme témoins dans les transactions entre seigneurs et bourgeois, dans les fondations pieuses intéressant la communauté, dans la nomination des syndics fabriciens et dans les fermages (5).

Il est un fermage où le consul apparaît toujours assisté du curé : c'est celui de la boucherie de Veurey. Le consul fait stipuler des garanties pour les acheteurs et la commu-

---

(1) Les assemblées générales continuent de se tenir sur la place du Peron.
(2) Recueil Piat-Desvial, n° 17.
(3) Forains, c'est-à-dire ceux qui ne sont pas du lieu.
(4) Guy-Pape cite à cet égard un arrêt de 1570.
(5) Grâce au dauphin Humbert II, surtout à partir de 1350, les consuls et les représentants des communautés sont plus fréquemment convoqués aux Etats du Dauphiné. Leur rôle y devient considérable. Ainsi se fortifie le Tiers-Etat.

nauté et le curé sauvegarde les droits que son église peut avoir sur la boucherie : droits qui supposent sans doute la participation de l'église de Veurey à l'établissement de ladite boucherie. N'oublions pas qu'il fût un temps où Veurey n'avaient point de consuls, et où la communauté des fidèles, présidée par le curé, était le seul embryon de vie communale. Le prêtre était le lien entre le seigneur et les serfs, et c'est à lui, plutôt qu'aux seigneurs, qu'il faudrait attribuer les améliorations faites pour le bien public, et notamment l'établissement d'une boucherie, comme semble l'insinuer l'acte de fermage de l'année 1679.

« L'an mil six cent septante neuf et le douzième jour du
« mois de mars après mydy par devant moy notaire soub-
« signé en personne constitué honnête Jean Bernard Basset,
« consul moderne, adcisté de Messire Antoine Ripert,
« prestre et curé dudit lieu, Messire Claude Chorot, chas-
« telain, sieur Joseph Brunet, honneste Jean Joyeux comme
« secrétaire greffier dudit lieu et autres habitants audit
« Veurey — lequel de son gré a baillé comme par les pré-
« sentes il baille à honneste Gabriel et Jean Combe frères,
« du lieu de Noyarey, la ferme de la boucherie dudit Veurey
« à commansser aux festes de Pâques prochaine venant
« finissant au carnaval suyvant le tout aux conditions que
« cy-après sçavoir que lesdicts Combe promettent de fournir
« de bonne chair soit bœuf, veau, motton et brebis, sçavoir
« le bœuf à raison d'un sol six deniers la livre, le veau,
« motton et porchet à raison de deux sols six deniers la
« livre et en cas que lesdicts fermiers tuent des brebis pour
« en faire la débitte ils donneront comme ils promettent la
« livre de ladite brebis à deux solz trois deniers la livre à
« la charge néangmoins qu'ils ne porront tuer des brebis
« ni en faire la débitte que la moittié sçavoir un motton et
« une brebis et affin d'éviter l'abus seront obligés d'exposer
« lesdicts mottons et brebis en teste et cornes affin de faire
« *la diférence desdits mottons et brebis* le tout à peine de
« tous dépens, domages et intérêts et en outre lesdicts fer-
« miers bailleront trois livres en réparations de l'église
« dudit lieu de Veurey, le tout soubz les autres conditions

« et réservations portés par les précédents contracts à heux
« donnés par ladite communauté et a esté convenu que les-
« dicts fermiers donneront les tripes et autres fricassées à
« faire à André Pécherant et sa femme aux pris qu'il y
« avait en debvant de ceux qui les fesoient à peyne de tous
« dépens, domages et intérêts et pour les observations de ce
« que dessus lesdictes parties ont submis tous leurs biens à
« toutes cours en bonne forme fait et stipullé audit Veurey
« dans ma maison en présence de honneste Jacques Oriol
« et Louis Chorot, mon fils témoins requis et signés avecq
« lesdits constituants non lesdicts fermiers ni consul (1),
« pour ne savoir de ce enquis et requis ». Suivent les signatures.

Si le consul Basset ne sait pas signer, ce qui ne lui empêche pas d'être consul de par la volonté des bourgeois de
Veurey, il ne faut pas en faire état. Au XXe siècle, on trouvera, non pas à Veurey, mais en France, des maires sachant
à peine écrire leur nom. Avant Basset nous avons eu des
consuls comme les Marc Borel et les Trappet qui apposaient
aux actes publics leur nom d'une façon fort lisible (2).

Par le fermage de 1679, nous constatons que la viande a
augmenté. Le 1er avril 1658 l'affermage de ladite boucherie,
passé en place publique (du Peron) en présence du même
curé, Antoine Ripert, et de sieur Pierre Eynard, honneste
Antoine Monnier, honneste Gaspard Brotel, honneste Abel
de Saint-Ours, en faveur de Filibert Barnier, mettait la
viande aux mêmes prix que l'année précédente. En 1657 le
bœuf était à « sept liards la livre de la mi-août à la fin de
« l'année — six liards le motton — et porc dix liards toute
« l'année, veau, item, promettre bonne chair et chandelles
« cinq sols la livre à fournir aux seuls habitants dudit
« lieu ». Il est stipulé aux fermages de ces deux années 1657

---

(1) Le Consulat exigeait d'être honnête et dévoué avant d'être lettré.

(2) L'instruction ne sera rendue obligatoire que douze ans plus tard par la Déclaration du 13 décembre 1698 « donnée à Versailles et regis-trée au Parlement » presque deux siècles toutefois avant l'arrivée au pouvoir de Jules Ferry.

et 1658 que le fermier versera cinq livres pour les réparations de l'église de Veurey.

Remarquons, à la lumière de ces divers actes, les précautions prises par le consul pour que les habitants de Veurey — ses administrés — ne soient pas trompés par le boucher sur la qualité de viande, sur les prix, sur les droits de chandelle en faveur de la seule communauté, sur la redevance traditionnelle pour les réparations de l'église paroissiale, voire même sur la destination des tripes et fricassées ! Les parties sont responsables sur tous leurs biens et soumises à toutes juridictions. Les dépens, dommages et intérêts les attendent si elles manquent à leurs engagements. Dans ces temps, qu'on dira *arriérés*, il y a des précautions contre la fraude et des garanties fort sérieuses en faveur de la Communauté.

Les consuls n'ont pas seulement à veiller sur la « débitte » de la viande. Ils ont parfois de mauvais jours à passer. Il ne s'écoule pas un siècle sans que quelque calamité publique ne fonde sur leurs administrés. Inondations, incendies de villages entiers, disettes, contributions de guerre : tout retombe sur eux. Aidés dans leur tâche par les curés et les châtelains, ils rivalisent avec eux de dévouement et d'abnégation. En 1684, par exemple, le consulat n'est pas une sinécure. Veurey a beaucoup à souffrir, comme toute la région d'ailleurs, d'une affreuse disette, provenant d'une sécheresse de sept mois. La mesure (1) de froment (30 livres) monte de dix-huit sous à trente-sept. Ceux qui ont du blé le conservent au lieu de le vendre. Il est trop cher pour ceux qui n'en ont pas, de sorte que les marchés sont désertés par les vendeurs et les acheteurs. On organise des processions dans les paroisses. « *Enfin*, dit le secrétaire de Louvois dans « son rapport, *la miséricorde de Dieu en ayant été touchée,* « *nous avons eu depuis de la pluie abondamment.* »

---

(1) En 1633, c'était la mesure de Veurey qui servait de base pour le blé et l'avoine. « Les pots de vin dicts mesure de Veurey » sont usuels tout le xvii° siècle à Veurey. En 1673 le seigle coûte 12 sols le quartal. Les mesures locales variaient d'ailleurs à l'infini.

Est-ce à dire que les tristesses des temps vont empêcher les Veurois de rire et de rire aux dépens les uns des autres ? Les sobriquets, plus à la mode que jamais prouveraient le contraire. La malice publique, plus mordante peut-être, est encore empreinte cependant d'une bonhommie de bon aloi qui n'entame pas la fraternité chrétienne. On accepte son surnom, et on le signe à côté du nom sans arrière-pensée. Comme nous l'avons déjà fait au siècle précédent, nous nous faisons un plaisir de donner les sobriquets du XVII° siècle :

               Auris, dit Faucon.
               Billon, dit La Baume.
     Pierre Branchon, dit le Jeune.
               Blanc, dit Parpaillon.
               Borel, dit Mignasse.
               Borel, dit Guerrin (1).
     François Brigon, dit le Vicaire.
               Brigond, dit la Violette.
               Cuchet, dit Capet.
               Eybert, dit Picon.
     Pierre Eybert, dit le Personnier.
               Faure, dit la Brûla.
               Gillibert, dit Moulin.
               Gillibert, dit Filoux (2).
               Gillibert, dit Verne.
     Louise Gounet, dit la Pie.
               Jacques, dit l'avocat.
               Jaillet, dit Carcanet.
               Joyeux, dit Châtelard.
               Joyeux dit la Grange.
               Michon, dit Piquet.
               Meul, dit Cochon.
               Repellin, dit Gounon.
               Repellin, dit Moine.

(1) Guerrin, qui signifiait probablement belliqueux, est devenu Garin.
(2) Filoux désigne celui qui a un dépôt de fil. Le féminin *flouse* est plus connu. Ces Gillibert signent toujours *Gillibert filoux*.

Repellin, dit Bit.
Sallamand, dit Chardon.
Vannier, dit Panetier.
Vieux, dit Poule.

Nous serions tenté d'ajouter à cette liste le *père la Jeunesse*, pâtissier. Il semble que c'est là son vrai nom, car il n'en porte jamais d'autre dans les registres. En tous cas cette appellation *de père la Jeunesse* paraît indiquer que c'est un personnage de Veurey — et fort populaire sans doute par ses pâtisseries auprès de la gent enfantine. Il n'est pas seul à confectionner pâtés et friandises : Jâques Roche et Louis Rochet lui font concurrence.

A côté des pâtissiers il y a des *bolangers* : Georges de Saint-Ours, qui est consul en 1642 ;

Des chapeliers : Claude Joyeux ;

Des cordonniers : Pierre de Saint-Ours et Pécherand ;

Des marchands drapiers : Dominique Blanc, Jean Bernard-Gueyla, Pierre Chorot, François Gillibert ;

Un tailleur d'habits : Noël Roche ;

Un maréchal-ferrant : Jaques Joyeux ; le *masson* Louis Yboud Peron (1).

S'il y a dans Veurey, au XVIIe siècle, de nombreux marchands et commerçants, il y a aussi des *magasins*. Aux siècles précédents on fait du négoce déjà, mais le *magazzino* importé d'Italie ne paraît pas encore. C'est en 1622 seulement que nous le rencontrons dans une transaction passée en présence de sieurs Pierre Malépine, consul de Veurey. C'est la boutique bien achalandée, la boutique entrepôt, car le magasin semble plutôt en faveur chez les fûstiers.

Pour nous faire une idée juste de la physionomie du *pays* vers la fin du XVIIe siècle, il faut nécessairement recourir au Parcellaire, ou, plus exactement, à la *Revision des feux* de 1698.

Il est fort ancien l'usage qui existe encore de confondre

---

(1) Cette famille compte encore aujourd'hui un sculpteur et un entrepreneur.

l'idée de maison, de logis, de famille avec celle de feu et de dire deux cents feux, pour signifier deux cents familles. Les Grecs, s'inspirant sans doute du *eshta* hébreux (feu), ont fait *Adrastée* (excellence du feu) et ensuite αστυ, αστεος, qui signifie le logis, la demeure commune, la ville. De là cette coutume qui a subsisté de dénombrer la ville par les feux ou logis. De nos jours encore, dans les villages, il n'est question que de feux pour exprimer les maisons, et plus particulièrement les foyers ou familles (1).

Revenons à la revision des feux close le 21 mai 1698 et donnons-en la préface fort instructive :

« Du mescredy vingte uniesme jour du mois de may mil
« six centz nonante huict sur les huict hoeures du mattin
« au lieu de Veurey pardevant nous Claude Chorot, notaire
« et châtelain de Veurey, dans nostre maison d'habitation
« escripvant le secrétaire-greffier et greffier de chatelenie
« dudit lieu a comparu honneste Noel-Sallamant-Compa-
« gnon, consul moderne de ladite Comunotté, lequel nous
« a remontré avoir reçeu une ordonnance de monseigneur
« l'Intendant et de nos seigneurs les commissaires-députtés
« par le Roy pour la Revision des feus de ceste province de
« Dauphiné du dixiesme octobre dernier par laquelle il est
« ordonné aux osfissiers des communautés de ladite pro-
« vince de procedder chescuns en droict soy au calcul de
« toutes les sestérés et bichettés des fonds et batimants dont
« chescune communauté ce trouve composé de quelques
« natures qu'ils soient et ensuitte de sommer lesdites ses-
« térés ou bichettés, ensemble l'estime desdits fonds à la fin
« du parcellaire de chesque communauté par article
« séparés : Le premier contenant le montant desdites sétérés
« et de l'aliènement des fonds nobles ou exant de la taille,
« en exécution du Reiglement de mil six cents trante neuf.
« Le segond, le montant des sestérés et estime des fonds
« affranchis en exécution de l'édict de mil six cents cin-
« quante huict. Le troisième le montant des sestérés et des

---

(1) Le feu est une unité variable et il n'est pas toujours facile de déterminer le nombre de personnes qu'il représente.

« estimes des fonds affranchis en exécution desdicts édicts
« et déclaration de mil six cents nonante troix, mil six cents
« nonante quatre et mil six cents nonante cinq et le dernier
« le montant tant des sestérés et des estimes des fonds rotu-
« riers et taillables et qu'à l'esfaict de ce lesdits osficiers en
« dresseroict leurs procès verbaux qu'ils incéreront au com-
« mencemant ou à la fin desdicts parcellaire et en remet-
« tront des extraits au Recepveur particullier des tailles de
« leur eslection et que lesdicts osficiers déclareront dans le
« préambule de chesque roolle (rôle) à combien monte l'es-
« time totalle des fonds qui y seront cottisés et au marges
« de chesque cotte l'estime des fonds du particullier cotti-
« zés : laquelle ordonnance ledit conseul nous a remis et
« requis procedder suivant et conformémant à icelle — à
« cest esfaict nous nous sommes faict remettre le parcellaire
« et perequaire de ladite com^{té} et icelluy conseul nous a
« déclaré qu'il a donné à nottice à m^{ro} Ennemond Gogul
« advocat au Parlemant sindicq des forains de ladite com^{té},
« S^r (sieur) George Gerlat et sieur Claude Malépine pere-
« quateur à tittre de ladite com^{té} de ladite ordonnance et
« de comparoir pour estre p^{nt} (présent) audit procès-verbal
« lesquels ayant comparu a esté procedé comme cy-après. »

Le premier effet de cette revision est de nous donner d'une façon précise la superficie totale de la communauté de Veurey qui est de 1.200 sestérées « soict en fonds ou batimans », et la valeur totale en écus, sous et deniers, abstraction faite des fonds nobles et ecclésiastiques évalués à part.

« Et l'estime géneralle de ladite totallité de fonds et bati-
« mans contenus dans ledit parcellaire arrive à sept mille
« quarante quatre escus vingt-neuf sols, huict deniers : en
« ce non compris l'estime des fonds ecclésiastiques et les
« fonds des anciens nobles qui sont en estime dans une
« procédure séparée. »

Ensuite nous apprenons ce que le seigneur de Veurey *tient* en fonds et revenus. « Les héritiers de noble Joachim
« de Chissé, seigneur de la Marcousse, qu'est mons^r le mar-
« quis de Chaulnes, seigneur dudit *Veurey*, Noyerey, Saint-
« Quentin, Montaud, la Bastie, Meillan, et autres places,

« tient quatre bichestés et demy de fonds nobles. *Ledit sei-*
« *gneur marquis de Chaulnes tient les mollins* (1) dudit
« Veurey et a les rantes dudit lieu et pour lesdites quatre
« bichestés et demy, pour lesdits mollins et rantes il faict
« d'estime quatre cent huictante six escus quarante sols. »

C'est encore une fonction ou attribution des consuls de faire payer au seigneur les rentes que doit lui verser annuellement la communauté. Dans le même chapitre je trouve à la suite des fonds du seigneur, ceux du curé-prieur de Veurey :

« Le sieur curé et prieur de Veurey tient en fonds une
« sétérée une bichetée un cart, et pour lesdits fonds et un
« terrier de rantes qu'il a ensemble pour les *dismes de bled*
« *et vin* quy luy appartient il est d'estime dans ladite procé-
« dure *cent trois escus quinze sols*. Pierre Truchon tient en
« pantion dudit sieur prieur une vigne de la contenance de
« trois bichettées un tiers ».

Qu'est-ce donc que la dîme ? La Dîme (décima pars) fût instituée par Charlemagne en faveur du clergé, et était obtenue au moyen d'une perception faite en nature d'une gerbe pour l'Eglise contre dix au propriétaire. Mais le plus souvent le curé ne percevait pas les dîmes ecclésiastiques, qui appartenaient au titulaire du bénéfice, tantôt ecclésiastique, tantôt laïque. Les dîmes inféodées étaient celles possédées par des laïques. En retour le titulaire d'un bénéfice devait payer au curé une pension convenable soit en nature, soit en argent appelée *portion congrue*.

Nous avons déjà dit que cette portion congrue était de vingt-cinq florins pour le curé de Veurey au XIVe siècle. Elle est fixée par une loi générale à 120 livres sous Charles IX, à 300 livres sous Louis XIII, à 500 livres en 1768 et enfin à 700 livres en 1786. La portion congrue était raisonnable. Elle correspondrait à peu près au traitement fait aux curés sous le Concordat, et si la dîme a été parfois excessive, ce n'est pas le recteur de village qu'elle a enrichi, mais le

(1) C'est à propos de ces moulins qu'un grand procès s'engagera entre le marquis de Chaulnes et maître Bourne.

bénéficier laïque ou les puissantes abbayes exerçant le droit de patronage.

Les autres fonds nobles, évalués par le parcellaire sont ceux de noble Louis de Saint-Ours (178 écus), de Dame Marguerite de Saint-Ours, veuve de sieur Euvrard (3 écus 42 sols), de noble Pierre de Beaumont, conseigneur de Saint-Quentin (3 écus 3 sols) et plusieurs autres possédés par héritage. L'évaluation totale des fonds nobles et ecclésiastiques donne 95 écus 26 sols 8 deniers.

Viennent ensuite les fonds affranchis (1) par le sieur du Bœuf, par sieur Pierre Eynard, huissier au Parlement, par noble Claude Pellisier, conseiller du Roy, maître aux Comptes du Dauphiné, par Dame Margueritte de Saint-Ours, par noble Louis de Saint-Ours.

Enfin ce sont les fonds roturiers qui à eux seuls, sans parler des fonds affranchis représentent six mille cent quarante un écus cinq sols quatre deniers : ce qui indique lumineusement que la noblesse et la bourgeoisie sont loin d'absorber le sol dans la communauté de Veurey.

Dans cette péréquation ainsi que dans les quittances, reconnaissances et transactions, le représentant de la communauté prend habituellement au XVIIe siècle le titre de *consul moderne*. *Moderne* signifie tout simplement *actuel*, le consul moderne n'est pas autre chose que le *consul actuellement en fonctions* (2).

Les consuls ont à s'occuper des gens de guerre qui passent ou séjournent dans le pays. La Communauté en est toujours pour ses deniers, et si elle est pauvre le consul emprunte pour faire face aux exigences de l'armée. C'est ce qui arrive en 1640. Anthoyne Borel la Meyria (La Meyrie), consul moderne, emprunte la somme de trente livres pour la subsistance des « gens de guerre à Louys Repara, maître Apothicaire à Grenoble ».

---

(1) En vertu des édicts de 1638, 1693, 1694 et 1695.
(2) Une seule fois au cours du XVIIe siècle, nous avons rencontré la substitution de maire à consul. Au XVIIIe, vers la fin, elle sera moins rare.

L'année précédente, le 22 septembre 1639, un édit royal défendait aux gens de guerre de loger gratuitement chez les Conseillers, Avocats, Procureurs généraux, Secrétaires et Huissiers de la Cour de Parlement et de prendre quoi que ce fût dans les propriétés d'*iceulx*. « Nous permettons à
« iceux sieurs nos Officiers (du Parlement) leurs veuves et
« enfants de faire mettre aux avenues et lieux éminents
« desdites maisons, granges et métairies, nos Armoiries et
« Bâtons royaux. »

Ce privilège ne peut qu'aggraver les charges qui pèsent sur les communautés. Le roi s'en émeut, et par un arrêt du 10 may 1656 il ordonne, sous des peines fort sévères, aux receveurs des tailles de tenir compte aux communautés « de cette province qui ont supporté les dépenses du quar-
« tier d'Hyver jusques à la concurrence des sommes aus-
« quelles arrivent les parties de l'Espargne et du Taillon
« pour l'année 1656 suivant l'état de l'année 1655 ». Nos seigneurs de la Chambre des Comptes, dans leur arrest de 1657, imputent lesdites dépenses sur les Tailles qu'elles diminuent à proportion de ce que chacune desdites Communautés aura souffert pour le subsistance des demy-monstres (1).

Le Parlement, à la suite du Roi, va plus loin et porte défense à tous « Receveurs, Collecteurs et Exacteurs des
« tailles de ladite Province, d'exécuter, ny contraindre
« aucuns habitants d'icelle au paiement des arrérages des
« tailles remis par sa Majesté par sa Déclaration du 13 juil-
« let 1648 et par les Arrest du Conseil du 21 octobre 1654
« et 10 mai 1656 donnés en conséquence, sur les peines y
« contenues : Portant aussi cassation et révocation de tous
« emprisonnemens, saisies, et exécutions faites pour le
« payement desdites tailles, du 3 septembre 1657 ».

Sous le gouvernement royal, on voyait donc parfois les tailles ou impôts subir une diminution notable, et même les Receveurs punis pour avoir contraint plusieurs Consuls

---

(1) Monstre signifie revue, passage ou séjournement de troupes ou gens de guerre.

et habitants à payer les arrérages. Ces derniers étaient même supprimés et les peines totalement remises. Il fallait arriver à la République pour assister à ce spectacle moins que réjouissant des impôts qui augmentent sans cesse pendant que les libertés les plus sacrées, une à une, disparaissent.

Nous venons de nommer Louis Repara, maître Apothicaire à Grenoble. C'est un riche bourgeois de Grenoble et de Veurey qui prête aux communautés et aux particuliers. Il possède au *Chastellard* plusieurs maisons et granges. Le mas de Corbellières lui appartient presque en entier. Par les reconnaissances et reçus qui ont passé entre nos mains nous concluons que par son argent, plus encore que par ses drogues et médicaments, il exerce une certaine influence dans le pays. Il n'est pas cependant toujours très heureux en procès, comme dans celui qu'il a avec Claude de Saint-Ours, dont la femme *Guigonne Maleur*, ne peut guère par son nom porter bonheur à un adversaire. Les Repara appartiennent à la religion protestante. Au siècle suivant, nous assisterons à l'abjuration de leur dernière héritière.

Citons encore quelques propriétaires de Veurey : *Anthoyne de Calignon*, dont le *tineyrieu* suppose un joli vignoble, les *Gerlat*, les *Gogul*, les *du Bœuf*, qui appartiennent au notariat et au barreau ; noble *Pellissier*, conseiller du Roi, allié aux Gerlat ; *Joseph de la Tour*, sieur de la Marcousse ; les *Regoussin*, les *Obanel*, les *Mottet*, dont l'un est procureur au Parlement.

Il y a bien quelques procès plus ou moins retentissants, comme celui d'Abel de Saint-Ours contre Michon Mortier à propos de limites, ou celui de Louis Repara contre Catherine du Bœuf au sujet d'avances de fonds et de drogues. Veurey a trop d'avocats pour n'avoir pas quelques plaideurs. Le XVIIe siècle semble néanmoins s'achever assez pacifiquement et dans de meilleures conditions que le XVIe, dont les dernières années furent marquées par des crimes nombreux et impunis. Les consuls, cette fois, n'ont point mérité d'amers reproches et des philippiques indignées de la part du juge ordinaire pour leur incurie et leur faiblesse.

Rien ne démontre mieux la prospérité d'un pays que la

progression du nombre de ses habitants et la construction de nouvelles habitations.

Le mouvement de la population au XVIIe siècle est indiqué par des chiffres assez éloquents par eux-mêmes dans le tableau qui se trouve à la fin de cette brochure. Dans la seconde moitié du siècle, les baptêmes dépassent plusieurs fois le nombre de 30. En 1682, il est vrai, on compte 52 décès et en 1699, il y en a encore 36, mais ils sont provoqués par des épidémies infantiles, et les baptêmes, ou si l'on veut les naissances, atteignent une moyenne qui permet de combler les vides causés par des mortalités exceptionnelles. Les mariages ne sont pas cependant nombreux : ce qui prouve que les enfants le sont dans chaque famille.

Dans le rôle des tailles, en 1614, on relatait environ 150 fonds taillables, représentés par le nom du chef de famille. Si nous ajoutons les femmes et les enfants avec une moyenne de cinq par feu nous arrivons à dépasser facilement le chiffre de mille habitants, sans même compter les familles nobles ou seigneuriales, exemptes des tailles royales ; car dans ledit rôle de 1614 le châtelain seul quoique anobli est taillable.

Si Veurey possédait un millier d'habitants en 1614, on peut supposer à la lumière des statistiques qu'il en a encore un plus grand nombre en 1700.

Mieux que personne, *Pierre Branchon*, appelé *le Jeune*, par ses spirituels concitoyens, et qui meurt en 1698 à l'âge de cent ans révolus, aurait pu résumer ce siècle qui s'ouvrait avec sa naissance et se fermait avec sa mort. Un pays ou un siècle qui voient des centenaires ne sont pas les plus malheureux.

L'importation des bois et la construction des bateaux sont très prospères. Cette double industrie favorise singulièrement le petit commerce, comme nous l'avons déjà vu. Veurey semble avoir, à la fin du XVIIe siècle, une intensité de vie sociale et communale qui ne pourra que décroître. Il est un centre de navigation. Il cherche à se suffire à lui-même. De là l'éclosion de ces nombreuses boutiques alimentées par Grenoble et aussi par les villes du midi de la France. Plusieurs mariages se contractent avec des méridionaux (1). L'Isère qui semble interdire à Veurey toutes relations avec Voreppe et les paroisses de la rive droite lui devient par le Rhône un débouché matrimonial autant que commercial. De cette façon il ne peut rester un pays isolé, complètement fermé et par conséquent arriéré. Il devra à sa battellerie, et à l'Isère même, d'être mis en communication permanente avec des cités florissantes, et par là ses habitants acquerront cette urbanité, cette finesse, ce respect des formes qui feront longtemps leur qualité distinctive.

Quant aux nombreuses constructions qui ont surgi au cours du XVIIe siècle, soit en haut de Veurey, soit vers la Rive, elles portent encore au XXe l'empreinte du caractère architectural de l'époque, surtout aux portes et fenêtres. Dans l'intérieur du presbytère plusieurs portes et décorations indiquent qu'à ce moment-là la maison curiale a subi d'importantes transformations. La porte d'entrée surtout est un minutieux travail de menuiserie Louis XIII-Louis XIV.

Une maison entre toutes rappelle parfaitement ce style sobre, grandiose et confortable à la fois. Ce n'est pas le château ni la gentilhommière proprement dite, comme la maison des Chorot Boisverd, qui date d'ailleurs d'une époque plus ancienne ; c'est plutôt le type de la maison bourgeoise, encore que la noblesse ne l'a pas dédaignée et l'a sans doute fait construire (2). Nous voulons parler du Couvent des filles de la Charité, habité d'abord par les Pélissier au XVIIe, et ensuite par les Pélissier de Rivière au XVIIIe siècle. Salon, salle à manger, chambres et plusieurs autres pièces ont conservé intactes les boiseries du temps. Félicitons nos intelligentes religieuses d'avoir su effectuer les aménagements nécessaires à leur orphelinat sans avoir profané ces plafonds à la française, ces panneaux Louis XIII et *transition* ainsi que les proportions qui les font valoir.

(1) Notamment le mariage de Gabrielle Joyeux avec Anthoine Vassal de Grasse en Provence.

(2) En construisant le chœur de la chapelle on a trouvé des tombes romaines, des tuiles à crochets, et divers vestiges de l'époque gallo-romaine qu'on a eu tort de négliger.

D'ailleurs ne sont-elles pas les premières à jouir de ce décor qui les reporte aux premiers jours de leur chère Congrégation ? Elles peuvent se croire au presbytère de Clichy ou à l'hôtel de Gondi ou bien encore dans la chambre célèbre du grand aumônier de la reine, Anne d'Autriche, dans tous ces appartements sanctifiés par leur illustre et saint Fondateur, Vincent de Paul.

CHAPITRE XIII

Vie familiale et vie sociale
A Veurey au XVIIe siècle

Contrat de fiançailles d'un mariage roturier. — Cadeaux de noces. — Toile de ritte et toile de ménage. — La ridelle. — Testament d'Ennemonde de Saint=Ours. — Testament d'une protestante : Catherine Dubœuf. — La Sépulture des réformés. — François Malespine=Regossin. — Notaire et maladie contagieuse. — Médecins et Apothicaires. — Un procès retentissant. — Jeanne Mottet et les prison= niers. — Mauvais voisin. — La fronde. — Le style épistolaire et la piété filiale.

Il ne suffit pas de consulter la vie paroissiale et la vie communale pour avoir la physionomie vraie d'un pays à une époque donnée. Il faut descendre jusque dans les arcanes de la vie familiale, forcer le sanctuaire du foyer, ausculter pour ainsi dire la famille, et la saisir à ces moments psychologiques où elle se manifeste avec le plus de sincérité. Ces circonstances favorables se rencontrent particulièrement, ce semble, dans les mariages et les testaments. C'est dans ces actes importants de la vie familiale où nous voyons intervenir ordinairement plusieurs acteurs que nous pouvons le mieux juger des rapports moraux et sociaux entre époux, entre parents et enfants, entre testateurs et héritiers. Propriété, coutumes locales qui la protègent, valeur de l'argent, prix des choses, mœurs du temps, tout passe devant nos yeux. Rien ne nous peint mieux la vie privée et sociale, la mentalité du moment. C'est l'histoire en actuation. Les analyses les plus approfondies que nous pourrions faire de ces documents, sans les citer, seraient incapables de produire sur nous l'impression de vie, de naïveté et de sincérité qui se dégage des documents eux-mêmes. C'est pourquoi nous avons pensé qu'il serait plus profitable pour le lecteur de donner *in extenso* un mariage et un testament. Le premier est un mariage de roturiers, de gens du peuple, mais de cette partie du peuple qui joue au XVIIe siècle un rôle déjà important, et qui est comme la cheville ouvrière de la vie communale. Il s'agit de ces marchands — en l'espèce cordier et cordonnier — qui sont déjà de petits bourgeois. Nous avons demandé le testament à la noblesse, non pas à la haute noblesse, mais à cette noblesse de troisième ordre (1) dont la gentilhommière sans luxe, détone peu sur les autres maisons du village. Gros marchands et petits nobles sont en effet les deux castes qui constituent le fond de la vie veuroise au XVIe, XVIIe et même XVIIIe siècle. Commençons par le mariage. Il est de l'année 1676.

« Au nom de Dieu à tous présents et advenir soit notoire
« que ce jourd'hui quatrième jour du mois de janvier mil
« six cents septante six par devant nous notaire soubsigné
« en leur personne constitué honneste Jean Lambert
« Fellisot fils de Claude marchand courdier du mandement
« de l'Arbenc (l'Albenc) d'une part et honneste fille Benoîte
« Meul Ganot, fille d'honneste Henry Meul marchand cor-
« donnier et de Louize Gerlat habitants à Veurey lesquels
« de leur gré procédant de l'advis, congé et permission des
« cy-après nommés sçavoir ledit Lambert Felisot de la
« permission dudit Claude son père et ladite Mul Ganot

---

(1) Noblesse purement nominale, qui confine à la bourgeoisie, et qui fait du négoce pendant que les héritiers du blason vont gagner leurs éperons sur les champs de bataille. Les hauts seigneurs, seigneurs engagistes, se tiennent loin de la vie communale.

« dudit Henry Meul Ganot et de ladite Louize Gerlat ses
« père et mère tous y présents ont promis et juré se pren-
« dre et espouzer l'un l'autre en l'Eglize catholique, appos-
« tolique, romaine à la première réquisition de l'un d'yceux
« disant n'y avoir chose qui empêche l'accomplissement du
« présent mariage et aux fins que les charges d'ycelluy
« puissent plus facilement estre supportées se sont person-
« nellement constitués lesdictes Henry Meul Ganot et ladite
« Louise Gerlat père et mère de ladite future espouze les-
« quels de leur gré ayant le présent mariage agréable ont
« donné et constitué pour docte à ladite Benoîte Meul leur
« fille future espouze et pour elle audit Lembert future
« espoux la somme de cent vingt livres, sçavoir du chef
« dudit Meul nonante livres et du chef de ladite Gerlat
« trente livres payable icelle dite somme de cent vingt livres
« dans une année de ce jour par lesdits Meule et Gerlat sa
« femme proceddant de l'authorité du mari à ce l'authori-
« sant l'un pour l'autre sans devition (division) d'action.
« Estant aussi le présent mariage agréable audit Claude
« Lembert Fellisot, père dudit futur espoux s'est constitué
« lequel de son gré a donné comme par les présentes il
« donne audit Jean Lembert futur espoux son fils sçavoir
« une chambre de la maison dudit constituant d'haut en
« bas située audit mandement de l'Arbenc au mas appelé
« Fellisot, icelle dite chambre du cotté de la bize à prendre
« dans ladicte maison dudit Claude commeporte (comporte)
« une muraille entre deux — de laquelle il pourra jouir
« incontinent apprès la célébration du présent mariage, et
« l'autre payée une année apprès suivante et promet icelluy
« Claude Lembert d'émanciper ledict Jean son fils futur
« espoux comme il fait par le présent en temps que de
« besoin et promet se transporter par devant le sieur juge
« dudit l'Arbenc ou son lieutenant pour en passer la solen-
« nité requise à la première réquisition de son dit fils futur
« espoux auquel il donne dès apprésent tous acquêts,
« conquêts, marchandises, debtes et proftcts qu'il peut avoir
« faits et fera au moyen de ladite eymancipation à l'adve-
« nir de quoy ledict futur espoux en pourra faire à ses

« plaisirs et vollonté ainsy que bon lui semblera, et a ésté
« convenu que la chambre susdonnée par ledict Claude
« Lembert à son dit fils tiendra lieu d'hipotèque pour la
« susdite somme de cent vingt livres constituée à ladicte
« espouze par ses père et mère estant icelle resceue et
« d'autant que toute constitution de docte requière augment
« et survie, à ceste cause se sont derechef constitués lesdicts
« Jean Lembert et ladicte Benoîte Meul futurs espoux
« lesquels de leur gré proceddant de l'advis (avis) que
« dessus se sont donné d'augment et survie l'un l'autre
« sçavoir ledict espoux à l'espouze huittante cinq livres
« lesquels augment et survie appartiendront aux enfants
« qui naistront du présent mariage ou ni en ayant au
« survivant d'yceux, et pour bagues et joyaux ledict espoux
« donne à l'espouze vingt deux livres de laquelle somme
« elle pourra disposer à sa vollonté soit qu'elle survie ou
« non et pour les habits nuptiaux seront fournis à com-
« muns frais entre ledit Henry Meul et ladicte espouze,
« ainsi convenu par les dictes parties, promis et juré main-
« tenir ce que dessus et ne venir au contraire à peyne de
« tous dépens, domages et intérêts soubs obligations de tous
« leurs biens. En forme avecque renonciation et clause re-
« quise faict et stipullé audit Veurey dans la maison dudit
« Henry Meul Ganot en présence de messire Antoine Ripert,
« prestre et curé dudit lieu, François Meul Ganot oncle de
« ladicte espouze, Claude Rivail, sieur Jacques Galland,
« honneste Michel Bojat, Jean Bojat, honneste Jean Perrin,
« Marc Borel Morrion, François Chorot, Antoine Gerlat,
« Estienne Blas, Henry de Saint-Ours et autres témoins
« requis. — Signés ceux qui l'on seu faire avêcq ladicte
« espouze non les autres parties pour ne savoir de ce enquis
« et requis. Avêcq une quartellée de terre joignant à ladicte
« chambre et outre ce un coffre bois noyer faict à menuise-
« rie fermant à clef, la garniture d'un lict toille de ritte,
« six linceuls toille de ménage, saize livres quenouille, six
« nappes et six serviettes, et deux brebis le tout appréciés à
« cinquante livres, payables tous lesdicts meubles et bétail
« le jour de la célébration du présent mariage ».

Remarquons d'abord la place faite à Dieu, principe de tout droit, dans le contrat de mariage comme d'ailleurs dans toutes les transactions. A cette époque, en effet, la moindre quittance, le moindre arrentement, le moindre contrat d'apprentissage commencent toujours par cette expression : « Au nom de Dieu à tous présents et advenir ».

L'advis, congé et permission que les futurs époux prennent de leurs parents nous montrent de quelle auréole de majesté sont entourés le père et la mère. Les sommations *respectueuses*, dernier débris des traditions vieillies du respect filial s'en vont à leur tour, et ce que la liberté des enfants semble y gagner est une perte réelle pour l'autorité des parents.

Nous voyons aussi que les futurs promettent et jurent de *s'espouzer*. Ce sont les fiançailles. C'est déjà la parole donnée, et si l'engagement réciproque n'est pas irrévocable, l'honneur néanmoins est déjà en cause, et la solennité des fiançailles en *face de notre Sainte mère l'Eglise* (1) vient ainsi, par avance, rehausser la majesté du mariage.

La dot nous paraît minime. Il ne faut pas oublier que la livre est une ancienne monnaie de compte qui représentait la valeur d'une livre d'argent, et que, même dans sa valeur courante qui correspondrait au franc d'aujourd'hui, elle avait une toute autre valeur à l'époque. Avec deux cents livres une personne pouvait vivre. Les testaments et fondations sont là pour l'attester. Avec deux cents francs aujourd'hui on a de la peine à passer le trimestre. Tout s'est transformé. L'argent lui-même a changé de valeur (2).

Cette dot hypothéquée sur les appartements du futur, ces *augment* (3) et *survie* réciproques, ces *bagues* et *joyaux*, d'une valeur de vingt-deux livres, ces *habits nuptiaux* fournis à *communs frais*, cette mention de l'*Eglise catholique*,

---

(1) Cette dernière expression est aussi très souvent employée dans les contrats.
(2) La livre, 20 sous, valait à l'époque, à peu près 19 francs et en vaudrait de nos jours 114. (Prudhomme. *Not. hist. sur la ville de Bourgoin*.)
(3) Dans certains contrats on trouve même le contre-augment.

apostolique et « romaine », cette présence du curé comme témoin, présence qui se renouvelle d'ailleurs dans tous les contrats matrimoniaux de cette époque, cette nomenclature des témoins, tous habitants de Veurey : tout peut servir de matière à réflexions, à études et à conclusions. Cependant là où se rencontrent des détails particulièrement suggestifs, c'est dans l'appendice qui suit la mention des témoins et où sont stipulés les cadeaux de noces, les cadeaux du futur : *avêcq une quartellée de terre*, le quart de la mesure agraire courante — *un coffre bois noyer, faict à menuiserie fermant à clef* (1), coffre long dans lequel on déposait le linge, ou les vêtements, que l'on trouve encore dans certaines familles, délaissé depuis longtemps comme garde-robe et parfois tout à fait inutilisé — *la garniture d'un lict toille de ritte* : toile grossière de chanvre provenant de la deuxième ou troisième quenouille — *six linceuls* (draps de lit) *toille de ménage*, toile plus fine et de la première quenouille — *six nappes*, c'est confortable — *six serviettes*, c'est modeste, et enfin *deux brebis*.

Les brebis sont souvent données en cadeau. Dans le mariage de Marguerite Coing-Francillon, on lit à la fin du contrat : « *deux pendents de lict avec les courtines, deux brebis garnies avec chascune leurs agneaux, et vingt benates avoyne* ». On ne néglige rien à cette époque. Le lit nuptial aura ses pendants et courtines, et l'étable ne sera pas dépourvue d'avoine. La décoration de la chambre familiale ne fera pas oublier la basse-cour.

Au contrat de Nohel Saliamand et de Michelette Gerlat qui apporte, c'est un peu plus bourgeois, 470 livres de dot figurent *six linceuls toille de ritte, six nappes de triège, six serviettes, deux plats, deux assiettes, une ridelle*. Les nappes sont vraiment en honneur. Les autres objets viennent seulement compléter une batterie de cuisine déjà acquise. Ce n'est tout de même pas banal que de trouver une ridelle

---

(1) A côté de ce coffre en bois de noyer il y a la « *garde robe bois noir fermand à quatre portes et deux tiroirs* ». C'est le bahut.

parmi les cadeaux de noces. La ridelle (1), est un petit ustensile dont l'origine se perd dans la nuit des temps, composé d'une roulette de cuivre ou de fer, et d'un manche au bout duquel elle se meut librement et destiné à historier les croûtons de pognes (2) ou à dessiner les beignets (3) que nos paysannes continuent de confectionner au mardi gras ou à *carêmintra* (4).

Par le testament, plus encore que par le contrat de mariage, nous pouvons analyser les sentiments de l'âme, les mœurs familiales, la mentalité de cette époque. La testatrice, qui va nous fournir ce document — le plus complet que nous ayons trouvé — n'appartient pas à la branche aînée des Saint-Ours de l'Echaillon, seigneurs de Veurey, mais à une branche collatérale de la même famille, jouissant, par son nom et par ses propriétés, d'une certaine influence dans le pays. Il s'agit de demoyselle Ennemonde de Saint-Ours :

« L'an mil six cent septante cinq et le dix neufième jour
« du mois d'apvril, avant midy par devant moy notaire
« soubsigné et présentz les témoingz soubnommés en per-
« sonne constituée honneste Ennemonde de Saint-Ours fille
« à feu Michel et vefve (veuve) de François Joyeux le
« Contourt, habittante à Veurey laquelle de son gré, estant
« en bonne santé et bon fans (sens) et antendement consi-
« dérant la mort l'heure de laquelle estant incertaine a
« voullu disposer de ses biens et faire son dernier testament
« nuncupatif comme cy-après premièrement comme bonne
« crestienne, cathollique, apostolique et romaine s'est mu-
« gnie (munie) du saint signe de la croix disant in nomine
« Patris, Filii, et Spiritus Sancti amen recommande son

---

(1) On appelle aussi ridelle chacun des deux côtés d'une charrette. Ce n'est pas le cas ici.

(2) Sorte de tourte recouverte de fruits toujours appréciée par les villageois.

(3) Encore un mot qui vient du celtique, de *Bigne* qui signifie tumeur, enflure.

(4) 1er dimanche de Carême.

« âme à Dieu le Créateur (1) le priant que incontinant
« qu'elle sera séparée de son corps la voulloir recevoir au
« royaume de paradis et son corps estre sépulturé dans
« l'esglise parrochialle de cedit lieu de Veurey, et pour ses
« obsèques et funérailles les remet à la discression de son
« héritier bas-nommé et en confiance quy s'en acquittera
« docilement et donne et lègue à l'esglise dudit Veurey pour
« les réparations d'icelle la somme de six livres payables
« incontinant après son décèdz, item donne et lègue et par
« droit d'institution laisse à Françoise Sibillat fille à feu
« Jean et de Magdellaine de Saint-Ours sa niepce la somme
« de quarante-cinq livres payables lhors que ladite Sibillat
« se mariera pour tous droitz et actions qu'elle pourrait
« préthandre sur fond héritage la déjettant de ses biens.
« Item donne et lègue à Ennemonde de Saint-Ours fille
« d'honneste Henry la somme de cent livres payable l'hors
« qu'elle se mariera en l'eage compétant pour tous droitz
« quy luy pourrait appartenir sur ses biens et herritages
« le déjettant de ses biens et à tous autres prétendants droits
« sur fond hérittage leur donne cinq sols payable inconti-
« nent apprès son décedz. Item donne et lègue et par droit
« de particullière institution donne et lègue au postume ou
« postumes qui naistront dudit Henry de Saint-Ours et de
« Suzane Boisson mariés ses nepveu et niepce la somme de
« cent livres en tant qu'il n'y en aye qun et en tant qu'il y
« en aye deux semblable somme au chascun payables lhors
« qu'ils seront en eage d'acquitter et ce pour tous droitz
« qu'il pourrait avoir et prétandre sur ses biens et hérittage
« et en tous et ungz chescungz ses autres biens desquels
« elle n'a cy-dessus disposé elle a fait créé et institué son
« hérittier le nommant de sa bouche assavoir l'un des en-
« fants malles (sic) quy naistront dudit Henry de Saint-
« Ours son nepveu et de ladite Suzane Boisson mariés et à

---

(1) On trouve aussi cette formule : « ... après s'être muni sur son corps du signe de la Sainte-Croix comme chrétien, a recommandé son âme à Dieu son créateur et Icelui prié par la douloureuse mort et passion de notre Sauveur et Rédempteur Jésus-Christ son cher fils et intercédé la Sainte Vierge Marie, saints et saintes du Paradis... ». Testament de Nicolas Merle (Archives de la famille Chorot-Boisvert).

« deffault de malles à une des filles né ou à naistre que ledit
« Henry de Saint-Ours nommera et à son choix et venant
« ledit Henry de Saint-Ours a décéder sans nommer ladite
« testatrice nomme dès à présent l'ainé des malles et n'y en
« ayant l'ainée des filles voullant et entendant ladite testa-
« trice que tous ses fruits et revenus de fond-hérittage soient
« consommés dans la maison de ses hérittiers pour l'entre-
« tien tant dudit Saint-Ours Boisson que leurs enfants sans
« que les créanciers dudit Saint-Ours leur puisse faire saizir
« ny prendre en quelque manière que ce soit, et venant ledit
« Saint-Ours à mourir sans enfants veut et entend que ces
« biens et hérittage viennent à celluy ou celle des parants
« de la dite testatrice et qu'il choisira et nommera aux
« mêmes conditions que dessus concernant la consomma-
« tion des fruits. Le présent testement de la dite testatrice
« lequel il veut qu'il vaille par droit de testament nuncupatif
« codicelle... à cause de mort et par tout autre moyen que
« mieux pourra valloir cassant et révocquant tous autres
« testements et ordonnant de dernière volonté qu'elle pour-
« rait avoir cy-devant fait voullant que le présent soit seul
« et vallable priant et requérant les témoingz subnommés
« qu'elle a cogneu et nommé de ce que dessus être mémo-
« ratif et moy notaire en faire instrumant public que j'ai
« faict et stipullé audit Veurey dans la maison de la testa-
« trice en présence de Mre Ennemond Gogul, advocat au
« parlement, Mre Gaspard Chorot chastellain dudit lieu,
« Mre Claude Chorot, procureur au balhiage de Graisivodan,
« sieur Joseph Brunet, pratissien de Veurey, sieur Joseph
« Latour, Mre François Bernard sergent royal, honneste
« Pierre Eybert Guilhaud habitant à Veurey et Jean Mor-
« gan élève demeurant à Grenoble témoingz requis et signés
« sauf ledit Eybert et testatrisse pour ne sçavoir de ce enquis
« et requis..... »

Ce qui est surtout impressionnant, c'est le préambule où la testatrice fait sa profession de foi religieuse : « considé-rant la mort l'heure delaquelle estant incertaine... » Comme l'on sent l'influence des fins dernières sur les âmes en ces siècles de foi. La Mort est la grande conseillère, et nécessairement elle ne peut que favoriser l'esprit de justice et d'équité qui doit présider à la confection d'un testament. La Religion y a une belle place. Le signe de la croix, la foi en l'au-delà, l'espérance du paradis, la volonté pour la testatrice d'attendre la résurrection glorieuse dans sa chère église paroissiale où elle a prié, quelle condamnation anticipée du matérialisme qui un jour fera triompher l'égoïsme et l'esprit de vengeance jusque dans les testaments.

Cet esprit de foi ne se manifeste pas seulement dans le testament des catholiques. Catherine Dubœuf, protestante, s'exprime ainsi dans ses dernières volontés en 1614 : « Consi-« dérant qu'il n'y a rien de plus certain que la mort et rien « de plus incertain que l'heure d'icelle et qu'il vaut mieux « à touttes personnes soubz la crainte de la mort prochaine « vivre longuement après avoir testé que soubz l'espérance « de longuement vivre mourir sans tester..... » Plus loin elle recommande son âme à « *nostre Seigneur Jésus-Christ* le « priant que incontinant qu'elle sera séparée de son corps « icelle voulloir condhuyre en son saint royaulme éternel « de paradis ». Il est intéressant de lire le saint nom de *Jésus* dans un testament de réformé, car nous savons que les protestants affectent de le délaisser pour *Christ*. A ce moment-là on est encore au lendemain de la révolte de Luther et les habitudes catholiques ont persisté.

Le testament de Catherine Dubœuf, femme de Guillaume de Saint-Ours, à la famille duquel Ennemonde de Saint-Ours est apparentée, nous apprend un détail intéressant au point de vue de la sépulture des protestants à cette époque : « Item veult et entend son corps estre sevelly et sépulturé *là où bon semblera* ainsi à Guilhaume de Saint-Ours *son bien aymé et loyal mary* ». Nous savons déjà que les réformés avaient toute latitude de se faire inhumer dans leur propriété. Il faut avouer qu'au XVIIe siècle la liberté de conscience semble assez respectée à ce sujet à l'égard des hérétiques. C'est à noter.

Ennemonde de Saint-Ours donne six livres pour la réparation de l'église paroissiale. Les testaments de cette époque renferment presque tous cette clause. Il est à croire que la vieille église mérovingienne a souvent besoin de réparations. Au XVIIe siècle d'ailleurs elle a déjà une existence presque millénaire.

Catherine Dubœuf, de son côté, donne dix-huit livres à *l'esglise et religion prétendue réformée de Grenoble.* Le dévouement des catholiques à leur église ne peut qu'inciter les protestants à entretenir leur temple. En somme le testament de Catherine Dubœuf est absolument calqué, sauf pour la sépulture, sur celui d'Ennemonde de Saint-Ours, ou plutôt sur les testaments des catholiques antérieurs à la Réforme, car au XVIe siècle nous avons déjà trouvé des testaments qui portaient cette clause.

Demoyselle Françoise Gerlat, veuve de sieur Antoine Rabot, huissier au parlement, consacre six livres, comme sœur du Rosaire à la réparation de la chapelle de la confrérie : « Item donne et lègue à la confrérie du Saint-Rosaire pour employer en la réparation de la chapelle establie en cedit lieu de Veurey six livres payables incontinent après son décedz ».

Revenons à Ennemonde de Saint-Ours. Elle dote sa nièce, puis sa petite nièce, et probablement sa filleule Ennemonde de Saint-Ours, avantage surtout son neveu Henry de Saint-Ours, les enfants même posthumes de ce dernier, à commencer toujours par les enfants mâles : préoccupation générale non seulement chez les nobles, mais aussi chez les bourgeois qui ne se résignent pas plus que les autres à voir le nom de famille tomber dans le discrédit et la pauvreté.

La testatrice tient expressément à ce que les fruits et revenus de l'héritage soient consommés dans la maison de ses héritiers. Elle sauvegarde par là les immeubles appartenant aux de Saint-Ours. Elle les défend même par anticipation contre les créanciers éventuels.

A lire toutes ces clauses on dirait que cette branche des Saint-Ours, moins riche, prend des précautions pour éviter le morcellement de ses propriétés. Elle voit d'autres familles qui prospèrent autour d'elle et cherche à se ressaisir. La qualité des témoins du testament indique cependant que cette famille jouit d'un certain prestige à Veurey : c'est l'avocat Gogul, le procureur Chorot, le praticien Brunet, tous membres des familles les plus importantes du pays.

Cette crainte de voir émietter la propriété se retrouve dans tous les testaments de bourgeois et toujours avec le même luxe de détails. François Malespine Regossin fait son testament dans sa maison du Châtelard et consigne ses volontés avec de scrupuleuses précautions. Il fait une part équitable à ses quatre garçons et à ses quatre filles et institue *sa bien aymée femme* héritière de ce qui reste, à charge d'acquitter *les debtes et légats*. Elle ne devra disposer de sa part que *lhors de son décedz*, et encore en faveur d'un *de ses enfants mâles*, celui toutefois *que bon luy semblera*. Il est à remarquer que les huit enfants, tant filles que garçons reçoivent une égale portion, et que le testateur ménage habilement le prestige et l'influence de sa bien-aimée femme, tout en lui imposant la façon dont elle devra tester elle-même. On voit aussi que Catherine Dubœuf n'avait pas le monopole de l'amour conjugal.

Originaire de Grenoble et femme de Guillaume de Saint-Ours, gros marchand drapier, Catherine Dubœuf était de famille noble, dont un membre était avocat au parlement. Quoique très unis de cœur, comme nous l'avons vu, les deux époux étaient séparés de biens, comme nous le prouve une obligation rédigée par maître Gerlat, notaire royal et delphinal, en l'année 1630. L'acte stipule que le notaire s'est transporté au Châtelard *devant* la maison de Guillaume de Saint-Ours et d'honneste Catherine *du Bœuf* mariés, *mais séparés de biens d'un mutuel consentement.* Les témoins signent mais non les intéressés parce qu'ils sont *fermés chez eux* à cause *d'un mal contagieux*. Le greffier ne dit pas quel est ce mal contagieux, mais sa rédaction nous permet de constater que l'on prend des précautions pour n'être pas contaminé.

Il ne paraît pas cependant que la contagion ait fait beaucoup de victimes. C'est plutôt un cas accidentel qu'une épidémie comme celle qui sévît au XVIe siècle (1). Les *praticiens*,

---

(1) En 1602 l'épidémie est loin d'être conjurée puisque les consuls font construire « *des cabanes pour isoler les suspects* ».

chirurgiens et médecins, comme les apothicaires, sont assez nombreux à Veurey pour veiller sur l'hygiène publique et privée. Ils préconisent déjà les fruits, les œufs, les viandes blanches et légères, comme le témoigne cette consulte de l'époque : « Il faut faire user au malade de prunes brignolle, de poires et de pommes *cuites au feu*, de jaunes d'œufs et de bouillons de mouton, de *viau*, et de volailles — luy faire boire de la *ptisane* ou d'eau bouillie avec un peu de vin, luy donner peu et souvent et encore durant deux ou trois jours lui faire donner un lavement matin et soir, et pendant qu'on le luy donnera il faut qu'il tienne la main sur son enflure ». Il s'agit sans doute d'un hydropique. Les médecins, comme les notaires, ne sont point parcimonieux de détails, mais en revanche la note à payer s'en ressent. Dans une facture d'apothicaire de 1602 Anthoyne de Saint-Ours réclame au châtelain Chorot : 25 sols pour une médecine laxative, 3 sols pour l'onguentum appliqué sur la doleur *de costé*, 24 sols pour un pot d'hypocras baillé au grand François son beau fils, et enfin vingt sols onguents et emplastres pour le précepteur des enfants qui est boiteux *qui avoyt reçeu ung coub* à la jambe.

Dans une partie (1) du 21 octobre 1645, envoyée par maître Repara, apothicaire à Grenoble, à François de Saint-Ours, nous complétons notre instruction pharmaco-médicale. Notons en passant le miel violat, l'huile de lis, l'oppiatte pour clystère, la réglisse pour ptisane, la coriandre, un sirop réfrigeratif et somniphère, l'huile de vitriol, l'huile de scorpions pour oindre la partie dolente, les clystères laxatifs et carminatifs. Répara demande 3 livres pour être « allé voir exprès à Veurey » son malade, 2 livres 5 sols *pour la réitération* « de son plein pot confection d'hyacinthe » et enfin 15 livres pour avoir envoyé son serviteur *exprès audit Veurey* donner deux lavements au sieur de Saint-Ours « et le mettre au bain et y a demeuré depuis le 12 jusques au 22 quy font dix jours ». Il est inutile de faire

---

(1) Partie signifie *facture*.

remarquer que ce n'est pas le malade qui est resté au bain dix jours, mais qu'il s'agit du serviteur dont le séjour à Veurey a duré cet espace de temps.

Dans une *partie* de 1663 nous lisons qu'Abel de Saint-Ours paye 5 deniers « pour avoir fait saigner mademoyzelle sa femme », 1 sol 4 deniers « pour un cataplasme deffensif », et 6 deniers pour « deux batons d'Egiptiacum ».

Les bourgeois ne négligent pas leur santé au XVIIe siècle, mais ils ne remplissent pas toujours leurs devoirs de maîtres à l'égard de leurs serviteurs et les obligations qu'impose la charité chrétienne. Un procès assez retentissant, jugé en 1696, n'est pas à l'honneur d'un apothicaire de Grenoble, Alexandre de Saint-Ours, qui, de connivence avec son fils Claude, habitant Veurey, laisse mourir de faim et de froid, un de leurs parents, Michel de Saint-Ours, vieillard de 80 ans et aveugle, qu'ils ont attiré chez eux pour avoir son héritage. Celui-ci est à peine mort qu'Alexandre réclame les frais de nourriture de trois années à Guillaume de Saint-Ours, héritier de Michel. Guillaume attaque la réclamation, prouve qu'Alexandre « aux festes de Noel de l'année mil six cents nonante » fit porter le malheureux vieillard dans son « escurie où il demeura quelque temps sur de la paille et y est mort le quatorzieme févbrier suivant sans qu'il lui aye baillé aucuns bouillons mais seulement quelques morceaux de pain de temps à autre ». Il établit en outre que ledit Alexandre ne peut réclamer les frais d'enterrement parce qu'il n'y a « heu ny bierre ny curé, et qu'on l'a mis dans un troup, au pied d'un bois qu'un homme a fait pour cinq sols ». La transaction passée entre Alexandre et Claude son fils est condamnée comme frauduleuse et les obligations doivent être restituées à Guillaume de Saint-Ours.

Il faut avouer que la peine serait douce si la réprobation publique ne venait faire expier des crimes de ce genre. La nature humaine ne change guère à travers les siècles. La cupidité, la dureté du cœur, la duplicité n'ont pas encore disparu de ce monde. Reposons-nous de cette navrante histoire en lisant un passage du testament de Jeanne Mottet (1658). Elle donne et lègue aux Pères Récollets de

Grenoble « trois livres pour les *pauvres prisonniers* détenus dans les basses fausses des prisons de Grenoble *à cause de crimes* ». La dévotion ou plutôt le dévouement aux prisonniers est un enseignement et une tradition dans l'Eglise. « — Je vous ferai miséricorde dans la mesure où vous aurez fait miséricorde aux autres » (1). « — Aujourd'hui même tu seras avec moi dans le paradis (2) ». — De nos jours encore une femme qui va être mère fait une charité aux prisonniers dans la pensée que cette aumône lui portera bonheur. La Religion catholique a grandi tout ce qu'elle a touché même les criminels.

Si cette sublime vertu de la charité racinée dans la justice était pratiquée par les uns, elle n'était pas toujours observée par les autres. Que de procès eussent été évités ! En 1680, Louis Chorot, marchand de Veurey et propriétaire à la Combe des Mortières, en appelle au Juge de Veurey contre les vexations de toute espèce dont il est l'objet de la part d'Abel de Saint-Ours, des enfants et des domestiques de ce désagréable voisin. Celui-ci fait paître dans le champ de Chorot, fait manger toute la prise de foin, et laisse aller ses brebis et chèvres jusque dans « la maison et cave dudit suppliant ». On lui « gaste deux quarteaux de chanvre et plusieurs quarteaux de poix lombard, une partie de la vendenge, un bois de chatagnarey ». Les enfants et domestiques d'Abel de Saint-Ours « par une meschanceté intollérable jettent ordinairement des pierres avêcq des frondes contre la maison dudit sieur suppliant et sur le couvert d'icelle », traitent ledit Chorot, les siens, et ses domestiques de *larrons* et de *gens de mauvaise vie*. Ils les « menassent et disent *qu'ils leur la payeraient !* » Le sergent Ennemond Eybert signifie le décret qui condamne Abel de Saint-Ours à mille livres de dommages intérêts et lui fait inhibition de ne plus nuire désormais audit Chorot.

Voilà qui nous en apprend un peu sur le mauvais côté de la société au XVIIᵉ siècle, qui est d'ailleurs le mauvais côté

---

(1) Saint Luc, VI, 38.
(2) Saint Luc, XXIII, 43.

de l'humanité. Aujourd'hui encore les mêmes attentats, et de pires même, sont perpétrés chaque jour contre la propriété.

Il y a cependant quelque chose de remarquable à cette époque qu'il ne faut pas trop décrier. C'est l'auréole de majesté qui, dans l'esprit des enfants, entoure l'autorité des parents, et les formes de ce respect qui se traduisent dans la correspondance. Un fils de Claude de Saint-Ours, au commencement du XVIIe siècle, écrit à son père : « *Monsieur mon père* ». Après l'avoir mis au courant de ses faits et gestes, il termine ainsi : « Je finis la présente après avoir humblement prié le Créateur *qu'il vous maintienne en sa sainte garde*, vous donne longue et heureuse vie et aussi après vous avoir présenté mes très humbles reconnaissances et sans oublier *Madame ma mère* et mon frère Estienne et ma sœur Jehanne et le petit Mathieu et tous autres de la maison généralement. »

Monsieur mon père   *Votre très humble et très obéissant*
je vous demeurerai à jamais   *fils et serviteur.*
16 mai 1600

Ce document se passe de commentaires. Toutes les lettres qui ont été entre nos mains reflètent le même esprit, et portent le souhait final : *Dieu vous ait en sa sainte garde*. « *Ma fille*, écrit une bourgeoise de Veurey, *je prie Dieu vous vouloir toujours en sa garde* ». La solution finale n'est pas toujours la même sans doute, mais elle est toujours empreinte de respect. Les de Beaumont terminent ainsi leur missive à Guillaume et à Estienne de Saint-Ours : « Vos bons voysins et amis à vous servir. Le Seigneur et Dame de Saint-Quentin ».

Il devait faire bon vivre, du moins au moral, à une époque où les cœurs placés, sauf quelques rares exceptions, sous l'influence de notre sainte religion, étaient si élevés, si délicats et si respectueux à l'égard de ceux qui étaient dépositaires de l'autorité à quelque titre que ce fût. On s'acharne à répéter qu'il n'y avait alors aucune instruction. A la lumière des documents nous savons quoi penser de cette gratuite calomnie. Il y avait de l'éducation et un moral très élevé. Or c'est par l'éducation, c'est par le cœur, c'est par la conscience que la vraie sociabilité règne dans un pays et y répand le plaisir de vivre.

Cliché Borel.

MAISON DE M' L'ABBÉ COL
à Veurey (hameau des Jayères)

CHAPITRE XIV

Veurey au XVIIIe siècle

LA PAROISSE — LES CURÉS

Les parrains babillards. — Une formule matrimoniale. — Mort du curé Videl. — La centenaire Anne Eybert. — Messire Dufour. — Le Cimetière des noyés. — La Révocation de l'Edit de Nantes et Daniel Saint-Ours Ravinel. — Ordonnance de 1736. — Une abjuration. — Messire Dufour, archiprêtre. — Sa Mort. — Allemand de Champier et le Prieuré de Veurey. — Messire Durand. — Un procès ecclésiastico=civil. — Mission de 1771. — Marguerite=Amédée de Saint=Ours de l'Echaillon. — Noël Col. — Mort de Messire Jean Durand. — Messire Louis=Joseph Durand. — Bénédiction d'une cloche. — Le Clergé au XVIIIe siècle.

Le XVIIIe siècle s'ouvre pour l'Eglise avec une recrudescence de Jansénisme, pour la France par une nouvelle coalition de l'Europe contre elle, et pour Veurey dans la joie, la gloire et les deuils. En 1703 la paroisse est en liesse pour fêter la naissance ou plutôt le baptême de noble Joseph de Saint-Ours fils à noble Louis de Saint-Ours et de dame Anne Pellissier du Plan. L'année suivante un de Saint-Ours épouse demoyselle Jacquême Chorot. Les réjouissances publiques et les fêtes privées au château font bientôt place à l'angoisse et à la consternation. Les de Saint-Ours se couvrent de gloire sur le champ de bataille mais au prix du baptême de sang. L'un d'eux est tué à Oudenarde en 1708. Que Messire Videl eût été bien inspiré de nous laisser quelques détails sur ces dernières années si malheureuses du gouvernement de Louis XIV. Les registres paroissiaux sont toujours très sobres. Leur monotonie vient cependant s'égayer par l'intervention des *parrains babillards* dans les actes de baptême.

Fréquemment, en effet, et surtout dans les baptêmes d'enfants nobles ou bourgeois, nous trouvons ces expressions : *marraine babillarde, parrain babillard,* et même *compaire babillard.* Les enfants paraissent fort jaloux de ce titre et l'apposent très fièrement à côté de leur nom. La tradition des parrains babillards est donc fort ancienne et il ne nous déplaît pas de voir nos graves recteurs de paroisse du XVIIe siècle, du grand siècle, esquisser un paternel sourire en appelant à signer les babillards, et en conduisant leur main sur l'inusable parchemin.

Les registres paroissiaux sont très régulièrement tenus. Le cardinal Le Camus qui se les fait présenter à chacune de ses visites pastorales, y met son visa le 16 mai 1701. A cette époque une modification est apportée à une formule importante des actes matrimoniaux. Messire Videl substitue aux expressions : *j'ai espouzé* (1), *j'ai espouzé en face* (2) *de notre mère l'Eglise,* celle plus conforme à la théologie : *j'ai donné la bénédiction nuptiale.* Les premières avaient le gros inconvénient de laisser entendre que le prêtre était le ministre du sacrement de mariage alors qu'il n'est que le témoin principal, le témoin essentiel, le témoin officiel de l'Eglise devant lequel, sous peine de nullité, les fiancés s'épousent par le *oui donné et accepté.*

Baptiser, espouzer et *sépulturer* ne sont pas fonctions à

---

(1) Les ministres du sacrement de mariage sont les époux.

(2) Ce sont les époux qui *s'espouzent* mais ils doivent le faire *en face* de *Notre Mère l'Eglise,* sans quoi le mariage serait *clandestin,* à moins que l'Eglise elle-même n'enlève l'empêchement de clandestinité, comme pendant la Révolution.

dispenser les curés de vieillir et de mourir. Messire Videl fait ses noces d'argent de recteur de Veurey mais il a déjà besoin de recourir à ses confrères pour remplir toutes les fonctions curiales. Messire Cuchet, curé de Noyarey, le père Hyacinthe, Besset, prêtre-sacristain de Voreppe, et surtout son vicaire Blache, le secondent et le soulagent dans l'exercice de son ministère pastoral. Messire Laurent Videl est membre du chapître de Saint-Martin de Miséré, comme le porte l'acte de sépulture : « L'an 1718 et le dernier décembre
« Messire Laurent Videl, âgé de 72 ans, chanoine de Saint-
« Martin de Miséré (1) et curé de Veurey, a été enseveli dans
« l'église par le curé de Noyarey soussigné en présence de
« Pierre Peyron, et de Jean Gerlat, témoins requis qui n'ont
« signé pour ne savoir, de ce enquis et requis, ainsy je le
« certifie. Cuchet, curé de Noyarey. »

Messire Videl dépasse de dix ans en longévité son prédécesseur Messire Ripert. Le climat de Veurey n'est guère défavorable à la santé, comme le prouve surtout l'acte de sépulture d' « honneste Anne Eybert, veuve de George de Saint-Ours Barin, décédée à l'âge de cent et deux ans » en l'année 1719. Deux centenaires à vingt ans de distance, c'est fort glorieux pour un pays.

Mre Jean-Baptiste Dufour La même année Messire *Jean-Baptiste Dufour*, prend possession de la cure de Veurey. Son premier baptême, le 21 mars 1719, est celui de Joseph Rolland, fils de Pierre Rolland et d'Ennemonde Eybert (2).

On serait porté à croire que le nouveau curé n'aime pas à enterrer les noyés qui viennent échouer à Veurey, car deux femmes Jeanne Darnaud, épouse d'Henry Gondran, et Marie Blanc, épouse de Pierre Jailler, rejetées par l'Isère

---

(1) Saint-Martin de Miséré est rattaché aujourd'hui à la paroisse de Montbonnot-Saint-Martin.
(2) Dans le baptême de J.-B^{te} Gillibert, signe comme marraine *D^{lle} Mandrin* de la famille du fameux contrebandier. Mlle Mandrin était la digne auxiliaire de Mlle Barde, fondatrice de l'hôpital de Voreppe, morte en odeur de sainteté. Mlle Mandrin était la tante de Mandrin. (Arch. par. de Voreppe.)

sur le territoire de la paroisse, sont inhumées par deux religieux. Les malheureux que l'Isère nous amène sont assez nombreux pour nécessiter *la réservation* dans le cimetière d'une place commune qui leur sera affectée jusque vers la fin du xixe siècle. L'Eglise doutant des dispositions dernières des noyés ne veut pas les traiter comme les fidèles morts avec les secours de la Religion, mais d'autre part, elle leur accorde la sépulture ecclésiastique, à moins que le suicide soit parfaitement établi. C'est le triste lot de Veurey de recevoir les noyés sur son territoire, grâce au coude violent que l'Isère effectue au pied de son coteau et ce lot semble lui être réservé pour longtemps encore.

Messire Dufour n'aime pas davantage baptiser les enfants naturels (1) et il faut que l'Official général du diocèse lui enjoigne, le 30 avril 1720, de baptiser le fils naturel de *Catherine Vieux-Poule, laquelle a advoué que c'est du fait de Melchior Vieux-Vincent*. La recherche de la paternité est toujours en vigueur (2).

Ce qui est plus douloureux pour un pasteur d'âmes, c'est de constater les progrès de la Religion réformée et les dissensions que l'hérésie produit au sein des meilleures familles. La Révocation de l'Edit de Nantes (22 oct. 1688), violemment appliquée sur plusieurs points du territoire, provoque de réels désastres pour la paix publique et la prospérité commerciale. Dans cette affaire, purement politique, Louis XIV n'avait consulté ni le Pape ni les évêques. Bossuet, Fléchier et tout l'Episcopat protestèrent contre les dragonnades. La déclaration de 1698 avait atténué les rigueurs de la Révocation. Le roi défendait encore tout exercice de la religion prétendue réformée, mais cette fois il se contentait d'exhorter les nouveaux convertis à assister à l'office divin et à observer les commandements de l'Eglise sans leur en faire, comme auparavant, une obligation

---

(1) Dans un baptême de 1728, M. Dufour écrit en marge : « Jeanne Cécile dont on n'a pas sceu me dire le nom du père. »

(2) « L'ancien Régime approuvait la recherche de la paternité, parce que l'ancien Régime défendait la famille, et sans père point de famille. » (Proposition de loi Rivet déposée en 1892.)

stricte. Il offrit en même temps la restitution de tous leurs biens aux émigrés qui consentaient à revenir en France pour s'y faire instruire. Le nouvel édit semble être demeuré lettre morte, comme le prouve le fait suivant : « L'an mil sept cents trente trois le vingt deuxième jour du mois de juin je Pierre Buisson huissier sergent royal ordinaire au Parlement habitant à Grenoble soussigné rapporte qu'à la requête de Sr Paul Plessart régisseur général des biens des Religionnaires Réfractaires aux ordres du Roy, poursuitte et diligence de Sr Charles Matheron son procureur fondé en cette province domicilié à Grenoble rue Trescloîtres et en vertu de l'ordonnence sur requeste de Mgr l'Intendant de cette province du 14 novembre mil sept cents vingt-quatre obtenue par ledit S^r régisseur je me suis exprès transporté de mon domicille avec mes adcistants bas-nommés « au lieu de « Veurey où estant attendû que sieur Daniel Saint-Ours « Ravinel (1) est sorti du Royaume avec ses enfants pour « fait de Religion depuis environ huit mois j'ay saisi, « arresté et séquestré et mis sous la main du Roy et Justice « premièrement tous les fonds que ledit Sr Saint-Ours a et « possède audit lieu de Veurey et Montaux en quoy que le « tout consiste ou puisse consister ensemble ses meubles « ordinaires dépendant dudit domaine.... (2) ».

Les biens de Ravinel sont saisis — même « les fruits pendants par racines » — donnés à ferme et confiés à « bon et vray séquestre sous les peines ordinaires ». Nous sommes sous le règne de Louis XV. Les protestants sont toujours traqués et vexés. Remarquons cependant que les biens des réformés sont mis en régie, tandis qu'en 1906 les biens des catholiques de France seront purement et simplement confisqués.

On ne toucha au capital que pour restituer deux cent cinquante livres dues aux créanciers de Daniel Saint-Ours :

---

(1) Daniel de Saint-Ours n'a dû émigrer qu'après 1728, car en cette année il fait baptiser catholiquement un de ses enfants dont noble Hugues de Saint-Ours est parrain.
(2) Archives de la famille Claude de Saint-Ours, propriété de la famille Bourne.

les sieurs Dupré et de Vocance. Le reste demeurait en régie, pour être rendu plus tard à la famille redevenue catholique. Le fugitif ayant avant de partir déposé « un coffre ou cassette chez un particulier de Veurey », Mgr l'Intendant intima l'ordre de remettre le dépôt au châtelain le sieur Chorot *Bois Verd* et fit mettre à l'encan la portion de propriété (1) nécessaire pour dédommager les créanciers « à l'effet de « quoy sera mis des affiches et publications pendant trois « dimanches consécutifs à la porte de l'église de Veurey ». Nous savions déjà que les publications intéressant la communauté étaient faites à « l'issue de la messe parochiale », mais maintenant nous savons qu'elles étaient affichées « à la porte de l'église ». L'église est donc au XVIIIe siècle, comme aux siècles précédents d'ailleurs, le centre de la Communauté, la vraie Maison commune.

Daniel de Saint-Ours, était fils d'Abel de Saint-Ours, qui habitait le Châtelard, et avait eu cinq enfants : Laurans, Olimpe qui étaient restés en Dauphiné, Gaspard, Jacque et Daniel qui avaient émigré (2).

Messire Dufour (3) bénit le mariage de demoyselle Louison de la Tour, fille de Joseph de La Tour, bourgeois de Veurey, et celui de sa nièce Janeton Dufour avec un armurier de la paroisse Saint-Louis de Grenoble, auquel assiste le sous-diacre Jean Dampne (4) qui sera bientôt son vicaire, et noble Hugues de Saint-Ours de l'Echaillon, ce qui semblerait indiquer que les rapports du curé et du seigneur sont excellents (5).

(1) Le domaine de Veurey au Châtelard fut seul vendu. L'acquéreur noble Antoine Bourne le paya 6.800 livres, et les créanciers furent payés sur la vente.

(2) Testament d'Abel de Saint-Ours, 1702. Le testateur déshérite son fils Laurans « à cause de ses déportemans ».

(3) Dans un certificat de bonne vie et mœurs que M. Dufour donne en faveur d'Antoine de Boisvert le 30 décembre 1727, nous lisons : « Certifions qu'il s'est approché souvent des sacrements avec beaucoup d'édification... »

(4) Jean Dampne était de Rives où son père exerçait le métier d'*affineur d'acier*.

(5) M. Dufour était de famille bourgeoise. Son frère, Mathieu Dufour, était *bourgeois* de Consieu au diocèse de Belley. Le curé de Veurey,

La même année — 1736 — où il confère le baptême à *Marguerite-Amédée de Saint-Ours*, dont nous reparlerons plus loin, une ordonnance royale oblige les curés à déposer le double des registres au greffe du bailliage qui, pour Veurey, est celui de Grésivaudan. Cette mesure administrative était nécessaire pour la conservation des actes civils et depuis longtemps elle s'imposait.

Le digne pasteur sent ses forces diminuer. Secondé successivement par trois jeunes prêtres qui prennent le titre de vicaire : Jean Dampne, Chappon et Jean Durand, d'Ornon en Oysans. C'est sur ce dernier que son choix se fixera pour le demander à l'Evêque comme successeur. Elève de Messire Dufour, clerc tonsuré en 1742, Jean Durand reçoit la prêtrise en 1746 et la même année est délégué par le curé de Veurey, à titre de vicaire, pour présider à l'abjuration d'une protestante dont voici l'acte transcrit sur les registres par Messire Durand lui-même :

« Le premier mai messire Durand se transporte chez
« demoiselle *Jeanne Repara* qui ne peut aller à l'église
« paroissiale à cause de sa grande vieillesse, reçoit son
« abjuration selon le *saint Concile de Trente* et sa *profes-*
« *sion de foi catholique, apostolique et romaine* en suite de
« la permission de Mgr l'Evêque et prince de Grenoble en
« présence d'Antoine Ruynat, prêtre du diocèse, Antoine
« Léonard Boisvert, châtelain de Saint-Quentin, et vice-
« châtelain de Veurey, Antoine Moyroud, bourgeois de
« Saint-Gervais, et Jean-Baptiste Delphin ».

Ainsi revient au giron de l'Eglise, dans sa dernière héritière, cette famille Repara que nous avons rencontrée au siècle précédent et qui, par ses marchands et apothicaires, jouissait d'une grosse influence dans le pays. Le respectable curé a cette grande consolation deux ans avant sa mort.

Entre temps, Messire Dufour est devenu archiprêtre du canton de Sassenage. Il n'est pas obligé de quitter sa chère

en 1733, est patron de la chapelle de Saint-Jean-Baptiste, en l'église de Voreppe. Cette chapelle, *riche en revenus*, était *mal entretenue*. (Visite pastorale de Jean de Caulet, 4 août 1733.)

paroisse de Veurey pour remplir ses nouvelles fonctions plutôt honorifiques, car à cette époque l'archipresbyterat est attaché non aux lieux mais aux personnes. Il est *ambulant* (1), comme on dira plus tard. Dans chaque canton on choisit le prêtre le plus recommandable par sa science et ses vertus, et on l'élève à cette dignité sans le séparer de son troupeau. Les plus petites paroisses peuvent donc, grâce à leur pasteur, mériter cette distinction. Messire Dufour porte ce titre dans les registres depuis l'année 1743. Par là nous savons que Veurey, avant la Révolution, appartient au canton de Sassenage au point de vue ecclésiastique. C'est fort naturel, puisque cette paroisse a toujours fait partie de la baronnie de Sassenage (2).

Malgré le dévouement de son pieux auxiliaire, Messire Dufour ne peut atteindre l'âge de son prédécesseur. Le 28 octobre 1747 il signe son dernier acte sur les registres et le 23 mars suivant son âme retourne à Dieu, comme en fait foi l'acte de sépulture : « Le 24 mars 1748 Messire Jean-
« Baptiste Dufour, *archiprêtre-curé de cette paroisse, archi-*
« *prêtre du canton de Sassenage* en présence des soussignés
« mort hier âgé d'environ soixante huit ans après avoir
« reçu tous les Sacrements. Manzon, curé de Sassenage,
« Beytes, curé de Fontaine, Massarel, curé de Mont-Saint-
« Martin, Drevet, curé de Noyarey, Galland, curé de Mon-
« taud, Julien, prêtre. »

C'est sous le rectorat de Messire Dufour, en 1729, que le prieur de Voreppe, *noble Allemand de Champier*, a pris possession du prieuré de Veurey. Le procès-verbal que nous avons retrouvé ne manque pas d'intérêt. On y verra une prise de possession faite à distance, ce qui n'est point banal.

« En présence de moy notaire royal et apostolique du
« diocèse de Grenoble résidant à Voreppe soussigné noble
« Pierre François Allemand de Champier sieur de Saint-
« Hilaire, chanoine et aumônier du noble chapître de Saint-

---

(1) Ou encore *ambulatoire*.
(1) En 1787, Veurey ne fera pas encore partie de l'archiprêtré de Voreppe. *Almanach général du Dauphiné*, 1787.

« Chef (1), pourvu de plein du prieuré de Saint-Didier de
« Voreppe, et du prieuré de Saint-George de Veurey..... »
Ici est placée la cérémonie de la prise de possession du
prieuré de Voreppe. Vient ensuite celle qui concerne le
prieuré de Veurey. « .....Et comme l'église du susdit prieuré
« de Veurey annexée à celui de Voreppe est située au-delà
« de l'Izère, ledit Messire Pierre-François Allemand de
« Champier de Saint-Hilaire s'est transporté sur la terrasse
« dudit prieuré de Voreppe et de là à *la veue du clocher*
« *de l'église dudit prieuré de Veurey* uni, a fléchi le genoux,
« a fait la prière, et par toutes ces solennités et autres
« accoutumées a pris possession de faict, de droit, réelle,
« corporelle et actuelle dudit *prieuré et chapelle qui y sont*
« *unis* ».

Mre Jean Durand   Messire Jean Durand, le nouveau curé (2),
est à peine installé comme prieur-curé de
Veurey, qu'une affaire concernant le prieuré
lui tombe sur les bras.

Le prieur de Voreppe, qui est toujours Monsieur de
Champier le délègue, comme *procureur fondé*, pour défendre ledit prieuré, et faire payer les arrérages dus par
Mr de Calignon. En 1641 maître Antoine de Calignon est
devenu, par albergement, possesseur d'une pièce de terre
du contenu d'une demy quartelée *confinant jardin de la*
cure du levant et appartenant jusque là au prieuré de
Veurey. L'albergataire s'est obligé en cette transaction
à payer une pension annuelle de deux livres dix sols
à chaque jour de Toussaint. L'actuel possesseur de ce
fonds qui n'ignore pas le susdit albergement (3) puisqu'il en
a payé la *pention* est en arrérages depuis plusieurs années.
M^r le Prieur par le moyen de son procureur fondé, après

---

(1) L'abbaye de Saint-Chef, fondée vers 660, comptait 500 moines en 662. Détruite par les Maures sous Charles Martel, elle était relevée en 860. Sécularisée le 5 février 1812, elle devint un chapitre noble et royal. Il fallait être noble pour être chanoine de Saint-Chef.

(2) Son premier baptême est celui d'Antoinette Allouis (10 avril 1748).

(3) L'albergement est la concession de pleine propriété sous réserve d'un hommage et du paiement d'une *rente perpétuelle*.

l'en avoir requis une infinité de fois est obligé de l'actionner judiciellement en *passation de nouvelle reconnaissance*, payement des cinq dernières annualités de la *pention* annuelle de deux livres dix sols et du servis (service) de trois deniers (1) par an depuis vingt-neuf ans. L'actuel possesseur de ce fonds est maître Claude Chorot de Boisvert, licencié en droits, capitaine châtelain de la communauté de Veurey. Aussi est-il condamné à passer une nouvelle reconnaissance, à payer les cinq dernières annuités (annualités), les trois deniers accumulés depuis 29 ans, et même les lods au 6me denier s'ils sont dus, en somme à respecter le contrat du 8 juillet 1643, pour ne pas s'exposer à un appel auprès de Monsieur le Vibally. — L'affaire n'est définitivement réglée qu'en l'année 1761 (2).

Messire Durand ne défend pas les droits temporels (3) de son église en négligeant la formation des clercs et le bien des âmes. Clément Richard et Claude Buisson progressent sous sa direction dans l'étude de la science ecclésiastique et la pratique des vertus cléricales.

Voltaire et l'Encyclopédie font des ravages dans la bourgeoisie et la noblesse. Une édition des œuvres du premier est condamnée par un des plus grands papes qui aient occupé le siège de Saint-Pierre, le savant Benoît XIV. Les deux premiers volumes de la seconde sont supprimés par le conseil du roi. Le mal se propage néanmoins dans toutes les classes. La Révolution est dans les esprits depuis le Protestantisme et se développe tous les jours sous l'influence du Jansénisme et du Philosophisme. L'incendie

---

(1) Le denier ou douzième du sou qui équivalait à 0 fr. 08 vaudrait aujourd'hui 0 fr. 48. Le sou viennois était de 0 fr. 95 et équivaudrait actuellement à 5 fr. 70.

(2) Archives de la famille de Boisvert, et de la famille Saint-Ours.

(3) M. Durand, procureur fondé de M. de Champier, présente une requête au Parlement le 30 mars 1759 au sujet des dîmes, rentes et droits du prieuré sur Voreppe et le Chevalon, dus audit Seigneur comme recteur de la chapelle de Sainte-Catherine : 1.300 livres et en plus 24 livres de bon fromage de Sassenage, 4 chapons, 4 poules, 8 poulets et 12 livres de sucre. Là-dessus on versait 300 livres au curé, 190 au cloitrier et 150 au vicaire de Voreppe.

LA PAROISSE — LES CURÉS

couvera vingt ans encore, et l'explosion sera d'autant plus effroyable. Messire Durand, en pasteur vigilant, se rend compte de la situation et fait prêcher une grande mission par les pères *Joséphistes*, prédicateurs de Grenoble, fort estimés à cette époque. Il nous a consigné lui-même entre un baptême et une sépulture les fruits de la mission et les détails, trop laconiques toujours, qui pouvaient nous intéresser. « Messieurs *les missionnaires de Saint-Joseph* au nombre de quatre, savoir : *MM. Champalier*, directeur de la mission, *Perrin, Julliard* et *Bavarès* ont fait la mission dans cette paroisse avec tout le fruit qu'on devait en attendre de *leur zèle infatigable*. L'ouverture s'en est faite le *24 février* et la clôture le *25 mars*. Ainsi le certifie Durand, prieur-curé. »

La mission arrive bien opportunément (1) pour relever les âmes découragées par les tristesses de l'année précédente, très malheureuse au point de vue temporel, comme nous le verrons au chapitre suivant. Les malheurs publics, d'autre part, ramènent toujours le peuple à la Religion. Cette mission a d'autant plus de succès et portera d'autant plus de fruits qu'elle est suivie par une sainte « damoyselle » en vénération dans toute la paroisse, et qui sera dans quelques jours la victime de propitiation pour le peuple.

Ondoyée le 30 novembre 1735, avec autorisation du prince-évêque de Grenoble, Marguerite-Amédée de Saint-Ours de l'Echaillon était « reçue aux cérémonies du baptême » par Messire Dufour le 31 mars 1736, comme nous l'avons dit plus haut, et avait pour parrain François du Vivier, seigneur de Lentiol. Le délai de quatre mois accordé pour le supplément des cérémonies par l'Ordinaire du diocèse était en effet arrivé à l'échéance.

Nous savons quelle a été sa vie par son acte de sépulture (2) où nous lisons ces mots : « *qui a vécu en odeur de*

---

(1) L'année suivante, 9 juin 1772, Antoine-Léonard Chorot-Boisvert-Favière, après avoir donné des marques d'un vray et fidelle chrétien fait son testament assis sur un fauteuil en présence de messire Jean Durand, prieur curé de Veurey. Il laisse 20 livres pour des messes, et veut que chaque année on distribue 40 livres aux pauvres de la paroisse.

(2) Voir la page 72.

sainteté. » L'enfant prédestinée a trouvé à l'ombre du toit familial une atmosphère vraiment chrétienne. Noble Hugues de Saint-Ours son père et sa mère Claire du Vivier lui ont transmis avec le sang toutes les autres noblesses et surtout la noblesse de la vertu et du cœur. Le digne curé de Veurey, si zélé pour les âmes, a cultivé cette fleur exquise de piété jusqu'au jour où le Seigneur a voulu la cueillir. Comme elle doit être attentive et recueillie dans le banc seigneurial de la vieille église la *noble damoyselle*, déjà atteinte sans doute de la maladie qui doit l'emmener trois mois plus tard. Mais quelle mort ! « et est morte en odeur de sainteté ». Sans examiner avec les chimistes quelle formule on peut donner à *l'odeur* de sainteté, disons de suite que cette odeur, avant tout morale, a embaumé toute la paroisse et les alentours. Il le faut bien pour que le recteur Durand, si avare d'ordinaire de remarques dans les registres, ait noté et souligné cette *odeur de sainteté* (1).

Dans l'acte de sépulture il est question de *feu noble Hugues de Saint-Ours*. Le père de Marguerite-Amédée s'est éteint pieusement au lendemain de la mission, au mois d'avril 1771. La fille, ébranlée par cette mort, est allée bien vite rejoindre le père dans le bienheureux séjour. La paroisse les pleure tous les deux, mais Dieu seul peut savoir les compensations qu'il donnera à Veurey pour les actes de vertus que ces deux tombes recèlent. L'histoire, cependant, soulèvera quelque peu le voile mystérieux.

Le pays est encore tout embaumé des parfums mystiques de cette fleur, *Marguerite-Amédée*, ravie à l'affection de tous dans sa trente-sixième année (2) âge du Christ, qu'une autre fleur s'épanouit au presbytère de Veurey. Un enfant

---

(1) Marguerite-Amédée eut pour parrain noble Amédée-François du Vivier, seigneur de Lentiol, capitaine dans le régiment royal des vaisseaux, et pour marraine demoiselle Marguerite de Saint-Ours.
Par sa mère, Son Eminence le Cardinal de Cabrières, évêque de Montpellier, descend des *du Vivier*, seigneurs de *Veaunes, Lentiol, Barnave* et *Villefontaine*.

(2) Dans l'acte de décès, Mr Durand fait erreur sur l'âge de Marguerite-Amédée de Saint Ours : née en 1735, elle était en 1771 dans sa 36ᵉ année.

y grandit qui doit un jour confesser le Christ et mériter d'être acclamé par le clergé et le peuple comme *le Saint de l'Oisans*. C'est Noel Col. La sainte demoyselle a pu le rencontrer encore tout petit à la maison curiale, ou au sortir de l'église et lui donner en passant une de ces caresses qui, à l'exemple de celles du Sauveur, sont des marques de prédestination pour ceux qui les reçoivent.

Messire Durand a une nièce (1) Suzanne Durand, mariée à Nicolas Col, consul d'Ornon en Oysans. De ce mariage est né Noël Col le 25 mars 1762 le jour de la fête de l'Annonciation, date de prédilection. La vocation de l'enfant se dessine assez vite. Madame Col, devenue veuve, n'hésite pas à venir habiter Veurey, près de son oncle. Celui-ci, mieux que personne, pourra former l'enfant béni au Sacerdoce, vers lequel Noël Col aspire de toutes les forces de sa jeune âme. Le petit-neveu ne tarde pas à donner à son vénéré maître les consolations que celui-ci peut espérer au soir de sa vie sacerdotale. Le rêve du vieux prêtre va se réaliser en partie. Il a demandé bien souvent au Seigneur, dans sa stalle du sanctuaire, ou sous les ombrages du presbytère, que le sacerdoce ne s'éteigne pas avec lui dans sa famille et que celle-ci, comme la tribu de Lévi, continue d'approcher le Saint des Saints, de servir à l'autel et d'y sacrifier. Ces saints désirs seront exaucés.

En 1781 Noël Col assiste son oncle comme lévite. Il sert sa messe et l'accompagne déjà, revêtu de la soutane, aux enterrements de François Payen le 22 août, de l'enfant François Charvet le 24 et de Jeanne Joyeux-Tagnard le 30 du même mois. Son nom et son paraphe ne nous laissent aucun doute à ce sujet. Deux ans plus tard, en 1783, il enterre lui-même un enfant du nom de Jallier et signe clerc tonsuré. « Le 30 septembre 1783 *j'ai enterré Louis-Joseph Jailler* né le sept du présent fils à François et à Françoise Burcin mariés, en présence des soussignés avec nous de ce enquis et requis. *Col, clerc tonsuré de ce diocèse.* »

(1) Nous pensons que Suzanne Durand, née en 1740, est plutôt la nièce que la sœur de messire Durand, né en 1712. La différence d'âge serait en effet par trop considérable.

Messire Durand (1) a du voir son neveu se donner irrévodiacre ? Nous ne savons. Quant à la prêtrise, le saint curé diacre ? Nous ne savons. Quant à la prêtrise le saint curé n'a pas eu le bonheur de la voir conférer à celui qui devait tant l'honorer. Il rend son âme à Dieu le 8 mars 1785 et l'abbé Noël Col ne devient prêtre que l'année suivante. L'acte de sépulture et de décès n'établit que trop cette précipitation de la mort qui vient compromettre le plus légitime et le plus saint des désirs, celui, pour un oncle prêtre, d'accompagner à l'autel un neveu bien-aimé. « Le 9 mars 1785 j'ai enterré messire Jean Durand natif d'Ornon en Oysans, prieur et curé de la paroisse de Veurey décédé hier, âgé d'environ soixante et treize ans, muni de tous les sacrements en présence des soussignés. C. Alleyron, B. Mul, Jacques Archer, Valentin Roux, Récollet, desservant. »

Pendant la maladie du respectable curé, plusieurs prêtres séculiers et réguliers sont venus lui prêter le secours de leur ministère. Sans parler du frère récollet qui semble à demeure, nous voyons se remplacer tour à tour au presbytère de Veurey *Messire Durand* (2), curé de Voreppe, *Delisle*, curé de Noyarey et plus tard vicaire épiscopal, le *frère Augustin Némoz*, et enfin le pieux vicaire de Voreppe *Louis-Joseph Durand* (3), qui traverse plusieurs fois la plaine au mois de janvier pour visiter le curé de Veurey, son homonyme à qui, sans le savoir encore, il est appelé à succéder. C'est lui en effet que la Divine Providence a choisi pour gouverner cette paroisse pendant la période révolutionnaire.

Mre Louis-Joseph Durand — Le nouveau curé est né à Grenoble. Le 19 septembre 1778 il reçoit la tonsure des

---

(1) Le 3 août 1784. le curé de Veurey assiste à la sépulture de messire Joseph Blanc, décédé à Voreppe, recommandable par sa charité, sa piété et son zèle envers les pauvres. (Archives de Voreppe.)

(2) Antoine-François Durand, qui prêta le premier serment et voulait se faire porter sur la place publique pour le rétracter.

(3) Il y avait un autre Durand, curé de Pommier, qui devint curé constitutionnel de Voreppe en 1791.

mains de Mgr de Bardonenche (1). Le 14 septembre de l'année suivante on lui remet des lettres dimissoires pour aller recevoir l'ordination sacerdotale des mains de Mgr l'archevêque de Vienne. Après l'ordination il est nommé vicaire à Voreppe où nous le trouvons en 1785.

Le nouveau pasteur a peu de jours tranquilles à passer avant les grands événements qui vont secouer la France et l'Europe : trois ans au plus. Cette courte période, qui s'achève à l'ouverture des Etats généraux, est marquée par une cérémonie religieuse qui est en même temps une fête publique. En l'année 1788 Messire Durand préside la bénédiction d'une nouvelle cloche, dont le parrain est *Louis-Charles de Saint-Ours de l'Echaillon*, frère cadet de Marguerite-Amédée, dont nous avons parlé, et la marraine *dame Jeanne Elisabeth de Rivière*. Cette cloche est sans doute destinée à remplacer une plus petite qui, fêlée, a été descendue pour être soumise à la refonte. L'inscription ne porte que la date (« 1788 ») et les noms du parrain, de la marraine et du fondeur. Elle ne nous apprend pas son nom comme beaucoup d'autres cloches, mais la tradition semble lui avoir conservé celui de « Caroline », en souvenir de Louis-Charles de Saint-Ours, son parrain. Elle ne porte pas non plus de devise particulière, ce qui ne lui empêchera pas d'avoir une fort glorieuse destinée. Muette pendant les sombres jours de la Terreur, elle échappera à la fusion sacrilège grâce peut-être à l'influence de Raymond Chorot Boisverd, tout puissant au Directoire de Grenoble, annoncera de son timbre joyeux le Concordat et l'Ere nouvelle, redeviendra mélancolique aux jours de l'inique Séparation de l'Eglise et de l'Etat en attendant de nouveau l'heure de la délivrance, du relèvement, de la résurrection et du triomphe.

Quatre curés auront, pour Veurey, occupé le XVIIIe siècle.

---

(1) Louis-Joseph Durand, futur curé de Veurey, assistait à un mariage à Voreppe le 10 octobre 1778 comme clerc tonsuré avec les deux Durand ci-dessus.

C'est honorable autant pour eux que pour la paroisse. Dans les archives nous n'avons trouvé que des renseignements favorables à leur endroit. Le premier est chanoine, le deuxième archiprêtre de son canton, le troisième sanctifie sa paroisse, cueille des fleurs de sainteté et forme un confesseur de la foi, le quatrième enfin est lui-même un confesseur de la foi. Il faut avouer que cette constatation donne une excellente idée du clergé rural au XVIIIe siècle.

Autant au XVIe il a été relâché, autant au XVIIe siècle le clergé rural est instruit et charitable. Saint-Vincent de Paul et les grands séminaires ont donné une vigueur nouvelle au clergé de France. Au XVIIIe siècle le curé rural est devenu pauvre, mais il rachète sa pauvreté par la simplicité de son train de maison qui le rapproche du peuple, pendant que le haut clergé poursuit les honneurs ecclésiastiques et se rend impopulaire. En 1766, Mirabeau écrit : « Les revenus et les distinctions sont pour les abbés commendataires, les vrais pasteurs des âmes ont à peine une subsistance ». Alors que M. de Rohan étale à Strasbourg et ailleurs un luxe insensé et scandaleux, les presbytères de campagne se délabrent et s'ouvrent à tous les vents. Est-ce à dire toutefois que les évêques en sont tous là ? Ce serait fausser l'histoire. Grâce à Dieu, à la veille de la Révolution, de saints pontifes honorent l'épiscopat et se préoccupent des besoins du peuple. L'évêque de Bayeux fonde une manufacture de dentelles ; celui de Castres les écoles d'accouchement, et celui de Langres, Mgr de la Luzerne, organise les premières assurances contre l'incendie. Les curés ruraux imitent les évêques. Le curé de Colombe en Dauphiné introduit dans son village l'industrie de la toile d'ortie et du tissage de la laine. A Auribeau, dans les Alpes, un curé octogénaire organise la récolte des fraises et, de maraudeurs qu'ils étaient à peu près tous, rend ses paroissiens « *bons, sages, frères et riches* ». Les curés de campagne n'ont jamais été aussi instruits, aussi dévoués, aussi méritants devant l'Eglise et la Société. Mais le flot de la Révolution monte chaque jour. Des craquements sourds se font entendre. Quelques membres du clergé rural, à l'exemple de certains nobles, commencent de faire l'éloge de la république romaine. Les classiques païens ont une fâcheuse influence. Ce sont des aveugles, ces nobles, bourgeois ou prêtres qui préparent la Terreur sans s'en douter. Ils sont mûrs pour la Constitution civile et schismatique qu'on leur imposera dans quelques jours. Tête baissée ils se dirigent vers l'échafaud qui attend les confesseurs de la foi pour les grandir, mais eux, les utopistes, pour les raccourcir. Le *rasoir national* sera presque justice pour ceux qui l'auront aiguisé, mais pour ceux qui l'auront bravé en faisant leur devoir, il sera une victoire et une apothéose.

La paroisse de Veurey a à sa tête un prêtre intrépide, un prêtre selon le cœur de Dieu, un prêtre qui ne transigera jamais avec l'erreur et le mal, un prêtre qui ne pactisera jamais avec la Révolution. Nommons-le encore une fois : *Monsieur Louis-Joseph Durand.*

CHAPITRE XV

Veurey au XVIIIe siècle

LA VIE COMMUNALE — LES CONSULS LES SEIGNEURS

Le consul Daniel de Saint=Ours. — Une reconnaissance. — Claude de Chaulnes. — Anne Pélissier de l'Echaillon. — Antoine Bourne=Pascal. — La levée des tailles. — Malheurs publics. — Inondations. — Veurey et Blanc= la-Goutte. — Les Imprécations de Janin. — Une victime des bêtes sauvages. — Les châtelains. — Jean=Antoine Disdier. — La boucherie communale. — Le cierge pascal. — La Messe de minuit. — La part du seigneur. — Jâques Chorot, François Malépine Cassoud et François Rochette. — Le marquis de Grammont. — L'évêque de Grenoble, conseigneur de Veurey. — Les fermes royales. — Le Ruisset. — Pontonnier. — Industries locales. — Edit de février 1776. — Conscription. — Mesures. — Le procès des moulins.

Comme pour le XVIIe siècle nous ne séparons pas les Consuls de la vie communale, et nous ne parlons qu'incidemment des seigneurs, hauts et petits, qui, les hauts du moins, ne se mêlent pas assez à la vie publique et villageoise et vivent plus à la Cour que dans leurs châteaux : ce qui sera une des causes de l'ascension rapide de la Bourgeoisie et de la Révolution qui se prépare.

Le premier consul (1), dont nous trouvons le nom, est sieur Daniel de Saint-Ours, le même qui, pour cause de religion, aura bientôt à souffrir de nouvelles rigueurs dans l'application de la trop fameuse Révocation. Il est à croire que le pays, c'est-à-dire les notables qui élisent le consul et qui sont tous catholiques, n'envisagent que la bonne gérance des affaires de la communauté en la confiant à Daniel de Saint-Ours sans s'inquieter de la religion qu'il pratique. La modération, à cette époque tourmentée de l'histoire de France, est chose assez rare pour la noter et l'apprécier.

Nous retrouvons le même Daniel dans un *hommage* qu'il prête au seigneur marquis de Chaulnes dans le château de *dame Anne Pélissier*, veuve de noble Louis de Saint-Ours de l'Echaillon, à Veurey, et non à Noyarey, où ce haut seigneur réside. Citons quelques passages de cette reconnaissance :

« Par devant moy Claude Vial notre royal de Chaulnes
« et les tesmoins cy-après nommés ce jourdhuy 5me jour
« du mois de juillet après midy 1731 s'est establi en per-
« sonne ledit Sr Daniel de Saint-Ours, marchand résidant
« au mas du Chatellard mandement de Veurey icy pnt et
« acceptant lequel de gré pour luy et les siens reconnaît et
« confesse d'estre « homme lige, sujet et justiciable » de
« Mre Claude-Hiacinte Ferrand Teste de Guimetière de
« Chaulnes, chevalier et marquis et seigneur de Chaulnes,
« Veurey, Saint-Quentin, Montaud et autres lieux et de ses
« successeurs et de luy être tenus à tous droits seigneu-
« riaux, prestation fidélité hommage comme les autres habi-
« tants de ladite terre de Veurey sur laquel ledit seigneur
« a toutte jurisdiction, haute, moïenne et basse en confor-
« mité des précédentes reconnaissance et prohème général
« et de tenir en emphitéose (2) perpétuelle du fief et directe

---

(1) En l'année 1700, c'est Jâque Oriol qui est consul, mais l'année 1700 appartient encore au xviie siècle.
(2) L'emphytéose est l'aliénation de terres par un bail perpétuel.

« dudit seigneur les fonds et batiments cy-après reconnu
« sous les censes et services annuels compris en chaque
« article de la présente..... (1) ».

Suit l'énumération des pièces de terre, bois, prés, etc...,
que les Ravinel tiennent en fief ou directement du seigneur
de Chaulnes ou du « seigneur de Chissé de la Marcousse
représenté par ledit seigneur de Guimetières de Chaulnes ».
Nous avons ainsi une preuve de plus que la seigneurie de
Veurey a bien passé des de Chissé aux de Chaulnes.

Les redevances se paient en avoine, froment, lentilles,
gélines, noyaux, vin, *recevables mesure de Veurey* et en
argent : « lesquelles censes, directes, droits et devoirs le
« Reconnaissant a promis de payer tous les ans à perpé-
« tuité audit seigneur ou à ses successeurs fermiers ou
« commis aux espèces cy-dessus, les grains bons, purs, nets
« et recevables de même que le vin et en espèces à chaque
« feste de Toussaint..... Fait et publié à Veurey dans le
« *château de ladite Dame de Saint-Ours* en présence de
« sieur Antoine Alleyron, marchand et d'Etienne Borel,
« portonnier. » La pièce est signée par le notaire Vial,
Navarre, châtelain de Saint-Quentin, « faisant pour ledit
Seigneur », Alleyron et Daniel de Saint-Ours. L'acte est
contrôlé à Sassenage le 5 avril 1733.

Il ne faudrait pas croire que le marquis de Chaulnes soit
seul à percevoir des redevances seigneuriales. La même
paroisse peut dépendre de plusieurs seigneurs, et si Claude
de Chaulnes est le plus puissant seigneur de Veurey, il y a
à côté de lui, ne l'oublions pas, les Saint-Ours de l'Echaillon.
Une autre reconnaissance du même Daniel de Saint-Ours
nous fixe définitivement à ce sujet. Elle est du 5 juillet 1731.
Elle porte sur les terres, maison et four du Chastelard, sur
bois et arpeages à Lemporey, sur un pré situé au mas « des
Eygalens », sur une propriété sise au mas de Faveyres, sur
une pièce de terre située « à Veurey, au Fournet ou Combe-
Pillier ou vers la grande draye », et enfin sur une pièce de
pré et noyeray où est un « moulin à farine », ainsi que sur

(1) Archives des Saint-Ours.

une *chataigneray*. Cette reconnaissance est passée en faveur du marquis de Chaulnes pour les deux tiers et pour l'autre tiers au bénéfice de dame Anne Pélissier, veuve de noble Louis de Saint-Ours de l'Echaillon, qui perçoit par conséquent un tiers des redevances. Parmi celles-ci relevons « le demy bichet de châtaignes blanches, belles et de recette mesure de Veurey, les 17 pots et demy de vin bon, pur et franc, la demy géline bonne et de recette, les oboles, sols ou deniers toujours de bonne monnoye. »

Les deux conseigneurs ne s'entendent pas seulement pour stipuler les qualités des denrées données en redevances, mais encore pour faire valoir leurs droits féodaux à l'occasion. Le 11 mars 1735 les biens que Daniel de Saint-Ours possédait au Châtelard, « avant sa sortie du royaume pour fait de religion », ont été adjugés à sieur Antoine Bourne-Pascal (1), premier huissier à la Chambre des Comptes de Dauphiné. L'adjudicataire ayant contesté sur le payement des lods est condamné par le vi-bailly à les solder en entier, à subir les dépens et à passer une nouvelle reconnaissance en faveur du marquis de Chaulnes et de la Dame de Saint-Ours de l'Echaillon.

La même pièce établit l'ancienneté des droits de la famille de l'Echaillon. « Tous les articles de fond cy-dessus avaient
« été précédemment reconnû par Guillaume de Saint-Ours
« Ravinel (2) à feu Claude du lieu de Veurey tant à son nom
« qu'en celuy de Catherine du Bœuf sa femme le 16 juil-
« let 1632 devant Mes Gerlat et Bouffard notaires au proffit
« de noble Joachim de Chissé seigneur de la Marcousse,
« Veurey, conseigneur de Saint-Quentin, et de noble Loüis
« de Saint-Ours *seigneur dudit lieu* ancienne reconnaissance

---

(1) Les Pascal dits Bourne sont originaires de Choranche. Un Pierre Pascal y avait fondé une chapelle en 1399 En 1653 un Pierre Bourne Branchu y mourait à 103 ans. Les Bourne quittaient définitivement Choranche vers 1750.

(2) En 1648 Abel de Saint-Ours, fils de Guillaume, achète de Hugues du Bœuf le Châtelard avec « maison, grange et bastiments contigus, un mollin et seye avec tous les droits de riveyrages desbringués des hypothèques. Archives des Saint-Ours.).

« de laquelle les suppliants fourniront copie et de celle du
« 5 juillet 1731 « pour remonter au delà de cent ans et
« avant..... »

Quant aux redevances que la Communauté doit aux seigneurs, c'est le consul qui est chargé de les faire acquitter. Il est également responsable, vis-à-vis de l'autorité royale et du fisc, des frais dits *de brigade* qui sont toujours « peréqués » sur la Communauté, à la charge pour celle-ci de faire payer la cotte aux négligents et retardataires. Un reçu de 1713 décharge en effet le consul Daniel de Saint-Ours, et l'autorise à se faire rembourser : « Je soussigné brigadier
« pour la levée des tailles certifie avoir logé sur la Commu-
« nauté de Veurey pendant six jours pour lequel temps le
« Sr Saint-Ours conseul m'a payé la somme de dix livres
« seize sols dont quitte ledit sieur Saint-Ours et consens
« qu'il se fasse rembourser les mêmes sommes aux sus-
« nommés. En l'estat fait ce premier décembre 1713. Oriol,
« brigadier ».

Daniel de Saint-Ours n'est certainement plus consul lorsque s'ouvre la série néfaste des grandes inondations de l'Isère. Tout au plus est-il témoin de celle de 1734. Coïncidence singulière, cette inondation a lieu le même jour et le même mois qu'en l'année tristement mémorable de 1219. Moins horrible, elle jette néanmoins la consternation à Grenoble et dans toute la plaine du Grésivaudan. Puis viennent les années malheureuses de 1739, 1743, 1744, 1747, 1759. Inondations, hivers très âpres avec un froid à fendre les noyers, rareté extraordinaire de froment, vendanges supprimées faute de raisins, épizootie terrible dépeuplant les étables, invasion des limaçons achevant de détruire le peu de récolte épargné par l'humidité, tout cela suivi d'une disette affreuse : voilà le bilan des fléaux qui se succèdent pendant plus de vingt-cinq ans dans la région.

Les habitants de Veurey, plus épargnés que d'autres par l'Isère à cause de l'altitude de leur village, ne souffrent pas moins des grosses crues pour la battellerie et leur commerce de bois. Ils ne sont pas exempts d'ailleurs des autres calamités. Aussi les ménagères deviennent plus économes, et les jeunes filles moins dépensières pour leur toilette. Blanc-la-Goutte, dans *Jacquety de le Comare*, leur rend justice dans un vers très flatteur qu'elles ne devraient jamais oublier. Après avoir fustigé avec un esprit débordant les vaniteuses et paresseuses grenobloises,

> Incou passe-t-o tot pe bague, pe joyau
> Pe coïffe, pe ruban, ou pe d'autre affutiau
> ....
> Et perque la filiet que jason tot lour sou

il conclut que les *petits ferloquets* leurs compatriotes les délaissent bel et bien pour aller fiancer à Veurey,

> Et que vin de fiancié du coutiè de Veurei (1).

Il faut savoir qu'en patois cette expression *du coutiè* s'emploie fréquemment pour exprimer l'endroit même, le lieu proprement dit. Il est plus précis que l'expression française analogue. En tous cas le célèbre auteur de *Grenoblo Malhérou* a une prédilection marquée pour Veurey (2), ce qui semble au moins indiquer que cette paroisse a une certaine importance et que ses filles jouissent d'une excellente réputation auprès des Grenoblois vers le milieu du XVIIIe siècle.

Un autre poète dauphinois *Millet* aura aussi un mot à l'adresse de Veurey dans une de ses poésies patoises, mais ce mot ne sera pas aussi flatteur pour les Veurois, que le vers de Blanc-la-Goutte vient de l'être pour les Veuroises. Dans la *Pastorale de Janin* ou la *Faye de Sassenage*, à la fin, Janin, avant de se donner la mort lance des imprécations contre les pays d'alentour, et le spirituel poète, par la bouche de son héros, cingle d'un mot qui restera tel ou

---

(1) Veurey s'orthographiait également Veurei, mais plus souvent Veurey. Le poète a pu se permettre cette licence poétique.

(2) Blanc-la-Goutte n'aurait-il pas voulu dans les vers cités rappeler délicatement le pays d'origine de sa femme ou de la famille de celle-ci ? Il était marié à Dimenche Pellissier. Il y avait des Pellissier à Veurey, et le nom de baptême Dimenche, féminin de Dominique, y était fort à la mode. Avis aux chercheurs.

tel village dont les habitants n'ont pas toujours su plaire à Millet :

> Adieu maudit païs que l'Izera partage
> Coulan, ainsi que fat la serpen, din lez age.

Veurey, qui fait partie de ce maudit pays, n'a pas été oublié dans les malédictions :

> Renouillard de Moiren, peychou de Noyarey
> Gloriou de Saint-Quentin, reneyou de Veurey

On peut se demander ce que signifie ce terme de *reneyou*. Le verbe patois *Reneyer* peut avoir deux sens : *Renier* ou *renoyer*. Les habitants de Veurey, descendants des habiles Voconces, ont-ils au XVIIIe siècle la fâcheuse réputation de renier leur parole ou leurs dettes ? ou bien pour se débarrasser des malencontreux noyés qui envahissent leur cimetière les rejettent-ils à l'Isère pour ménager des sauvetages aux « gloriou » de Saint-Quentin ? Faut-il rapprocher *reneyou de Veurey* de « peychou de Noyarey » ou bien plutôt de « mocquou de Sassenage » ? Toute la question est là. Les Veurois peuvent se défendre. Il est peu probable cependant que Janin ou Millet aient voulu faire un compliment et il pourrait bien se faire aussi que les deux sens aient été voulus par le malicieux auteur. Quoi qu'il en soit Veurey doit être fier de n'avoir pas été dédaigné par les deux grands poètes dauphinois du XVIIIe siècle, à qui nous devons plusieurs chefs-d'œuvre : précieux joyaux de notre langue provinciale.

Il n'y a pas que les inondations pour faire des victimes. Les bêtes sauvages se mettent de la partie. En l'année 1749 une lugubre découverte vient consterner la communauté de Veurey. « Le 15 du mois d'août 1749 Antoine Joyeux et « Louis Garcin déclarent avoir trouvé les dépouilles et osse- « ments de *Claude Oris* qu'ils disent que les *bêtes sauvages* « avaient dévoré à Saint-Ours, hameau de cette paroisse ». Les restes de la malheureuse victime sont inhumés en présence de deux témoins ci-dessus le premier mars de l'année

1750. Les registres ne nous donnent pas d'autres détails. Le curé en consignant le fait nous laisse entrevoir la consternation générale provoquée par cette mort affreuse et qui est particulièrement intense pendant la période qui s'écoule entre la funèbre découverte et l'inhumation, du 15 août 1749 au 1er mars 1750. Ce laps de temps a dû être consacré aux enquêtes légales. On attend sept mois avant de procéder à l'enterrement. Le capitaine-châtelain ne peut être accusé de précipitation car un cas de ce genre relève sans nul doute de sa juridiction. Il serait fort intéressant de connaître tous les détails de cette affaire, mais l'acte mortuaire ne nous permet de constater qu'une chose, sans doute d'une certaine importance, la temporisation apportée par les pouvoirs publics et la police de l'époque.

La Cour de châtellenie fonctionne régulièrement comme au siècle précédent. La fonction de capitaine-châtelain se transmet toujours de père en fils dans la famille Chorot Boisverd. En 1738 c'est Claude Chorot Boisverd (1) qui remplit cette charge, et les inondations et malheurs publics ne peuvent que la rendre bien lourde. En 1741 il est secondé par Messire Antoine Léonard Chorot Favière, son frère ou cousin, vice-châtelain de la communauté de Veurey et capitaine-châtelain de Saint-Quentin et de Montaud. Un autre Chorot est greffier général de Châtellenie du marquisat de Chaulnes. Claude signe souvent *châtelain de la paroisse de Veurey*. Il est docteur en droit et *advocat* au Parlement de Grenoble. Le 12 mars 1753 Messire Durand enterre dame Claude Chorot Boisverd, née Louise Morin, mère de plusieurs enfants, dont le dernier, François-Louis, *vient au monde le lendemain de la mort de sa mère*, le 11 mars, et est baptisé le même jour. Cette mort prématurée, à l'âge de 40 ans, de la femme du châtelain et la naissance posthume de François Chorot Boisverd, consignées dans les registres, semblent avoir produit une certaine émotion dans la paroisse.

(1) Claude Chorot Boisverd était le frère de Louis Chorot. marchand du lieu de Veurey et de feu messire Jacques Chorot, chanoine en *l'esglize* de Saint-Just de Lyon.

Vers la fin du siècle les Chorot Boisverd n'exercent plus la fonction de capitaine-châtelain. En 1787 elle appartient à *Jean-Antoine Disdier*. Celui-ci préside, en ladite qualité, la première assemblée politique des Trois-Ordres de la communauté de Veurey, le 6 juillet 1788, et meurt le 5 septembre suivant. A ce moment la présidence passe au consul. C'est la fin du châtelain et de la châtellenie. Ce rouage administratif de la *juridiction ordinaire* a joué un rôle important pendant des siècles et a rendu d'immenses services à la communauté. Les prérogatives du châtelain iront en partie au consul, et par le consul au maire, et en partie au juge de paix. Encore une fois c'est un honneur pour les Chorot Boisverd d'avoir exercé cette charge pendant plusieurs siècles sans que les archives communales ou paroissiales aient consigné le moindre mécontentement de la part des administrés.

Le consulat survit donc à la châtellenie et en hérite. Au XVIII° comme au XVII° siècle les consuls veillent pacifiquement sur les droits et obligations de la communauté. Chaque année un de leurs plus gros soucis est le fermage de la boucherie. En 1759 c'est le consul Verne (1) qui passe le contrat. On peut supposer qu'à cette époque de calamités publiques les consuls doivent rencontrer plus d'une difficulté, soit pour la levée des tailles, soit pour la passation des fermages de la boucherie communale. Au cours du XVIII° siècle les clauses de ceux-ci sont à peu près les mêmes que par le passé. Le boucher ne fournit plus de chandelle, mais donne le cierge pascal. Il mactera (tuera) les bestiaux malades pour prévenir tout empoisonnement. Il a un droit sur eux. Le propriétaire ne peut faire opposition. Il réservera les langues pour le seigneur du lieu : clause que nous n'avions pas trouvée dans les fermages antérieurs. Ces conditions sont encore parfaitement observées en 1789. Thomas Bardin, boucher de Veurey, vient de mourir. La boucherie est mise aux enchères. Claude Sirand, boucher à

---

(1) Ce consul appartenait sans doute, à la famille Verne alliée aux Gillibert : D'où les Gillibert-Verne.

la Porte-de-France, l'emporte sur Jean Durand, boucher à Voiron, qui fait des conditions moins avantageuses à la Communauté. Sirand promet de donner « bœuf, veau et mouton pour le prix de cinq sols, trois deniers la livre, de fournir en place de la chandelle le *cierge pascal* de *trois livres en cire pure, d'illuminer l'église pour la messe de minuit*, de tenir la viande en vue, de macter les bestiaux malades immédiatement, et de réserver les langues au seigneur dudit lieu. » Le consul qui signe ce contrat est François Rochette, qui a été nommé pour l'année 1789 à la *pluralité* des voix. Le consul de l'année précédente était *François Malépine Cassoud*, qui signait non plus consul *moderne*, mais consul *actuel* de la communauté dudit lieu : ce qui nous confirme dans l'interprétation que nous donnions plus haut à cette vieille expression : *consul moderne*. Malépine Cassoud a lui-même succédé à Jâque Chorot, consul de l'année 1787.

On peut se demander quel est le seigneur à qui est réservée dans le fermage de boucherie le morceau réputé le meilleur un peu à tort dès la plus haute antiquité, la langue, qu'Esope appelait *la meilleure et la pire des choses*. Est-ce notre haut seigneur, héritier des de Chaulnes, des de Chissey, des de Vachon et des de Sassenage, *Monsieur le marquis de Grammont*, seigneur de Veurey et de Noyarey, qui porte ce titre en 1774, ou bien est-ce son coseigneur, *Monsieur de Saint-Ours de l'Echaillon*, seigneur direct, ou bien même encore l'évêque de Grenoble, qui est lui aussi seigneur de Veurey, comme nous allons le voir ? Le fermage ne détermine rien à cet égard, et nous n'avons trouvé aucune autre pièce nous fixant à ce sujet. Peut-être les langues se répartissaient-elles entre les seigneurs, dans l'ordre de leur puissance et dignité, et alors il serait fort curieux de pouvoir établir la hiérarchie seigneuriale d'après les langues réservées en boucherie communale.

Nous venons de dire que l'évêque de Grenoble portait le titre de *seigneur de Veurey*. D'après divers mémoires où les redevances étaient consignées, nous voyons en effet qu'en 1758, 1759, 1769, Mgr l'Evêque et prince de Grenoble perçoit, tout comme M. de Saint-Ours de l'Echaillon, des rentes, des annualités, des annualités de rentes. Les deux seigneurs ne sont jamais séparés, et parfois c'est l'évêque qui perçoit davantage. En 1758 « pour la rente due aux seigneurs 11 livres ». En 1759 « pour la portion de la rente dû à Monseigneur l'évêque et à M. de Saint-Ours comme seigneurs de Veurey pour les années 1758 et 1759 (cinquante livres) et pour la moitié vingt-cinq livres. » — « Pour deux annualités de rente deues à Mgr l'Evêque quarante livres, et pour la moitié 20 — pour celle dû à M. de Saint-Ours pour deux années huit livres pour la moitié 4 — (mémoires de la famille Bourne) ». En 1769 : « pour la portion des rentes dues à Mgr l'évêque et à M. de Saint-Ours..... » (ici le chiffre manque). — Ces extraits nous indiquent suffisamment que l'évêque-prince de Grenoble, partage les droits seigneuriaux avec les Saint-Ours, mais quelles sont les terres épiscopales et quelle est l'origine des droits de l'évêché de Grenoble ? — En 1760, l'évêque possède en Eygalen : environ dix sétérées, y compris le pré qui se trouve entre la Voroyse et le chemin public au mas de la Magdeleine — à Brunetières, toujours en Eygalen : 2 sétérées cinq bichettées et demie — en Joannès : deux sétérées — à Chaussonnières : 13 bichettées — aux Arcellins en Eygalen : 2 sétérées — en la Comba de Bugnet : deux sétérees — en la Gotay : 2 sétérées 1 bichettée — en Savatellière : 4 sétérées et 2 bichettées — aux Eyssards : 3 sétérées — aux Chabertes : 1 sétérée — en la Vivielle : 1/2 set. — au Châtelard : 1 sétérée — de plus une petite soffronière d'un tiers de bichettée — une maison (démolie plus tard) au Peron — au Peron : encore un moulin à deux meulles et ses plassages.

En 1770 et en 1773, c'est un Duvergé Gerlat qui est fermier de l'évêque. Les quittances ci-après, délivrées à maître Antoine Bourne, nous l'apprennent ainsi que les dates d'échéances : « Comme fermier de monseigneur l'évêque et prince de Grenoble, *seigneur de Veurey*, j'ay reçu de maître Antoine Bourne trois ennualités de vente échus à la Toussaint dernier liquidés à la somme de vingt-quatre livres — ennuellement dont quitte à Veurey sans préjudice du courant le six novembre mil sept cent soixante et dix — Duvergé Gerlat ». Les rentes continuent d'être servies à la mense épiscopale, après la mort de l'évêque, et le titre de seigneur de Veurey passe au successeur. Dans la quittance ci-dessus c'est Jean IV de Caulet qui est notre seigneur et dans celle qui suit ce sera Jean V de Cairol de Madaillan qui est transféré à Grenoble en 1771. « Comme fermier de mon seigneur l'évêque praince de Grenoble, *seigneur de Veurey*, je suis payé de monsieur Bourne des rentes qu'il fait audit seigneur dont quit à Veurey ce premier jouin mil sept cent septente trois bon pour deux annualités — Veuve Gerlat ».

Ces droits de l'Evêché sur Veurey (1), que nous avons déjà vu exercer par les évêques de Grenoble au XVIIe et au XVIe siècle, doivent remonter à l'époque reculée et fort nébuleuse, de la séparation du pouvoir temporel desdits évêques et de celui des Dauphins. Nous en avons déjà fait la remarque. Mais il faut bien reconnaître que trois familles seigneuriales de Veurey ayant donné des évêques à Grenoble, les de Sassenage, les de Chissé et les de Chaulnes, il serait parfaitement possible d'admettre que ces familles aient doté la mense épiscopale, de certaines terres et aient contribué ainsi à augmenter ses biens-fonds de Veurey. Ce transfert se serait alors effectué très paisiblement sans que rien soit changé aux droits des Saint-Ours de l'Echaillon.

Les droits des Dauphins, passés à la couronne, ont survécu comme ceux des évêques de Grenoble. Nous avons déjà rencontré les fermes royales. Nous les retrouvons en 1772. Leur existence nous est attestée par l'acte de décès de « sieur Pierre Cauville, employé dans les *fermes du Roy et de brigade à Veurey* ». Nous avons vu que les Dauphins étaient propriétaires directs à Veurey. Nous savons d'autre part que ce droit de propriété a été cédé au roi de France. Il serait bien difficile d'expliquer autrement que par cette cession l'origine des fermes royales. La mention de celles-ci est très laconique. L'acte de décès ne nous dit pas où se trou-

---

(1) L'évêque de Grenoble était déjà seigneur de Veurey en 1743. Un acte de ladite année porte : « l'évêque et prince de Grenoble *Seigneur de Veurey, Noyarey et autres places* ».

vent ces fermes. Les terres delphinales se trouvaient sur les bords de l'Isère. Nous pouvons donc très raisonnablement supposer que les fermes du Roy, à Veurey, se trouvent également à proximité de cette rivière.

Puisque nous sommes à la Rive, relevons en passant ce que nous avons lu dans un acte de la fin du XVIIIe siècle, touchant le Ruisset : « Le Ruisset, petite rivière qui se jetait primitivement en amont (probablement aux Perrières) *dans l'Isère* — puis à la Rive, et enfin a été canalisée jusqu'à l'Echaillon ». Dans le procès Penet-Valentin, nous lisons encore : « Il faut se rappeler que cette petite rivière (le Ruisset) « a pris lieu et place de l'Isère ». Pendant la Révolution on le traversait sur des loses pour atteindre les digues de l'Isère et ce n'est que sous le maire Claude Saint-Ours que l'on construira un pont. Si les consuls n'avaient rien construit dans les siècles passés c'est que le Ruisset se jetant dans l'Isère en amont ou à la Rive et l'Isère venant battre le coteau à sa base même (1), ce travail n'avait pas raison d'être

Quant à l'Isère elle se traverse toujours avec le bac communal moyennant le droit de péage. Le passeur porte cependant le nom de pontonnier : nous l'avons déjà remarqué au XVIe siècle. En 1785 c'est Jean Hyboud-Peron qui remplit cette fonction. Les droits de péage ne seront modifiés qu'après la Révolution. En 1785 Jean Borel remplace Hyboud-Peron.

Veurey paraît, d'après les registres paroissiaux, se mettre en communication avec plusieurs localités de la rive droite, soit au point de vue des alliances, soit au point de vue commercial. La battellerie est toujours prospère. Les *Sallamand*, les *Duport-Roux*, les *Bérard*, sont de gros patrons sur l'Isère. Nous avons des tisserands : *Gaspard Amidieu, Nicolas Morin, Joseph de Saint-Ours* ; des peigneurs de chanvre : *Pierre Guillermond, Claude Expilly*, de Coublevie, qui en 1770, s'est marié et établi à Veurey. Ce pays se trouve par

---

(1) Il y avait cependant un chemin de halage puisque la mensuration de 1633 lui donne deux mètres à la Rive. (Procès Penet-Valentin.)

le fait en relations commerciales avec Voiron, déjà très renommé pour ses toiles. Cette industrie amène à Veurey un certain bien-être. Les marchands font des affaires et posent en vrais bourgeois, comme les *Michon*........ Un de Saint-Ours est *marchand cloustrier*. En somme, on ne sent pas ce pays trop malheureux dans les dernières années du XVIIIe siècle, grâce sans doute aux corporations qui assurent le travail et forment d'excellents ouvriers. La Révolution commettra une grande faute en les supprimant, mais il faut reconnaître en toute impartialité que c'est la monarchie elle-même qui leur a porté le premier coup de pioche par l'édit de février 1776 qui porte suppression des jurandes et communautés de commerce, arts et métiers. « En conséquence nous avons éteint et supprimé, éteignons et supprimons toutes les confréries qui peuvent avoir été établies..... Les évêques sont chargés de pourvoir à l'emploi des dotations de ces confréries et des biens affectés aux fondations (1) ». Les communautés et corporations avaient sans doute abusé du monopole et du favoritisme dans la réception des membres. Leur puissance commençait à faire ombrage à l'Etat, soit ! mais ne pouvait-on pas les réglementer et régenter sans les supprimer, les contrôler et même les centraliser sans les détruire, et cette violence très impolitique et très antisociale à leur égard ne provoquera-t-elle pas un jour leur résurrection sous la forme d'unions syndicalistes plus dangereuses encore pour le pouvoir central ?

Cette suppression des confréries en 1776 vise les corporations et non les confréries paroissiales. Les pénitents du Saint-Sacrement, toujours pauvres d'ailleurs, continuent d'exister ainsi que les pénitentes et nous les verrons, en pleine Révolution, assister officiellement à l'enterrement d'une sœur et d'un confrère.

Avant de clore le chapitre de la vie communale on peut se demander comment était réglé le tirage au sort. Chaque

---

(1) Nous avons trouvé cet édit dans les papiers de famille Bourne. Dans la même filasse nous trouvons une réclamation du trésorier des Pénitents au sujet d'arrérages de pension, vu les « besoins pressants de la compagnie » ce qui indique que la Confrérie est loin d'être riche.

VIE COMMUNALE — LES CONSULS — LES SEIGNEURS

communauté agit selon sa fantaisie, soit pour les classes à lever, soit pour la taille à exiger. Le rôle des conscrits est dressé par le châtelain et les consuls. C'est le châtelain qui *toise* les garçons sujets à tirer au sort. Le rôle est publié le dimanche à *l'issue de la messe paroissiale* (1).

Un autre point serait intéressant à traiter, si les papiers de famille nous donnaient de plus amples renseignements, c'est la question des mesures agraires, des mesures de capacité, du prix des denrées et du coût de la vie.

Le vin se vend par *charges* et se livre en *barraux*. La charge est de 100 litres. Le barral jauge 50 litres. Il y a aussi *le bichet* qui est de 33 litres 33 centilitres, et le *coup* ou *coupon* qui mesure 2 litres 7. Il y a enfin le pot, mesure des cabaretiers. En 1770 le vin de Veurey se vend 8 et 9 livres la charge ; mais dans les années de misère, comme en 1759, il est allé jusqu'à 30 livres la charge. Au cabaret le pot de vin s'est vendu 10 sous, et dire que .es cabaretiers ne chômaient pas ! Les inondations de 1770 n'amènent, comme on le voit, aucune hausse sur le vin.

Le bois de chauffage se vend au cercle qui mesure 1 pied de diamètre et 3 pieds de longueur.

C'est la *mesure de Voiron* qui s'impose à Veurey pour le froment, l'orge, le seigle et l'avoine.

Les mesures agraires sont toujours la sétérée, la bichettée et la quartellée.

Le coût de la vie, à la fin du XVIIIe siècle, est beaucoup moins élevé qu'il ne va l'être pendant la Révolution. Tout va doubler, tripler et même quadrupler (2). Les années malheureuses ne pourront conjurer les transformations qui atteindront le prix des denrées, la valeur de l'argent, les mesures agraires et de capacité. Une évolution est nécessaire, mais la Révolution, malgré son système décimal, ne saura garder la mesure et rendra plus dure encore la vie du peuple, sous

---

(1) Certains actes administratifs étaient publiés au « pillory » tableau de bois abrité et réservé à l'affichage. (Archives municipales.)

(2) Les prix furent quelque peu révolutionnés de 1790 à 1795 : à Paris, une paire de souliers avait passé de 5 francs à 200 francs, et un chapeau propre de 14 francs à 500 francs.

prétexte de l'émanciper. Heureuse encore sera-t-elle de trouver sous la main les bons châtelains, les honnêtes échevins et les intègres consuls du vieux régime pour réaliser la nouvelle législation municipale.

L'esprit communal, en effet, s'est développé considérablement en ce XVIII° siècle au détriment des seigneurs engagistes dont le pouvoir et l'influence sont de moins en moins redoutés par la bourgeoisie et la petite noblesse. Celles-ci ne se gênent plus pour provoquer des procès sans fin aux hauts seigneurs. Témoin ce litige, presque deux fois séculaire par sa durée, qui met aux prises d'abord les de Vachon et les de Chaulnes avec les Ravinel de Saint-Ours (1) et plus tard Maître Antoine Bourne avec le marquis de Grammont. Ce procès intéresse trop la communauté pour que nous le passions sous silence.

Au premier janvier de l'année 1600, il y a à Veurey des moulins « parocchiaux et banarets ou bannaux ». Le haut seigneur exerce sur eux des droits de banalité, et peut-être aussi la paroisse ou l'église. Cependant une consultation de l'époque établit que *bannaux* ou « parocchiaux » signifient la même chose : « *les adjectifs bannaux et parocchiaux sont employés indistinctement dans les requêtes et autres actes dont s'agit comme des termes sinonimes qui signifient la même chose* ».

Ces moulins se trouvent en mauvais état. C'est ce qui décide le seigneur à les aliéner, en emphytéose sans doute, à Jean Chorot, châtelain moderne, qui les restaure à « grands frais » et les confie à un *bon et loyal meunier* (2). En 1601 *Jean Vachon, seigneur de Veurey*, fait renouveler à Ravinel de Saint-Ours la défense de moudre ailleurs sous « peine de confiscation de ce qui sera moullu ailleurs qu'au dit Veurey et de vingt louis d'amende ». Cette prohibition est faite par Pierre Actuyer, juge ordinaire de Veurey, en

---

(1) Claude Ravinel de Saint-Ours, châtelain de Veurey en 1580.

(2) Un veurois, légendaire par ses spirituelles réparties, répondait un jour au meunier son créancier qui le menaçait d'arguments frappants : « Meunier, je ne crains ta main que dans mon sac ».

présence de Jean Brunet, sergent ordinaire de Veurey, Claude....., et Jasque Morin, sergent royal.

Claude de Saint-Ours, ne pouvant plus aller moudre ailleurs, construit un moulin sur sa propriété, mais le seigneur enjoint à Jean Chorot, châtelain moderne, possesseur des moulins parocchiaux, d'agir et d'arrêter le moulin commencé par Claude de Saint-Ours, et commande de publier la sentence tant au-devant l'église paroissiale dudit Veurey qu'en la place publique du Peron, lieu *accoutumé tenir* la cour de Châtellenie. Il n'est permis à Claude de Saint-Ours de moudre au nouveau moulin que le *bled* pour le pain de son ménage. L'arrêt demeure lettre morte, car peu de temps après Antoine Malépine Berroliat et Michel de Saint-Ours-Ravinel, *boulangiers*, Jayme Obanel, Jean Vacher et François Malépine Berroliat, hôtes et cabaretiers, sont condamnés pour avoir vendu « du pain dont le bled n'a pas été moullu auxdits moulins », et sont punis de 50 louis d'amende.

Le 15 mars 1614 Jean Chorot remet les moulins au seigneur Antoine de Chaulnes qui les passe à Brunet Milanais, toujours sans doute en emphytéose. En 1630 Guillaume de Saint-Ours, fils de Ravinel, attaque d'une autre façon les moulins bannaux en insinuant qu'ils sont cause de contagion. Ce soupçon est mal fondé, d'après la déclaration du meunier lui-même Jean Joyeux. Un nouvel arrêt est publié par Remillat, sergent royal, qui prive entièrement Saint-Ours de son nouveau moulin, le déclare déchu de ladite propriété et lui inflige une amende de 10 écus s'il y a une nouvelle contravention.

A partir de ce moment personne n'établit plus de moulins dans la seigneurie et paroisse de Veurey. Ni la communauté, dont les consuls ont passé des conventions avec le seigneur, ni aucune autre personne ne contesteront désormais à M. de Chaulnes la banalité desdits moulins. Il faudra venir au milieu du XVIII siècle pour voir se nouer de nouvelles difficultés à leur propos et surgir un nouveau procès, issu du premier, entre Maître Antoine Bourne et M. de Grammont. Bourne a restauré les moulins des Saint-Ours et reprend leurs prétentions sous prétexte qu'il a acheté leurs propriétés.

M. Tristan de Caulet, marquis de Grammont et de Foix, baron de Tournefeuille, seigneur de Noyarey, *Veurey*, et autres places, *mestre* de cavalerie, de l'ordre militaire de Saint-Louis, héritier des de Vachon et des de Chaulnes, qui possède dans sa terre de Veurey 3 moulins bannaux, se pourvoit immédiatement devant le vibailly de Graisivaudan et assigne Maître Bourne, premier huissier de la Chambre des Comptes, ainsi que le fermier dudit pour se voir condamner aux dommages et intérêts. Maître Bourne possède aussi un moulin du chef de Saint-Ours Ravinel. Il peut en profiter pour son usage, mais son meunier, Rey, moud pour des particuliers. Il est établi que Rey va chercher les « grains avec deux mulets et sollicite les habitants de moudre chez lui ». M. de Grammont demande *par provision* qu'il soit défendu de moudre au moulin Bourne d'autres grains que ceux qui sont à son usage. Maître Bourne à son tour dit qu'il possède des moulins depuis plus de quatre siècles « par lui ou par ses hauteurs » (sic).

La jurisprudence lui répond par les considérants ci-après :
« Dans cette province la bannalité des moulins n'est pas
« proprement un droit seigneurial ; elle ne devient féodale
« que dans le cas ou appartenant audit seigneur elle a été
« comprise dans le dénombrement avec les autres droits de
« la seigneurie, et elle est par conséquent toujours présumée
« de convention. C'est pour cela que les ecclésiastiques et
« les nobles y son sujets tout comme les roturiers ; mais
« c'est un point de jurisprudence constant qu'elle s'acquiert
« par la possession pourvu que le possesseur du moulin ait
« obtenu des prohibitions d'aller moudre ailleurs, parce que
« dès lors la servitude commence en sorte que si on a laissé
« moudre quarante ans sans s'opposer aux prohibitions ou
« les faire révoquer, la banalité est dès lors établie. Ce point
« de notre jurisprudence se trouve dans la question 298 de
« maître Guy-Pape et dans les observations de ses annotateurs sur cette question notamment dans celles de Baro (?)
« et Chorier. »

Enfin le 29 mars 1774 une délibération, contresignée Barnave (1), dit que Bourne n'est pas fondé à dériver les eaux du ruisseau pour établir un moulin, si ce n'est pour son usage personnel, le condamne aux dépens, dommages et intérêts, ordonne que ledit moulin soit « détruit et démoly » et reconnaît les droits de M. le marquis de Grammont comme fondés.

(Maître Gerboud verse 36 livres à Barnave et 6 livres au secrétaire).

Malgré que la haute noblesse défende pied à pied ses droits seigneuriaux et trouve d'abord gain de cause devant les cours de parlements, la bourgeoisie ne capitule pas. Bourne rappelle devant le vibailly qui, le 13 septembre 1775, condamne le marquis de Grammont et met Maître Bourne hors de Cour et de procès. L'heure approche où les privilèges surannés, comme les droits les plus sacrés, vont sombrer dans l'anarchie.

(1) Quel est ce Barnave ? serait-ce le père du célèbre orateur ?

CHAPITRE XVI

Veurey au XVIIIe siècle

VIE FAMILIALE ET VIE SOCIALE

Mariages et testaments. — Un procès sans fin. — Nobles et fermiers. — La Noblesse et l'impôt du sang. — Bourne Châtellard. — Les Pellissier de Rivière. — Une dot. — Le cérémonial épistolaire. — Histoire d'un gilet. — Noblesse et Clergé rural. — Une lettre de Paris. — Le Chevalier de Saint-Ours. — Une séparation de corps. — Rêve sans espoir. — Catherine de Rochebrune et Françoise de Balmeinas. — Haute et petite Noblesse. — La Bourgeoisie veuroise. — Hivers et Centenaires. — Joseph de partout. — Les Sobriquets.

Dieu est toujours à la base de la famille et de la société. Les actes officiels de fiançailles et de mariage, les transactions ainsi que les testaments le reconnaissent et le proclament encore comme la source de toute obligation, comme le fondement de tout droit.

Les formules du contrat de mariage ont peu changé. Elles débutent toujours par l'invocation si chrétienne : « Au nom de Dieu soit fait amen, pardevant le notaire royal... (1) ».

---

(1) Nous prendrons comme type de contrat matrimonial celui de M. Francois-Louis Chorot de Boisvert, gendarme du Roy, épousant Demoiselle Anne de la Tour de Garcin, des seigneurs de Saint-Egrève.

Il y a quelques années on ajoutait : « ...et notoire à tous que..... » Il y a une légère tendance à simplifier.

Le contrat rappelle les fiançailles consacrées par l'Eglise : « lesquelles parties... ont promis s'espouzer à requeste en « face de notre sainte Mère l'église catholique, apostolique, « romaine... » C'est d'ailleurs la même formule ou à peu « près que le curé emploie dans les registres : « ai resceu le consentement de..... et leur ai imparti la bénédiction nuptiale *en face de notre Mère l'Eglise...* » Les protestants ont aussi les fiançailles : « .....ont promis de se prendre et s'espouzer l'un l'autre à la forme de la religion prétendue réformée de laquelle ils font profession tout légitime empeschement cessant que Dieu ne veuille arriver... » (1). On peut se demander en passant la raison de cette expression invariable : « religion prétendue réformée ». Les protestants ne paraissent pas goûter outre mesure l'appellation de *réformés*. Ils l'ont cependant bien méritée. N'ont-ils pas proclamé dans leurs prêches et leurs livres qu'ils venaient *réformer* l'Eglise de Dieu ? N'est-ce pas cette prétendue réforme qu'ils donnent comme leur raison historique ? Et alors pourquoi dans leurs actes officiels ne disent-ils pas tout simplement « religion réformée » et ajoutent-ils ce qualificatif « prétendue » qui donnerait raison aux catholiques ?... Serait-ce une expression obligatoire de par la loi civile ?... Ce serait un point à éclaircir (2).

Après Dieu, c'est le père et la mère qui ont la place d'honneur dans les contrats de mariage, comme aux siècles précédents. Les fiancés ne se sont pas promis mariage sans « *procéder de l'avis et conseil de leur père et mère* ». Nous lisons encore : « le présent mariage étant agréable à

---

(1) Mariage d'Anthoyne Banc et d'Anthoynie Goujon.

(2) Dans son *Manuel d'Histoire* (page 202), l'abbé Piolet nous donne la réponse. — Après la paix de Nimègue, Louis XIV eut recours à diverses mesures de rigueurs contre les protestants : « les ministres n'eurent plus le droit de s'intituler Ministres de la Parole de Dieu ; le Protestantisme ne peut être désigné que par le nom de « religion prétendue réformée », etc... En 1680, Louis XIV défendit à tout catholique sous peine d'exil de passer « à la religion prétendue réformée ». *Horgenrœther*, tome 6, page 357. Edition V. Palmé 1892.

mondit sieur de la Tour iceluy de son gré ordonné comme il donne par le présent par donation d'entreprise et à cause de nopces à ladite demoiselle de la Tour sa fille acceptant et humblement reconnaissante..... »

On sent chez les enfants une grande déférence et un profond respect pour les parents. Ceux-ci néanmoins, quelque sincère que soit leur confiance en leur progéniture, n'hésitent pas à faire leurs réserves en prévision des ruptures possibles. Dans le mariage que nous étudions principalement, le père donne meubles et immeubles à sa fille « à condition que le père et la fille vivent en communion », mais en cas de séparation « mondit sieur de la Tour se réserve sa vie durant la moitié des fruits et usufruits iceux francs et exemps de toutes charges royalles et seigneuriales ».

Dans un autre mariage (1) les époux procèdent non seulement de *l'advis* de leur père et mère, mais encore de celui de leurs *admis cy-après ou tesmoings nommés*. Avant de s'épouser on consulte les gens dont la sagesse et l'expérience peuvent être utiles. Le mariage ne se mitonne pas dans un silence plus égoïste que prudent entre pères et mères. On s'entoure de conseils. Il est vrai qu'à cette époque, il y a des hommes sages, des conseillers désintéressés, des confidents sûrs et incorruptibles : il y a la *foi publique*. Il viendra un temps où il ne faudra pas se confier aux hommes parce que la discrétion ne sera plus de ce monde. La Révolution, en encourageant la délation et en émancipant le peuple de la Religion, nous acculera fatalement à un individualisme farouche.

Le futur constitue toujours un *augment* à sa future *espouze*, laquelle lui donne en retour *pour survie* une somme variable selon les contrats, mais qui souvent est la moitié de l'augment, comme dans le mariage de mademoiselle de Ponnat, fille de noble Jean-Baptiste de Ponnat, seigneur de Seyssin et Seyssinet, et de dame Marguerite du Vivier, avec noble Antoine de la Tour Garcin, seigneur de Saint-Egrève-Saint-Robert. La future ici donne « pour *survie la moittié*

(1) Mariage Ban-Goujon, déjà cité.

de ce à quoy arrivera ledit augment — lesquels augment et survie appartiendront aux enfants qui naîtront de leur mariage suivant le choix et nomination de l'un ou plusieurs desdits enfants qui sera faite pour le survivant desdits futurs mariés et à deffaut d'enfant (1) appartiendront au survivant desdits seigneur et demoiselle futurs mariés..... »

L'augment de dot n'était que la *donatio propter nuptias* de l'époque romaine, transformée par la jurisprudence des Parlements du Midi. On l'appelait augment de dot parce que la femme en réclamait le montant quand elle survivait, avec la restitution de sa dot : de là le nom d'augment. A l'inverse le mari survivant avait le droit de retenir une partie de la dot à titre de contre-augment. L'augment et le contre-augment n'était en principe que des *gains de survie en usufruit*. L'augment français était ou inférieur ou supérieur à la dot, jamais égal, mais le plus souvent inférieur, et dans la région lyonnaise il était de moitié de la dot. A son tour, comme nous l'avons constaté ci-dessus, la survie constituée par la future était de moitié de l'augment (2). Ces gains de survie ont disparu.

Après les augments viennent inévitablement les « bagues et joyaux ». Le *promis* — ici, M. de Boivert (3), donne à sa future épouse « cinq mille livres pour bagues et joyaux de laquelle dernière somme elle pourra disposer à la vie et à la mort ». Antoine de Garcin est moins généreux à l'égard de Marguerite de Ponnat. Il ne lui assure que la « somme de cinq cent livres pour en dispozer à ses plaisirs et vollonté à vie ou mort (4) ». Les bagues et joyaux sont quelquefois

---

(1) De ce mariage naquirent beaucoup d'enfants. On y tenait régulièrement le livre de vie. La naissance de chaque enfant est encadrée par ces deux formules si chrétiennes « Dieu m'a donné un fils... une fille... Dieu luy donné son amour et sa crainte ». — L'aîné est porté aux Fonts baptismaux par *un pauvre et une pauvre*.

(2) Voir Ginoulhiac, *Histoire du régime dotal*

(3) On écrivait indifféremment Deboivert, ou de Boisverd. Cette dernière manière est cependant la plus usitée, et la plus ancienne: « Charlotte de Boisverd (17_9). »

(4) En 1704, Marc Chorot ne donne que 400 livres pour bagues et joyaux à Suzanne Labory.

appelés *joyaux nuptiaux*, notamment dans les mariages des réformés. Est-ce que dans leur religion les bagues ou alliances n'auraient pas la même importance et la même signification ?

M. Deboivert, *étant mineur de vingt-cinq ans*, doit se donner un curateur. Il nomme à ce titre « sieur Claude Chorot Boivert, habitant à Loriol, son frère lequel étant icy présent a accepté laditte curatelle et promet moyennant le serment qu'il a prêté la main levée aux formes ordinaires de bien et fidellement aider de ses avis et conseils son dit frère François-Louis Chorot Boivert sans néanmoins s'en rendre responsable de ses conseils..... » Ce mariage est de l'année 1778.

Consultons maintenant un testament de 1760, rédigé sous la dictée « de demoiselle Thérèse Merle habitante au lieu de Veurey en l'hameau du Chatellard ».

La formule initiale « *au nom de Dieu est-il que ce jourd'hui.....* » est la même ou à peu près que celle des mariages. Plus loin nous rencontrons quelques jolies expressions comme celle-ci : « laquelle de gré *cheminant sur terre*, saine de ses sens mémoire et entendement a voulu faire son dernier testament..... » La testatrice omet les considérations habituelles suggérées par la mort et la profession de foi catholique si accentuée aux siècles précédents et même encore en 1735, comme le témoigne le testament de dame Catherine Aubert : « ...et avant toute œuvre comme bonne chrétienne, catholique, apostolique et romaine elle s'est munie du signe de la Sainte Croix, a recommandé son âme à Dieu le suppliant très humblement par les mérites *de la mort et passion de notre Sauveur Jésus-Christ*, l'intercession de la *glorieuse Vierge Marie, Saints et Saintes de paradis* de *placer son âme parmy celles des bienheureux,* après qu'elle sera séparée de son corps pour la sépulture duquel, *convoye funèbre*, prières et œuvres pies, elle s'en remet à *l'honnêteté et discrétion* de son héritier... » Il faut remonter à un testament de 1724 pour retrouver cette formule si chrétienne : « ...considérant la *certitude* de la Mort, et *l'incer-*

titude de l'heure d'icelle... » (1). Thérèze Merle simplifie les préambules : « ...premièrement elle a fait le signe de la Croix, recommandé son âme à Dieu et a élu la sépulture de son corps dans le cimetière de l'églize parroissialle où elle décèdera... »

Si ce n'est pas le testateur ou la testatrice qui modifient ou abrègent les réflexions qui précèdent d'ordinaire la distribution des legs, c'est du moins le notaire. Ainsi lentement les vieilles et si chrétiennes formules tendent à disparaître. Nous remarquons fort bien que cette évolution est très sensible vers la fin du XVIIIe siècle et qu'elle concorde avec l'affaiblissement des croyances et des mœurs.

La testatrice qui nous occupe fait ensuite à ses parents et amis la part de chacun les privant et déjettant de tous ses autres biens. Elle leur fait une part égale et entend qu'ils soient tous contents. Quant aux autres biens et droits ils échoient à celui « qu'elle a de sa bouche nommé et susnommé le nommant et susnommant pour son héritier universel sieur Antoine-Léonard Boisverd Favière, capitaine-châtelain du lieu de Noyarey, son cousin issu de germains... » C'est d'ailleurs chez ce cousin qu'elle s'est retirée, il y a quelque temps, et qu'elle teste « assise sur une chaise auprès du feu. » Un des témoins est sieur Claude Saint-Ours, « fils à Jean Chirurgien ».

Le testament de dame Catherine Aubert, veuve de noble Antoine de Bruno, conseiller du Roy, et maître correcteur à la Chambre des Comptes du Dauphiné, entre dans certains détails qu'il sera peut-être intéressant de relever en passant. En sus des dix mille livres qu'elle laisse à son fils aîné, la testatrice lui donne « un cueiller et une fourchète d'argent. » A sa fille aînée Louise-Elisabeth elle donne huit mille livres, « une de ses commodes qui est de bois de noyer « *cintrée* et une garde-robe même bois à quatre portes » ; à Marguerite, sa seconde fille, quatorze mille livres, « une « commode que ladite dame a faite en marqueterie, une « garde-robe bois noyer à quatre portes et deux tiroirs faite

---

(1) Testament d'Izabeau Reboul.

« en cabinet, une autre garde-robe même bois à deux portes,
« un petit miroir à cadre doré (1) et le lit garny qui appar-
« tenait à feû M. le Chanoine Bruno son oncle » ; à
Magdeleine-Catherine (mariée à M. Ban du Lac, avocat au
Parlement, et allié par sa famille aux Boisverd de Loriol),
son autre fille, huit mille livres (en outre de sa dot), « une
garde-robe de ladite dame *de bois blanc doré* à deux
portes » ; à dame Catherine de Bruno, sa fille, religieuse au
couvent des Dames hospitalières de cette ville (Grenoble),
soixante livres de pension annuelle viagère, « sans qu'il soit
besoin que ladite pension passe par les mains des supé-
rieures et œconomes dudit couvent, voulant qu'elle seule se
prévaille de ladite pension pour subvenir à ses petites néces-
sités » ; à dame Marianne de Bruno, son autre fille, religieuse au couvent du Pont-de-Beauvoisin, une pension
annuelle de trente livres ; enfin à chacune de ses filles
demeurées dans le monde, « deux cueilliers, deux four-
chètes, deux couteaux d'argent », qui sont gravés aux armes
de la testatrice, et à celles du défunt son époux, « deux
douzaines de serviettes à carraux, quatre napes, le tout à
la venise, quatre draps de toile de rite » ; en outre elle
partage entre elles trois, « tous ses tableaux, bijoux, joyaux
ou pierreries, cassette, livres de piété, pièces de toile qu'elle
se trouvera avoir à son décès, *ses trois toilettes*, et enfin les
habits et linges de sa personne ».

Ces détails intimes ont, comme on le voit, un certain
intérêt au point de vue de l'ameublement, du goût, du
confortable, des habitudes de la noblesse, des mœurs de
l'époque, et même de l'orthographe reçue et pratiquée en ce
temps par les notaires plus lettrés sans contredit que la
plupart de leurs clients de l'aristocratie.

Ce testament fût reçu, lu et publié à Grenoble, en 1747,
dans la maison où habitent les *frères tailleurs* appartenant

(1) En 1775 la mode féminine est si raffinée qu'il lui faut un voca-
bulaire à part. La couleur la plus à la mode pour les robes est appelée
cheveu de la reine. Les garnitures sont : soupir étouffé, insensible,
vapeurs, doux sourire, etc... La mode sera toujours le miroir fidèle
de l'époque. Consulter les Registres de Chapareillan. 1775.

aux R. P. Minimes de cette ville, en présence de cinq frères tailleurs, et d'un frère cordonnier. Nous notons en passant ce détail concernant les corporations grenobloises.

La testatrice ne fait aucune œuvre pie. Etant donné son assez jolie fortune, la chose pourrait paraître bien étrange de la part d'une bonne catholique. Aussi prend elle la précaution, dès le commencement, de donner la raison de cette abstention : « déclare la dame testatrice ne pouvoir faire aucun legs aux hôpiteaux *attendu sa nombreuse famille* ». Ceci nous prouve du moins que la charité est si généralement pratiquée à cette époque dans les testaments que les testateurs se croient obligés de s'excuser et d'exposer les raisons de leur conduite.

Après les mariages et testaments, les procès sont une excellente source d'informations. Rien ne donne une idée aussi exacte des relations sociales, des rapports de classes et de familles. Le XVIIIe siècle est encore plus processif que le XVIIe. La noblesse surtout se ruine en procès et malgré son influence au Parlement elle est exploitée par la basoche. L'avocat est de plus en plus influent. Il est toujours au-dessus du médecin et du praticien, à plus forte raison du chirurgien barbier. C'est lui qui réduit la noblesse à la portion congrue en attendant de la guillotiner.

La noblesse, quoique processive, n'est guère despotique et jusque dans ses procès elle ne montre pas humeur très farouche. Un procès dont l'origine remonte à 1672, qui se poursuit tout le long du XVIIIe siècle, qui n'est pas encore tranché en 1786 et qui sera submergé comme tant de choses dans le cataclysme de 1793, nous donne une idée curieuse de la mentalité et de la patience des plaideurs comme aussi des lenteurs de la justice et de la subtilité des avocats.

« Le 14 août 1672 Jaque Jalliet-Menuisier, laboureur du
« lieu de Montaud, pour lors parroisse de Saint-Quentin (1)
« vendit à sieur René Pellissier secrétaire de la prévôté de
« cette province trois pièces de terre et pré désignées et
« confinées audit acte pour le prix de 439 livres que ledit

---

(1) La création de la paroisse de Montaud est donc postérieure à 1672.

« Jaillet devait au sieur Pellissier, ce dernier étant cession-
« naire en un rôlle d'écart de ladite communauté de Saint-
« Quentin où ledit Jaque Jaillet était cotisé en 1664 et 1665 ».

« Ledit Jaque Jaillet-Menuisier n'a jamais été dépossédé ;
« luy et ses successeurs en ont toujours joui ; il est vrai
« que c'est à titre de fermier soit par bail verbal soit par
« bail public ; de manière que Jean Jaillet-Menuisier arrière
« petit-fils dudit Jaque Jaillet se trouve encore jouir des
« mêmes fonds vendus sous le titre de fermier. Ce dernier
« ne connait même pas de bail public passé par ses ancêtres
« en faveur dudit sieur René Pellissier ses successeurs ; il
« en soupçonne seulement un passé par le nommé Jean
« Rousset-Petit en faveur de M. Pellissier Duplan héritier
« médiat dudit S\u02b3 René Pellissier ; mais il est à observer
« que ce Jean Rousset était entré par affiliation dans la mai-
« son dudit Jaillet ayant épousé une Cottin veuve du père
« dudit Jean Jaillet avec lequel il a cohabité et que parcon-
« séquent la jouissance des Jaillet n'a pas été interrompue.

« Depuis quelque temps M. de Rivière mari et maître des
« droits de dame Jeanne-Elisabeth Pellissier (1), héritière
« médiate, dudit Sr René Pellissier a affermé les trois pièces
« de fonds dont on vient de parler au nommé Jean Goudet
« du lieu de Monteaud mais ce dernier n'a jamais osé entrer
« en possession ny M. de Rivière n'a pas non plus exercé
« aucune action juridique pour expulser ledit Jaillet qui de
« son côté n'a pas voulu se désister de sa possession. Tel est
« l'état des choses.

« Dans ces circonstances ledit Jean Jaillet-Menuisier ne
« voulant pas cumuler des intérêts parce que M. de Rivière
« ne luy dit plus rien et désirant d'ailleurs terminer une
« affaire qui pourrait s'embrouiller par *le labs du temps*
« par rapport au bail public passé par M. de Rivière en
« faveur de Goudet demande au conseil s'il n'est pas fondé
« à retenir lesdits fonds attendu que ny ses prédécesseurs

---

(1) Jeanne-Elisabeth Pellissier, marraine de notre petite cloche en 1788, avait épousé M. de Rivière, et lui avait apporté en dot le domaine de Jayères, appartenant aujourd'hui à M\u1d50\u1d49 Voilquin.

« ny luy n'en ont jamais été dépossédés quoique tenus par
« eux sous le titre coloré de bail verbal ou public. »

Si les Jaillet-Menuisier demandent à retenir lesdits fonds, c'est en offrant la somme de 439 livres et les arrérages. Le procès consiste donc à savoir s'il faut pour la vente la dépossession réelle, et si jusqu'alors la propriété reste sur la tête du vendeur quoiqu'il y ait des baux conclus entre l'acheteur et le vendeur. C'est donc une question de droit que le conseil doit juger.

M. de Rivière fait donner une assignation à Jean Jaillet-Menuisier le 8 mai 1772.

D'un côté Jean Jaillet-Menuisier qui prétend tenir ses droits de Jaque Jaillet-Menuisier, son bisayeul, par Claude son père et François son grand-père.

De l'autre M. de Rivière (Augustin), conseiller-maître ordinaire en la Cour des Comptes du Dauphiné, qui défend les droits de sa femme qui les tient elle-même de son oncle sieur Léonard Pelissier Duplan, ancien major d'Infanterie, fils de René Pellissier.

En 1738 ce Léonard Pellissier afferma encore « à ladite Anne Cottin, veuve de Claude Jaillet les trois pièces de terre... au moyen de quoi elle s'obligea de payer audit sieur Pellissier Duplan la somme de trente quatre livres et « deux poulets » qui était le prix dudit arrentement verbal passé pour le temps et terme de quatre années à commencer audit jour de fête de *tous les Saints* et finir « à pareil jour..... » Quelquefois dans les arrentements les poulets sont remplacés par les « gallines », ou « gélines ».

En 1786 les Jaillet-Menuisier obtinrent un délibéré en leur faveur. Il est de l'essence, c'est l'avis du conseil, de toute vente, de toute vraie aliénation, que l'acheteur prenne possession réelle et effective de la propriété, par la tradition : *Traditionibus dominia rerum transferuntur*. Les Pellissier n'ont donc conservé qu'un droit de gage pour la sûreté du remboursement de la somme due, et même le prix du bail étant supérieur à l'intérêt de la somme de 439 livres, l'excédent ne doit pas être imputé sur le capital, ce qui soumettrait même les successeurs des Pellissier à une restitution, dans le cas où ils insisteraient à réclamer les immeubles.

Les Pellissier rappellent. Leur avocat invoque *du Moulin*, *Cujas*, *Expilly* et établit qu'il n'y a pas eu impignoration puisqu'il n'y a eu respectivement ni prêt par le créancier, ni gage par le débiteur. Il rappelle les règlements de 1636, 1637, 1653, 1658 relatifs au payement des dettes, rapportés dans le recueil de Duverdier, qui forçaient les créanciers à « accepter leur payement en fonds ». « Cette obligation pour les créanciers de se payer en fond rend impossible le contrat de gage. D'autre part Jean Jaillet ayant mis des obstacles à l'exécution du bail passé par M. de Rivière au nommé Goudet pourrait être poursuivi en dommages intérêts. Délibéré à Grenoble. Signé : Barthélemy ».

Le 13 may 1789 appel est de nouveau interjeté à la demande et sur la requête de Jean Jaillet-Menuisier.

Comment le litige s'est-il réglé ? La justice a-t-elle eu le temps de juger avant les jours si sombres de la Terreur où l'on ne songeait plus à ses arrentements, mais à sa personne et à sa famille ? Il est probable que M. de Rivière, élu député de la noblesse, par Veurey, à l'Assemblée de Vizille, laissa les choses traîner en longueur, et que bientôt emporté par la rafale il n'eut pas le temps de les faire solutionner. Quoi qu'il en soit nous n'avons pas en 1789 le jugement définitif.

Ce procès, très simple au demeurant, suggestif par certains détails, nous donne une idée des relations qui existaient au xviiie siècle entre nobles et fermiers. Les premiers ont un peu perdu de leur arrogance, les seconds se défendent opiniâtrement, les avoués et avocats spéculent sur les uns et les autres, les juges se ménagent des appels, les procès sont interminables et durent des siècles. Vers la fin du xviiie siècle on serait plutôt tenté de plaindre les gens de noblesse, processifs plus souvent par nécessité que par tempérament et devenus la proie des gens de robe, de cette bourgeoisie qui ne rêvait à son tour que privilèges, blasons, influence et pouvait, grâce à l'argent qui avait changé depuis 1604 avec l'établissement de la Paulette, réaliser ce triple rêve avec plus de chances que jamais. Il n'y avait guère de petite ville ou de village où la noblesse provinciale ne fût victime des pièges que lui tendait la menue *racaille de la robe moyenne*. L'histoire ne dit pas assez que le plus pur de notre gloire nationale est dû à cette humble noblesse provinciale qui faisait reculer les Impériaux, et succombait devant la meute des huissiers, des greffiers, des procureurs et des clercs. Un de Saint-Ours, nous l'avons déjà dit, est tué à Oudenarde. Un Bourne fait la campagne du Rhin dans la guerre de Succession d'Autriche. Il fait partie de l'armée de Noailles, et se trouve à Bade le 30 août 1744.

Dans une lettre à son frère (1) il fait l'éloge des Grenadiers. « ...Mais rien n'arrêta nos Grenadiers ; ils furent le
« sabre à la main et les autres la bayonnette au bout du
« fuzil entrèrent de volée dans les retranchements, et prirent
« leur revanche à l'arme blanche. » Et plus loin il ajoute :
« Les Gardes françaises et le régiment du Roy se sont sur-
« passés. » Il annonce que l'on va faire le siège de Fribourg-en-*Briscau*, que la Maison du Roy et la Gendarmerie dont il fait partie sont déjà dans la Principauté de Bade. Il termine sa missive : « Je vous prie d'offrir mes respects à notre
« Père et mes compliments à tous mes frères, sœurs et amis.
« Je vous embrasse de tout mon cœur et suis, Monsieur et
« cher frère, votre très humble serviteur. Bourne Chatel-
« lard. »

La vie des camps n'enrichissait pas la noblesse. Souvent, au contraire, il fallait envoyer de l'argent aux vaillants qui ne rêvaient que gloire : témoin la fréquence des appels *de fonds* dont la correspondance du gendarme Bourne est agrémentée. Ainsi les nobles se ruinent au service de la patrie et de la monarchie pendant que des procès onéreux achèvent de les perdre. Les terres étaient vendues et la basoche locale savait écarter tous les enchérisseurs. La bourgeoisie *se truffait d'écus* au dépens de la noblesse, tout en *plumant l'oie du roi*.

Pendant que la bourgeoisie devient de plus en plus puissante par l'argent, la noblesse cherche à étendre ses propriétés terriennes par des mariages de castes. Ce n'est pas

(1) Archives de la famille Bourne-Chatellard.

ce qui lui sera de grande utilité dans l'émigration et l'exil. L'année 1757, à Veurey, est marquée par l'union de deux familles nobles : les *Pellissier* et les *de Rivière*. Le contrat de mariage nous a été conservé grâce au procès Pellissier-Jaillet dont il était une pièce justificative. Ce contrat nous explique l'origine des Pellissier de Rivière, famille très importante à Veurey à la fin du XVIII° siècle. La fiancée de 1757 sera la marraine de la petite cloche baptisée en 1788, et le fiancé deviendra le délégué de la Noblesse à l'Assemblée provinciale. Arrêtons-nous quelques instants sur ce mariage.

« Au nom de Dieu amen. Par devant les Conseillers du
« Roy notre à Grenoble soussignés se sont personnellement
« establis noble *Augustin-Joseph de Rivière*, officier dans le
« régiment de Conty fils de deffunt noble Pierre de Rivière
« et de dame Justine Girin mariés résidants ordinairement
« à Grenoble d'une part et Demoiselle *Jeanne-Elisabet Pel-*
« *lissier* fille de mre Claude-François Pellissier, conseiller
« du Roy, me ordre à la Chambre des Comptes de Dauphiné,
« et de dame Jeanne Jomaron, mariés..., lesquels de gré
« procédant de..... ont promis de s'espouzer en légitime
« mariage en face de nostre mère sainte Eglise.....

« En considération du présent ledit seigneur maître aux
« comptes se départ purement et simplement de l'usufruit
« qui luy doit appartenir par droit de puissance paternelle
« de l'universalité de la succession de noble Léonard Pellis-
« sier Duplan (1) ancien major du Régiment de Suze échue
« à la Dlle Pellissier suivant le testament dudit sieur
« Duplan du 4 avril 1741 « souscrit » devant mre Vial notaire
« à Noyarey. La dot de demoiselle Pellissier se compose
« donc : 1° de la succession de Léonard Pellissier ; 2° de
« dix-huit mille livres que lui donne sa mère dame Jomaron
« qui les a reçues jadis en legs de noble Jean-Antoine Joma-
« ron, conseiller du Roy, trésorier de France en « la géné-

(1) Il meurt en 1744 et laisse une petite nièce en bas âge qui devient dame Augustin de Rivière. Léonard Pellissier était l'oncle de nobles Hugues et Joseph de Saint-Ours. Il était fils de René Pellissier.

« ralité de Dauphiné » ; 3° des autres biens droits et actions
« présentes et avenirs de sa mère qui s'en réserve seulement
« l'usufruit ; 4° d'une somme de vingt mille livres pour « en
« disposer à la vie et à la mort comme bon luy semblera ».
« Ladite dame Jomaron se réserve le droit de retour en cas
« de décès de demoiselle Pellissier sa fille si celle-ci vient à
« mourir sans enfants. »

De son côté la mère du fiancé lui fait rémission de « l'universalité de la succession dudit feu Sr de Rivière, son mary », de tous ses biens présents et à venir, même de l'augment et « autres guains nuptiaux » à elle échus par le prédécès de son mari, « dès que le mariage aura été célébré,
« ne se réservant que les meubles, linges, et vaisailles néces-
« saires pour meubles, un apartement convenable, une
« pension annuelle de la somme de deux mille livres franche
« et exempte de tous dixièmes, vingtiesmes et autres tributs
« royaux quelconques ».

Madame de Rivière, mère, devant vivre « en commun ménage avec les futurs mariés », il est stipulé dans le contrat de mariage qu'elle laissera huit cent livres de la pension ci-dessus « tant pour elle que pour ses domestiques ». Elle ne percevra donc que 1200 livres « tant que ladite communion durera ».

Si son fils prédécède sans enfants, les biens de la succession de son mari lui feront retour à elle, dame Girin, ainsi que « l'usufruit par elle relâché ».

Le futur époux donne en augment à D^{lle} Pellissier la somme de vingt mille livres, et la future épouse constitue dix mille livres en contre-augment. Sur les biens à venir l'augment sera du quart, et le contre-augment du *huitiesme*. Tous ces augments et contre-augments sont réversibles sur les enfants, et à leur défaut seront à la disposition du dernier survivant. Quant aux bagues et joyaux le fiancé donne à la fiancée quatre mille livres, qu'il y ait des enfants ou non, « qu'elle survive ou prédécède ».

Parmi les témoins de ce contrat, passé à Grenoble dans l'hôtel dudit seigneur Pellissier, nous relevons les noms suivants : « Jomaron, de Rivière, Girin de Lamorte, Dumolard, de Linage, Jouffrey et Revol ».

Cette dot de Jeanne-Elisabeth Pellissier suppose une assez jolie fortune. Mais cette fortune s'était singulièrement émiettée en 1792, car M. de Rivière fût obligé de vendre une grande partie de ses propriétés. Il faut dire qu'entre temps M. et Mme de Rivière, qui eurent trois filles, les marièrent fort avantageusement. En 1782 Marie-Gabrielle épouse messire Jean de Bourcet (1), le fils du maréchal de camp et directeur des fortifications de l'île de Corse. Jeanne-Elisabeth-Flavie est mariée en 1784 à noble François de Fontenille du Contant, de la Côte-Saint-André. L'année suivante Veurey est encore en liesse pour le mariage de Françoise-Amante-Zoé de Randomé de Rivière avec messire Jean-Baptiste-Anthoine Dijon, chevalier, seigneur de Cumano. Les trois mariages furent célébrés dans l'église de Veurey (2).

Après les contrats de mariage et les procédures, c'est la correspondance qu'il faut dépouiller pour saisir sur le vif les mœurs locales de l'époque (3).

Le cérémonial et l'étiquette en imposent aux formes épistolaires. Au besoin on ne se gêne pas pour se donner des leçons. Une lettre datée du 15 mars 1775, reçue par un de Boisverd d'un ami intime, est à citer : « La qualification
« de *Monsieur*, qui n'est pas la qualification ordinaire de
« ma personne à votre égard et que cependant vous me
« donnez au commencement de votre lettre me flatte et
« m'honore : mais puisque vous vouliez suivre le cérémonial
« observé dans les lettres, il me semble (qu'il me soit permis
« de vous le représenter) que je mériterais un plus long
« intervale que celui que vous laissé entre le mot *Monsieur*,

---

(1) M de Bourcet se ruina. On a de lui un ouvrage sur les montagnes.

(2) Il y avait dans la famille de Rivière deux fils dont le cadet passa en Belgique après *maintes sottises*. Le grand-père de M. Foulques d'Agout allait passer ses soirées dans la famille de Rivière.

(3) Un voyageur nous peint en ces termes les Dauphinois du XVIIIe siècle : « Les Dauphinois en général sont civils et affables aux étrangers : cette civilité s'étend même jusqu'aux plus rustiques, car il est assez commun de voir un laboureur quitter sa charrue pour remettre un étranger dans son chemin ; la passion du sexe est d'être paré et ajusté ; les hommes sont rusés et un peu plaideurs. » *Nouveau voyage de France géographique, historique et curieux de 1720.* Saugram.

« et la première ligne de votre lettre. On ne peut laisser
« moins de trois doigts ; c'est le sentiment des auteurs.....
« Non, Monsieur, je n'aurais pas eu la petitesse de m'en
« formaliser, vous ne deviez pas le croire, ni même le soup-
« çonner..... Comme dans la société on doit se faire un
« devoir de ménager les faibles de ses semblables je va vous
« donner la ligne... ; mais si je le fais, c'est du moins avec
« méthode... je place seulement ici le mot Monsieur. »

Monsieur est en effet placé au milieu de la page, à gauche. Le texte épistolaire, commence tout à fait au bas de la page... et quel texte ! Quatre pages, sans marges, ce qui, paraît-il, était admis, avec des citations de Pope, de Sénèque, et d'autres auteurs, pour la restitution à faire d'un gilet, de deux paires de bas, et de deux ouvrages : *la Raison par Alphabet*, et le *Philosophe ignorant*. Le gilet a même une jolie histoire. « Quant au gilet, j'avais tort de le cher-
« cher et même aussi souvent. Après beaucoup de perquisi-
« tions et plusieurs demandes faites à la servante elle s'est
« rappelée qu'il vint avant les féries une fille dans ma
« chambre qui me demanda et ne m'y trouvant pas, m'atten-
« dit. Elle examina les effets et le gilet de Monsieur votre
« frère qu'elle trouva être de son goût qu'elle prit pour faire
« des souliers croïant qu'il m'appartenait... je vis les sou-
« liers... je pris un échantillon de l'étoffe pour en refaire un
« autre de même que les toiles nécessaires, ou je vous
« enverrai l'étoffe si vous le souhaitez pour le faire faire par
« un de vos tailleurs *de Veurey*... Je vous fais mille excuses
« sur le triste sort du gilet ».

L'aimable correspondant termine sa lettre en rappelant au destinataire « que les auteurs les plus connus dans le style épistolaire deffendent les abbréviations ». Il ajoute avec beaucoup d'esprit : « Pour moi je ne veux pas m'en servir, car *je mets tout au long* que j'ai été depuis que je vous connais, que je suis, et que je ne cesserai d'être votre ami ». Cette lettre est du 15 mars 1775, comme nous l'avons dit, et celui qui en est le destinataire est sans doute M. de Boisverd, gendarme du Roy, à l'adresse duquel nous en lisons une autre de la même calligraphie, car il faut le

dire, l'écriture est remarquablement soignée. C'est toujours la même emphase à la mode. L'auteur avoue son long retard à répondre : « Mais, ajoute-t-il, la sincère amitié n'a jamais de tort. Sa grandeur est la sauvegarde contre les reproches ». Plus loin, il fait une déclaration qui sent Jean-Jacques : « Je l'ai trouvée charmante (votre lettre) parce que vous me parlez de celle pour qui mon cœur n'est pas de glace ». Puis il reproche à son ami de s'attarder à Veurey : « Eh ! dites-le moi, que pouvez-vous faire à Veurey ? Vous
« êtes seul là-bas.... Jugez de mon étonnement par le parti
« que vous prenez de demeurer en campagne et dans un
« endroit surtout où « on ne trouve pas du bois pour faire
« flèche... » En campagne dans cette saison-cy il faut abso-
« lument la compagnie ; quelle avez-vous à Veurey, vous
« êtes dans « l'impossibilité de former un cercle..... » Les
« petites connaissances que j'ai de l'esprit humain ne me
« font pas comprendre votre façon d'agir. C'est du trop
« sublime pour moi..... » Pour mieux décider M. de Boisverd, il lui annonce que des gendarmes de son régiment (1) sont de passage à Grenoble et le presse de les y venir voir, sinon « fussnt-ils un bataillon je me mettrai à leur tête et nous irons vous défaire de vos provisions, nettoier votre dépense, vous constituer à grands fraix après quoi, l'épée à la main, nous vous amènerons en ville... Je sors à l'instant pour voir M. Blanchet et pour lier cette partie pour dimanche. J'espère qu'elle aura lieu et que par ce moïen, le pistolet sur la gorge nous vous tirerons *de ce f.... paï de Veurey* ».

Les gens de noblesse, comme nous le constatons, n'apprécient guère la campagne, encore moins la haute montagne. On n'est pas encore aux cures d'air. Dans une autre lettre un villégiateur forcé de Méaudre écrit : « Dans ces f.....

---

(1) Dans une lettre où cet ami de M. de Boisverd lui exprime ses condoléances à l'occasion de la suppression de la gendarmerie, nous lisons : « Louis seize avec de si grands projets d'œconomie ne pouvait pas conserver un corps dont la suppression avait été agitée sur la fin du règne du feu roy. Que faire ? Nous sommes dans le siècle des événements singuliers. Croiés, cher ami, que parceque cella vous intéresse, j'y suis fort sensible. » (Archives de la famille de Boisverd.)

montagnes, ô les vilains païs ! on y est sans plaisir... Je m'ennuie un couple d'heures tous les jours. Quand j'ay vû « notre bon enfant de curé » une fois le mattin, que j'ay resté avec lui une heure le soir ; lorsque j'ay conversé un instant avec M. et Mme Blanc j'ay fait le tour de la paroisse, c'est à dire, que j'ay vû tout ce qu'il y a d'honnettes gens dans ce païs ; tout le reste ne vaut pas le diable !... que faire avec un curé qui a sa paroisse à servir, et qui a tous les jours quelques fonctions de son ministère à remplir ? » Il est intéressant de saisir sur le vif l'attitude du curé rural, aimable sans doute autant qu'il le peut à l'égard d'un riche désœuvré, d'un noble en quête de distractions, mais en même temps absorbé par son ministère au préjudice duquel il évite de se laisser accaparer. Dans la même lettre, nous trouvons un éloge à l'adresse de messire Durand, curé de Veurey : « Je vous prie de dire à monsieur Durand, *votre trez digne curé* à qui j'offre mes respects... Jallier avait raison. Monsieur Durand peut être tranquille, sa besogne est faite..... » M. Durand avait à Grenoble un débiteur qui le bernait depuis longtemps de promesses et ne se souciait pas de liquider autrement sa dette. Jailler, procurateur de M. Durand, était chargé de faire opérer la saisie, mais il avait temporisé pour « informer si la femme du débiteur *n'était point colloquée* (1) ». Retenons que M. Durand était en bons rapports avec l'aristocratie et très estimé comme prêtre par elle. La lettre se termine par une confidence. Le correspondant a acheté de la poudre, mais il a été trompé sur la quantité par le marchand. Il recommande de n'en point parler : « je vous le confie sous le sceau de *l'indivisibilité de la confession* (2) ».

Les lettres envoyées de Paris sont longues à venir, mais en revanche chacune d'elles est un vrai journal. Elles sont impatiemment attendues dans les châteaux et gentilhom-

---

(1) Colloquer signifierait à peu près *passer à son nom*, vulgairement, *cotillonner :* opération malhonnête qui sauve de la saisie les biens du mari.

(2) Cette missive est du 24 août 1774 (Archives des de Boisverd).

mières. On y est si friand des nouvelles de la Cour. Une de ces lettres, datée du 21 may 1774, nous donne de curieux détails. « Les trois Dames de France ont la petite vérole ; la Cour a été obligée de quiter Choisy mardy d'où elle ne devait partir que le 25. Mme Adélaïde n'est point bien. Elle a reçu les sacrements..... On confirme la suppression des Mousquetaires, Chevau-légers, et Gendarmes. Sa Majesté a suprimé les menus plaisirs... plus de spectacle à la Cour... On a fait un réglement pour les filles entretenues, on leur a interdit les diamants et les voitures en propre. Elles ne pourront avoir que des remises. *Nous sommes toujours dans la spectative de grands événements* ».

Du 23 mai. — « On parle beaucoup d'un état de situation dressé avec la plus grande exactitude par M. l'abbé Terray, et envoïé au roy. La recète et la dépense y sont mises en balance, et leur résultat en y apportant des moïens d'œconomie qui y sont présentés assure dit-on une libération certaine en peu d'années......... *amen* (sic). Le Roi, la Reine, et la famille roïale se sont rendus le 18 à la Muette..... La petite vérole s'est aussi déclarée à Mme Victoire : jusques à présent elle n'annonce rien de fâcheux non plus qu'à Mme Adélaïde et à Mme Sophie. Elles sont touttes trois au petit château..... M. l'abbé de Beauvais évêque de Sées est nommé pour prononcer l'oraison funèbre du feu Roi à Saint-Denys et M. l'évêque de Langres fera celle de Notre-Dame à pâris..... Presque touttes les personnes qui ont approchées le feu Roy par un service suivi sont malades. Il en est morte une dans les 24 heures..... M. le marquis de l'Etolière a la petite vérole qu'il a gagnée en allant faire la cour au feu roy à Versailles », et encore à propos des dames de France : « l'éruption se fait heureusement mais cette perte du genre humain a des retours si terribles qu'on a toujours à craindre jusques au 15e jour. Si l'on prévient ce fléau *par l'inoculation* comment peut-on s'y refuser ? » Ces derniers mots nous indiquent avec quelle appréhension on recourait au remède de Jenner.

Une autre lettre, partie de Veurey, celle-ci, le 1er décembre 1786, et signée de Boisverd, nous apprend que déjà au

XVIIIᵉ siècle les belles-sœurs avaient de la peine à vivre ensemble, et nous donne un détail précieux sur le chevalier de Saint-Ours. « ...Je désirerais bien pouvoir faire ce que vous me demandez pour ma sœur, mais cela m'est absolument impossible. J'avais eu bien de la peine à décider ma femme à la reprendre, et certainement je ne le tenterai pas une seconde fois. L'expérience m'a prouvé que nous n'étions pas faits pour vivre ensemble. Puisque vous voulez me faire passer des pois chiches, je serai à Grenoble aux environs des *fettes* de Noel, vous pourrez alors me les faire passer. Je vous en remercie. « Nous avons perdu le chevalier de « Saint-Ours. Il est mort à Moirans, il y a environ un mois, « du scorbut. Sa famille est dans la désolation..... dès que « je serai à Grenoble, je tâcherai de vous faire passer un « *bout de bon tabac*. Votre frère, Boisverd ».

La famille de Saint-Ours passe d'ailleurs, depuis huit ans, par des épreuves plus intimes. Une missive envoyée à Loriol, le 11 septembre 1788, par une demoyselle de Boisverd, nous en dit un mot : « ...Vous serez surpris quand je vous diré que M. de l'échaillon cet céparé de madame d'échaillon, sa cet terminé ces jours isis, il s'arrange insis an conséquanse pour ne vivre de la vie ansamble, je crois qu'il lui lesseron sas petite avec sas femme de chambre. On dit qu'elle vat dans un couvans. Tout le monde prézume que la mère et toute sa famille reviendron abité Veurey. M. le chanoine ne ce porte pas bien, il est fort langissans... (1) ». Comme on peut le constater, M. le marquis de Ségur (2) avait raison de dire que l'instruction des filles de l'aristocratie était par trop négligée au XVIIIᵉ siècle. Nous sommes néanmoins reconnaissants à la noble demoyselle de vouloir bien venir collaborer à notre histoire locale.

Les nobles se marient entre eux. Les mœurs l'exigent, mais non l'Eglise qui n'a pas de liturgie distincte pour la

---

(1) Louis XV n'était pas beaucoup moins désinvolte à l'égard de l'orthographe.
(2) Conférence de M. de Ségur, de l'Académie française, à Grenoble. 1908.

noblesse et la roture. Nos bons recteurs d'avant la Révolution auraient pu nous raconter, mieux que personne, les douloureuses conséquences de tant de mariages forcés, de tant d'unions contractées sous l'empire de ces préjugés de castes. A leur défaut, la muse du temps nous apporte les échos des cœurs endoloris. Un jeune seigneur s'est épris d'une fille de bourgeoisie. La roturière de son côté soupire plus qu'elle n'aspire, et tous les deux exhalent, en des vers assez rythmés, leurs plaintes amères contre le Destin inexorable :

> Ceste beauté qui peut mes traveaux secourir
> N'a jamais refusé de m'estre favorable
> Mais un seul point d'honneur lui deffend de guérir
> La douleur qui me presse et me rend misérable...

Et la beauté répond :

> Maman, s'il faut vous le dire
> ....
> C'est un grand malheur
> Qu'il soit un seigneur
> ....
> Sans le vouloir je soupire
> Maman, je ne puis m'empêcher de l'aimer
> Et c'est pour toujours qu'il a su me charmer !...
> ....

Pendant que muscadins et bourgeoises se consolent de la tyrannie des habitudes sociales dans la poésie sentimentaliste à la Jean-Jacques, les Catheau et Fanchon de la petite noblesse surveillent leurs treilles et pourvoient à leurs celliers. En Châtelard, près du bois de Mortière, une vigne a le don d'attirer, par ses grappes veloutées, des amateurs nocturnes, dignes fils de Noé. Ils ne croient pas à mal les bons paysans, mais ils ne comptent pas assez avec la malice féminine et les trahisons de Phébé. Les propriétaires de la treille, deux nobles et respectables damoyselles *Catherine de Rochebrune* et *Françoise de Balmeinas*, ont vite fait d'imaginer un stratagème pour corriger les vendangeurs trop pressés. Elles connaissent la crédulité des maraudeurs à l'égard des « fées » qui fréquentent la grotte voisine. Elles revêtent de longues robes blanches et vont se cacher dans l'antre mystérieux. Un clair de lune, comme il y en a en septembre et qui gêne bien un peu les visiteurs, vient éclairer la scène. Les habitués arrivent avec toute la prudence qui convient ; mais à peine ont-ils porté le couteau sacrificateur sur la souche divine, que deux « dames faées » sortent de la grotte enchantée et glissent légèrement sur la pelouse. Les vendangeurs n'ont pas assez de jambes. Ainsi les raisins ont pu attendre « le ban des vendanges » de septembre et parvenir jusqu'au cellier des gentes demoyselles (1). Peut-être est-ce là tout bonnement l'origine « de la grotte des fées ».

Si les fées improvisées corrigent les maraudeurs, les huissiers récemment anoblis ont raison des hauts seigneurs. Me Antoine Bourne, premier huissier en la Chambre des Comptes, propriétaire au Châtelard, a repris l'idée des Saint-Ours Ravinel, dont il a été l'acquéreur, et ouvre à nouveau un moulin au public au détriment des droits bannaux et paroissiaux. Les années passent. Les consuls ferment les yeux, mais en 1775 notre haut seigneur Messire Tristan de Caulet, marquis de Grammont et de Phoix, seigneur de Noyarey, *Veurey* et autres lieux, maistre de camp de cavalerie, chevalier de l'ordre royal et militaire de Saint-Louis, veut défendre ses droits, se heurte à la prescription de 40 ans et perd son procès (2).

François Sadin, ecuïer, conseiller du roy, vibailli de Viennois, lieutenant général civil et criminel au siège royal présidial de Graisivaudan, rend la sentence suivante : « Nous, de l'avis du conseil avons mis Mre Bourne sur les « demande, fins et conclusions du sieur marquis de Gra- « mont hors de cour et de procès, et avons condamné ledit « sieur marquis de Gramont aux dépends ; fait à Grenoble « le treize septembre mil sept cent soixante quinze ». La féodalité est à l'agonie ; les grands noms de la noblesse n'ont plus le même prestige à la barre des tribunaux du

---

(1) Archives de la famille Bourne.
(2) Voir les détails au chapitre précédent.

roi, la Révolution s'approche, la bourgeoisie, aidée de la petite noblesse, la prépare lentement.

Si les hauts seigneurs sont peu populaires, parce qu'ils sont trop souvent absents, les gens de petite et même de moyenne noblesse continuent de se rencontrer dans les cérémonies de baptême et de mariage avec les gens de roture : ce qui semble indiquer que les relations entre les deux castes, unies souvent d'ailleurs par des alliances, ne sont pas trop mauvaises à Veurey. Dans le baptême d'un enfant de Marc Chorot Boisvert, le parrain noble de naissance n'a pas l'âge requis. C'est un petit bourgeois, Ennemond Poiroud, *qui lui prête la main*. Cette expression de l'époque, fort jolie d'ailleurs, nous résume la situation. La richesse et l'influence semblent passer à la Bourgeoisie. Celle-ci devient créancière des nobles, et pour ne parler que des Saint-Ours, nous voyons cette vieille famille décliner d'année en année, épuisée par des procès sans fin. La Noblesse subit l'influence désastreuse de la Cour de Louis XV. La Pompadour, grande-maîtresse de la Maçonnerie plus encore que du roi, donne le ton et les descendants des Croisés font antichambre dans les loges. Ils se pressent sous la voûte d'acier avant de porter leur tête pommadée sous le rasoir national. Ils s'étourdissent du moins dans les fêtes, les plaisirs et l'insouciance (1).

La Bourgeoisie, elle, monte. Elle travaille. Elle accapare toutes les positions influentes. Les bourgeois sont surtout praticiens, apothicaires, avocats, notaires, greffiers et gros marchands.

Les Saint-Ours, dont l'un Claude est chirurgien-juré de Veurey, continuent de jalouser les nobles de Saint-Ours. Quand ceux-ci ont un héritier, ils peuvent être certains que le nom du nouveau-né sera donné par les Saint-Ours à leur prochain rejeton. De là des confusions faciles pour qui veut consulter les registres. Exemple : En l'année 1769 un Gaspard Saint-Ours se noie dans l'Isère à 22 ans. Quelques

---

(1) Ces années qui précédèrent la Révolution étaient « si douces à vivre » selon un auteur.

jours après un Gaspard de Saint-Ours de l'Echaillon signe dans un acte comme enseigne de vaisseau du roy. On pourrait citer plusieurs cas analogues. Les Saint-Ours bourgeois nous donneront nos deux premiers maires après la Révolution.

Il y a aussi les Gerlat : gens de négoce d'abord — Paul Gerlat, patron sur l'Isère, forme une association pour l'exploitation des bois avec Abel de Saint-Ours, et Jean Brunet — et ensuite gens de robe — Georges Gerlat, greffier de notre Communauté, Antoine Gerlat, huissier à la Chambre des Comptes, sur la tombe duquel nous lisons les dernières paroles d'un père à son fils : *spectato, vale et ora* — et enfin avocats au Parlement, assez distingués pour entrer par des alliances dans la noblesse de bon aloi.

A côté des Gerlat il y a les Drevon. Claude Drevon devient procureur au Parlement. Ennemond Drevon, prêtre, avocat consistorial, docteur en droit civil et en droit ecclésiastique, meurt en 1774 à l'âge de 75 ans. Drevon le jeune a un procès avec Mᵉ Bourne à propos de la *forêt du Pissoud*.

Citons encore, comme portant le titre de bourgeois de Veurey, les Eynard, les Eybert, les Malépine-Regoussin, les Mosnier, les *Bernard* qui ont donné plusieurs juges ordinaires de Veurey, les Borel, les Mul, les Duport-Roux, les Bérard et les Sallamand (1).

Si la Noblesse s'amuse ou se fait décimer sur les champs de bataille, si la Bourgeoisie s'enrichit, s'élève, ou gagne des procès, c'est chez les laboureurs et les artisans qu'il faut aller chercher les centenaires.

L'hiver de 1709, si tristement fameux par ses victimes dans toute la France, n'avait pas été clément à Veurey puisqu'un homme de Saint-Quentin mourait de froid cette année même dans la grange de Louis Gerlat. Il épargnait cependant deux nonagénaires : Anne Eybert, morte à l'âge de cent deux ans en 1719 et François Peillon, laboureur de l'Egalen, décédé sept ans auparavant en 1712 après avoir

---

(1) On pourrait encore nommer les Rondet alliés aux Borel. En 1777 François Rondet, natif de Sassenage, épouse Marie-Anne Borel.

fait son siècle. Six ans après le non moins rigoureux hiver de 1770, les registres relatent encore la mort d'un centenaire : Claude Bérard (1776) (1).

Le climat de Veurey ne doit pas être défavorable à la santé publique puisque des étrangers viennent y élire domicile, comme noble Pierre Le Foullon, sieur de Boishéroult, ancien brigadier des gardes du Roi et chevalier de l'Ordre militaire de Saint-Louis, et noble Victor Devaux, officier retiré de l'hôtel royal des Invalides de Paris, attaché à la citadelle de Grenoble.

La mort subite est assez rare pour que les curés se croient obligés de marquer ses coups comme il advint pour ce pauvre marinier, tombé subitement, et qu'on sépultura sous le nom de *Joseph de partout*, ainsi baptisé par les gens de Veurey qui n'ont jamais pu l'identifier (1745).

En revanche, la mortalité infantile, due à certaines épidémies qui se succèdent fréquemment à travers le siècle ainsi qu'à l'ignorance de l'hygiène, augmente notablement le nombre des décès de certaines années.

Si l'on se fait vieux dans le peuple c'est que la gaîté n'y perd pas ses droits. On y peine de bon courage et l'on y rit de bon cœur. Cette bonne humeur résiste aux rudes hivers, aux inondations et à la disette. Un curé des environs fait cette réflexion dans ses registres en 1750 : « Malgré cette disette les cabarets ont toujours été pleins fêtes et dimanches d'ivrognes et de libertins ». Le vin coûte cependant 31 livres la charge (2). En 1770 il est tombé à 8 livres. A Veurey on est très avisé pour conserver la futaille. Une propriétaire vend son vin en mars, mais elle préfère qu'il soit livrable en septembre « pour que les tonneaux ne se gâtent pas ». Entre temps elle trouve à le vendre à meilleur prix et elle n'hésite pas. Cette veuroise donnerait raison à l'imprécation de Janin contre les *reneyous de Veurey*.

La gaîté et l'esprit populaire continuent de se traduire par les sobriquets. Citons en quelques-uns :

(1) En l'année 1776 le froid fut tel qu'il arrêta toutes les pendules.
(2) La charge est, dans nos pays, de cent litres.

Bursin, dit Chirolle.
La Chourotte.
Cottin, dit Bel Air.
Barnabé Mul, dit la Brique.
Pierre Mallein, dit Joly Bois.
Jean Manuel, dit la Couture.
Molin, dit Bise.
Raphin, dit Bonhomme.

On sent néanmoins, dans le dernier quart du siècle, que la cohésion entre les classes et les individus n'est plus aussi forte qu'au XVIIe siècle. Les archives, qui sont plus riches en documents de toutes sortes de 1750 à 1789, ne nous laissent pas une impression aussi heureuse qu'à la fin du siècle précédent. On dirait qu'un certain malaise s'est emparé de la vie sociale et de la vie familiale. On soupçonne les haines sourdes qui vont bientôt éclater avec le triomphe de la démagogie. Il n'y a plus le même plaisir de vivre parce que les idées se sont gâtées. Les tisserands près de leur métier, les bateliers et mariniers sur leurs radeaux commencent à cluber et à répandre les nouvelles théories qu'ils sont allés apprendre à Grenoble ou à Voiron. La Révolution s'approche. On pressent de grands et douloureux événements, ce qui n'empêchera pas que tous seront surpris par la catastrophe. On serait curieux d'avoir sur l'état d'âme des Veurois, à ce moment si intéressant, des documents intimes, les réflexions de ceux qui étaient en place, des seigneurs, des consuls et surtout des curés. A leur défaut nous aurons les faits eux-mêmes, conséquences de la mentalité et des mœurs publiques. Nous connaîtrons la cause par les effets. Abordons l'histoire de la Révolution à Veurey avec toute l'impartialité qu'un tel sujet réclame, mais aussi sans la moindre faiblesse à l'égard de ceux qui furent nos ancêtres. Nous rappellerons leurs défaillances pour ne pas les reproduire nous-mêmes et leurs vertus pour les continuer.

CHAPITRE XVII

Veurey et la Révolution

ASSEMBLÉES CONSTITUANTE ET NATIONALE

Causes de la Révolution. — Assemblée de Grenoble. — Les Trois=Ordres de la Communauté de Veurey. — Assemblée du Peron. — François Malépine Cassoud. — Claude Alleyron. — Nouvelle délibération de la Communauté. — François Rochette. — Assemblée de Vizille. — Etats de Romans. — Fermage de la boucherie : Cierge pascal et Messe de minuit. — Le Droit du seigneur. — Le Clergé veurois. — Election du premier Maire à l'Eglise : Claude=Pierre Chorot Boisverd.

Le titre donné à ce chapitre indique ce que nous allons y étudier, à savoir : la part active, si minime soit-elle, que Veurey a prise à la Révolution française. Nous verrons comment les Veurois concevaient celle-ci, et quelle a été leur attitude dès le début des événements et durant toute la période qui a précédé la Terreur. Notre petit pays nous donnera en raccourci la France de 1788 à 1790 : la France cherchant à se ressaisir et à se guérir par les moyens légitimes, avant de rouler dans le sang et l'anarchie.

Nous n'entreprendrons pas d'étudier ici les causes de la Révolution. Elles sont multiples : abus de la Noblesse, puissance des Parlements, prétentions de la Bourgeoisie, édits impolitiques, impôts nouveaux, essai trop timide des réformes nécessaires, progrès des idées de liberté importées d'Amérique, incurie gouvernementale, interruption par trop longue des Etats généraux, affaissement des mœurs publiques, corruption des idées par le philosophisme et le libre examen, enseignement public imprégné de paganisme, erreurs, injustices, appétits ; telles sont toutes les forces aveugles qui vont s'entrechoquer d'une façon effroyable et produire en quelques jours la conflagration générale. Mais la cause première, originelle, indéniable de la Révolution est, ne l'oublions pas, l'esprit de la Réforme. Ce n'est pas un historien clérical qui l'a dit, c'est Michelet, en 1835, dans la sixième leçon de son cours sur le Protestantisme : « J.-J. Rousseau genevois, reçoit la tradition de Calvin, et « la consigne dans le Contrat social. La Terreur est l'appli« cation la plus certaine du Contrat social. Robespierre et « Marat ont accompli au XVIIIe siècle ce qu'enseignait Calvin « au XVIe dans son livre contre l'hérésie ».

Les signes précurseurs d'un grand ébranlement social apparaissent dès l'année 1786, notamment en Dauphiné. Le Parlement de cette province avait refusé d'enregistrer divers édits. De là les lettres d'exil qui frappèrent ses magistrats, et la journée du 7 juin 1788, dite *Journée des Tuiles* (1) où l'adjudant Bernadotte faillit compromettre sa future couronne.

Le 13 juin, une délibération de l'Hôtel de Ville convoqua pour le lendemain une assemblée générale des notables de Grenoble. On y remarqua tous les curés et les députés du chapître, l'élite de la bourgeoisie, et la noblesse au complet.

L'assemblée arrêta unanimement entre autres choses : « de supplier sa Majesté de vouloir bien retirer les nouveaux édits, de réintégrer les magistrats dans leurs fonctions, de permettre la convocation des états particuliers de la pro-

---

(1) Les rues Neuve-du-Lycée et Pertuisière furent le théâtre de cette fameuse journée conservée dans une toile de Debelle (Musée de Grenoble).

vince, en y appelant les membres du Tiers en nombre égal à celui du Clergé et de la Noblesse réunis, et de convoquer les Etats-Généraux..... d'inviter les trois ordres des différents bourgs et villes de province à envoyer des députés à Grenoble pour délibérer ultérieurement sur les droits et intérêts de la province ».

Veurey répond aux désirs de l'assemblée le 6 juillet suivant. A ce moment le consul de la Communauté est François-Malépine Cassoud qui a remplacé Jâque Chorot le 17 octobre 1787. L'élection a eu lieu, comme de coutume, sur la place du Peron. On y a également fixé l'ouverture des vendanges de 1787 au 19 octobre. Il faut dire que les consuls depuis longtemps comme les maires continueront à le faire après la Révolution décident des bans de vendanges pour prévenir les dépradations et les récoltes prématurées. Le capitaine-châtelain est Jean-Antoine Disdier. C'est dans ces conditions que s'ouvre notre première assemblée politique.

« Du dimanche 6 juillet mil sept cent quatre vingt huit,
« au lieu de Veurey, à l'issue de la messe de paroisse dudit
« lieu sur la place publique du perron lieu d'usage à
« s'assembler pour les affaires de la communauté par devant
« nous Jean-Antoine Disdier, châtelain de ladite commu-
« nauté écrivant Claude Saint-Ours (1), secrétaire greffier
« d'icelle.

« Est comparu sieur François Malépine Cassoud consul
« de ladite communauté qui a dit avoir convoqué la pré-
« sente assemblée des trois ordres savoir les habitants au
« son des cloches (2)..... aux formes ordinaires, MM. du
« Clergé, et de la Noblesse en personnes et les forains en
« celle de leurs fermiers pour délibérer sur les objets qui
« seront proposés.

« Sur quoi sont comparus pour le Clergé : Messire Marie-
« Hugues de Saint-Ours, comte de Saint-Chef, Messire
« Louis-Joseph Durand, prieur-curé de ce lieu, Messire

---

(1) Claude Saint-Ours sera maire après la Révolution.
(2) Il y avait donc plusieurs cloches.

« Jean-Antoine Bourne des Combes ; — pour la Noblesse :
« noble Louis-Charles de Saint-Ours de l'Echaillon, noble
« Joseph-Augustin de Rivière, noble François-Auguste
« Raimond de Boisvert, noble Antoine Bourne ; — pour les
« Bourgeois et Notables (Tiers-Etat) : sieurs Claude Alley-
« ron, Barnabé Mul, Joseph Saint-Ours Montagne, Louis
« Alleyron, Jean Gillibert, Joseph Roche, Jean Regoussin,
« François Rochette, George Gillibert, François Gillibert,
« Pierre Malen, Louis Vieux, François Chevallier, Antoine
« Janon, Jaque Michon, Pierre Perron, Claude Michon,
« Antoine Heibert, Sébastien Heibert, Pierre Vieux-Poule,
« Antoine Chorot, François Allaix, Jaque Michon, Sébastien
« Gerlat, Jean Héboud, Léonard Guivet, Jaque Oriol, Louis
« Roux-Rousseau, Louis Gontard, Jean Tournon, Jérôme
« Rey, Louis Perret, Vincent Jailler, Joseph Michon, Antoine
« et George Oris frères, Louis Riton, Antoine Monier-Priel,
« Jean Bessoud, Pierre Rousset, François Martin, Louis
« Mente, Louis Chorot, Barnabé Vieux-Vincent, Jean Coin-
« Roy, Louis Charrel, Claude Rolland, André Heibert, Jean
« Regoussin, Thomas Bardin, François Joyeux, Jaque
« Beneimoux, Jean Bouvier, François Tagnard, Jean et
« Joseph Borel, Jaque et Etienne Riton, Jaque Joyeux-
« Martel, et autres composant la majeure partie des habi-
« tants qui composent la communauté ».

« Les sus assemblés ayant appris par la voix publique que
« le 14 juin dernier la ville de Grenoble allarmée par les
« nouveaux édits, transcris à main armée sur les registres
« de la Cour Souveraine de la province le 10 may précé-
« dent, les officiers municipaux de ladite ville, assistés
« d'une partie de la Noblesse de la ville et des environs
« avaient projeté une assemblée généralle des députés des
« trois-ordres, de chaque ville, bourg et village de la pro-
« vince pour ensemble réclamer la justice et les bontés du
« roy, demander la conservation des privilèges de la pro-
« vince, solliciter le retraict des nouveaux Edits, et le réta-
« blissement des anciennes cours de justice ».

« La communauté de Veurey allarmée pareillement par
« ces Edits désastreux « qui font déjà pressentir une partie

« des maux qui doivent nécessairement en être la suite a
« unanimement » célébré « sans nulle discordance » qu'elle
« adhérait dans tout son contenu à la délibération des
« trois ordres de la ville de Grenoble et à toutes celles
« qu'elle a pris postérieurement et qu'elle prendra ; en
« conséquence a député pour le Clergé Mre Marie-Hugues
« de Saint-Ours, comte de Saint-Chef, pour la Noblesse
« Mre Joseph-Augustin de Rivière et pour le Tiers-Etat
« Mre Antoine Bourne, ecuyer avocat en la Cour, auxquels
« elle donne tous pouvoirs nécessaires, pour agir de concert
« avec les autres députés de la ville de Grenoble, et des
« autres villes et communautés de la Province, a au surplus
« délibéré que extrait de la présente sera adressé à MM. les
« Consuls et Echevins de la ville de Grenoble avec prière de
« convoquer les députés ci-dessus nommés lors de l'assem-
« blée générale projetée et *tremblent pour l'avenir.*

« Ainsi délibéré les susnommés assemblés ont signé ceux
« qui l'ont su, voulu faire et attendre l'adresse de la pré-
« sente et non les autres pour ne savoir. Enquis et requis ».

Cette délibération est signée à l'unanimité par les trois
ordres. En tête figurent les noms des trois représentants du
Clergé, l'abbé de Saint-Ours, le curé de Veurey et l'abbé
Bourne des Combes. Monsieur Durand, pas plus que le
chanoine-comte de Saint-Chef, et que l'official de l'évêché
Bourne (1), ne sont opposés aux réformes sages, nécessaires
et légitimes, à la révolution pacifique. Tous les trois bientôt
cependant seront victimes de la révolution violente

Le 24 août les trois états de la communauté de Veurey se
réunissent encore au même lieu, refusent d'obtempérer aux
Edits, maintiennent la délibération du 6 juillet, et donnent
aux susdits députés de nouveaux pouvoirs si besoin est.

Les vendanges de 1788 sont fixées au 25 septembre. Le
châtelain Disdier est mort le 5 septembre. Le 8 novembre,
l'archevêque de Vienne, président de l'Assemblée de Ro-

---

(1) L'official est toujours prêtre. M. Bourne paraît comme tel en 1755,
dans la procédure d'une dispense d'affinité au deuxième degré. Il est
avocat consistorial, et vice-gérant à l'évêché.

mans, demande à la communauté de Veurey d'élire pour le tiers-état un député qui ait les qualités requises et qui puisse prendre part à l'Assemblée qui doit se tenir à Vizille le 27 du même mois (1). Claude Alleyron, bourgeois de Veurey, est élu par les membres du tiers. Messire Antoine Bourne, étant noble, n'a pas qualité pour représenter le tiers. Il demeurera donc député de la Noblesse. C'est à ce titre d'ailleurs qu'il figure à l'Assemblée de Vizille.

Le 14 décembre 1788 les Veurois se rassemblent sur la place publique du Peron « où l'on est en usage de s'assembler (2) » pour traiter des affaires de la Communauté. L'assemblée est convoquée au son de la cloche, et à l'issue de la messe de paroisse. Elle est présidée par François Malépine-Cassoud, consul actuel de la Communauté dudit lieu. En temps ordinaire c'est le capitaine-châtelain qui a droit de préséance, et c'est par devant lui que les citoyens s'assemblent. Mais Veurey vient de perdre son châtelain maître Disdier, notaire de Sassenage, et de ce fait le consul a la présidence. Claude Saint-Ours est toujours secrétaire-greffier.

On procède d'abord à l'élection d'un nouveau consul. Le consulat est en effet renouvelable chaque année. On peut toutefois réélire le même consul, s'il a rempli son mandat à la satisfaction de tous pour l'intérêt de la Communauté. Joseph Saint-Ours, François Rochette et Louis Vieux-Melchior, tous trois habitants solvables de la Communauté, sont proposés comme candidats. François Rochette est élu à la pluralité des voix et nommé « pour les charges de l'année prochaine mil cet cent quatre vingt neuf » : c'est lui qui présidera aux destinées de Veurey en l'année où vont s'ouvrir les Etats-Généraux.

La discussion porte ensuite sur la lettre de Mgr l'archevêque de Vienne. Cette lettre du 8 décembre (3) mande aux

---

(1) Cette assemblée de Vizille a pour mission de nommer les députés aux Etats provinciaux de Romans.
(2) Archives municipales.
(3) Deuxième lettre de l'Archevêque. (Archives municipales.)

citoyens de Veurey de s'assembler et de choisir des députés qui doivent préparer l'élection des représentants du Dauphiné aux Etats-Généraux. Claude Alleyron est élu pour aller à Vizille, à l'effet d'y nommer les députés qui se doivent rendre à Romans le 28 de ce même mois conjointement avec les autres députés de l'élection de Grenoble pour y nommer les représentants aux Etats-Généraux.

L'année 1788 s'achève avec le fermage de la boucherie communale. Thomas Bardin est remplacé par Claude Sirand, boucher à la Porte de France, qui l'emporte sur Jean Durand, boucher à Voiron, en promettant bœuf, veau et mouton pour le prix de cinq sols trois deniers la livre, ne fournira point de chandelle, mais *donnera le cierge pascal* — en cire pure — de 3 livres, *illuminera l'église* pour la *messe de minuit*, tiendra la viande en vue, *mactera* (1) les bestiaux-malades immédiatement et réservera la langue au seigneur dudit lieu.

1789. — Nous entrons dans l'année mémorable de 1789 avec les Etats de Romans (2 janvier 1789) qui envoient leurs députés aux Etats-Généraux, notamment Mounier et Barnave. Les élections ont donné 1145 députés, dont 291 pour le Clergé, 270 pour la Noblesse et 584 pour le Tiers-Etat. Les grandes assises nationales s'ouvrent le 5 mai 1789. Bailly préside l'Assemblée nationale. Le 20 juin voit le Serment du Jeu de Paume ; le 14 juillet la prise de la Bastille. Le 17 juillet Louis XVI reconnaît et subit la Révolution.

Le 19 juillet tous les habitants de Veurey sont convoqués au Peron pour discuter sur les *bruits allarmants qui se répandent que la chose publique est en danger*. Le curé Durand y assiste ainsi que Jean-Baptiste-Antoine Bourne, Marie-Hugues de Saint-Ours, M. de Rivière, M. Louis de Saint-Ours de l'Echaillon, ainsi que tout le Tiers.

L'Assemblée proteste contre l'envoi des troupes qui entourent l'Assemblée nationale, contre les menées des aristocrates qui trompent le prince, contre les insinuations des nouveaux ministres et déclare *adhérer d'esprit et de cœur*

---

(1) Macter, vieux mot français qui signifie tuer, du latin *mactare*.

à la commission intermédiaire des Etats du Dauphiné et à la municipalité de Grenoble. La première signature que nous lisons est celle de M. Durand, curé de Veurey. Les membres du Clergé, de la Noblesse et du Tiers, ci-dessus nommés, signent également cette délibération enregistrée par le nouveau châtelain Claude-Pierre Boisverd-Labory (1).

Sur la place publique du Peron se trouve un tilleul où les affiches municipales sont apposées.

La même année le boucher est dispensé de réserver au seigneur les *langues de gros bestiaux*, l'Assemblée nationale ayant supprimé les droits seigneuriaux.

Nous n'avons trouvé dans les archives communales aucune mention de la disette qui se fit cruellement sentir dans les premiers mois de 1789 sur tout le territoire de la province.

L'hiver et les mauvais jours arrivent. Les assemblées devenues impossibles au Peron se tiennent désormais dans l'église paroissiale à l'issue des Vêpres. Le curé et la noblesse n'y assistent plus, ce qui indiquerait que l'esprit de nos assemblées communales a déjà dévié vers la démagogie. On remarque seulement la présence du châtelain encore nécessaire et celle de François-Raimond Boisverd, fanatiquement engoué des nouvelles idées. Dans une de ces réunions on décide d'imposer à chaque citoyen « une contribution proportionnelle pour tirer la patrie de l'agonie où elle est plongée ». La communauté prête son concours « aux vues bienfaisantes d'un monarque chéri ».

Louis Michon est nommé consul pour l'année 1790.

Une des grandes et graves réformes de l'Assemblée nationale, vers la fin de 1789, est la suppression de nos vieilles provinces et la division nouvelle de la France en départements. Veurey fera partie du département de l'Isère.

1790. — Le 31 janvier 1790 l'assemblée des citoyens a lieu à l'église pour procéder à l'élection de la municipalité

---

(1) Claude-Pierre Boisverd-Labory est le frère d'un François-Raymond Boisverd qui n'est pas le même que François-Augustin-Raymond Boisverd le futur député, son neveu.

constitutionnelle. Comme beaucoup ne savent pas tenir la plume, trois citoyens sont nommés pour écrire le vote des *illitérés*. Sont élus : abbé de Saint-Ours, François de Boisverd et André-Marie Saint-Ours, sergent au corps royal d'artillerie.

M. Claude-Pierre de Boisverd est élu président, et M. Claude Saint-Ours, maître en chirurgie, secrétaire. Le président prend place dans un fauteuil à côté de l'autel des *Dames de la Confrérie des Pénitentes*. On procède alors à la nomination du maire. Claude-Pierre de Boisverd est élu maire, chef de la municipalité.

Le 7 février la séance est reprise pour nommer le procureur de la commune dont le premier titulaire est Claude Saint-Ours, et les douze notables qui, avec les cinq officiers municipaux élus le 2 février, doivent constituer le Conseil général de la commune. Sont élus : Jâque Chorot, François Malépine-Cassoud, André Alleyron, Joseph Roche, Louis Vieux, François Chevallier, Antoine Janon, Jean Gillibert, Jean Malépine-Regoussin, Antoine Heibert, Joseph Saint-Ours et Joseph Michon-Daguet, qui, avec les cinq officiers municipaux : Claude Alleyron, Pierre Perron, Barnabé Mul, André Guivet et François Rochette, formeront le corps municipal de Veurey, qui prête serment à la Nation, à la Loi, au Roy. Joseph Saint-Ours Montagne, est nommé secrétaire-greffier.

Une délégation est nommée pour aller féliciter M. Reymond Boisverd, « l'un de nos plus vertueux citoyens », de l'élection de son père et le remercier des services qu'il a rendus à la communauté et pour l'exemple de « patriotisme qu'il n'a cessé de donner à tout le monde depuis le commencement de la Révolution et sa reconnaissance de ce qu'à l'assemblée générale des communes il y a établi l'ordre et maintenu le calme si nécessaire pour consommer l'ouvrage pour lequel nous nous étions assemblés ».

La Révolution, dit l'abbé Drioux, commençait le jour même où les Etats-Généraux se réunissaient sous le titre d'Assemblée Nationale le 5 mai 1789. Le 20 août l'Assemblée publiait la *Déclaration des Droits de l'homme*, qui établit comme principes nécessaires du nouvel ordre de choses : la souveraineté nationale, l'égalité devant la loi, l'admissibilité de tous aux dignités et aux emplois, la liberté individuelle, la liberté de conscience, la liberté d'écrire et d'imprimer sauf à répondre des abus, le vote libre et la juste répartition des impôts, l'obligation d'en rendre compte et enfin l'inviolabilité de la propriété. Ces principes en somme ne sont qu'un retour à l'ancienne constitution de la France qui n'a jamais reconnu dans ses souverains une autorité absolue. Les théologiens et les canonistes du Moyen-Age ont tous admis la doctrine de la souveraineté du peuple, et l'Eglise a toujours accepté que la puissance des rois leur vient de Dieu par le peuple (1).

Comme corollaire à ces magnifiques droits de l'homme, l'Assemblée nationale vote le décret des 2-4 novembre 1789 qui met tous les biens ecclésiastiques à la disposition de la nation, à la charge de pourvoir d'une manière convenable aux frais du culte ; à l'entretien de ses ministres et au soulagement des pauvres. L'Eglise est dépouillée de ses biens, mais gardera son honneur. La Révolution s'engage néanmoins à pourvoir à l'entretien du Clergé, aux frais du culte, au soulagement des pauvres. Nous verrons comment elle tiendra sa parole. Louis XVI est désormais débordé, et beaucoup de ceux qui ont salué avec trop d'empressement les idées nouvelles vont être jetés sans pitié dans le cratère qu'ils ont ouvert.

(1) La doctrine scolastique est en réalité celle-ci d'après Zigliora : « in multitudine est non potestas determinata ut in subjecto, sed potestas determinandi subjectum politicæ auctoritatis. » L'*Univers* du 14 et du 15 février 1911 a cité un article intéressant de l'*Ami du Clergé* sur cette question. Le peuple ne délègue pas le pouvoir mais désigne seulement la personne (Léon XIII et Pie X).

Cliché BORRL.   LA VIEILLE ÉGLISE (démolie en 1853)   D'après un vieux dessin.

CHAPITRE XVIII

Veurey sous la Révolution

LA CONVENTION – LA TERREUR

Constitution Civile du Clergé. — L'abbé Noël Col. — Son titre clérical. — M. Durand et le Serment schismatique. — Nicolet. — Une rencontre à Chambéry. — La prison ou l'exil. — L'intrus Boisserand. — Pénitents et Pénitentes. — Inventaire de leurs biens. — Loi du 10 septembre 1792. — Inventaire de l'Eglise paroissiale. — Boisserand chassé du presbytère. — Jean de la Liberté. — Le P. Victor Morlon. — M. Durand et la Municipalité. — Son retour dans le diocèse qu'il évangélise. — Situation de Veurey en 1795.

L'année 1789, qui semble à plusieurs encadrer la révolution pacifique et libérale, ne s'est point achevée comme nous venons de le constater sans porter atteinte aux droits de l'Eglise. Les conséquences de ce premier attentat ne se feront pas attendre.

Le 12 juillet 1790 la Constitution civile du clergé est promulguée à Versailles, au sein de l'Assemblée nationale. Le roi consulte le Pape. Pie VI lui répond : « Vous n'avez pas

« le droit d'aliéner en rien ni d'abandonner ce qui est dû
« à Dieu et à l'Eglise dont vous êtes le Fils aîné ! » Le
faible et malheureux monarque, tremblant devant la Révolution, appose sa signature au bas de l'acte sacrilège, et
sanctionne ainsi le schisme qui va désoler l'Eglise de
France. Bientôt il pourra mesurer toute l'étendue de sa
faute dans la prison du Temple avant de l'expier sur l'échafaud. Tous les évêques, sauf quatre, condamnent cette constitution schismatique. « Enfin, écrit M. Col, curé du Mont-de-Lans, nos pasteurs se sont fait entendre... Je suis bien
résolu de ne jamais reconnaître d'autre évêque de Grenoble
que Mgr Dulau d'Allemans... On me chassera, on me persécutera, tant mieux ! Jamais je ne me séparerai d'eux ».

Si nous aimons à citer M. Col, c'est que ce confesseur de
la Foi, l'honneur de notre clergé pendant les jours les plus
sombres de la Révolution a des liens qui le rattachent profondément à Veurey. Cette notice serait fort incomplète si
elle oubliait ce prêtre illustre qui a grandi dans notre
paroisse et l'a édifiée au cours des meilleures années de sa
jeunesse cléricale (1). Il ne nous est plus étranger depuis
que nous l'avons rencontré au presbytère de Veurey aux
côtés de son oncle, M. le curé Durand.

Depuis cinq ans Noël Col est prêtre. Il a reçu l'onction
sacerdotale en 1786, et c'est précisément son domaine des
Jayères qui lui a servi de titre clérical pour l'ordination.

« Ce jourd'hui, 12 décembre 1785 avons approuvé et
« approuvons le revenu que s'est constitué *sieur Noel Col*,
« clerc tonsuré de ce diocèse, par acte du douze octobre
« dernier, reçu de Me Didier, notaire à Sassenage, lequel
« acte a été duement publié, par le sieur Durand, curé de
« Veurey, sans opposition comme il conste par son certi-
« ficat du 15 novembre suivant, le revenu provenant d'un
« *domaine situé au lieu de Veurey* dont il est vrai proprié-
« taire pour lui servir de *titre clérical et patrimonial* et sur
« icelui promu aux ordres sacrés avec défense de s'en des-

---

(1) Voir chapitre XIV, page 179 et suivantes.

« saisir sans une permission expresse de nous ou de notre
« successeur en notre siège (1).

« Par Monseigneur :

« BROCHIER, *vic. g.*   GIGARD ».

Au lendemain de son ordination, l'abbé Col est nommé vicaire au Mont-de-Lans. Quatre ans plus tard, il devient curé de la même paroisse. Mis en possession d'un bénéfice, qui remplace son titre clérical et patrimonial, il peut donc désormais aliéner sa propriété de Veurey avec la permission de l'ordinaire. Cette autorisation lui est accordée le 17 septembre 1790 dans l'acte de transfert du titre :

« Ce 17 septembre 1790 sur la requête présentée par sieur
« Noel Col, prêtre et curé du Mont-de-Lans, en ce diocèse
« nous avons transféré son titre clérical patrimonial affecté
« sur un domaine qu'il possède au lieu de Veurey, sur
« ladite cure du Mont-de-Lans dont il est paisible possesseur
« avec défense de s'en démettre sans une permission
« expresse de nous ou de nos successeurs en notre siège et
« lui avons permis de vendre le domaine dont il s'agit.

« Par Monseigneur :

« BROCHIER, *vic. g.*   GIGARD ».

Quel est ce domaine patrimonial ? Quelle est son étendue ? Entre quelles mains va-t-il passer ? Les archives communales vont nous renseigner. Dans le cadastre ou parcellaire dressé le 16 janvier 1792 nous trouvons, sous le nom du « sieur abbé Col », les indications suivantes sur ses propriétés : « bois, rochers, terre où il y a quelques « meuriers » contenant suivant les coursiers « quatre sétérées un septente deuxième » à raison de 7 ♯ (sept livres) la sétérée », et plus loin : « le sieur abbé Col cy-devant Curé : maison, four, placeages, terre garnie en treilles et verger contenant le tout deux fées (sétérées) et deux bichettées — la maison contenant 35^t (toises) distraction faite du quart — le four et les placeages contenant quarante six toises à raison de

---

(1) Registre du secrétariat de l'Evêché de Grenoble de 1784 à 1786.

36 # la sétérée — et le reste en deux sétérées une bichettée et demie et 7 toises à raison de 20 # la sétérée l'un comportant l'autre = 79,16,5 » (1).

A Veurey les maisons à four banal ne manquent pas, et les divers renseignements ci-dessus n'auraient guère dissipé nos doutes sans le document très précieux que voici :

DISTRICT DE GRENOBLE
MUNICIPALITÉ DE VEUREY   *9 septembre 1792.*

« M. Noel Col, ci devant vicaire au Mont-de-Lans dont les possessions consistent en un petit domaine situé à Veurey, hameau des Jayères, vendu à Sr Jean Alleyron, marchand dudit lieu et qui en doit une partie. Ce domaine contient maison, grange, terre labourable, plantée de treilles et de noyers, un petit verger planté d'arbres, un bois taillis ».

Nous voilà fixés. C'est donc à Jayères, sur la rive droite de la Voroise, qu'est sise la propriété Col. Cette propriété a appartenu aux Alleyron, ensuite aux Roche pour passer enfin à M. Amat (2). C'est en remontant précisément de propriétaire en propriétaire, à la lumière des actes de vente, que nous avons retrouvé la maison de Jean Alleyron, et par conséquent le sanctuaire familial, où le *Saint de l'Oisans*, a grandi et a sans doute entendu le premier appel de Dieu. Jayères et Baboud (3) encadrent cette virginale jeunesse, cette fleur du ciel, cultivée tour à tour par une pieuse mère et par un oncle vénéré, à qui ne manquaient ni la science sacerdotale ni la sainteté. C'est à cette double influence, et surtout à celle du digne curé de Veurey, que M. Col devra cette tendre piété, cette solide science théologique, cette éloquence digne des pères de l'Eglise, et ce courage indomptable qui feront de lui un prêtre dans toute

---

(1) 2me section, B, dite de Veurey ou du Centre.
(2) Cette propriété appartient aujourd'hui à la famille Roy.
(3) Mas où se trouve le presbytère.

l'acception du mot, un prêtre de la primitive Eglise (1).

Mais l'heure a sonné de confesser la foi véritable. Le curé du Mont-de-Lans est à peine installé qu'on vient le sommer de prêter le « Serment à la Constitution ». Il refuse et écrit : « Suivons nos dignes évêques... Nous sommes six prêtres dans l'Oisans, qui jusqu'à présent n'ont pas endossé le caractère de la bête !..... » Il suit en effet son évêque et va le rejoindre à Chambéry.

Au moment où nous sommes, la Révolution a déjà porté la désolation dans notre chère paroisse. Le 10 avril 1791 Messire Louis Durand (2) a signé son dernier baptême : celui de Jean-Pierre Rosset, et le 13 avril il a fait son dernier enterrement : celui de François Joyeux. C'est probablement dans l'intervalle de ce temps, qui va du 13 avril au 2 mai, que le digne pasteur refuse de prêter le serment constitutionnel et schismatique et se voit de ce fait chassé de son église et de son presbytère, car nous savons de source certaine (3) que M. Louis Durand n'a jamais prêté aucun serment. Ce qui le prouve d'ailleurs, c'est qu'à l'occasion du premier serment à prêter, le Directoire, après l'avoir chassé, lui a donné immédiatement comme successeur un prêtre constitutionnel. M. Durand ne s'est donc jamais laissé surprendre par les hypocrisies des ennemis de la Religion ni ébranler par de déplorables capitulations.

Le premier curé constitutionnel, nommé à Veurey, est

---

(1) M. Col est mort le 17 juin 1834 au Bourg-d'Oisans dont il fut nommé curé le 28 octobre 1803.

(2) M. Louis Durand est le frère de M. Antoine-François Durand, curé de Voreppe en 1789, qui prête le premier serment, et meurt après avoir demandé à être porté sur la place publique pour rétracter son serment. Il a un autre frère, Pierre Durand, ancien vicaire de la Chartreuse, chanoine et vicaire général de Pamiers, curé constitutionnel de Voreppe, en 1791, qui disparaît en 1792, devient instituteur, chef de l'école secondaire de Voreppe, secrétaire en chef de l'administration du canton de Voreppe, en l'an IV de la République, et revient à Voreppe comme curé légitime (1805-1806).

(3) « ... L'ancien curé constitutionnel de Voreppe frère du ci-devant curé Louis-Joseph Durand ex-curé de Veurey qui est sorti de la République et de son territoire ensuite d'un arrêté du Directoire du Département de l'Isère du 17 juillet 1792. » (Archives de la paroisse de Voreppe.)

Nicolet, curé de Pommiers, qui a déjà fait ses preuves. A Pommiers, où il remplit les fonctions de secrétaire-trésorier du Conseil général de la commune, il s'est mis à la tête d'une souscription patriotique en faveur de la marine française, et a même osé, lui, prêtre de Jésus-Christ, porter en personne au secrétariat du district, les vases sacrés de son église destinés à l'Hôtel des Monnaies. Pourquoi n'aurait-il pas des prétentions plus hautes après un tel déploiement de servilisme ? Aussi, en chemin pour Veurey, s'arrête-t-il à Voreppe, pour se faire adjuger cette paroisse devenue vacante par la mort de son curé, M. Durand, dont la rétractation suprême au lit de mort a fait pardonner les hésitations et les défaillances. Il croit plus avantageux de se faire nommer *curé intrus et provisoire de Voreppe* (1).

Pouchot, curé de la Tronche, a été installé évêque intrus le 17 avril. Sacré le 5 mai, il revient à Grenoble le 11. Le 10 mars le Pape a condamné la Constitution civile, et le 13 avril, un bref en fait connaître les conséquences, les suspenses et irrégularités qui frapperont les assermentés. Les prêtres commencent d'être traqués. M. Durand croit devoir s'éloigner pour laisser passer la tourmente. Il passe en Savoie où nous le retrouvons en effet, à Chambéry, où il est venu se réconforter auprès de son évêque, Mgr Dulau d'Allemans qui n'a pas encore fait son entrée dans sa ville épiscopale. C'est dans le grand salon de l'évêché hospitalier de Chambéry que l'évêque de Grenoble, réunit tous les jours ses prêtres fidèles, les encourage et leur donne ses instructions. M. Durand y trouve l'abbé Col, toujours à l'avant-garde. Depuis longtemps les deux prêtres sont unis par les

---

(1) « Jean-Pierre Nicolet nommé curé constitutionnel de Veurey où il ne se rend pas, vient subir un examen à Voreppe pour obtenir son brevet d'instituteur. Il est reconnu très capable de tenir une école primaire. Le citoyen Nicolet est chargé aux enchères de la perception de l'Impôt forcé dans le canton de Voreppe. Il est nommé ensuite instituteur du canton où tous les enfants doivent se rendre et apprendre la lecture, l'écriture et les premiers éléments de la morale républicaine. En l'an VI, le 23 brumaire, il est révoqué comme instituteur parce qu'il a cumulé cette fonction avec celle du service du culte. » (Archives de la paroisse de Voreppe.)

liens d'une surnaturelle amitié que la conformité des vues et de communes épreuves ne pourront que resserrer davantage. M. Louis Durand a succédé à M. Jean Durand, l'oncle de l'abbé Col, et l'a eu lui-même comme paroissien de 1785 à 1792. Il est plus doux encore de partager, dans ces conditions, le pain de l'exil, dont la saveur devient ainsi à nulle autre comparable.

Notre curé rencontre aussi à Chambéry, un jeune religieux de l'ordre des Minimes, plein d'ardeur et impatient de souffrir pour la cause de N. S. Jésus-Christ ; c'est le père Etienne Rapoud, qui sera une des premières victimes de la Révolution. Quelques jours après sa rencontre avec M. Durand, comme il revient à Grenoble, il est arrêté et emprisonné, avec son compagnon de voyage, M. Servet, aumônier des Ursulines de Grenoble. Mais n'anticipons pas, car nous retrouverons M. Rapoud, curé de Veurey, de 1802 à 1816, et c'est alors que nous lirons les détails de son arrestation. En attendant, saluons ces trois confesseurs de la foi qui se rencontrent sur le chemin de l'exil, et dont notre paroisse a le droit d'être fière.

Quelques jours après l'emprisonnement du père Rapoud, M. Col est arrêté (28 juillet 1791). Il restera écroué jusqu'au 22 août.

M. Durand, lui aussi, est un de ces prêtres redoutés dès la première heure par le Directoire de Grenoble à cause de leur orthodoxie et de leur zèle pour le salut des âmes. Nous le savons par une allusion qui lui est faite dans l'interrogatoire de M. Brochier en 1791.

Delhors, procureur de la Commune de Grenoble, devant qui le vénérable vicaire général comparaît, lui demande s'il n'entretient pas une correspondance suivie avec M. Col, et plus loin, si celui-ci ne lui a pas inspiré ainsi qu'à plusieurs curés du département, entre autres à M. Durand, curé de Veurey, la conduite qu'ils devaient tenir, leur faisant entrevoir des places plus avantageuses s'ils refusaient le serment. M. Brochier répond que ni M. Col ni M. le curé de Veurey, ne l'ont consulté au sujet du serment. Il ajoute : « J'ai toujours pensé qu'en des questions de cette impor-

« tance les prêtres ne devaient se décider que par les seuls « principes de la religion. »

M. Durand, devenu à son tour suspect au Directoire, ne peut séjourner longtemps à Chambéry. Il passe en Italie, sans doute, sur le conseil de ses supérieurs, car dans le courant de l'année 1792, l'autorité ecclésiastique le place chez un particulier à Bologne. Trente-cinq proscrits, dont la plupart sans ressources et presque sans vêtements, se rencontrent dans cette ville. L'évêque, Mgr Gioanetti, leur prodigue son dévouement et des Sénateurs de la ville viennent les servir à table. Pour le curé de Veurey, le pain de l'exil, quoiqu'adouci par la céleste Charité, redevient amer quand il songe à l'état lamentable dans lequel il a laissé sa chère et malheureuse paroisse. Si l'Italie et la Suisse entourent de dévouement et de vénération nos prêtres exilés, la Révolution, en France, s'acharne avec plus de férocité que jamais contre les *réfractaires* (1). L'échafaud se dresse dans les grandes villes. Le sang rougit les places publiques pendant que les intrus profanent de leurs sacrilèges nos églises et nos autels. C'est la Terreur. Au premier jour de l'an 1793 un voile de deuil s'étend sur notre malheureuse patrie couvrant d'innombrables et saintes victimes.

A Veurey le mercenaire s'est substitué au légitime pasteur. Le 2 mai 1791, Boisserand, ex-vicaire de Claix, a signé son premier acte dans nos registres, comme curé constitutionnel de Veurey. Il devient bien vite le jouet de ceux à qui il a sacrifié sa conscience, sa mère l'Eglise, et son Dieu. Son ministère sans mission, comme la branche sans sève, ne produit que des fruits tarés et empoisonnés. A l'exemple de l'évêque intrus Pouchot, qui lui octroie des dispenses de bans et des mandements de carême, il essaie de jouer le vrai pasteur et, dans ses sermons de contrefaçon, il s'efforce en vain de retenir le peuple qui va passer bientôt des enthousiasmes de la liberté aux débauches de la licence.

Ses paroissiens le subissent parce qu'ils craignent les

(1) On appelait ainsi les prêtres qui avaient refusé de prêter le serment constitutionnel.

représailles du Directoire. Les pénitents et pénitentes ; ces deux confréries composées de l'élite chrétienne de Veurey, n'ont pas le courage de rompre énergiquement avec le schismatique et l'accompagnent officiellement aux enterrements de Marie Vieux, Françoise Chorot, Euphroisine Janon, Claude Hyboud-Péron, Marguerite Michon, Louise Arnaud, Léonard Guivet et Nicolas Ribolet, employé dans les « ci-devant fermes du Roi ».

Cette défection inconcevable des deux confréries ne leur porte pas bonheur : ces avances deshonorantes faites à la Révolution ne les préservent pas de ses coups, car le jour de Noël, 25 décembre 1792, elles sont obligées de subir, l'une et l'autre, quoique pauvres, l'inventaire de leur mobilier, c'est-à-dire la confiscation, puisque l'inventaire est un acte de propriété, une vraie prise de possession. On lira avec intérêt le rapport de la municipalité de Veurey :

« Ce jourdhui vingt-cinq décembre 1792, et l'an Ier de
« la République, nous, officiers municipaux, procureur et
« secrétaire-greffier de la commune de Veurey, assemblés
« aux formes ordinaires au lieu de nos séances sur les trois
« heures du soir, notre secrétaire-greffier nous a fait la
« lecture de la lettre du citoyen-procureur-syndic du district
« en date du cinq novembre 1792 et l'an Ier de la République,
« et reçue le 15 du même mois contenant mandement à la
« municipalité de se faire rendre compte par les recteurs
« et trésoriers de l'administration des revenus communs à
« la confrérie des pénitents et pénitentes de sa commune et
« d'arrêter le reliquat du compte restant en caisse de la
« somme due aux administrateurs en sus de la recette — de
« là faire l'inventaire de tout le mobilier de ladite confrérie.

« Lecture faite, nous, Joseph Roche, Joseph Michon-
« Daguet, André Guivet, François Rolland, Louis Vieux-
« Melchior, officiers municipaux assistés des citoyens André
« Alleyron, procureur et d'Etienne Boisserand, curé et
« secrétaire-greffier de la commune, nous nous sommes aus-
« sitôt rendus aux chapelles de la confrérie et y étant arri-
« vés sur les quatre heures et demie du soir, nous avons
« d'abord requis les recteurs et trésoriers desdictes chapelles

« auxquels nous avons exhibé les ordres du district de nous
« faire l'ouverture des armoires ou placards, et de nous
« représenter tous les meubles, vases, linges, ornemens,
« livres et autres effets mobiliers en dépendants, et lesdits
« cédant à notre réquisition, nous ont à l'instant ouvert les
« portes des placards et fait voir ce qui y était renfermé
« ainsi que tous les effets des chapelles, en présence de
« Georges Gillibert, et d'Antoine Janon, de François Char-
« rel et de Louis Sallamand, notables et habitants du lieu
« de Veurey, nous avons dressé le présent inventaire des
« objets qui suivent, savoir : dans la chapelle des Pénitents
« placée dans la tribune de l'église :

« 1° Quelques mauvaises planches de bois blanc, formant
« un autel, sur lequel il y a quatre chandelliers de bois,
« quatre bouquets artificiels, un Christ en plâtre et au-
« dessus un vieux tableau représentant le Saint-Sacrement
« et un mauvais rideau d'une aune ;

« 2° Des bans en bois blanc tout le tour de la tribune ;

« 3° Deux fallots en fer blanc (1) servant aux enterrements ;

« 4° Un grand Christ sur bois porté aux enterrements et
« aux processions ;

« 5° Quatre bâtons pour les processions ;

« 6° Les livres de la confrérie et ceux qui servent à l'office
« divin de la *commune ;*

« 7° Une lampe en tôle ou fer blanc devant l'autel ;

« 8° Un petit tronc en bois noyer dans lequel on déposait
« l'argent de la cueillette qu'ils faisaient entre eux pour
« l'entretien de la chapelle, du luminaire dont il leur reste
« quelques cierges à demi-brûlés, et pour fournir aux
« besoins des confrères indigents, dans lequel il n'y a rien :
« ils n'ont ni vases, ni ornemens, ni linges, ni immeubles,
« ni contrats, ni pensions. »

« Dans celle des Pénitentes attenante à l'église :

« 1° Un autel en bois blanc sur lequel il y a un Christ
« en bois vernissé, quatre chandelliers aussi en bois ver-

---

(1) Il reste encore plusieurs de ces fallots dans le clocher.

« nissé, quatre bouquets artificiels, une vierge ornée de
« quelques *rubans aux trois couleurs*, au-dessus un tableau
« représentant la Mère de Dieu avec un rideau d'indienne
« d'environ six aunes et une mauvaise nappe ;

« 2° Autour de l'autel quelques images et quelques bou-
« quets soutenus par quelques planches en liteaux y atte-
« nants ;

« 3° Aux côtés de l'autel deux placards en bois blanc avec
« une couleur bleu de ciel. Dans l'un elles y tenaient leurs
« voiles et dans l'autre nous y avons trouvé deux petits
« chandelliers d'étaing, quelques cierges, une cruche pour
« l'huile de la lampe et quelques mauvais bouquets arti-
« ficiels ;

« 4° Une lampe devant l'autel ;

« 5° Autour de la chapelle quatre tableaux représentant
« la Sainte Vierge ;

« 6° Quatre bâtons pour la procession ;

« 7° Une bannière représentant la Vierge, entourée de
« franges, et d'un fourreau de toile verte ;

« 8° Le huitième est conforme à celui des citoyens péni-
« tens ;

« 9° Quelques bancs et quelques tabourets en bois blanc.

« Ne restant plus rien à décrire nous avons laissé les
« choses telles qu'elles étaient à la charge aux deux confré-
« ries de les représenter toutes les fois et quantes elles en
« seront valablement requises ».

« Ce fait, nous avons clos et arrêté le présent rapport
« dont il en sera incessamment adressé expédition au dis-
« trict et ont les témoins avec les municipaux signé ceux
« qui l'ont sçu et non les autres pour ne savoir de ce enquis
« et requis :

« Joseph ROCHE, Joseph MICHON-DAGUET, André GUIVET,
« Louis VIEUX-MELCHIOR, *officiers municipaux.*

« Georges GILLIBERT, Louis SALLAMANT, François CHAR-
« REL, Antoine ALLEYRON, *notables et témoins.*

« André ALLEYRON, *procureur de la Commune.*

« Etienne BOISSERAND, *curé, secrétaire-greffier.*

« Certifié conforme aux régistres de la commune du 28 dé-
« cembre 1792, et l'an Ier de la République.

« BOISSERAND, *Secrétaire*. »

Ainsi le curé schismatique préside lui-même à la prise de possession par la Révolution du pauvre mobilier de nos deux confréries. La nomenclature des objets inventoriés est touchante à lire à cause de leur pauvreté, et navrante par la perquisition et l'évaluation que la République sacrilège vient en faire. Mais l'inventaire est peut-être nécessaire et voulu par la Providence pour faire éclater cette prétendue richesse des confréries qui porte ombrage à la Révolution.

C'est le prêtre-intrus qui signe comme greffier la spoliation et les profanations à venir qu'elle autorise. Il est assurément le plus coupable de tous ceux qui ont pris part à ces mesures. Les hommes qui font partie du Conseil général de la commune ne sont assurément pas des impies. La peur est une lâcheté, sans doute, mais ne trouve-t-elle pas dans l'ignorance, dans la majesté fétichiste de la loi qui couvre le banditisme, dans le nom terrorisant de *Danton* qui a signé cette loi, comme une espèce de circonstance atténuante dont ne peut certes pas arguer le malheureux Boisserand ?

Sur les murs de la maison commune nous lisons :

« L'assemblée nationale, considérant que les meubles,
« effets, ustensiles en or et en argent employés au service
« du culte dans les églises conservées sont *de pure osten-*
« *tation* et ne conviennent nullement à la simplicité qui
« doit accompagner le service ».

« Que lorsque la patrie est en danger et que ses besoins
« sont urgents, il est nécessaire d'y pourvoir par les res-
« sources qui peuvent être utilement employées sans sur-
« charger les citoyens ;

« Que tous les objets dont les églises conservées sont
« actuellement garnies appartiennent incontestablement à
« la nation qui a le droit d'en faire l'application réclamée
« par les circonstances actuelles décrète qu'il y a urgence ;

« L'assemblée nationale après avoir décrété l'urgence
« décrète ce qui suit :

« Art. 1er. — Dans les vingt-quatre heures qui suivront
« la publication du présent décret, il sera fait par les
« citoyens que choisiront les conseils généraux des com-
« munes, et pris dans leur sein, un état exact et détaillé de
« tous les meubles, effets, et ustensiles, en or et en argent
« qui se trouveront dans chaque église, soit cathédrale, soit
« paroissiale, succursale, oratoire, ou chapelle quelconque ;
« cet inventaire contiendra la désignation précise, sa nature
« et son poids.

« A Paris le douzième jour du mois de septembre mil sept
« cent quatre vingt douze, l'an quatrième de la Liberté.

« Signé : DANTON,
« *Président du Conseil exécutif provisoire.*

« Le Directoire de Grenoble certifié conforme à l'original.

« Signé : PLANTA, *président.* — DUPORT, *secrétaire.* »

Telle est la loi du 10 septembre 1792, qui ordonne en même temps l'inventaire des chapelles de confrérie et celui des églises paroissiales. La municipalité de Veurey qui n'a obtempéré ni au décret du 19 octobre 1790, ordonnant l'inventaire de l'argenterie des églises, ni à celui du *3 mars* de la même année portant que « toute l'argenterie jugée inutile « au culte sera envoyée aux hôtels des Monnaies » se laisse enfin ébranler par la loi du 10 septembre, citée plus haut, et surtout par le décret du « 23 thermidor, an second (1793) de la République une et indivisible » qui réclame un « état de l'inventaire de l'argenterie envoyée aux hôtels des Monnaies ou au Trésor public ». Il nomme deux de ses membres pour porter à Grenoble les vases sacrés de l'église de Veurey.

« Du douze nivôse, l'an deuxième de la République Fran-
« çaise une et indivisible au secrétariat du district de Gre-
« noble sont entrés le citoyen André Alleyron, agent de
« commune et Joseph Roche, officier municipal de la com-
« mune de Veurey, lesquels ont déclaré être chargés par

« ladite commune de déposer au district un ostensoir, un
« calice, et sa patène, un ciboire, une boëtte pour les huiles,
« et une autre petite boëtte, le tout en argent, pezant
« savoir : l'ostensoir, trois marcs, deux onces, trois gros et
« demi ; le calice, deux marcs, trois onces ; le ciboire, un
« marc, trois onces, trois gros et demi, et les deux boëttes,
« trois onces, lesquels objets ils ont déposés à l'adminis-
« tration de tout quoi ils ont requis actes et ont signé :

« J. ROCHE, André ALLEYRON (1) ».

Rendons justice au curé constitutionnel qui ne prend pas les devants comme l'intrus Nicolet à Pommiers, pour livrer lui-même les vases sacrés au Directoire. Le prêtre se réveille en Boisserand. Sa conscience l'arrête devant les pires excès de la Révolution. Nous ne trouvons point son nom dans la liste de ces apostats qui vont jeter leurs lettres d'ordinations dans le feu de joie allumé sur la place publique. Il n'est pas non plus de ceux qui prostituent leur sacerdoce dans un mariage civil. Il continue même *d'enseigner la jeunesse de Veurey* malgré la défense qui lui en est faite par la municipalité le 12 pluviôse, an II (1793). Sa « *servante* » trouve aussi le moyen de déplaire au Conseil général de la commune en tenant des *propos inciviques*. Pour ces griefs respectifs curé et servante sont chassés tous deux du presbytère. A quelle date précise ? Où vont-ils ? (2). Que deviennent-ils ? Nous l'ignorons. Quoi qu'il en soit, il nous est bien permis de remarquer que les lâchetés ne profitent pas toujours, et que le prêtre, infidèle à ses devoirs, finit par tomber sous le mépris de tous, de ceux qu'il a trahis, et de ceux qui l'ont reçu dans leurs bras hypocrites !

Boisserand s'étudiait cependant, comme secrétaire-greffier de la commune, à ne pas omettre, dans la rédaction des actes de l'état civil, les formules sacro-saintes comme celles-ci : « L'an 4me de la Liberté et le 1er de l'Egalité (13 septem-

---

(1) *Archives de l'Isère.*
(2) En l'an VI Boisserand est encore à Veurey et célèbre le culte tous les décadis. (Archives de la paroisse de Voreppe.)

bre 1792) », ou encore : « le 8 octobre et le 1ᵉʳ de la République ». Mais rien n'est joli et mémorable comme le baptême de *Jean de la Liberté*. Il est vrai que cet heureux nourrisson de la République n'a pas eu le temps de lui payer le tribut de sa reconnaissance, car le jour même de son baptême, il était marqué par la Mort qui, trois jours après, le ravissait à l'affection des siens et aux espérances de la patrie. Le lait de la République l'avait-il empoisonné ? ou bien le nom de *Liberté* (1), si souvent profané depuis la prise de la Bastille, avait-il été pour lui un nom de malheur ? Le factum est à lire :

« Le 4 décembre 1792 et l'an 1ᵉʳ de la République j'ai
« baptisé et enterré le 7 du même mois *Jean de la Liberté*,
« âgé de quatre jours, fils à Jean Gonthard et à Anne
« Ribollet, mariés et habitants de cette paroisse. — Témoins :
« Jean Manuel et Joseph Michon. — Boisserand, *curé*. »

Quelques jours après le pauvre Boisserand mène le convoi de sa propre liberté avec sa servante comme unique pleureuse.

Nous sommes en pleine Terreur. Veurey n'a plus de légitime pasteur, ni même de prêtre schismatique pour baptiser les nouveaux-nés et administrer les moribonds. Plusieurs prêtres fidèles traversent à la hâte notre malheureuse paroisse et y confèrent les sacrements en cachette. C'est ainsi qu'aux Jayères, un prêtre, dont on n'a jamais su le nom, baptise sur une commode une petite fille qui sera plus tard Mˡˡᵉ Chevalier.

Un nom de prêtre cependant nous est parvenu de ceux que le Seigneur seul connaît et a inscrits au *Livre de Vie*, c'est celui du père Victor Morlon, supérieur des Cordeliers de Grenoble, et professeur, surnommé « le conseil de tous les prêtres insermentés ». Malgré les ulcères dont il souffre aux jambes, et qu'il a contractés pendant un long séjour

---

(1) Le 3ᵐᵒ fructidor an III décède au « hamos de la place de la Liberté » Lorence-Aimée Dijon Cumano âgée d'un an, fille d'Antoine Dijon Cumano (de Cumano) et de Françoise-Zoé Rivière (de Rivière).

dans les prisons de Grenoble, il évangélise plusieurs paroisses au cours de l'année 1795, et notamment celle de Veurey. Il console, encourage, réconforte les fidèles, leur apporte peut-être quelque nouvelle de l'exilé ou quelque lettre du légitime pasteur à ses ouailles dispersées...

M. Durand n'est pas resté à Bologne, car le 15 avril 1795 nous le trouvons chez les pères Franciscains de l'Observance à Imola. La plus grande souffrance de nos saints prêtres en exil est de penser que leur troupeau est ravagé et abandonné. Ils l'ont quitté l'âme navrée, la plupart sur le conseil de leurs supérieurs, pour éviter à leur peuple un crime qui, à l'exemple du déicide des Juifs, n'aurait pu être qu'un *poids de malédiction* pour la paroisse coupable... M. Durand, néanmoins, pressé par l'amour de son malheureux troupeau, écrit d'Italie à l'administration centrale pour lui demander la permission de rentrer en France. La municipalité de Veurey consultée fait opposition à cette pétition, comme l'attestent les archives municipales (LL. 15) dans le Registre des avis sur requêtes :

« Du 26 frimaire an VI.

« Sur la pétition de Joseph-Louis Durand, tendant à obte-
« nir la permission de résider sur le sol de la République a
« été donné l'avis qui suit :

« Vu la pétition et le renvoi de l'administration centrale,
« Ouï le commissaire du pouvoir exécutif,

« L'administration municipale ayant sous les yeux la loi
« du 19 fructidor, an V, la lettre du ministre de la police
« générale du 3 brumaire dernier, et l'arrêté de l'adminis-
« tration centrale du 7 du même mois, et considérant que
« la présence du pétitionnaire dans cette commune y cau-
« serait plus de mal qu'un voyage fait avec les précautions
« ordinaires ne sauraient en causer à lui-même,

« Est d'avis que le pétitionnaire est au nombre des ecclé-
« siastiques atteints par la loi du 19 fructidor. »

Cette loi est celle de l'an III de la République (1) (an VI

---

(1) C'est le 3 fructidor de l'an III qu'est enregistrée Lorence-Aimée Dijon Cumane âgée d'un an, fille d'Antoine Dijon Cumane et de Fran-

de la Liberté). Elle ordonne le bannissement à perpétuité des prêtres déportés et rentrés sur le territoire français, et prononce des peines contre les ministres des cultes qui ne se conformeront pas aux lois de la République. Nous constatons que la décision de la municipalité de Veurey, si elle n'est pas tendre pour M. Durand, est du moins un petit chef-d'œuvre de pleutrerie et d'hypocrisie. On peut se demander quel mal le bon pasteur pourrait faire à son cher troupeau qu'il brûle de revoir. On voit très bien d'autre part tous les dangers que peut courir l'exilé dans le chemin qu'il a à fournir pour arriver jusqu'à Veurey. Jamais plus qu'en ce moment les confesseurs de la foi n'ont eu à souffrir du clergé constitutionnel. L'intrus Reymond vient de supprimer le jour du Seigneur, en le remplaçant par le décadi. Il y a, c'est indéniable, une recrudescence de persécution, et les déportations n'ont jamais été aussi nombreuses. Les gens d'armes, sur des ordres récents, sont à l'affût de la moindre dénonciation et sillonnent les routes et champs. Avec « les précautions ordinaires », dont se contente la municipalité dans sa consultation, M. Durand ne ferait pas deux kilomètres en terre française sans être arrêté et écroué. Non, la vérité est que nos municipaux n'ont plus le courage de leurs convictions, sont menés et terrorisés par les agents de la Révolution et sont devenus, conscients ou inconscients, les ennemis de la Religion. Que diraient-ils à ce curé qui les a mariés s'il revenait parmi les ruines accumulées, s'il apparaissait un jour à la porte de cette église fermée et profanée, s'il surgissait pour demander compte de leur fidélité aux enseignements qu'il leur a prodigués ?... M. Durand, en somme, est traité comme un séditieux. Le Christ aussi avait passé pour un fauteur de révolte et de discordes civiles. C'est et ce sera toujours le propre des révolutionnaires de donner le change et de faire passer pour des perturbateurs de l'ordre public ceux qui en sont les fondements, tandis qu'ils se décerneront à eux-mêmes les titres de *bons citoyens*

çoise-Zoé Rivière, hamos de la place de la Liberté — la particule est supprimée. Cette place de la Liberté était celle du Peron ou une autre : nous ne savons. Les Cumane étaient donc encore à Veurey en l'an III.

et de *membres du comité de Salut public*. La municipalité veuroise se serait honorée devant ses administrés et devant l'histoire en laissant rentrer dans la commune le plus paisible de ses citoyens.

Devant ce refus le bon pasteur n'hésite plus. Pressé par son zèle tout apostolique, par cet amour des âmes qui dévore tous les saints prêtres, il franchit de nouveau les Alpes le 12 septembre 1795, et vient se jeter résolument dans la fournaise. Il va de paroisse en paroisse pour porter aux fidèles les secours divins. Il visite tour à tour Uriage, Saint-Laurent-du-Pont, Grenoble, Herbeys, Champ, Champagnier, Vaulnaveys, Saint-Martin-*d'Ayre*, Saint-Nazaire, Vif, Allevard, Saint-Gervais, Chateau-Bernard, Fontaine, Saint-Barthélemy, Biviers, le Versoud, La Tronche, Saint-Martin-le-Vinoux, le Villard-de-Lans, Sassenage, Noyarey, Saint-Lattier, Autrans, Engins, Vizille, Saint-Martin-de-Poisat, Saint-Martin-de-la-Cluze, Varces, etc..... Nous aimons à penser que le vaillant confesseur de la Foi, digne émule des Falatieu, des Col et des Chapuys, ne vient pas jusqu'à Noyarey, sans y donner rendez-vous à quelques-uns de ses paroissiens de Veurey. Il leur fait passer les instructions du Pape et de l'évêque légitime. Il ne peut fouler le sol de sa paroisse, mais de loin il revoit, après les années de l'exil, avec une émotion indicible, son clocher, son église, son presbytère et les toits aimés qui abritent encore quelques vaillants et dignes chrétiens.

Que de changements il trouverait à Veurey s'il lui était donné de pouvoir y pénétrer !

L'église a été profanée. La « Carmagnole » a été chantée aux tribunes des pénitents, et la tradition gardera le souvenir de la chute du grand Christ placé en face de la chaire, chute qui interrompit ce chant infernal et mit en fuite les sacrilèges qui le vociféraient. La déesse Raison a été encensée sur l'autel du Dieu de l'Eucharistie. Le presbytère, ou plutôt, selon l'expression des registres civils, le *cy-devant presbytère* est devenu la maison commune de Veurey. Le saint jour du dimanche a fait place au décadi. Le calendrier grégorien est même supprimé depuis le 22 septembre 1792. Pour effacer tout vestige de Christianisme, la Convention a décrété qu'une nouvelle ère remplacera désormais l'ère chrétienne. L'année est divisée en douze mois, qui sont eux-mêmes partagés en trois décades de dix jours chacune dont le dernier est consacré au repos. Ce jour-là il n'est même pas permis de s'attabler dans les auberges. La religion nouvelle n'étant pas autre chose que le culte de la nature, dont Jean-Jacques a été le théologien, on donne aux mois des dénominations empruntées à la température. Les trois premiers se rapportant à l'automne sont appelés vendémiaire, brumaire, frimaire ; les trois suivants, renfermant la période hivernale, sont nommés nivôse, pluviôse et ventôse ; les trois autres, encadrant la saison printanière, prennent pour noms germinal, floréal, prairial ; enfin les trois derniers, répondant à l'été, sont baptisés messidor, thermidor et fructidor. Ces douze mois de trente jours, ne donnant que 360 jours, on complète l'année par des fêtes nationales appelées *sans-culottides*. Les saints ont été également supprimés : plus de Sainte-Marie-Madeleine, patronne de l'Eygalen ; plus de Saint-Nicolas, patron des fustiers ; plus de Saint-Georges, patron de Veurey. Les guillotineurs les ont remplacés. Ce sera moins fanatique. En place, des débauches de saturnales, et de fêtes civiques qui bientôt lassent la foule, et ne laisseront rien dans le souvenir que des remords, et des hontes, des retours méprisants de l'opinion et des exemples de la justice divine, épilogue qui durera peut-être plusieurs siècles pour des crimes d'un moment d'infernale folie. Veurey est entré dans une espèce de lugubre silence, de nuit cauchemardante et notre malheureuse paroisse ne reverra l'aurore des jours meilleurs qu'avec le changement de siècle et le Concordat.

CHAPITRE XIX

Veurey sous la Révolution

VIE SOCIALE ET COMMUNALE

Un transfuge de la Noblesse. — Le citoyen Boisverd. — Siège de Lyon. — La garde nationale de Veurey. — Le général Chabert et le capitaine Boisverd. — Les Emigrés : Marie-Hugues de Saint-Ours. — Bourne des Combes. — Mauvaises années : 1789-1790-1791-1795. — Les Drevon. — Le parcellaire de 1792. — Le presbytère transformé en mairie et en école. — Les agents municipaux André Alleyron et Claude Saint-Ours. — Registres de l'état civil. — Voreppe et Veurey. — Système métrique. — Monnaies. — La mort de Bourne des Combes. — Sobriquets. — Une épouse modèle. — Lassitude générale. — Le Premier Consul.

Veurey accepte d'autant mieux les idées nouvelles et subit d'autant plus facilement la tyrannie révolutionnaire, qu'un de ses enfants et non l'un des moindres, puisqu'il sort de la Noblesse, *François Auguste Reymond Chorot de Boisverd* s'est engoué follement de liberté et d'égalité au point de rompre complètement avec sa famille.

Les familles comme les individus ont leurs mauvais

jours. Beaucoup de châtelains et même de seigneurs porteurs de grands noms eurent à déplorer au cours de la période révolutionnaire dans leur propre lignée de lamentables et douloureuses défections. Peut-être avaient-ils préparé celles-ci en ouvrant leurs salons aux encyclopédistes, à Voltaire et à Rousseau. Quoi qu'il en soit, les égarements, les aberrations et la défection d'un ou de plusieurs de ses membres ne doivent pas faire oublier les services qu'une famille a rendus au pays, le prestige qui l'a entourée pendant des siècles et le dévouement qu'elle a témoigné à l'Eglise.

L'enfant qui doit devenir un fougueux révolutionnaire vient au monde le 8 avril 1745 et est ondoyé le 20 du même mois par Messire Dufour, curé de Veurey. Il est fils de Messire Claude Chorot Boisverd, docteur ès-droits et capitaine-châtelain de Veurey. Sa mère est demoiselle Morin. Le 16 novembre 1746, au supplément des cérémonies de baptême, il reçoit les noms de François-Auguste-Reymond. Il va faire ses études au collège des Jésuites de Grenoble ou à Saint-Martin-de-Miséré, comme nous permet de le supposer certain certificat délivré par Messire Dufour en faveur d'Antoine de Boisvert, un des oncles de François-Auguste (1727).

A vingt-quatre ans, nous le trouvons conseiller-correcteur en la Chambre des Comptes du Dauphiné. C'est en cette qualité que le 25 avril 1770 il présente une requête à nos seigneurs du Bureau des finances pour obtenir les gages franc salé et les autres droits et émoluments attribués à son office (1).

Bien qu'il n'ait pas à se plaindre du gouvernement royal qui lui octroie ses lettres de provision le 12 juillet 1770, il est des premiers à saluer la République « *une et indivisible* ». Il renonce à son blason, ou plutôt remplace le *che-*

---

(1) Le 5 may 1770 l'enquête sur la vie, mœurs, âge, religion et conversation de M. de Boisverd est enregistrée au greffe de la Chambre des Comptes. Elle est très favorable. Elle est signée par MM. Pouchot, curé de Saint-Hugues, noble Girin de Lamorte, le procureur Rolland, et un autre Rolland, négociant.

vreau passant d'argent par le faisceau *consulaire au bonnet phrygien* et la jolie devise, gracieuseté d'un illustre dauphin, par : *Liberté-Egalité*. Il fait raser sur sa porte d'entrée l'écusson de famille. En un mot il renie la Noblesse et la Royauté. Il modifie jusqu'à son nom. Il signe *Boisvert* au lieu de *de Boisverd*, puis Bois-Vert, et enfin simplement Vert.

Entre temps il est devenu vice-président du Conseil du district de Grenoble (1792) (1). C'est devant lui que comparaît le maire de la Ferrière-d'Allevard, accusé de faiblesse vis-à-vis des femmes de ladite paroisse qui ont réouvert l'église en passant par les fenêtres.

Le 24 pluviôse de l'an VI il fait partie de l'administration centrale qui fait appréhender quatre-vingt-six prêtres destinés à la déportation et ordonne une enquête à la même fin sur vingt-six autres.

En l'an VII, il est encore avec ceux qui poursuivent l'exécution de la loi du 22 germinal an IV contre les signes extérieurs du culte, notamment contre les cloches. Toutefois nous aimons à constater que notre petite cloche, baptisée en 1788, échappe à la destruction et peut-être le devons-nous à l'administrateur Boisvert qui, tout au moins, n'a rien entrepris contre la cloche de son pays natal. S'il n'intervient pas directement pour la sauver, il faut reconnaître qu'il ne met aucun empressement à exécuter la loi, et lui rendre justice. Cette attitude est toute à son honneur. Malheureusement sa fonction le rend responsable de toutes les persécutions du Directoire de Grenoble, et de toutes les mesures odieuses prises par l'administration centrale. Plus d'une fois il a du regretter de s'être embarqué sur la galère révolutionnaire, et d'avoir embrassé trop naïvement ces idées prétendues émancipatrices qui ont abouti si vite au plus cruel despotisme. Plus d'une fois sans doute il a tremblé pour lui-même devant la délation et le Saturne de la

---

(1) En décembre 1793 et en mai 1794, l'Assemblée électorale lui renouvelle ses pouvoirs. En 1795, il devient administrateur du département de l'Isère.

Terreur, dévorant sans pitié ses propres enfants. Son courage civique et son ardent patriotisme lui furent une sauvegarde, et même lui ouvrirent les portes de la fortune politique. « Il ne dédaigne pas, d'après M. Point (1), d'accepter le poste de capitaine de la *garde nationale de Veurey* et de la mener lui-même au *siège de Lyon* (1793). » C'est grâce à ces notes de notre ancien maire que nous connaissons l'existence de notre garde nationale, en 1793, et la part qu'elle prit au siège fameux de la ville qui tint si longtemps en échec les armées de la Révolution. Ce détail est assurément d'un grand prix pour notre histoire locale.

Sous les murs de Lyon le citoyen Boisvert rencontre le général de brigade Chabert, se lie d'amitié avec lui et deux ans après, le 11 fructidor an IV (25 août 1795), lui accorde la main de sa fille Eugénie (2). Le beau-père, élu député de l'Isère, et le gendre, député des Bouches-du-Rhône, siègent à côté l'un de l'autre au Corps législatif. « Le député Boisvert, nous dit encore M. Point, « a toujours éloquemment plaidé la cause de l'agriculture (3) ».

Ces deux hommes, fascinés autant l'un que l'autre par les idées nouvelles, en feront tous deux la douloureuse expérience, et peu à peu, par des chemins différents, reviendront à la notion vraie et saine des choses, et adoreront ce qu'ils ont brûlé. Le général de la Convention, l'ennemi du dictateur, sera l'un des plus fidèles généraux de l'Empereur aux Cent-Jours. Le persécuteur de la Religion dans l'Isère, l'ennemi des prêtres, l'administrateur farouche du District, le député sectaire deviendra fabricien de l'église de Veurey, un ami dévoué de son curé, et n'hésitera pas à morceler son clos pour agrandir le presbytère de sa paroisse. Tous les deux reviendront au Dieu de leur première communion, et mourront dans la Foi et la pratique de notre Sainte Religion (4).

(1) Discours pour la translation des cendres de M. de Boisverd (1867).
(2) Olympe de Boisverd, sœur d'Eugénie, fût mariée au capitaine Joly.
(3) Discours ci-dessus.
(4) Voir le chapitre XX.

Pendant que le citoyen Boisverd, enfant gâté de la Révolution, légifère au Corps Législatif (1), les nobles de Veurey mangent le pain de l'exil comme les prêtres. Nos anciens seigneurs, les de Saint-Ours de l'Echaillon, ont émigré. Le chanoine et comte de Saint-Chef a même pris les devants. Aussi obtient-il plus facilement que beaucoup d'autres émigrés de la noblesse l'autorisation de rentrer en France (2). D'ailleurs n'étant pas dans les ordres majeurs il est moins redouté des pouvoirs publics. Nous ignorons cependant à quelle date il est revenu à Veurey. Nous savons seulement que c'est en Suisse, à Lausanne, que Marie-Hugues de Saint-Ours de l'Echaillon a laissé passer l'orage, en compagnie d'un nombre considérable d'émigrés. Louis-Charles de Saint-Ours, son frère, ne rentra à Veurey qu'au moment du Concordat. M. de Saint-Ours, marié à Catherine de Vignon, en a eu un fils en 1774, comme nous l'apprend le registre des baptêmes. « Le 14 août 1774, baptême de noble Marie-Thérèse-Louis-Janvier de Saint-Ours de l'Eschaillon, fils à noble Louis-Charles-Borromée de Saint-Ours de l'Eschaillon, seigneur dudit lieu et à dame Catherine-Marie-Euphrosine de Vignon Debarnoux, mariés. Le parrain a été messire Louis-François de Vachon, chevalier, et seigneur de la Murette et Réaumond, ancien chevalier d'honneur au Parlement de Grenoble, et la marraine dame Thérèse Lebrun de Vignon, ayeule du baptisé ; en présence de messire Pierre-Antoine de Chalvet et de messire Alexandre-Oronce-Constant de Galbert fils, aussi conseiller au Parlement. » Qu'est devenu cet enfant ? Nous le perdons de vue à travers la période révolutionnaire, ainsi que sa mère.

Les de Rivière se sont également éloignés du pays dès la première heure. Ont-ils émigré directement ou bien ont-ils

---

(1) Député au Conseil des Cinq-Cents, il en sort après le 18 brumaire. De retour à Grenoble, il fait partie du Conseil d'arrondissement de l'an VIII à l'an XI, époque de sa mort. Bibliographie : *Opinion de Boisverd sur le projet de résolution présenté par la Commission des Finances d'une contribution sur le sel.* 3 pluviôse an VII. Impr. nationale. In-8°, 8 pp.

(2) *Archives de l'Isère.*

rejoint leurs filles mariées avant de prendre le chemin de l'exil, avec elles et la famille de celles-ci. Nous ne savons. Ce qui est surprenant c'est qu'ils sauvent de la confiscation ce qui leur reste d'immeubles à Veurey. Nous disons : ce qui leur reste, car d'après une tradition très autorisée (1), la famille de Rivière était singulièrement appauvrie à la veille de la Révolution. Jayères leur était resté, car le 17 thermidor an XII (1801), M. de Rivière vend cette propriété à M. Béller (2) ainsi qu'un lot de terrains à la Rive. Ainsi les terres riveraines de l'Isère, jadis *mense delphinale*, et qui appartenaient aux de Saint-Ours, à M. Paul de la Meyrie, ou aux de Rivière, passent peu à peu en d'autres mains (3).

Les nobles qui continuent à servir la France à l'armée ne sont guère plus heureux. Un Bourne écrit de Narbonne, le 13 juillet 1790, « à sa mère en sa maison de campagne à Veurey » : « Ma très chère mère. — Je ne vous ai pas écrit
« lors de notre suppression persuadé que vous en seriez
« informée avant moi. Depuis lors j'attendais d'avoir un
« jour à autre quelque chose à vous marquer sur notre
« sort, mais ça été inutilement. La compagnie lors de
« fâcheux événement écrivit qu'elle était autorisée par le
« ministre à nous faire payer nos appointemens jusqu'au
« premier août prochain. Elle annonça ce faible secours en
« disant que d'ici à cette époque nous serions replacés dans
« les aydes et que ceux qui ne pourraient l'être éprouve-
« raient les biens faits du Gouvernement. Nous allons
« arriver à ce moment fatal où nous serons plus payés sans
« que la translation n'ait eu lieu pour personne et qu'on ait
« pris des moyens pour prévenir « l'indigence » où vont se
« trouver une infinité d'individus qui n'avaient d'autres
« propriétés que l'emploi qu'ils perdent..... Marquez-moi si
« mon frère s'est retiré. Est-il vrai ainsi qu'on l'a écrit aux

(1) Témoignage de Mme Amat, décédée en 1910 à l'âge de 94 ans.
(2) Archives de la famille Voilquin.
(3) D'autres nobles possédaient des terres à Veurey comme Joachim de la Bâtie, les de Vocance, le seigneur conseiller Dangalière. En ont-ils été dépossédés ? Nous l'ignorons.

« d^lles de Brenel (?) que le *tambour major de la garde natio-
« nale ait commis des meurtres* et qu'à Clé (Claix) on y
« avait assassiné le garde Marbeau de la maîtrise des eaux
« et forêts ; faite-moi le plaisir de me le dire et les noms
« de ces personnes ainsi que ce qu'il y aura de nouveau.
« Si tout cela vous donnait trop de peine de le faire de suitte
« chargez en l'abbé. Je vous prie de dire bien des choses de
« ma part à toute la famille, et à M. de Saint-Ours ainsi
« qu'aux autres. Je finis en vous embrassant tous de cœur
« et d'âme, et vous priant ma très chère mère de me croire
« votre très soumis fils. — BOURNE. »

La réponse de la mère n'est pas moins intéressante au point de vue de la vie familiale et des détails qu'elle renferme sur les dernières récoltes. « Mon cher fils j'ai reçu
« avec bien de plaisir de tes chères nouvelles. J'ai bien pris
« par à ton avancement que j'avais apris à van que tu ne
« m'an usiès fait part ; j'espère que par ta bonne conduite
« tu pourra faire ton chemin, et avancer dans la partie de
« ton état. Je souhaite bien votre avancement mes pauvres
« enfants me voyant dans une situation si bornée, et ne
« pouvant faire ce que je désirerais, me voyant toujours
« plus dans l'embarras, j'ai été obligée d'emprunter pour
« les deux cadets, voilà Descombes (1) qui a fait deux années
« de séminaire, qui m'a coûté de pantion, et qui n'est point
« encore lié aux ordres, et je ne sais pas quant il pourra
« l'ettre, je suis en peine pour lui, en attendant de le voir
« à même de pouvoir être en état de n'aitre plus à ma
« charges. Le cadet est parti depuis le mois d'avril. Il se
« comporte bien dans son état. M. de la Meyrie son direc-
« teur en est content. Il lui veut du bien, j'espère qu'il fera
« bien son chemin, il a du bon sens et de la conduite. Ceux
« qui le connaissent lui rendent cette justice. Je suis bien
« fachée, mon cher enfant de ne pouvoir pas tenir ma pro-
« messe pour les chemises que je t'avais promise, il m'a

(1) Ce jeune abbé Bourne des Combes serait-il celui dont il est question à la réunion des Trois-Ordres à Veurey en 1788 ? Nous penchons à croire qu'il s'agit plutôt de Bourne l'official au chapitre précédent.

« fallu faire le trousseau du cadet qui m'a employé le peu
« de toille que j'avais ; « nous n'avons pas du chanvre »,
« *il se fille peu dans la maison, tes sœurs font quelques*
« *petits ouvrages pour fournir à leur entretien*. J'aurais
« répondu plutôt à ta lettre, mon cher Enfant, mais j'atten-
« dais les deux pièces de frommage que je t'envois, j'espère
« qu'ils seron bons, j'avais prié de me les choisir, *il son*
« *bien rare cet année*. Je t'envoy point de marron, *il n'au-*
« *rait pas valu le por* qu'il aurait couté *ne valent rien cet*
« *année ayant été abatu par le vent avant leur maturité*, ce
« qui aussi fait du mal à la *vandange*. J'éprouve toute
« misère, nous avons des *bestiaux malades* et sans espérance
« de guérison et que nous allons perdre, nous somme tou-
« jour ici tes deux pauvre sœurs et moi souvant à bien nous
« ennuyer, je n'ai pas beaucoup de santé. Les années amè-
« nent des infirmités, j'ai des douleurs aux jambes qui
« m'empéchent d'aller dans cette saison d'hiver, il faut que
« je prenne pasience dans une campagne ne pouvant mieux
« faire. »

Là s'arrête cette lettre mélancolique, portant deux pages plus loin en signature *Bourne de Bàlmcinas* (probablement Françoise de Balmeinas, mariée à Antoine Bourne, et l'héroïne de la grotte des fées). Elle nous apprend que l'année 1790 est très malheureuse au point de vue des récoltes. Elle se ressent de l'hiver de 1789, qui a été très rude du 5 février au mois de may. Pour comble l'année 1791 est d'une extrême sécheresse. La pluie tant désirée tombe enfin le 10 octobre au soir. C'est une joie générale en Dauphiné. La faim se fait particulièrement sentir en 1795. Une délibération du District de Saint-Marcellin — 4 prairial an III — le constate en ces termes : « Il est impossible de
« se procurer une livre de pain à moins de cinq à six francs,
« conséquemment les prêtres et les religieuses réduits au
« misérable secours de 40 sous que nous leur délivrons,
« doivent éprouver les horreurs de la faim. Il est de l'huma-
« nité d'adoucir leur sort encore aggravé par les infirmités
« auxquelles ils sont livrés ».

Un état des biens des émigrés dressé en 1792 par les officiers municipaux de Veurey nous apprend que trois membres de la famille Bourne ont émigré. Nous lisons : « Observation. — Ce domaine est affermé à my-fruits à François Charrel-Martin et possédé par la veuve Bourne mais il appartient en propriété auxdits frères et sœurs Bourne comme héritiers de leur père. Ils sont au nombre de sept dont deux émigrés : Bourne Long-Champ et Bourne des Combes. La République doit donc prendre les deux septièmes (1) », et plus loin : « Les trois frères Bourne savoir : le Sr Bourne Chatelard, ci-devant commis à la régie ; le Sr Bourne Long-Champ aussi cy-devant commis à la régie, et le Sr Bourne des Combes cy-devant clerc tonsuré. Leur part et portion d'un domaine situé dans cette municipalité, hameau du Châtelard, le chacun pour un septième comme cohéritiers de feu Sr Bourne, mort intestat. Ledit domaine consistant en maison de maître, maison fermière, grange, *tinallier*, terres édifiées en treilles, terres nues, prés et bois dont le revenu net a été porté dans l'estimation faite à la somme de sept cent quatre vingt livres, sept sols et huit deniers (2) », et en marge : « Le Sr Bourne Chatelard n'habite pas depuis longtemps dans ce département. Les deux autres Long-Champ et des Combes habitaient depuis quelques années dans ce lieu et ne l'ont quitté que depuis environ six mois, depuis lequel temps ils n'ont pas paru. On présume qu'ils ont émigré ainsy que Châtelard qui parut jusqu'à l'époque de leur départ ». André Alleyron, officier municipal. J. Roche, officier municipal du buraux. — 20 juin 1792.

Le parcellaire de 1792 nous donne encore quelques noms d'émigrés parmi lesquels nous relevons celui de *Tristan Caulet Grammont* à qui on a enlevé toutes les particules pour commencer de le raccourcir. Notre haut seigneur de Veurey ne s'en soucie peut-être pas beaucoup, moins sans doute que de son riche hôtel de Toulouse. Les frères et sœurs Drevon, quoique protégés par leur origine bourgeoise,

---

(1) Archives municipales.
(2) Les impositions du domaine Bourne arrivaient à la somme de 194 fr. 96 centimes.

ont laissé comme le marquis de Grammont leurs terres entre les mains d'honnêtes fermiers (1).

Les péréquateurs ajoutent une note concernant le presbytère : « Le ci-devant presbitère de Veurey, avec ses dépen-
« dances a été réservé par arrêté de l'administration
« centrale du département de l'Isère du 5 Brumaire an
« 5me pour servir « de logement et de salle d'école à l'ins-
« tituteur de la jeunesse » ; il sert aussi pour la tenue
« des assemblées communales. L'imposition dudit presbitère
« et dépendances est de 12 livres 35 centimes. L'église à
« laquelle est joint le cimetière n'est pas imposée (2) ».

Si nous n'avons pas l'ensemble de l'état d'estimation en revenu net de toutes les propriétés de la commune nous avons du moins pu lire à la dernière page les noms (et signatures) de tous les officiers municipaux et commissaires qui ont présidé à sa confection, ainsi que la signature de plusieurs d'entre eux.

« Fait et arrêté par nous officiers municipaux et commis-
« saires adjoints : Claude Boisverd, maire, Joseph Roche,
« officier municipal, André Alleyron, officier municipal,
« Louis Vieux, officier municipal, Joseph Saint-Ours, Fran-
« çois Rochette, André Balthazard, Louis Alleyron, procu-
« reur de la commune (3), Louis Rousseau, Jean Borel,
« Pierre Rousset et François Boisverd, commissaires-ad-
« joints et ont signé ceux qui l'ont su non les autres pour
« ne savoir de ce enquis et requis. Ce sept janvier mille sept
« cent quatre vingt douze ». Ont signé : Boisverd Labory, maire, J. Roche, André Alleyron (4), Louis Vieux, Joseph

---

(1) L'an IV de la République, Labory Boisvert va habiter Loriol (Drôme) où sont ses propriétés. (Archives de la paroisse de Voreppe.)

(2) Archives municipales.

(3) C'est le 29 mai 1790 que le canton civil de Voreppe, dans lequel entre Veurey, est officiellement organisé. Le 29 mai de l'année suivante, Veurey est représenté par un délégué à la bénédiction du drapeau de la Garde Nationale, fête organisée par la municipalité de Voreppe.

(4) L'an IV de la République, un Alleyron est délégué comme commissaire à la fête de l'anniversaire de la mort du Roi, et prête à Voreppe le serment « haine à la royauté ». (Archives paroissiales de Voreppe.)

Saint-Ours, André Balthazard, François Rochette, Louis Alleyron et Boisverd (François).

Tels sont les hommes qui administrent la chose publique à Veurey ou exercent sur le pays quelque influence au commencement de l'année 1792. C'est toujours Claude de Boisverd qui est maire, mais son fils François-Reymond-Auguste qui signe comme commissaire n'a pas la même modération dans les idées, et prend de plus en plus d'empire sur l'opinion. Claude de Boisverd quitte la mairie avec les débuts de la Terreur. Le titre de maire disparaît lui-même à ce moment. A l'inventaire des Confréries, vers la fin de l'année 1792, il n'y a mention ni du maire, ni de l'agent de la commune, qui remplit désormais les fonctions de maire. En 1793 le chef du corps municipal, André Alleyron, prend en effet le titre d'agent général de la commune et le corps municipal celui de conseil général de la commune. André Alleyron est remplacé dans sa charge par Claude Saint-Ours (1) qui signe *agent municipal* (2) jusqu'au 1er prairial an VIII (1800), date à partir de laquelle le chef de la municipalité reprend, pour ne plus le quitter, le titre de *Maire*.

C'est le curé intrus, ainsi que nous l'avons déjà vu, qui est secrétaire-greffier de la commune. Il signe d'abord : *curé et secrétaire de la commune*, mais bientôt la qualification de curé lui pèse et il signe purement et simplement *secrétaire-greffier*. C'est donc lui qui rédige les premiers actes de l'état civil, par l'application de la loi du 20 septembre 1792 qui charge les municipalités de les tenir désormais. Notre municipalité exécute cette loi à partir du 31 décembre 1792. C'est donc le curé-intrus qui passe, en sa qualité de secrétaire de la mairie, les premiers actes de l'état civil.

De par la Révolution Voreppe devient le centre adminis-

---

(1) Le 12 floréal an IV, un Saint-Ours de Veurey assiste à la fête des Epoux, à Voreppe. Le 26 du même mois, une école est fondée à Veurey. (Archives paroissiales de Voreppe.)

(2) L'an V, le 18 frimaire, Claude Saint-Ours est nommé agent municipal de Veurey. Le 23 brumaire an VI, il poursuit les prêtres qui ont rétracté le serment. Le 8 fructidor, il assiste à la fête des vieillards, et le 23 ventôse, à la fête de la Souveraineté du Peuple, toujours à Voreppe. (Archives paroissiales de Voreppe.)

tratif du canton. A Voreppe sont légalisés les actes de notre état civil et les délibérations de notre municipalité. C'est également Voreppe, qui est notre chef-lieu postal. L'origine de cette juridiction de Voreppe sur Veurey ne peut évidemment s'expliquer que par les très anciennes relations établies entre les deux pays grâce à la dépendance du prieuré de Veurey vis-à-vis de celui de Voreppe.

La Convention établit le système métrique. Le mètre est pris comme unité de mesure. Des savants le combinent avec le système décimal. Ils arrivent bientôt à l'unité monétaire, représentée par une pièce d'argent du poids de 5 grammes, contenant un dixième d'alliage et qu'on est convenu d'appeler le franc. Nos édiles ont de la peine à abandonner la livre, car assez fréquemment ils l'emploient en lui donnant comme divisions les décimes et centimes. Les deniers et les sols paraissent avoir été délaissés les premiers. D'ailleurs, non seulement en l'an IV, mais même dès l'an II on voit des pièces de 5 décimes, 2 décimes et 1 décime. En l'an IV apparaît la pièce de 5 centimes. Les vieilles habitudes reprennent néanmoins le dessus, et l'on fait encore usage de la toise de 2 mètres, de l'aune de 120 centimètres, etc... On conserve également les anciens sous et les pièces de six liards.

Nous n'avons rien ou presque rien comme documents sur la situation de Veurey sous le gouvernement du Directoire issu de la Constitution de l'an III. Cette Constitution a été ratifiée par 1.057.390 voix et les décrets complémentaires par 205.498 sur six millions d'électeurs. Telle est l'expression de la volonté nationale. Que peut-il en sortir si ce n'est la lassitude générale, la désertion des postes de dévouement à la chose publique et le désordre universel. Les archives se ressentent du malaise : elles paraissent être singulièrement négligées. Le 21 vendémiaire an III, M. Boisverd est encore vice-président du District avec, comme président, M. Hector Denantes, mais nous perdons bientôt sa trace.

La Noblesse continue de verser son sang sur les champs de bataille. L'abbé Bourne des Combes (Antoine) a quitté l'habit ecclésiastique pour l'uniforme au moment d'entrer

dans les Ordres majeurs et va mourir à Regio (Italie), à l'âge de 36 ans, le 27 prairial an VII, « par suite des bles-
« sures qu'il essuya de la part d'un peloton de cavalerie
« autrichienne qui enveloppa les Français qui étaient aux
« environs de cette ville et du nombre desquels était Antoine
« Bourne Descombes (1) ».

Veurey semble avoir perdu avec la Révolution sa vieille gaîté. Les sobriquets deviennent rares ; c'est-à-dire qu'on ne s'en donne plus autant. Parmi les nouveaux nous trouvons bien Ennemond Fleury, dit *Caborne*, Duport-Roux, dit *Marcouret* et Barnabé Mul, dit *la Brique*, mais enfin ils n'abondent pas et c'est un signe du temps. L'esprit Veurois, humilié par certaines cérémonies ridicules de la religion des sans-culottes se réveille plus d'une fois.

Un jour les citoyens et citoyennes sont obligés d'aller à tour de rôle donner l'accolade fraternelle à l'arbre de la liberté qui se trouve sur la place publique. Les dames sont invitées à s'exécuter les premières, et les femmes des membres du corps municipal doivent naturellement le bon exemple à leurs concitoyennes. C'est le tour de la femme du citoyen Chevalier : elle refuse énergiquement, et comme on se met à suspecter son républicanisme, elle déclare hautement qu'elle préfère *embrasser son époux*. L'immense éclat de rire (2) qui s'élève de la place compromet à tout jamais dans notre commune la majesté des plus augustes cérémonies du culte idolâtrique de la Raison. On en a assez de toutes ces singeries de la Révolution et les plus enthousiastes utopistes de la première heure commencent à comprendre que la vraie Religion a été remplacée par le plus stupide des fanatismes.

Malheureusement une ou deux jeunes filles, d'après les

(1) *Archives de l'Isère*.
(2) Les grandes personnes rient quand elles peuvent en l'an VI de la République. Sans abdiquer ses droits, la vieille gaîté française n'a plus la même spontanéité. Les enfants s'amusent cependant beaucoup avec le *pollichinaile*. Correspondance épistolaire, 1790. (Archives Boisverd.) — La formule finale des lettres en l'an VI est « salut et attachement inviolable ». (*Ibidem*.)

traditions parvenues jusqu'à nous, se sont prêtées à des profanations sacrilèges, jusqu'à se laisser adorer à la place du vrai Dieu, mais nous savons aussi, toujours par ces confidences à voix basse que se font les générations entre elles, que ces infortunées ont cruellement expié leur folie, et que de saintes âmes, héritières de leur nom, se sont offertes en holocauste pour laver le crime et détourner la colère de Dieu de leur maison et de leur pays.

Le 25 décembre 1799 l'arc-en-ciel de l'espérance apparaît. C'est le jour de Noël que la France est née au baptistère de Reims, et c'est encore au jour de la Nativité 1799 — que le calendrier révolutionnaire appelle le *4 nivôse an VIII* — que le général Bonaparte, préludant à l'Empire, se proclame *premier consul* par anticipation sur le résultat total du plébiscite. Il a trente ans et n'a qu'un but : clore l'ère des troubles, instituer la paix des partis, la paix des consciences et la paix des intérêts. Il est acclamé comme un sauveur. Il a « l'imagination républicaine » et l' « instinct monarchique », deux aptitudes qui, au service de son génie, lui permettront de faire passer la France des horreurs de la guerre civile au despotisme impérial.

Une ère nouvelle va commencer pour notre patrie.

Veurey va reprendre sa double vie communale et paroissiale : celle-ci sous les auspices du Concordat et celle-là sous l'égide des lois municipales. Les fêtes religieuses et civiques vont ramener avec elles un peu de ce que le poète appelle « le plaisir de vivre ».

CHAPITRE XX

La Paroisse — Les Curés
1801-1850

Pie VII. — Le Concordat. — M. Durand. — Le père
Rapoud. — Son arrestation en 1791 et son double inter=
rogatoire. — Exil. — Installation du nouveau curé. —
Les Pénitents et Pénitentes. — La queue démagogique.
— Une rencontre. — M. Dépelay. — Erection d'un
chemin de croix. — Administration fabricienne. —
Baptêmes d'adultes. — Une conversion éclatante. —
Mariage sensationnel. — M. Pierre Gérante. — Le
dernier des de Saint=Ours. — Choléra=Morbus. — Fon=
taine publique. — Presbytère. — Erection d'un chemin
de croix. — Confréries. — Projet de reconstruction de
l'Eglise. — Relique de la Vraie Croix. — M. Janon.

Pie VI, prisonnier de la Révolution, conduit d'étapes en
étapes jusque dans les prisons de Valence, vient d'y mourir.
Saint-Malachie (1), le prophète des Papes, a eu raison une
fois de plus. Le « peregrinus apostolicus (2) » s'est réalisé
pleinement. En passant à Saint-Vincent du Plâtre la sainte
victime a béni quelques paroissiens de Veurey qui n'ont pas
hésité à franchir l'Isère pour aller s'agenouiller sur le passage du Pape. La Révolution se hâte de profiter de cette

---

(1) Archevêque d'Armagh, en Irlande; abdiqua par humilité son
archevêché et mourut évêque de Dune en 1148 (Saint Bernard).
(2) Le « pèlerin apostolique ».

mort pour empêcher le Conclave. Mais Dieu veille sur son Eglise et le général russe Souvaroff, après avoir battu Macdonald et Joubert, vient dégager Venise où le Sacré-Collège peut enfin se réunir et procéder à l'élection du nouveau Pape. Le cardinal Chiaramonti est élu et prend le nom de Pie VII.

Son Eglise délivrée, le Christ qui aime les Francs, ramène la victoire sous nos drapeaux. Bonaparte venge les généraux de la République à Marengo, fait chanter le *Te Deum* à Milan et ne se gêne plus pour exprimer hautement au Clergé son désir de rétablir la religion Catholique, Apostolique et Romaine, car, dit-il, « cette religion est la seule qui « puisse procurer un bonheur véritable à une Société bien « ordonnée, et affermir les bases d'un bon gouvernement ». Le lendemain il entre en pourparlers avec le nouveau Pontife pour mettre à l'étude le grand œuvre du Concordat qui est signé à Paris le 15 juillet 1801 — 26 messidor an IX — et ratifié par le Pape le 15 août suivant. La promulgation a lieu le 28 germinal an X. Le premier Consul a choisi à dessein cette date qui correspond au 18 avril 1802, c'est-à-dire à la fête de Pâques, et il ordonne qu'une imposante cérémonie officielle ait lieu à Notre-Dame pour mieux marquer l'importance qu'il attache à cette restauration de la religion catholique.

M. Joseph-Louis Durand, curé de Veurey, habite encore Grenoble, son pays natal, d'où il continue de rayonner par sa parole et par son zèle et de répandre « dans bon nombre « de communes du département la bonne odeur de Jésus-« Christ (1) ». C'est dans cette ville, en 1802, qu'il adhère au Concordat. L'autorité ecclésiastique, voulant d'abord réorganiser le service paroissial dans la ville épiscopale, nomme M. Durand, vicaire à Saint-Joseph de Grenoble. Il signe son premier acte sur les registres de cette paroisse le 16 février 1804. Le 9 décembre 1810 il y appose son nom pour la dernière fois. Nous ignorons la date et le lieu de sa mort que tout fait supposer être Grenoble. Il quitte le

(1) Mlle de Franclieu.

monde avec la satisfaction d'avoir été le bon soldat du Christ et d'avoir vu le triomphe de cette Eglise à laquelle il s'est immolé tout entier dans les jours de la grande tribulation.

Si l'administration diocésaine n'a pas maintenu M. Durand à Veurey c'est peut-être par égard pour l'état de santé singulièrement ébranlée par les souffrances de l'exil ; c'est peut-être aussi parce qu'à l'exemple du Pape qui impose de nouveaux pontifes aux Eglises de France elle tient à donner aux paroisses de nouveaux pasteurs. Il faut tout restaurer dans l'union et la paix. Pour cela il faut des hommes nouveaux vis-à-vis desquels les populations n'aient rien à se reprocher et auxquels elles puissent donner toute leur confiance. Le diocèse a un nouveau chef en la personne de Mgr Claude Simon, digne prêtre sur qui l'influence de Talleyrand, dont il a été jadis le grand vicaire, n'a jamais eu de prises. Notre paroisse, elle aussi, reçoit un nouveau pasteur (en 1802), dont le nom a déjà été prononcé dans cette notice et dont M. Durand lui-même a pu apprécier les éminentes vertus.

Cette paroisse est vraiment privilégiée. On aurait pu lui donner comme recteur un de ces prêtres, assez nombreux, qui ont pactisé plus ou moins dès la première heure avec la Révolution, croyant qu'elle n'attenterait pas à la divine Constitution de l'Eglise et qui dans la suite ont regretté leur faiblesse, et même ont beaucoup souffert pour l'expier. Non. Veurey qui a donné un confesseur de la foi aux mauvais jours aura comme curé aux jours de la résurrection un confesseur de la foi, un des premiers parmi les prêtres de l'Isère écroué pour sa fidélité à l'Eglise Romaine. M. Durand nous a mérité M. Rapoud. Un saint curé a fermé le XVIII° siècle, un saint curé va ouvrir le XIX°. La bénédiction donnée de la rive droite par le Pape prisonnier n'aura pas été vaine.

Le père Etienne Rapoud était religieux minime du couvent de Grenoble au moment où la persécution religieuse a commencé dans l'Isère. Mlle de Franclieu a écrit sur lui quelques lignes qui nous sont fort précieuses et que nous

sommes heureux de citer textuellement : « Le père Rapoux (1)
« minime et M. Servet, aumônier des Ursulines de Grenoble
« avaient été à Chambéry voir leur évêque. M. Sadin, curé
« de Saint-Louis s'était empressé de les introduire auprès
« de lui. Ils avaient longuement conféré dans leurs affaires,
« des difficultés du temps, des besoins des communautés
« religieuses. Mgr Dulau d'Allemans répondant à leur
« confiance s'était plu à les entretenir du secret espoir qu'il
« avait conçu de les rejoindre à Grenoble. Ils revenaient
« donc heureux se communiquant leurs désirs lorsqu'arrivés
« à la douane de Chapareillan l'un des préposés s'avança
« pour les visiter.

« Leur porte-manteau ne contenait rien qui fût de nature
« à les compromettre, mais en passant auprès de M. Servet
« l'agent fouilla les poches et en tira un paquet de bro-
« chures qu'il se hâta de porter au bureau. C'était la réponse
« anonyme à un écrit nouvellement publié sur le serment
« constitutionnel par le P. Cyrille.

« Sans doute le préposé des douanes voulut en prendre
« connaissance car les prêtres l'appelèrent vainement à
« diverses reprises. Lassés d'attendre ils remontèrent sur
« leurs chevaux et s'éloignèrent.

« Ils étaient à cent mètres lorsqu'un jeune homme sortit
« du bureau pour les faire revenir. Ils lui répondirent qu'il
« pouvait garder les brochures, qu'ils n'y tenaient pas et
« poursuivirent leur route jusqu'à Montalieu où ils devaient
« dîner.

« Les préposés des douanes y arrivèrent à leur suite ainsi
« que la garde nationale de Barraux et une foule d'hommes
« et de femmes criant à tue-tête qu'il fallait les arrêter,
« qu'ils étaient les espions du Pape.

« On les fouilla à nouveau. Dans les poches du père
« Rapoux l'on trouva quelques lettres que les douaniers se
« préparaient à lire lorsque le maire de Montalieu s'y
« opposa. C'était violer la loi. Le père Rapoux fatigué des

---

(1) Plus souvent on écrivait *Rapoud*.

« insultes de la foule crut la calmer en demandant lui-
« même qu'on ouvrît les lettres et qu'on les lût.

« Elles n'offrirent aucun prétexte à l'animadversion.
« N'importe ce procédé ne calma point le peuple. Les
« deux prêtres durent remonter à cheval et reprendre
« la route de Grenoble au milieu des huées les plus
« menaçantes.

« Le père Rapoux brisé de fatigue et d'angoisse se trouva
« mal. M. Servet s'en aperçut et demanda du secours.
« — « C'est un aristocrate, dit un des gardes, donnez-moi
« des cordes et ce sera bientôt fait de lui. » — « Chargez
« votre fusil, reprit l'aumônier des Ursulines, brûlez-lui la
« cervelle ce sera plus tôt fait encore ». La foule qui les
« suivait grossissait à chaque village clamant sans cesse :
« — « Ce sont les espions du Pape, il faut les pendre ! »
« Ici et là on préparait des cordes. Les gardes durent à
« plusieurs reprises s'interposer pour garantir leurs vic-
« times. A Grenoble les prisons s'ouvrirent : ce fut une
« sauvegarde. »

Deux jours après, le 18 juin, le père Rapoux subit un premier interrogatoire.

« Du dix-huit juin mil sept cent quatre-vingt-onze dans
« une des sales (sic) du palais, publiquement et portes ou-
« vertes pardevant nous Jean-Joseph-Victor Génissieu juge
« au tribunal du district de Grenoble commissaire en cette
« partie député, écrivant Joseph Deschoux, greffier, commis
« audit tribunal.

« Avons mandé venir des prisons vers le tribunal le dé-
« nommé ci-après lequel nous avons interrogé sur les noms,
« surnoms, âge, qualité et demeure.

« Répond qu'il se nomme *Etienne Rapoud, prêtre cidevant*
« *religieux* habitant à Grenoble, âgé d'environ quarante-
« trois ans.

« Avoir fait faire lecture au comparaissant du procès-
« verbal datté du seize du présent mois à onpe heures du
« matin, dressé par le maire de la municipalité de la Fla-
« chère et Montalieu et par les autres officiers et fonction-
« naires publics y dénommés et signataires — et du procès-

« verbal du même jour à sept heures de relevée, fait par
« les officiers municipaux de Chapareillan comme aussi du
« réquisitoire de l'accusateur public au bas de ce dernier
« procès-verbal et de l'ordonnance dudit tribunal de cejour
« portant notre commission (1).

« Avons représenté au dit sieur Rapoud vingt-six exem-
« plaires imprimés d'un écrit intitulé « Copie fidèle de la
« lettre consultative par le P. C. Augustin adressée par luy
« aux curés du diocèse de Grenoble » et lettre en réponse à
« la présente avec l'épigraffe « ex opere probatur opifex »
« le tout en vingt-quatre pages format in-douze, plus luy
« avons représenté huit lettres ouvertes énoncées dans les
« susdits procès-verbaux.

« Avons paraffé un desdits exemplaires à la page première
« et à la vingt-quatrième et signé avec ledit sieur Rapoud.

« Avons interpellé ledit sieur Rapoud de se nommer un
« conseil et déclaré qu'à défaut de ce nous luy en nomme-
« rons un d'office et ayant répondu qu'il s'en remet à notre
« choix nous lui avons nommé d'office le sieur Achard,
« homme de loi. »

« Avons fait faire lecture au répondant du présent procès-
« verbal avec déclaration que nous procéderons demain à
« l'interrogatoire et qu'il pourra faire inviter son conseil à
« y paraître ; ladite lecture ouïe il a déclaré que les réponses
« par luy faites contiennent vérité et qu'il y persiste, et a
« signé avec nous et notre greffier — Rapoud — Génissieu,
« juge — Deschaux. »

Le lendemain, 19 juin, M. Rapoud est conduit de la prison au prétoire pour subir le grand interrogatoire sur lequel
sera prononcé le jugement. Le saint religieux, plus d'une
fois, reporte sa pensée sur son Divin Maître, traîné devant
Pilate, et comme lui, ne se départit pas une seconde de la
sérénité, qui d'ailleurs a toujours été la caractéristique des
confesseurs de la Foi.

(1) L'ordonnance du tribunal est ainsi conçue : « Vu... Vu le requisitoire de l'accusateur public, Le Tribunal ordonne que les détenus Rapoud et Servet seront interrogés pour leurs réponses vues être statué ce qu'il appartiendra — est commis à cet effet M. Génissieu juge au tribunal du District — fait en tribunal le 18 juin 1791. L. B. Genevois. »

« Ce 19 juin mil sept cent quatre-vingt-onze dans une sale
« du palais de justice, publiquement et portes ouvertes, par
« devant nous Jean-Joseph-Victor Génissieu, juge au tribu-
« nal du district de Grenoble, commis en cette partie député,
« écrivant Joseph Deschaud greffier-commis audit tribunal.

« Avons mandé venir des prisons près le tribunal le sieur
« Etienne Rapoud prêtre ci-devant religieux minime habi-
« tant Grenoble, et en suite de notre procès-verbal du jour
« d'hier portant lecture à eux faite des pièces y énoncées et
« nomination d'un conseil nous l'avons interrogé comme
« suit en l'absence de son conseil qui n'a pas paru.

« Interrogé s'il n'a pas passé à Chapareillan le seize du
« présent mois vers les nef heures du matin :

« Répond et convient.

« Interrogé d'où il venait :

« Répond qu'il venait de Chambéry de compagnie avec le
« sieur Servet aumônier des religieuses ursulines.

« Interrogé sur ce qui leur est arrivé passant devant les
« bureaux des douanes à Chapareillan :

« Répond qu'il fût le premier arrêté par les préposés à la
« douane. L'un d'eux palpa au centre du porte-manteau et
« ayant touché quelque chose qui résistait à la main, il
« demanda ce que c'était. Sur la réponse que c'était des
« bréviaires et n'ayant senti que du linge aux extrémités
« il n'alla pas plus loin et ne voulut pas faire ouvrir le
« porte-manteau. En même temps un autre employé fouilla
« le sieur Servet et ayant trouvé dans sa poche un paquet
« sous enveloppe et sans adresse et ficelé contenant quel-
« ques exemplaires imprimés, il le prit disant « il faut faire
« examiner ceci par ces messieurs » entendant parler des
« supérieurs du bureau. Après une attente on demanda le
« paquet. La réponse fût qu'on allait le vérifier. La même
« réquisition et la même réponse eût lieu jusqu'à trois fois.
« Enfin le sieur Servet ne voyant point revenir le paquet,
« dit que ne sachant pas ce que c'était, il n'y mettait pas
« beaucoup d'intérêt, qu'il aimait mieux le laisser et partir.
« Ce qui fût fait. »

« Interrogé si au contraire ils ne partirent pas en forçant
« la résistance d'un commis :

« Répond et nie disant qu'aussitôt que le sieur Servet eût
« (décidé) le départ, il eut lieu sans trouver de résistance.

« Interrogé s'il n'avait pas sa part dans le paquet, où et
« pourquoi il avait été remis :

« Répond qu'au moment de leur départ pour Chambéry et
« mettant le pied à l'étrier, un homme à eux inconnu, remit
« ce paquet au sieur Servet en disant : « Voilà ce qu'on
« m'a chargé de vous remettre et que le sieur Servet le mit
« dans sa poche sans regarder ce que c'était.

« Interrogé s'il n'est pas vrai au contraire que ce paquet
« leur fût remis dans le logement qu'occupe à Chambéry « le
« sieur Dulaud ci-devant évêque de Grenoble » à fin d'en
« faire la distribution dans cette ville :

« Répond et nie persistant à sa première réponse.

« Interrogé où il a été arrêté pour être successivement
« traduit :

« Répond qu'il fût arrêté par les commis de la douane
« chez le sieur Chabert, vicaire à Montalieu où ils étaient
« allés dîner. Ces employés et leur escorte *vérifièrent* le
« porte-manteau qui était resté attaché à la selle. Ils n'y
« trouvèrent rien dont l'importation fût répréhensible. Ils
« fouillèrent aussi les poches du répondant et du sieur
« Servet et leur ayant trouvé diverses lettres cachetées ils
« demandèrent qu'elles fussent ouvertes, soupçonnant, di-
« saient-ils, qu'elles pouvaient contenir des choses contre
« l'Assemblée Nationale. Pour se justifier de ce soupçon le
« sieur Servet commença à rompre le cachet d'une ou deux.
« Successivement elles furent toutes ouvertes et lues publi-
« quement. On vit qu'elles ne contenaient rien de relatif à
« la Révolution ou qui annonçât des complots. On en re-
« marqua seulement *une* où la personne qui l'écrivait
« disait « *met la Contre-Révolution dans ta poche* » et le
« répondant entendant ce mot ne trouva d'autre sens sinon
« que la personne qui l'écrivait ne l'écrivait pas à la Contre-
« Révolution, mais en plaisantait.

« Interrogé s'il n'a pas rencontré à Chambéry des citoyens

« de Grenoble en voyage et autres que ceux qui y font
« depuis quelque temps une résidence, et s'il ne les a pas
« conduits chez le sieur Dulaud ci-devant évêque de Gre-
« noble pour leur faire assurer que sous peu de jour le sieur
« Dulaud viendrait reprendre le siège épiscopal :

« Répond et nie.

« Lecture faite au répondant de nos interrogatoires et de
« ses réponses il a dit que lesdites réponses contiennent
« vérité ; qu'il n'y veut ajouter ni diminuer et qu'il persiste
« et a signé avec nous et notre greffier : Rapoud, Génissieu,
« Benhaux. »

Le lendemain, 20 juin, le jugement est rendu dans ces termes :

« Vu les procès-verbaux, les interrogatoires, la requête ci-
« dessus, les conclusions du commissaire du Roy, et de
« l'accusateur public,

« Le tribunal ordonne que les procès-verbaux, les exem-
« plaires y énoncés resteront annexés aux interrogatoires
« pour servir à ce que de raison et que cependant les expo-
« sants seront élargis, enjoint au geôlier de leur ouvrir les
« portes à l'exhibition de la présente ordonnance qui demeu-
« rera au greffe sauf aux exposants à s'en faire délivrer des
« extraits, ordonne au surplus que les lettres missives énon-
« cées aux procès-verbaux seront rendues aux exposants
« moyennant décharge.

« Fait en tribunal le vingtième juin mil sept cent
« quatre-vingt-onze. Genevois, Lemaître, Duport, Génissieu,
« Dumay. »

Les lettres sont en effet restituées à leurs propriétaires, comme le témoigne la décharge ci-après : « Nous avons reçu
« des mains du greffier les lettres énoncées au procès-verbal
« et mentionnées en l'ordre ci-contre de ce 20 juin 1791.
« Servet, Rapoud (1) ».

Quoique relâché par la police révolutionnaire, M. Rapoud n'en reste pas moins sous sa tracassière surveillance. Il est de ces prêtres qui vont de cure en cure porter les déci-

(1) *Archives de l'Isère*.

sions du Pape et des évêques, afin de prémunir leurs confrères contre les hypocrisies du schisme. Aussi dès les premiers jours de la Terreur il est obligé de prendre le chemin de l'exil, car en 1793 nous le trouvons à Fribourg.

Les exilés de Fribourg eurent particulièrement à souffrir. La plupart des cent vingt-huit prêtres qui y étaient déportés n'étaient pas vêtus, mais seulement couverts, au dire de M. l'abbé Lambert. « Nous en avons vu, dans le courant de « l'hiver de 1793-1794, entassés les uns sur les autres dans « des chambres étroites et obligés de s'y tenir enfermés « parce qu'ils manquaient de vêtements pour se garantir de « la rigueur du froid », écrivaient les évêques français réfugiés à Fribourg, « nous en avons découvert qui depuis plu-« sieurs jours ne mangeaient que du pain, ne buvaient que « de l'eau, et à qui nous avons craint quelquefois de ne « pouvoir donner pour soulagement que nos larmes ».

Le père Rapoud gardera toute sa vie un tremblement nerveux, résultat des souffrances endurées à Fribourg. Il aimera à raconter à ses paroissiens de Veurey les épisodes du grand drame révolutionnaire, et à leur redire ses souvenirs de prison et d'exil. Mais que d'anecdotes perdues parce qu'elles n'ont pas été recueillies par une plume amie ! Que de documents précieux à déplorer !

Tel est le prêtre qui est placé à la tête de la paroisse de Veurey et devant qui s'ouvrent à nouveau les portes de notre vieille église après un deuil de dix ans. M. Rapoud est installé le dimanche 15 pluviôse an XII (février 1804), à 11 heures du matin, par le maire Claude Saint-Ours, assisté du conseil municipal (1). Le nouveau curé est accompagné par M. Disdier, prêtre délégué par M. Claude Simon, évêque de Grenoble. Le maire fait un discours, et ensuite l'office divin est célébré. A l'issue de la messe M. Rapoud est installé au presbytère, et reçoit *possession et puissance* de la maison curiale et de ses dépendances, basse-cour, jardins, treillages et d'une portion de terre, bois et arpages

---

(1) Nous ignorons comment le service fut assuré de la proclamation du Concordat, 17 avril 1802, à l'installation de M. Rapoud.

situés à l'Eygalen, mas de la Charrière, immeubles composant le demi-arpent assigné à l'ancien curé par la constitution civile du Clergé dont aucun n'avait été aliéné (1).

M. Rapoud se met résolument à l'œuvre. Les pénitents du Saint-Sacrement, réorganisés par lui, reprennent leur bâton de rogation, leur aube, leurs cérémonies et leur règlement. C'est le 4 messidor an XII (2) 1805) que cette vénérable confrérie, presque deux fois séculaire, est rétablie par une autorisation de Mgr l'évêque de Grenoble. Elle reprend sa place aux tribunes.

Celle des Pénitentes est également restaurée. La chapelle latérale de droite lui est de nouveau affectée. La vieille église, quelque détériorée qu'elle soit par des années d'abandon, retrouve ses splendeurs passées.

Est-ce à dire que M. Rapoud n'ait pas à souffrir des conséquences de l'impiété révolutionnaire. La plupart de ceux qui ont trempé dans la grande conjuration contre la Religion vivent encore, et la queue démagogique continue de frétiller, malgré la main de fer qui gouverne la France. En Province surtout la pacification des esprits est longue à s'établir. A Veurey, une délibération du Conseil municipal du 16 février 1808 avise aux moyens de réprimer « la licence d'une multitude d'individus qui se permettent de troubler et d'interrompre les citoyens « dans l'église pen-« dant les cérémonies religieuses..... le pasteur troublé et « interrompu lui-même dans ses fonctions a souvent fait de « vains efforts pour réprimer ces écarts (3) ».

Les registres paroissiaux de 1802 à 1817 ayant disparu, nous ignorons beaucoup de choses au sujet de M. Rapoud (4), notamment le lieu et la date précise de sa mort, mais il est probable qu'il mourut ou se retira du ministère en 1816, car

---

(1) Archives municipales.
(2) De la République et non de la Liberté.
(3) Archives municipales.
(4) C'est M. Rapoud qui installe en 1805, comme curé de Voreppe, M. Durand ancien constitutionnel réconcilié, qui jure le serment de « fidélité à l'Empereur », établi par les constitutions de la *République*. (Archives paroissiales de Voreppe.)

nous n'avons trouvé aucune trace d'un autre curé de 1808 à 1816. Ce que nous savons surtout, c'est que M. Rapoud (1), ou plutôt le père Rapoud, a vécu un siècle et plus dans la mémoire des Veurois, donnant une fois de plus raison à cette parole de nos saints Livres : « La mémoire du juste est éternelle ».

Au moment où MM. Durand et Rapoud goûtent les amertumes de l'exil, un enfant de onze ans rencontre un vieillard dans les bois de Chambarand qu'il aime à parcourir dans l'espoir de rencontrer nos confesseurs de la Foi qui s'y tiennent cachés. La piété de l'enfant lui a bien vite révélé qu'il a devant lui un de ces dignes prêtres fuyant déguisés devant la maréchaussée de la Convention. Il se met à genoux. Le vénérable ecclésiastique le bénit et lui demande ce qu'il veut devenir. L'enfant déclare qu'il voudrait être prêtre. Le vieillard l'encourage et le bénit encore. L'homme aux cheveux blancs est Charles-François d'Aviau, archevêque de Vienne et Primat des Gaules ; l'enfant a nom *Joseph Dépelay*, que Veurey aura pour curé de 1816 à 1825 (2).

L'enfant prédestiné sera un saint prêtre. Sa prédilection pour la maison du Seigneur sera la note distinctive de sa vie sacerdotale. Dès qu'il a pris possession de la cure de Veurey, M. Dépelay travaille avec ardeur à remettre notre vieille église en état d'abriter dignement le Saint des Saints. Le 6 février 1818 il procède à l'érection du chemin de la Croix « à la grande satisfaction des habitants (3) », en présence de MM. Charpenay, curé de Chatte, Simond, curé de Saint-Vérand, Jean Roche, Joseph Jardin, Sébastien Romain, de la Frette, Charles Janon, François Cassoud, Louis Roche et d'un grand concours de fidèles (4).

En outre, il fait réparer le presbytère, décorer l'intérieur de l'église et agrandir le chœur. Il est aidé dans sa tâche

---

(1) M. Rapoud avait gardé de ses épreuves un tremblement nerveux qui le faisait beaucoup souffrir.
(2) Ces souvenirs nous ont été conservés par la petite-nièce de M. Depelay.
(3) Archives paroissiales.
(4) M. Depelay avait été vicaire à Voreppe de 1808 à 1813.

par les membres de son Conseil de Fabrique : MM. Beler, Marie-Hugues de Saint-Ours, l'ex-chanoine, qui a remplacé M. Louis-Charles de Saint-Ours de l'Echaillon, Antoine Janon, Narcisse Roche, Louis Bourne et Claude Saint-Ours, maire.

Le 8 juillet 1821, M. Dépelay donne la sépulture ecclésiastique à M. Louis-Charles de Saint-Ours de l'Echaillon, le dernier seigneur de Veurey, décédé à l'âge de 84 ans, parrain de la petite cloche en 1788 et ancien président du Conseil de Fabrique.

Les fabriciens, dans les premières années qui suivent la Révolution, ont comme le curé une tâche délicate et parfois ingrate à remplir. Le 8 décembre 1816 une délibération du Conseil fixe à 2 fr. la location d'une chaise, à 3 fr. celle d'une chaise double, et à 0 fr. 50 la place aux banquettes. La confrérie des Pénitents « *tollérée dans cette paroisse* » payera 50 fr. et celle des Pénitentes 36 fr. Aucun particulier ne pourra placer sa chaise dans l'église sans l'autorisation du bureau des Marguilliers (1). Ceux-ci ont de la peine à faire rentrer les deniers de la Fabrique, et se voient même contraints de poursuivre judiciairement les débiteurs récalcitrants. En 1818 plusieurs habitants refusent même de payer la taxe des baptêmes, qui a cependant été fixée par une ordonnance épiscopale du 28 frimaire an XII (20 décembre 1803). Le Conseil de Fabrique décide qu'on ne sonnera qu'après l'acquittement de la taxe, dont les indigents seuls sont dispensés. Dans la même délibération on arrête la réparation de la toiture de la chapelle attenante à l'église au midi. Cette chapelle est celle des Pénitentes où M. Claude de Boisverd fût installé maire de Veurey en 1789. Les fabriciens ont également à défendre le clos presbytéral contre les empiètements d'un sieur Eybert qui « s'est permis d'abattre une partie de la berge du fonds dépendant du presbytère qui confine le sieur Eybert du côté du couchant. Le juge de paix, invité par le président de la fabrique, vient juger sur les lieux et condamne Eybert.

(1) Membres du Conseil de fabrique.

Pendant que les fabriciens à force d'économie et d'ordre remettent en état l'église et le presbytère, M. Dépelay relève les ruines morales. Au cours de la Terreur et sous le Directoire plusieurs enfants ont été privés du saint baptême, ou s'ils ont été baptisés l'acte testimonial du baptême a disparu. Ces enfants ont grandi : aujourd'hui ils demandent à être absolument tranquillisés à ce sujet au point de vue de la conscience, et le pieux pasteur plus que personne a hâte de tout réparer. Le 30 avril 1817 M. Chapuy, curé-archiprêtre de Voreppe, autorisé par Mgr l'Evêque, a conféré le baptême sous condition « avec toute la solennité possible » à Joseph Alleyron (1), âgé de 21 ans, à Auguste Martin, âgé de 18 ans, à Alexandre Alleyron, 17 ans, à Marie Guivet, 18 ans et à Madeleine Rolland, 17 ans, en présence de MM. Joseph Dépelay, curé de Veurey, Louis Redon, curé d'Eybens, et Gabriel Marchand, vicaire de Voreppe.

Mais l'œuvre qui fait le plus honneur à M. Dépelay et dont le succès doit être attribué à son aimable piété est assurément le retour à Dieu du vice-président du district et député révolutionnaire François-Auguste-Reymond de Boisverd. Les désenchantements ont succédé aux engouements, et sur les ruines accumulées de tant de folies la sagesse a repris ses droits. Avec la réflexion, la prière et la foi des jeunes années sont revenues. L'homme qui jusqu'à vingt-cinq ans a pratiqué d'une manière édifiante la religion catholique, apostolique et romaine (2), et qui, égaré par une politique insensée, a persécuté les prêtres, vient se mettre humblement sous la direction de son curé, entre dans le Conseil de Fabrique, gère les deniers paroissiaux avec un dévouement inaltérable et n'hésite pas, en considération de M. Dépelay, son curé et ami, à morceller son clos pour agrandir les bâtiments curiaux (3). La miséricorde divine une fois de plus a changé le loup en agneau sur un nou-

---

(1) Joseph Alleyron fut maître d'école à Veurey.
(2) Archives de la famille de Boisverd.
(3) C'est ainsi que l'on a pu construire la dépense et le fruitier du côté nord.

veau chemin de Damas. M. de Boisverd est tout au bon Dieu, et n'est point surpris par la mort subite mais non imprévue qui vient le ravir à l'amour des siens, à l'amitié de son pasteur et à l'estime publique, le 16 octobre 1819. Deux jours après, M. Dépelay l'accompagne à sa dernière demeure. Lors de la translation des restes mortels de la famille de Boisverd, le 20 décembre 1867, le maire Point aura dans son discours funèbre un souvenir ému pour M. de Boisverd : « Il a toujours éloquemment plaidé la cause de
« l'agriculture. Il ne dédaigna pas d'accepter le poste de
« capitaine de la garde nationale de Veurey, et de la mener
« lui-même au siège de Lyon. Plein d'humanité pour l'in-
« fortune il possédait l'estime et l'affection générales par
« la bonté de son cœur, par les lumières de son intelligence,
« fortune, il possédait l'estime et l'affection générales par
« ment. Sa mort laissa un long deuil parmi les habitants. »

Après la conversion éclatante d'un persécuteur de l'Eglise et d'un transfuge de la Noblesse, c'est le mariage sensationnel d'un ex-chanoine et d'un émigré. Le 9 mai 1824 (1), M. Falque, curé de Noyarey, vient marier à Veurey M. Marie-Hugues de Saint-Ours de l'Echaillon, comte de Saint-Chef et chanoine de Saint-Pierre de Vienne, avec Mlle Sylvie-Joséphine Colon de la Tour-Banjac, en présence de MM. Pierre-Abel de Charanci, Marie-Hugues de la Meyrie, Jean-Pierre de Bouffier, Louis Bourne de Longpré, Gabriel de la Tour et Claude Saint-Ours, maire. Il n'y a aucun empêchement canonique à ce mariage puisque le chanoine de Saint-Ours, n'a reçu aucun ordre sacré ou majeur. Il est simplement tonsuré. Le canonicat n'implique ni la prêtrise, ni le diaconat, ni le sous-diaconat. Avant la Révolution il est fréquemment conféré à de simples clercs. Ce mariage, tout sensationnel qu'il paraît, n'a donc rien que de très légitime et semble n'avoir eu comme fin, étant donné l'âge de M. de Saint-Ours, 79 ans, que de faire passer

---

(1) C'est vers cette époque (1822) que s'éteint pieusement un jeune séminariste, âgé de 22 ans, Etienne Michon, fils de Claude Michon et de Victoire Saint-Ours.

à une autre famille noble ce qui peut rester de la fortune déjà bien émiettée des anciens seigneurs de Veurey.

Si M. Dépelay n'assiste pas à ce mariage, c'est que son état de santé lui permet difficilement de remplir toutes les fonctions de son office. Bien souvent déjà MM. Ravix de l'Or, curé de Montaud, Falques, curé de Noyarey, et Redon, curé d'Eybens, sont venus le suppléer. Aussi demande-t-il bientôt à être déchargé de la paroisse de Veurey. Le 4 février 1825 M. Dépelay signe son dernier acte. Il est nommé à la cure de la Buisse, qu'il accepte parce que, probablement, il y trouve un vicaire ou auxiliaire. Dans cette nouvelle paroisse son zèle ne se repose point. Il prépare tout pour la reconstruction de l'église de la Buisse, et c'est lui en somme qui en est le véritable auteur. Nous le trouvons ensuite desservant la chapelle vicariale de Penol, et enfin aumônier de l'hospice de Saint-Robert où il meurt le 17 mars 1849 (1), dans le mois de son auguste patron, en l'avant-veille de la fête de Saint-Joseph, à l'âge de 67 ans, comme l'indique l'ordo de 1850. A Murinais, son pays natal, il a été impossible de trouver son acte de baptême, les registres de cette paroisse ne datant que de 1820. On n'y a découvert que des messes de fondation, à la date du 12 août 1849. « M. Dépelay était considéré comme un saint « dans sa famille, tant il était mortifié, pieux et sévère dans « l'exercice de son ministère (2) ».

C'est un jeune prêtre, M. Pierre Gérante, vicaire au Grand-Lemps, qui succède à M. Dépelay. Né à Voreppe, heureux de pouvoir contempler son pays d'origine et son clocher natal des fenêtres et de la terrasse de son presbytère de Veurey, le nouveau curé établira pour toujours sa tente dans cette paroisse et voudra y dormir son dernier sommeil. Pendant trente-cinq ans il y vivra d'une seule idée : élever comme Salomon une maison au Seigneur, et la déco-

---

(1) M. Depelay n'était pas interné à Saint-Robert. comme on l'a dit. Il en était l'aumônier. Il a pu mourir dans un accès de fièvre, mais chez lui, le moral était parfaitement sain, d'après le témoignage d'une vieille religieuse qui l'a connu vers la fin de sa vie.

(2) Témoignage d'une de ses nièces.

rer d'une façon digne de la Majesté Divine, ou plutôt nouveau Néhémias, réédifier un nouveau Temple sur les ruines de l'ancien et lui donner toute la splendeur possible. En attendant de réaliser ce rêve si sacerdotal, il va tenter de redonner des airs de jeunesse à la vieille église mérovingienne. Il répare d'abord la sacristie et fait construire deux stalles au chœur.

Il voit s'éteindre la branche des Saint-Ours de Veurey. Le 8 avril 1828 il enterre messire Marie-Hugues de Saint-Ours de l'Echaillon mort, après quatre ans de mariage, à l'âge de 83 ans, et dernier rejeton des seigneurs de Veurey. La Religion, pour laquelle l'émigré a souffert dans l'exil, console ses derniers moments (1).

La même année Mgr Philibert de Bruillard, évêque de Grenoble, visite Veurey et administre le sacrement de Confirmation à quatre-vingts personnes.

En l'année 1830 le jeune curé fait agrandir le presbytère par l'adjonction de la partie sud-ouest, qui régularise la façade, et ménage un vaste rez-de-chaussée, un salon ou grande chambre, et des combles non moins avantageux. Il y consacre une partie de son avoir. Deux ans après il offre à la commune la somme de deux cents francs aux conditions suivantes : 1° cent francs seront appliqués aux indigents de la commune qui seraient frappés par le *choléra-morbus* (2) ; 2° cent francs seront destinés à la fontaine publique projetée pour en hâter l'établissement. Si le fléau épargne Veurey, les cent francs du choléra-morbus iront à la fontaine ; 3° la moitié des écoulements de celle-ci sera dirigée par les soins de l'administration et au moyen de travaux d'art jusqu'au centre du jardin dépendant de la maison curiale.

M. Gérante ne s'occupe pas seulement du bien-être matériel de ses paroissiens, ce qui fait décerner des éloges « à sa vigilance éclairée et à sa sollicitude administrative (3) ».

(1) On continuait à l'appeler dans le pays Monsieur le Chanoine.
(2) Le cholera morbus ne semble pas avoir fait de victimes à Veurey.
(3) Archives de la Fabrique.

Il songe aussi au bien des âmes. Le 24 mars 1837 il érige dans l'église de Veurey un nouveau chemin de Croix « au grand concours et à la grande satisfaction de la paroisse » en présence de MM. Jean Roche, Louis Salaman, maire, Antoine Janon, Sébastien Hébert, Pierre Vieux, qui signent à côté de leur curé (1). Deux ans après il prépare à la confirmation cent dix personnes, restaure en les faisant revalider les confréries du Rosaire et du Scapulaire (11 décembre 1839), obtient un secours de la reine Amélie pour les besoins de sa paroisse, et dès 1840 saisit son Conseil de Fabrique de la reconstruction de l'église : « projet que M. Gérante a formé « depuis longtemps pour le bien de la religion et le plus « grand avantage de ses paroissiens (2) ».

Après une longue discussion le Conseil prend la délibération suivante :

« Art. I. — Il sera dressé à bref délai par les soins de « M. le président un devis estimatif des réparations actuel« lement nécessaires à l'église de Veurey.

« Art. II. — Si ce devis partiel s'élève à la somme de trois « mille francs il restera sans exécution et dans ce cas le « principe de reconstruction entière de l'église de Veurey « est adopté d'après le projet de M. Gérante dont l'offrande « pécuniaire est acceptée sous les conditions posées par lui« même.

« Art. III. — Il sera fait au Conseil municipal de cette « commune dans le courant de la présente année une de« mande de secours complémentaires pour réaliser ledit « projet.

« Art. IV. — M. le maire est invité à se pourvoir également « auprès du Département et de l'Etat à l'effet d'en obtenir « une subvention qui aiderait la commune à faire les frais « d'une église entièrement neuve.

« Art. V. — La présente délibération, le budget de 1842, « ainsi que le devis de reconstruction totale seront portés à « la connaissance du Conseil municipal de Veurey.

(1) Registres paroissiaux.
(2) Archives fabriciennes.

« Ainsi délibéré, clos et arrêté en séance de Fabrique « lesdits jour, mois et an (18 avril 1841) et ont signé les « membres du Conseil ».

La proposition des fabriciens demeure sans résultats. Le Conseil municipal ne juge pas à propos d'accorder son concours pour la reconstruction de l'église et le projet se trouve relégué dans un ajournement indéfini.

En abordant une pareille entreprise M. Gérante n'oublie pas les moyens surnaturels. De même qu'il a marqué les débuts de son pastorat par l'établissement de la confrérie du Sacré-Cœur (10 septembre 1827) il veut que son grand projet de la reconstruction de l'église soit béni par la Sainte Vierge et le 4 octobre 1843, sur sa demande, Mgr de Bruillard, érige à Veurey la confrérie du très saint et immaculé Cœur de Marie.

Trois ans après, un paroissien de Veurey, Joseph Gerin, rapporte de Paris une parcelle de la relique de la Vraie Croix dont notre paroisse n'avait pas encore été dotée. Nous croyons devoir reproduire ici la pièce conservée aux archives et qui établit l'authenticité et l'origine du précieux Trésor. « Nous François Le Voyer du Boulay, prêtre du « diocèse de Paris, soussigné, certifions que la présente « croix en argent de la longueur de trois pouces environ, « contient une parcelle du Bois précieux de la Vraie Croix, « laquelle parcelle a été tirée par nous d'un reliquaire ren- « fermant un morceau du même Bois qui nous a été donné « par Monseigneur de Quélen, archevêque de Paris, laquelle « Ste Relique nous avons offerte à Monsieur Joseph Gerin en « le priant de se souvenir de nous dans ses prières.

« Fait à Paris le 20 février 1846.

« L'abbé LE VOYER DE BOULAY, *prêtre.* »

Avant de clore cette première moitié du XIXe siècle pour ce qui concerne la paroisse, saluons un dévoué fabricien qui, depuis la restauration du culte, a été un de nos meilleurs trésoriers : M. Janon. Laissons parler le secrétaire : « M. Janon (1), trésorier, accablé par l'âge et les infirmités

---

(1) M. Janon avait un fils curé de Sinard.

« demande de résigner ses fonctions de membre du Conseil
« de Fabrique entre des mains plus jeunes. Le Conseil ap-
« préciant les justes motifs de M. Janon s'est vu contraint
« d'accepter cette démission, mais aussi voulant honorer ce
« bon et loyal serviteur dont le zèle infatigable et la pro-
« bité exemplaire ont édifié si longtemps la commune a
« voté « un tribut d'éloges sincères et un témoignage de
« reconnaissance unanime » en faveur de son ancien et
« irréprochable trésorier qui méritait bien de goûter quel-
« ques jours de repos sur la fin de sa carrière (1) ».

Dans son dernier compte de gestion — dressé en 1846 — M. Claude Janon constate que les bénéfices de la Fabrique augmentent mais que néanmoins ils ne permettent pas « d'envisager des reconstructions même partielles de l'église paroissiale en souffrance ».

Il faudra toute l'énergie, la ténacité indomptable, et la foi ardente de M. Gérante pour triompher de toutes les difficultés dont l'abstention du Conseil municipal, faute de ressources sans doute, ne sera pas une des moindres. Ce sera une des pages les plus intéressantes de l'histoire paroissiale de Veurey.

(1) Archives fabriciennes.

Cliché Borel.

INVENTAIRES DES BIENS DE L'ÉGLISE DE VEUREY
(19 février 1906)

CHAPITRE XXI

Veurey au XIXe siècle

LA PAROISSE – LES CURÉS
1850-1910

Reconstruction de l'église. — Translation des restes de messires Dufour et Durand. — Chemin de Croix. — Visite pastorale. — Baptême de la Valentine. — Consécration de la nouvelle église. — M. de Montrol. — L'Orphelinat. — Saint-Nicolas. — La guerre. — Confrérie de la Bonne Mort. — Noces d'or de M. Gérante. — Sa mort. — M. Girerd. — Le pré de la Cure. — Chemin de Croix actuel. — M. Thomas. — M. Barde. — Hector Point. — Ingratitude publique. — Le Cimetière. — M. Perrin. — Bénédiction du nouveau Cimetière. — M. Rozand. — Cambriolage et profanation de l'Eglise. — Restauration de la toiture. — Mort du curé Rozand. — Séparation de l'Eglise et de l'Etat. — Inventaire. — Confiscations. — Jeanne d'Arc et l'Hirondelle. — Espérance.

Dans la tâche difficile que son zèle lui a imposée, M. Gérante (1) est admirablement secondé par son Conseil de

(1) Dans les actes officiels on a écrit indifféremment *Gérante* ou *Gérente*.

Fabrique et surtout par son ami, toujours fidèle, M. Point, qui providentiellement a été nommé maire de Veurey. Le lecteur sera sans doute heureux de connaître les noms de ces fabriciens, qui constituaient à coup sûr l'élite intellectuelle de la paroisse. Dans sa séance de *Quasimodo*, 7 avril 1850, le Conseil a remplacé M. Auguste Bourne et M. Claude Michon, nonagénaire, par deux nouveaux conseillers, et l'assemblée fabricienne est reconstituée comme suit : MM. Pierre Gérente, curé et président du Conseil, Hector Point, maire, secrétaire, Pierre Roche, notable et trésorier, Louis Sallamand, notable, Jean Roche, Félix Simon, notable, et Alphonse Amat, notable. M. Amat et M. Pierre Roche sont bientôt remplacés par M. Jean-Baptiste Clerc et M. Antoine Cassous. Tels sont les collaborateurs de M. Gérante dans l'œuvre de la reconstruction de l'église paroissiale qui est prise sérieusement en considération dès 1850. C'est pourquoi nous avons à cette date ouvert un second chapitre à l'histoire religieuse de Veurey au XIXe siècle. Plaise au Ciel que la nouvelle église voit une aussi nombreuse et glorieuse succession de curés que notre vieille église mérovingienne !

En 1852 les paroissiens de Veurey manifestent leur volonté de rebâtir leur église par une souscription spontanée qui promet un apport de quatorze mille francs. « Devant « cette unanimité et en présence du don de *six mille francs* « que M. Gérante fera pour ladite construction en outre de « ses *travaux* et *direction*, somme à laquelle viendront « s'ajouter les mille francs du boni réalisé par la Fabrique, « le Conseil de Fabrique prend sur lui la responsabilité et « la gestion du projet, la commune étant dans l'impossi- « bilité de voter le moindre secours ». (La caisse communale a été en effet mise à sec par la construction de ponts et de divers chemins).

L'année suivante (1853) le Conseil municipal déclare en effet qu'il lui est impossible de voter aucun secours pour la reconstruction de l'église, mais il autorise la démolition de l'ancienne, la reconstruction d'une nouvelle à la même place et accorde l'emplacement demandé tant pour le nouvel édifice que pour la circulation extérieure selon la demande de la Fabrique.

C'est alors que l'assemblée fabricienne arrête : 1° que la Fabrique se charge de faire reconstruire l'église et le clocher d'après le plan et devis signés par M. Milanta ; 2° que la commission de surveillance nommée à cet effet sera composée de MM. Gérante, curé, Hector Point, maire, et Félix Simon.

Le 20 novembre 1853 le Conseil de Fabrique arrête également l'emplacement et l'orientation de la nouvelle église (1). Il témoigne sa satisfaction en voyant l'augmentation des ressources due à de nouvelles souscriptions. Il espère que le gouvernement comblera le déficit et lui aidera à parfaire la somme de vingt-cinq mille francs portée au devis.

Le 11 mars 1854 le préfet de l'Isère notifie au Conseil l'approbation des plan et devis du projet et lui demande d'émettre son vœu d'obtention des secours de l'Etat.

C'est au cours de cette même année si mémorable dans l'Eglise Catholique, par la définition de l'Immaculée Conception (2) que sort de terre (3) le nouveau temple promis au Seigneur depuis tant d'années et déjà conçu jusque dans ses détails par le persévérant curé de Veurey. Il faut le voir au milieu des maçons, sur les échelles ou les murs, s'intéressant à chaque pierre, surveillant et modifiant la pose au risque de mécontenter les ouvriers ou de se casser la jambe en tombant d'un échafaudage, comme il arriva certain jour.

Les voûtes et la toiture sont achevées lorsque le 13 juillet 1856 on procède à la translation des restes des deux anciens curés de Veurey, messire Jean-Baptiste Dufour, et messire Jean Durand, son élève et successeur. « D'après « témoignage des anciens du pays, ils avaient été enterrés

---

(1) Archives paroissiales.
(2) La confrérie de l'Immaculée Conception a été érigée à Veurey dès 1852 par Mgr Philibert de Bruillard.
(3) « L'église a été commencée le 1ᵉʳ mai 1854. » (Livre de raison du sacristain Georges Borel.)

« dans la même tombe devant la porte principale de l'an-
« cienne église, et on a trouvé en effet les restes du dernier
« enterré qui était de petite taille (M. Durand) posés sur les
« restes du premier avec des lambeaux d'ornements sacer-
« dotaux. Ils ont été placés honorablement dans une même
« châsse derrière le maître-autel de la nouvelle église (1) ».

Le 14 septembre M. Marchand, curé de Voreppe, préside l'érection du chemin de la croix dans la nouvelle église et le lendemain Mgr Ginoulhiac, évêque de Grenoble, y vient conférer la confirmation pour la première fois. Il visite attentivement le nouveau temple encore inachevé, et nous lisons dans le procès-verbal : « L'église est très belle. Nous « adressons nos sincères félicitations à M. le curé *qui en a* « *été l'architecte*, à l'administration et à tous les fidèles qui « ont déployé tant de zèle pour cette œuvre sainte ».

Cette année 1856 doit encore voir le baptême de la grosse cloche qui s'appellera « Valentine en mémoire de cet homme de bien Louis Valentin qui en a été le parrain (2) ». La marraine est dame Annaïs Berard (3), femme du préfet de l'Isère. La cloche a été donnée par M. Escoffier (4).

La générosité de pieux donateurs vient heureusement au secours de M. Gérante qui attend toujours les subsides de l'Etat. Le 20 septembre 1857 le Conseil de Fabrique déclare s'unir au Conseil de la commune pour solliciter *avec instances* cette subvention de l'Etat, sans laquelle on ne voit aucun moyen d'achever l'œuvre commencée. Ce secours est enfin accordé le 14 mai 1858 et s'élève à la somme de trois mille francs.

Après dix ans de difficultés et de déboires de toutes sortes, d'abandons et de reprises successifs du projet, le vaillant

---

(1) Extrait du procès-verbal de translation signé par MM. Gérante, curé, et Point, maire.

(2) M. Valentin était l'oncle de M. Edgard Voilquin.

(3) Mme Bérard a été assassinée par son domestique à Saint-Martin de Montbonnot.

(4) M. Félix Escoffier, officier de la Légion d'honneur, était entrepreneur de la manufacture impériale d'armes de guerre de Saint-Etienne.

et opiniâtre curé, nouveau Néhémias (1), voit se lever le jour de la consécration de la nouvelle église : jour de vrai et légitime triomphe pour le pasteur ; pour tous jour de sainte allégresse.

C'est le 17 juin 1861, jour anniversaire de la principale apparition du Sacré-Cœur, et en même temps de l'ordination sacerdotale de M. Gérante, que le pontife vient donner l'onction sainte à la *nouvelle Jérusalem parée comme une épouse*, éclatante de blancheur, resplendissante de lumière sur le coteau vert, et qui, placée entre le ciel et la terre pour ceux qui combattent dans la plaine, semble monter de l'une et descendre de l'autre, réalisant à la fois et l'Echelle de Jacob (2) et la Cité sainte du voyant de Pathmos (3).

« L'an 1861 et le 17 juin, nous, Jacques-Marie-Achille,
« évêque de Grenoble, avons consacré selon le rit et avec
« les cérémonies accoutumées l'église et l'autel de Veurey,
« dans notre diocèse, en l'honneur de Saint Georges, et
« nous avons enfermé dans le tombeau dudit autel les reli-
« ques des saints *Sébastien*, *Félix* et *Lucie*, martyrs. Nous
« avons été assisté pendant cette consécration de MM. Cham-
« bon, notre vicaire général, Carron, archiprêtre du canton
« de Voreppe, Gérante, curé de Veurey, et de plusieurs
« autres ecclésiastiques.

« En foi de quoi :

« † M. A. Ev. de Grenoble.
« CHAMBON, vic. gén.

« Ch. COTTON, vic. de N. D. (4).

« P. SERVONNET, secr. part. de Mgr l'Ev. (5).

« Jules DE MONTROL. »

(1) Que de fois M. Gérante a dit comme Néhémias « Surgamus et ædificemus ». Levons-nous et bâtissons ! *Esdras*, II, 2, 18.
(2) *Genèse*, 28, 12.
(3) *Apocalypse*, 21, *passim*.
(4) Mgr Charles Cotton, mort évêque de Valence.
(5) Mgr Pierre Servonnet, archevêque de Bourges.

Monsieur Jules de Montrol signe au bas de l'acte de consécration non à titre de fabricien puisqu'il ne le sera qu'en 1865, mais à titre de notable et de bienfaiteur de l'église. C'est à lui en effet que nous devons la reproduction du fameux *Christ de Langres* (1) qui décore le fond de l'abside principale (2). Mais ce qui lui assure surtout une place d'honneur dans l'histoire religieuse de Veurey, c'est la fondation de l'Orphelinat de Saint-Vincent-de-Paul. Conseiller à la Cour de Grenoble, très pieux, très zélé, très dévoué à l'Eglise, il pénètre parfois, sans s'en douter peut-être, dans le domaine spirituel et curial, et des heurts, toujours regrettables, se produisent entre le paroissien et le pasteur : écueil fatal à beaucoup d'âmes d'élite, admirablement dévouées à la Religion. Les fidèles ne peuvent que se brûler à mettre la main à l'encensoir. Qu'ils demeurent sous le parvis, et laissent aux prêtres le Sanctuaire et le Saint des Saints ! M. Gérante, jaloux comme de raison, de ses droits de curé, les défend avec une ardeur irréductible, peut-être aussi avec un peu d'âpreté. Au total cette lutte homérique fait ressortir ces deux caractères fort différents, et met en relief leurs qualités et vertus respectives. Ce sont, comme l'on dit, des « hommes d'autrefois », en qui les divergences de vues, de manière et d'action, n'entament aucunement le fonds de christianisme, la foi vive, la piété et le dévouement à la sainte cause de la Religion qui sont les principes directifs de l'un comme de l'autre.

M. de Montrol consacre donc une partie de sa fortune à l'établissement d'un orphelinat de jeunes filles dont il confie la direction d'abord aux Dames Trinitaires de 1864 à 1865, et ensuite aux Filles de la Charité de Saint-Vincent-de-Paul (3).

On sait l'influence heureuse que ces dévouées religieuses exerceront non seulement au point de vue social en recueil-

---

(1) M. de Montrol était originaire de Langres.

(2) Dans l'abside de gauche se trouve une belle Résurrection due au pinceau de Mlle Célénie de Vallier de Voreppe, et donnée par elle à son compatriote M. Gérante.

(3) Les Filles de la Charité ont été installées à Veurey le 7 avril 1865.

lant de malheureuses orphelines, mais aussi au point de vue communal par l'éducation et l'instruction données aux jeunes filles de Veurey. C'est plus tard, quand la source de l'enseignement religieux sera complètement tarie, que le peuple en appréciera toute l'importance. Fasse le Ciel qu'il ne voie pas la vérité trop tard et à la lumière sinistre des cataclysmes sociaux.

Saint-Vincent-de-Paul, en entrant à Veurey (1), y détrône sans le vouloir, le grand Saint Nicolas, patron des fustiers et bateliers depuis des siècles. Le jour de sa fête, 6 décembre, les constructeurs de bateaux et les mariniers portent sur leurs épaules à l'église paroissiale une barque splendidement décorée. Le curé la bénit. Malheureusement les libations de l'après-midi, d'où l'eau si bienfaisante cependant pour la battellerie est scrupuleusement exclue, viennent désoler le cœur du vigilant pasteur qui n'hésitera pas à sacrifier le grand thaumaturge au bien des âmes. Témoin cette lettre qu'il écrit à son évêque le 16 juillet 1866, et qu'on pourrait nous reprocher de n'avoir pas citée. « Monsei-
« gneur. Autrefois Veurey où la plus grande partie de ses
« habitants étaient occupés à la construction des bateaux
« et à la navigation honorait Saint Nicolas comme deuxième
« patron de la paroisse. Mais depuis que les locomotives à
« vapeur ont enfoncé la navigation sur l'Isère, on peut dire
« que *Saint-Nicolas est remonté au Ciel, et il a bien fait* (2) ;
« car son nom n'était invoqué qu'entre le verre et la bou-
« teille ». M. Gérante n'est pas en effet partisan de ces
« fêtes dont le monde s'est emparé... » Si comme lui nous ne les regrettons pas au point de vue religieux, car elles apportaient plutôt avec elles un certain trouble dans l'office divin, c'est avec peine, néanmoins, qu'au point de vue social nous les voyons disparaître emportant avec elles la poésie,

(1) M. de Montrol a également établi à Veurey une Conférence de Saint-Vincent-de-Paul dont le président est actuellement M. Marion.

(2) On se prend à regretter cette suppression un peu cavalière de notre patron secondaire, le grand Saint-Nicolas « ce saint pour les humbles, pour les pauvres, et que des pauvres aussi ont apporté en Occident » (René Bazin.)

l'enthousiasme, et les souvenirs qui s'attachent nécessairement à ces fêtes paroissiales et communales.

Ces réjouissances publiques vont d'ailleurs se transformer bientôt en deuil national. La guerre a été déclarée. Les défaites se succèdent rapidement. La France est aux abois. C'est l'invasion, le siège de Paris par les Prussiens, la Commune avec ses horreurs, et le second siège de la Capitale par les Français. Le vénérable curé, ému des débuts de la guerre, par le nombre des victimes qu'elle fait, a l'inspiration d'établir la confrérie de la Bonne Mort qui est définitivement autorisée et érigée le 21 avril 1871.

Si nous appelons M. Gérante *vénérable*, c'est que depuis quarante-cinq ans il administre la paroisse de Veurey, et que ses forces physiques s'en ressentent. L'évêché lui a déjà donné un procuré en 1866, M. l'abbé Chabert (1), remplacé en 1871 par M. Girerd qui assiste aux noces d'or de M. Gérante, le 17 juin 1872.

« L'Eglise, dit la *Semaine Religieuse* du diocèse (2), était
« élégamment guirlandée et festonnée de feuillages et de
« fleurs ; les abords du maître-autel étaient relevés par une
« récente mosaïque du goût le plus pur. Pendant la céré-
« monie le sanctuaire était occupé par un imposant cortège
« de vingt-trois ecclésiastiques dont cinq chanoines, et trois
« archiprêtres, tous accourus auprès du vénérable vieil-
« lard, l'objet de cette fête, pour lui témoigner leur respec-
« tueuse sympathie...

« Sur les dix heures du matin l'office divin accompagné
« des plus touchantes symphonies religieuses, a été célébré
« par M. Gérante, au sein d'une nombreuse assistance.
« Après l'Evangile, M. Revol, doyen des chanoines de la
« Cathédrale, est monté en chaire, et avec toute l'éloquence
« qui le distingue a prononcé un discours fort pathétique
« dont l'abondante facilité a fait ressortir les principaux
« bienfaits du sacerdoce demi-séculaire de M. Gérante, et

---

(1) M. Chabert est aujourd'hui chanoine titulaire de la cathédrale de Grenoble et vient de célébrer ses noces d'or à Lans le mardi 24 août 1909.
(2) N° du 28 juin 1872.

« notamment la somptueuse construction de sa superbe
« église...
« A l'issue de la messe solennelle l'Externat primaire de
« Saint-Vincent-de-Paul, fondé et soutenu par M. de Mon-
« trol, conseiller à la Cour d'appel, est allé remercier M. le
« Curé des bienfaits de son ministère. Cette manifestation
« faite avec beaucoup de délicatesse excita profondément la
« sensibilité expansive du bon pasteur. De son côté l'ancien
« maire de Veurey (1) adressa à M. Gérante sur le parvis
« de son église une respectueuse allocution...
« Cette célébration eût été incomplète dans le cœur de
« M. Gérante s'il n'eût pas appelé les pauvres, ses anciens
« amis, à y participer ; aussi une large distribution de
« vivres a-t-elle été faite par ses soins à tous les indigents.
« Enfin dans la soirée une illumination générale a brillam-
« ment couronné cette fête de famille. »

Soixante et dix-huit printemps, quelque fleuris et enguirlandés qu'ils soient, sont pesants même aux épaules de l'apôtre qui a pour devise : *non recuso laborem*. La santé de M. Gérante va déclinant peu à peu jusqu'au 12 octobre 1877, qui est pour lui l'entrée dans le repos éternel.

« Le 15 octobre 1877 M. Poncet, curé-archiprêtre de
« Voreppe, donne la sépulture ecclésiastique à M. Pierre
« Gérante, curé de Veurey pendant 53 ans, décédé le 12 du
« courant à 5 heures du soir, à l'âge de 83 ans, muni des
« secours religieux en présence de MM. les Curés du canton
« de Voreppe et de M. le Curé de Noyarey, qui ont
« signé (2). »

« Le lendemain à 3 heures du soir, en présence de M. de
« Montrol, président du Conseil, Henry André, représen-
« tant le maire, Bourne Léon, Marion Antoine, Borel
« Joseph et Hector-Scipion Point, M. Girerd Jean-Joseph,
« né le 1er novembre 1841, à Corbelin, département de
« l'Isère, a été installé en qualité de desservant de la pa-
« roisse de Veurey (3). »

(1) M. Hector Point.
(2) Registres de catholicité.
(3) Archives fabriciennes.

C'est sous le rectorat de M. Girerd qu'une mesure municipale est prise pour distraire du revenu curial le *pré de la cure*, et l'inscrire au rôle des communaux cultivés. Le curé fait opposition et obtient gain de cause. Dans sa lettre au maire (1) du 6 novembre 1878 il y a un passage à relever :
« Ce petit immeuble d'une ancienne contenance d'une sété-
« rée soit de *37 ares et 68 centiares*, par l'anticipation des
« propriétaires limitrophes, provient probablement d'un legs
« pieux dont l'origine se perd dans la nuit des temps (2)
« mais dont le titre conservé sous le nom de *pré de la cure*
« dans l'ancien plan plus que séculaire de la commune
« (page ou folio 51) se perpétue sous ce nom dans la tradi-
« tion locale, ainsi que cela peut être constaté par une en-
« quête... »

Le 12 novembre M. Girerd demande au préfet de l'Isère la réintégration dans le revenu curial d'un produit qui en a été indûment distrait. La préfecture fait droit à sa réclamation.

Le 23 septembre précédent M. Poncet, curé de Voreppe, est venu bénir solennellement d'abord un chemin de croix dont les sculptures en bas-relief sont dues à la libéralité de Mme la comtesse d'Agoult et les encadrements donnés par une main généreuse *mais secrète*, et ensuite un tableau, la *Mise au tombeau*, copié d'après Titien par Mme Hurtel, artiste distinguée, et dû à la munificence de Mme la maréchale de Mac-Mahon.

Le 8 octobre une décision épiscopale fixe les droits respectifs des paroisses de Veurey et de Montaud pour les hameaux limitrophes.

Le 25 mars 1879 M. Girerd donne la sépulture à M. Jules Mongin de Montrol, qui suit de près M. Gérante. Il laisse à Veurey, un Orphelinat prospère, comme M. Gérante lui a laissé une coquette église : deux œuvres qui marqueront le XIXe siècle dans notre histoire locale et qui donneront à notre paroisse une plus-value considérable.

(1) M. Pierre Roche.
(2) Voir la page 108, au chapitre X.

M. Girerd, nommé curé de Passins, est remplacé le 17 avril 1879 par l'abbé Joseph-Lucien Thomas, ci-devant, desservant à Auberives-en-Royans, né à Commelle le 21 mars 1844. Ce prêtre, digne successeur par sa piété de M. Girerd, nemrod justement réputé, passant jadis, plus d'une fois, ses confrères sur ses épaules dans les eaux de la Bourne, musculeux et souple au point d'en devenir légendaire, joueur de boules émérite, est bientôt, et trop tôt, terrassé par la maladie qui l'oblige de quitter le ministère et sa paroisse en 1886 pour aller s'éteindre dans son pays natal, presque le même jour que son digne père, dans le courant du mois de mars de l'année 1887.

Son successeur est M. Joseph-Alfred Barde-Périer, né à Proveyzieux, le 24 mai 1852, précédemment aumônier du Sacré-Cœur de Montfleury. Nommé à Veurey le 25 septembre 1886, il est installé le premier dimanche d'octobre en la solennité du Saint Rosaire.

Six mois après son installation il donne la sépulture ecclésiastique à M. Hector-Scipion Point, décédé le 29 mars 1887 à l'âge de 91 ans.

Nous parlerons plus au long de M. Point dans le chapitre suivant où nous aurons à l'étudier comme maire. Au point de vue paroissial il mérite cependant d'attirer notre attention. Comme membre du Conseil de Fabrique il a été d'un dévouement inaltérable à l'Eglise ; comme secrétaire il nous a laissé des procès-verbaux dont la rédaction peut servir de modèle du genre, et comme chrétien, par sa vie exemplaire, par la pauvreté noblement supportée, par son assistance quotidienne à la messe dont il suivait l'action liturgique dans son vieux missel, il restera toujours dans la mémoire des catholiques veurois comme un type achevé de désintéressement et de dévouement à la Religion : deux vertus qu'il puisait dans la pratique des sacrements et dans sa science religieuse. Il aimait à prendre la parole, au cimetière, pour célébrer le mort, mais l'oraison funèbre n'était pas toujours un éloge, et souvent elle n'était qu'un réquisitoire sur lequel la Miséricorde Divine heureusement avait encore à juger. Les paroissiens ou paroissiennes qu'il se contentait de placer dans *le vestibule du paradis* n'étaient certes pas les plus à plaindre. S'il censurait facilement dans ses oraisons funèbres les faiblesses du défunt, il savait aussi exalter la vertu avec éloquence comme sur la tombe de sœur Louise (Marie-Félicité de Lafosse), décédée le 15 août 1871 à l'âge de 30 ans.

Est-ce à cause de quelques écarts de langage, ou plutôt est-ce le fait de l'indifférence du public à l'égard de ceux qui meurent pauvres et sans postérité, nous ne savons, mais M. Point qui avait parlé et prié sur la tombe de tant de Veurois pendant plus d'un demi-siècle eût à peine vingt-cinq personnes à son enterrement. Ici l'historien impartial doit une amende honorable à cet homme au nom du pays qui a méconnu le jour de ses funérailles, quarante ans d'administration intègre et éclairée, et toute une vie d'honneur et d'abnégation. Si ce sont les événements politiques qui sont peut être la vraie cause de cette noire ingratitude, nous n'avons plus qu'à maudire des revirements d'opinion publique capables d'étouffer la reconnaissance dans le cœur du peuple.

Une question intéressante s'agite sous le pastorat de M. Barde : celle du cimetière.

Le 7 mars 1892 le Conseil municipal demande la désaffectation d'une partie des dépendances du presbytère pour agrandir le cimetière. Le Conseil de Fabrique, tout en approuvant le projet, constate que l'endroit est mal choisi, et pose diverses conditions pour sauvegarder les droits curiaux et fabriciens. C'est grâce à cette attitude énergique que le Conseil municipal abandonne son projet d'agrandissement du cimetière, pour en construire un neuf en dehors du village. L'ancien sera désaffecté le 1er novembre 1907 et après le transfert des tombes et de leurs morts une municipalité intelligente et active pourra, sans même beaucoup de frais, aménager autour de l'église paroissiale, un promenoir intéressant et un belvédère que les touristes ne manqueront pas de remarquer.

M. Barde, curé à l'esprit pratique et au cœur dévoué, règle définitivement la question des eaux du presbytère. Il fait faire des réparations urgentes dont il supporte lui-même pour une large part les frais d'ailleurs considérables. Ses successeurs l'ont plus d'une fois loué et béni d'avoir contribué ainsi à l'aménagement du domaine curial.

Si le digne curé caresse le projet de passer de longs jours à Veurey, et même de ne jamais quitter ce presbytère incomparable, la Providence, Elle, décide autrement. Elle l'appelle en 1896 à diriger un orphelinat de garçons à Noyarey, et à y dépenser les trésors de son cœur sacerdotal. Secondé dans cette œuvre éminemment sociale et chrétienne par un dévoué collaborateur, un enfant de Veurey, son élève (1), il arrivera à de merveilleux résultats.

C'est un ancien vicaire de la cathédrale, M. Auguste Perrin, curé de Lalley, qui le remplace et est installé curé de Veurey, le 1er juillet 1896, par le Conseil de Fabrique. Prêtre très pieux et très zélé, il ne reste malheureusement que deux années en fonction. L'administration épiscopale l'appelle à l'aumônerie des Visitandines de Saint-Marcellin où il demeure jusqu'au jour de leur expulsion (2). Toutefois c'est pendant son court passage à Veurey qu'a lieu l'inauguration du nouveau cimetière. Le dimanche 6 novembre 1897, fête des Saintes Reliques, à l'issue des vêpres, M. l'abbé Barde, directeur de l'Orphelinat de Noyarey, et ancien curé de Veurey, délégué par Mgr l'Evêque, a béni le cimetière neuf selon les rubriques du rituel romain en présence de M. le recteur Perrin, qui part l'année suivante en laissant à Veurey un souvenir tout particulier pour son dévouement aux malades.

M. Auguste Rozand, précédemment curé de Sermérieu, lui est donné comme successeur. Son installation a lieu le 16 octobre 1898. Le nouveau curé a la douleur de voir son église profanée dès les premiers jours de son ministère. Le

---

(1) M. l'abbé Georges Borel, nommé directeur de l'Orphelinat de Noyarey après la mort de M. Barde, survenue en 1910.

(2) M. Perrin qui avait été vicaire à la cathédrale de Grenoble avant d'être curé de Lalley, est aujourd'hui curé de Saint-Pierre de Voiron. Aumônier de la Visitation de Saint-Marcellin, il voulut être expulsé avec ses religieuses.

3 janvier 1899, des voleurs qui se sont cachés dans l'église la veille, probablement dans les bancs de famille ou le confessionnal, défoncent trois troncs et forcent le tabernacle. Ils emportent un ciboire contenant cinquante hosties et deux lunules pour la bénédiction du Saint-Sacrement. Le dimanche qui suit, le 6 janvier, une cérémonie de réparation a lieu en présence de toute la paroisse avec l'autorisation de l'évêché. Le digne pasteur est d'autant plus sensible à cette épreuve qu'il est déjà miné par la maladie qui doit l'emporter bientôt.

La libéralité de M. Charles Didon qui lègue la somme de trois mille francs à la Fabrique vient heureusement atténuer la perte éprouvée, et permet à M. Rozand de réaliser certaines améliorations parmi lesquelles nous devons relever la pose des double-vitraux, si nécessaires, surtout au couchant, pour garantir l'église contre les pluies torrentielles et la grêle venant habituellement de l'ouest, et contre les gouttières qui en résultent. C'est encore sur la motion de M. Rozand que le Conseil de Fabrique vote 180 francs pour l'installation électrique et 300 francs à remettre à la municipalité qui veut bien se charger de la réparation de la toiture dont plusieurs poutrelles, trop tôt fusées, commencent à devenir inquiétantes. Les fonds communaux fournissent une somme égale. Avec les 600 francs accordés par l'Etat, on arrive au total de 1.200 francs : ce qui permet de procéder à la réfection de la charpente qui abrite le Sanctuaire et de repasser toute la toiture de l'édifice.

M. le curé Rozand ne jouira pas longtemps de ces diverses améliorations. Sa santé se délabre de plus en plus au cours de l'année 1903, et malgré les soins que lui prodiguent ses sœurs et le dévouement de son auxiliaire (1), il s'éteint pieusement dans le Seigneur le 25 août 1903. Plus de trente prêtres assistent à ses funérailles. Son corps est transporté à la Rivière, son pays natal. Ses compatriotes accourent

---

(1) M. l'abbé Barnier, actuellement curé d'Autrans.

très nombreux, sur les limites de la paroisse, et lui font un cortège imposant.

C'est quelques jours après que nous avions l'honneur de recueillir la succession de ces saints prêtres et dignes pasteurs dont nous venons d'esquisser la silhouette à grands traits. Le lecteur nous pardonnera de nous mettre en cause, dérogeant ainsi à cette règle impérieuse qui défend au chroniqueur de parler de lui-même. Mais comme nous avons été témoin du fait si grave de la Séparation de l'Eglise et de l'Etat, et des douloureuses conséquences qui en ont résulté pour notre paroisse, nous nous permettons de continuer le Livre de vie de la paroisse de Veurey.

Le 8 décembre 1904 nous avons le bonheur de fêter le cinquantième anniversaire de la promulgation du dogme de l'Immaculée Conception. Les enfants de Marie rivalisent d'empressement pour élever dans l'avant-chœur un magnifique reposoir à leur Mère céleste. Ce jubilé est comme un sourire de tendresse maternelle que la Vierge accorde à l'Eglise de France avant les jours de grande tribulation qui se préparent. L'ange gardien de notre patrie ne doit pas être oublié, et nous croyons devoir placer en notre église (1) sa statue qui sera comme un palladium et un gage du triomphe final après la nécessaire épreuve, dont les signes avant-coureurs ne tardent pas à paraître à l'horizon.

Le 26 mai 1905 M. l'adjoint de la commune, Joseph Roche, accompagné du secrétaire de la mairie (2), vient nous notifier le décret ministériel ordonnant le dépôt à la mairie d'une copie de l'inventaire général du mobilier de l'église. Notre réponse est que nous conformant d'une part au décret de 1809 que la circulaire ministérielle outrepasse, et de l'autre à l'Instruction épiscopale, parue hier dans l'officiel de l'évêché, nous ne croyons pas devoir nous rendre aux désirs du ministre des Cultes. Le lendemain M. le Maire nous fait savoir que M. Bienvenu-Martin, ministre des Cultes, a retiré sa circulaire.

(1) La bénédiction a lieu le dimanche 5 février 1905. Le prédicateur est M. l'abbé Noël Foulu, curé de Courtenay. Beau sermon.
(2) M. Charpenay.

Bientôt, dans les sphères ecclésiastiques, on se préoccupe de parer aux éventualités de la Séparation de l'Eglise et de l'Etat qui est mise en discussion. On préconise la formation d'associations paroissiales, et le clergé est appelé à s'y intéresser. Les prêtres du canton, réunis au presbytère de Veurey, sous la présidence de l'archiprêtre (1), arrêtent à l'unanimité le rapport suivant qui est envoyé à l'évêché :

« Nous soussignés, prêtres du canton de Voreppe, réunis
« en conférence à Veurey sous la présidence de M. Nublat,
« curé-archiprêtre de Voreppe, soumettons respectueuse-
« ment à l'autorité ecclésiastique notre opinion sur le but
« et l'opportunité des associations paroissiales

« Le but de ces associations nous paraît devoir être de
« grouper les vrais catholiques qui auront à cœur de conser-
« ver leur religion et de les amener à s'occuper, de concert
« avec leur curé, des intérêts religieux et moraux de la pa-
« roisse. Il serait insensé de dire qu'en face des éventualités
« d'une séparation imminente il ne faut pas songer à s'or-
« ganiser. Nous laissons aux évêques, à qui ce devoir
« incombe lorsque Rome aura parlé, le soin de nous tracer
« une ligne de conduite que nous suivrons tous fidèlement.

« En ce moment nous avons à nous prononcer sur l'op-
« portunité des associations paroissiales basées sur la loi
« de 1901.

« En principe nous admettons l'association paroissiale
« mais organisée moralement. Nous estimons que les asso-
« ciations légales officielles, déclarées ou non déclarées,
« seraient prématurées et peut être même désastreuses
« avant le vote définitif de la loi :

« 1° Parce qu'il semblerait qu'en voulant parer aux consé-
« quences d'une séparation nous nous inclinons par avance
« devant le fait accompli qui est *un vol et un parjure*, et
« que nous l'acceptons bénévolement.

« 2° Parce que nous indiquerions par là à des adversaires,
« plus habiles que nous, un plan de campagne qu'ils doivent
« ignorer du moins jusqu'au vote définitif de la loi.

(1) M. Nublat.

« 3° Parce que nos adversaires connaissant notre tactique pourraient la contrarier par de nouvelles additions à la loi que le Sénat doit discuter.

« 4° Parce qu'au moment de la discussion de la loi à la Chambre des Députés nos adversaires ont paru trop désirer que nous ayons recours à ces associations basées sur la loi de 1901. Ce n'était sûrement pas notre intérêt qu'ils visaient et par sympathie pour la Religion.

« Nous concluons donc à une organisation simplement morale, discrète et non officielle de ces associations. Au moment voulu elles deviendront officielles. Alors nos populations indignées de la situation qui nous sera faite les accueilleront avec plus d'empressement. *C'est un fait qu'en ce moment elles ne croient pas au vote définitif de la loi.* A la promulgation de ladite loi il y aura un élan que nous ne pouvons trouver à l'heure présente. Les catholiques seront plus disposés à faire des sacrifices pécuniaires pour la Religion. En définitive nous estimons que chaque curé dans sa paroisse doit non pas organiser mais préparer activement les associations paroissiales (1). Ont signé :

« MM. NUBLAT, archiprêtre de Voreppe ; MOYROUD, curé de Saint-Martin-de-Cornillon ; ODRU, curé de la Buisse ; DOMBEY, curé du Chevalon ; HUSTACHE, curé du Fontanil ; CARRET, curé de Pommiers, MOUTON, curé de Veurey ; BOURGUIGNON, curé de Saint-Julien-de-Ratz ; TATIN, vicaire à Voreppe. »

Un mois plus tard, le 6 octobre, Monseigneur l'Evêque, prescrit par une ordonnance à tous les curés du diocèse de faire la visite pastorale de tous leurs paroissiens pour recueillir les adhésions de ceux qui veulent la conservation du culte catholique dans la paroisse. La signature n'est pas exigée, et l'adhésion n'engage en rien pour l'avenir. C'est un simple référendum. Nous nous empressons de visiter nos

---

(1) C'est le 10 août 1906 que le Saint-Père condamna les associations cultuelles dans l'encyclique « *Gravissimo officii* ». Le clergé avait eu raison de rester sur une prudente expectative.

chers paroissiens. Beaucoup n'hésitent pas à donner leur signature. Presque tous veulent le maintien de l'existence et de la liberté du culte catholique. Les collectes du denier du culte viendront bientôt établir d'une façon précise et effective quelle est à ce sujet l'opinion générale de nos paroissiens. Nous pouvons dire ici à l'honneur de Veurey que cette paroisse, quoique assez indifférente dans la pratique religieuse, a nettement manifesté sa volonté de demeurer fidèle à l'Eglise catholique, apostolique et romaine, et ne s'est pas résignée à être privée des secours spirituels et moraux dont notre sainte Religion est l'inlassable dispensatrice.

Telle est d'ailleurs la mentalité de la majorité des Français, dont le Sénat ne tient pas plus compte que la Chambre des Députés. Celle-ci a voté la Séparation le 3 juillet par 341 voix contre 233 et le Sénat dans sa séance du 6 décembre, malgré les remarquables et immortels discours de l'opposition, consomme l'attentat que le président Loubet, à la veille de descendre du fauteuil, sanctionne de sa signature le 11 décembre 1905, assumant ainsi devant l'histoire et devant Dieu la plus lourde et la plus effrayante des responsabilités.

Le 29 décembre un décret présidentiel signé : Emile Loubet, prescrit un inventaire dans toutes les églises. La porte est ouverte à tous les abus de pouvoir, à tous les excès, à toutes les vexations.

Le dimanche de la *Sexagésime*, 18 février 1906, paraît en France l'encyclique *Vehementer nos* condamnant la Séparation de l'Eglise et de l'Etat, et apportant au clergé et aux catholiques un renouveau de courage, de confiance et d'espérance. Les associations cultuelles sont réprouvées comme attentatoires à la hiérarchie sacrée et à la constitution divine de l'Eglise.

Le lendemain 19, M. le Receveur de l'Enregistrement de Sassenage se présente au presbytère pour inventorier la mense curiale. Il constate qu'il n'y en a pas. A 10 heures précises il pénètre dans l'église où les fidèles chantent le cantique : *Nous voulons Dieu*, que nous interrompons pour lire notre protestation au délégué du gouvernement qui s'est approché de la table de communion :

« Monsieur le Receveur des Domaines,

« Dépositaire des biens de fabrique nous ne pouvons en
« conscience reconnaître à l'Etat, dans la situation où il
« s'est placé vis-à-vis de l'Eglise, le droit d'en établir l'in-
« ventaire. Nous déclarons *injuste et vexatoire* la loi dont
« il s'autorise pour l'exercer, et nous protestons d'avance
« contre toute aliénation ou transmission des biens commis
« à notre garde qui ne serait pas approuvée par le Saint-
« Siège.

« Comme recteur de la paroisse de Veurey je dois rap-
« peler ici que cette église a été édifiée par le concours de
« tous les paroissiens sous la direction de Monsieur le Curé
« Pierre Gérante, au talent et au travail duquel nous devons
« les autels, chaires, confessionnal, fonts baptismaux, bancs
« et autres boiseries. Si l'Etat a donné l'unique somme de
« trois mille francs pour l'achèvement de ladite église, nous
« avons le devoir d'établir qu'il n'a contribué en rien à son
« ameublement, et que tous les objets qui la décorent sont
« dus à la piété des fidèles.

« Il en est de même de la maison curiale et de ses dépen-
« dances. Chaque pierre des murs du presbytère qui abrite
« depuis des siècles les curés de Veurey, et chaque parcelle
« du clos presbytéral attestent les donations faites à travers
« les âges par de généreux paroissiens. Beaucoup, que dis-
« je, la plupart d'entre eux sont décédés ; mais si la mort
« ne les avait pas délivrés pour toujours du navrant spec-
« tacle des iniquités de ce monde, ils seraient ici à nos
« côtés pour protester contre cet inventaire, *prélude de la*
« *confiscation.*

« J'ai dit *prélude de la confiscation*, et je l'ai dit à la
« lumière de l'histoire. La loi de ventôse et les inventaires
« de prairial en 1792 n'ont-ils pas été la préface des profa-
« nations dont notre vieille église a été le théâtre en 1793
« et mes deux prédécesseurs de sainte mémoire, Louis
« Durand et Etienne Rapoud, n'ont-ils pas payé, l'un par

« l'exil, l'autre par la prison, leur courageuse résistance
« aux empiètements sacrilèges de la Révolution ? »

« En terminant, laissez-moi ajouter, Monsieur le Receveur
« des Domaines, que ma protestation ne s'adresse point à
« votre personne mais à votre fonction. Notre devise est
« celle de l'Evangile, si bien frappée dans ces quatre mots
« par le grand évêque Hippone : « *Interfice errores, parce*
« *errantibus* ». Inflexibles et irréductibles sur les principes,
« nous sommes remplis de miséricorde et de compassion
« pour les personnes et nous demandons au divin Crucifié
« que l'Etat vous oblige d'inventorier (1) de vous épargner
« vous et ceux qui vous accompagnent.

« Nous nous refusons formellement, monsieur le Président
« de la Fabrique et moi, à donner à cet inventaire un carac-
« tère contradictoire. N'attendez donc de notre part ni indi-
« cations, ni signatures ».

« Nous vous demandons d'insérer dans votre procès-ver-
« bal la présente protestation que je viens de vous lire
« comme curé et délégué de la Fabrique de Veurey ».

Après avoir reçu ladite protestation l'agent du gouvernement se dirige vers la sacristie. M. Antoine Marion, président du Conseil de Fabrique, et M. Georges Borel, sacristain, le suivent, non comme *témoins*, mais pour surveiller
l'inventaire. *Ils refusent d'ailleurs toute signature*, obser-
vant ainsi à la lettre les instructions épiscopales, en gar-
dant l'attitude passive. Durant l'inventaire, les fidèles réci-
tent le chapelet pour les donateurs et donatrices défunts.
Ils chantent *Je suis chrétien* pendant que nous allons chercher le Très Saint-Sacrement, transporté à la cure, avant
la honteuse besogne de l'Inventaire. Nous donnons ensuite
le Salut, et remercions les fidèles qui rentrent dans leurs
foyers sous l'étreinte d'une douloureuse, indicible et inou-
bliable émotion.

Avant de disparaître le Conseil de Fabrique veut remplir
un devoir sacré. Il songe à sauver les cendres de M. Gérante
avant l'échéance de la désaffectation du vieux cimetière qui

---

(1) Allusion au grand Christ de Langres.

est imminente. Ce bienfaiteur insigne de la paroisse et de la commune n'a pas de concession perpétuelle au cimetière neuf alors que tous les donateurs d'une somme de cinq cents francs pour la construction de l'Eglise en ont été gratifiées par la reconnaissance municipale. Il y a là un oubli ou une négligence inconcevable à réparer. Le 14 octobre 1906 les Fabriciens présentent au Conseil municipal une requête motivée d'où nous extrayons ce passage : « Si notre requête
« reçoit, comme il nous est permis de l'espérer, un favorable
« accueil des représentants de la commune, nous nous
« ferons un devoir de réunir aux cendres de M. Gérente,
« celles de M. Hector-Scipion Point, maire de Veurey de
« 1840 à 1870. Ces deux hommes, chacun dans leur sphère,
« ont consacré au bien du pays, pendant un demi-siècle
« leur temps, leurs labeurs et leur dévouement. En leur
« octroyant une place dans le cimetière communal vous
« accomplirez, Messieurs, un grand acte de reconnaissance
« que l'opinion publique a ratifié par avance, et qui fera à
« jamais honneur au Conseil municipal de Veurey ».

Le même jour, dans une séance extraordinaire, le Conseil municipal, présidé par le Maire, M. Joseph Fayolle, « recon-
« naissant que M. Gérente a été un bienfaiteur de la com-
« mune *accepte à l'unanimité* la demande très raisonnable
« des membres du Conseil de Fabrique et dit que les cendres
« de M. Point, ancien maire de la commune, seront dépo-
« sées dans la même concession ». Dans l'exposé la délibération porte formellement qu'il s'agit d'une concession de place *perpétuelle*.

Le mardi 23 octobre nous faisons exhumer les restes de MM. Gérente et Point, et le dimanche 28 octobre, à l'issue de la messe paroissiale, en présence de M. André Genève, garde municipal, de M. Marion, président de la Fabrique, du sacristain, et de plusieurs personnes, nous replaçons le tout (1) dans un petit cercueil en châtaignier, et le 2 novem-

---

(1) Des vêtements sacerdotaux de M. Gérente, il restait un bout d'étole de soie violette portant ses initiales P. G. Nous avons également trouvé une médaille de la Sainte-Vierge en or. Les restes de M. Point, mort longtemps après lui, étaient beaucoup moins considérables. (Voir le procès-verbal aux archives de la paroisse.)

bre suivant, ledit cercueil, sur lequel l'étole pastorale se marie fort harmonieusement avec l'écharpe tricolore — symbole de l'amitié qui unissait le vieux curé et le vieux maire — est porté au cimetière par quatre jeunes gens, et déposé dans la concession obtenue en présence d'un concours extraordinaire de fidèles.

Le 9 décembre 1906 le Conseil de Fabrique se réunit pour la dernière fois dans la maison curiale selon l'ordonnance de M$^\text{gr}$ l'Evêque et avec son autorisation. On arrête le compte de gestion de la présente année. Les fabriciens donnent entière décharge au trésorier (1) et « fidèles à sui-
« vre les directions du Souverain Pontife Pie X, glorieuse-
« ment régnant, et voulant rester en communion avec leur
« évêque, M$^\text{gr}$ Paul-Emile Henry, déclarent tout d'abord
« qu'ils ne remettront les biens de la Fabrique qu'aux per-
« sonnes qui leur seront désignées par M$^\text{gr}$ l'Evêque et qu'ils
« protestent à l'avance contre toute dévolution de ces biens,
« qui serait faite, malgré eux, en violation des droits de
« l'Eglise ».

Quatre jours après un arrêté préfectoral place « sous
« séquestre les biens de toute nature (mobiliers et immobi-
« liers) ayant appartenu à la fabrique de l'église paroissiale
« de Veurey ». Il y est dit, à l'article 3, « que les anciens
« représentants légaux des établissements publics précités
« seront tenus, à première réquisition par lettre recomman-
« dée, de remettre immédiatement au Receveur des Do-
« maines du canton ou de la circonscription dont ils dépen-
« dent, les espèces en caisse, les valeurs en portefeuille, les
« titres de propriété, les titres de valeurs et de rentes, les
« baux, marchés, et enfin tous les documents concernant les
« revenus et affaires de l'établissement supprimé ». Cet arrêté est du 13 décembre 1906 et le préfet de l'Isère qui l'a signé est M. Henry Boncourt.

A la réquisition de M. le Receveur de Sassenage concernant la remise dont il est question ci-dessus, — réquisition

---

(1) M. Edmond Luc, frère de M$^\text{me}$ Amat, et ancien receveur d'enregistrement.

datée du 21 décembre — nous avons répondu par un refus formel et par une nouvelle protestation.

Le gouvernement, ne pouvant supporter que l'Eglise sauvegarde ses principes fondamentaux, et notamment celui de la hiérarchie sacrée, en refusant de constituer des Associations cultuelles, ne tarde pas à se venger de cette fière attitude de sa victime en confisquant les menses et fondations. Ce sera une tâche indélébile pour la troisième République. Veurey perd de ce fait le pré curial, sis en Eygalen, qui avait échappé à la convoitise des révolutionnaires de 1793 ainsi que le titre de rente de 79 francs que notre paroisse tenait de la libéralité de M. Charles Didon. C'est le 20 juin 1907, à 5 heures et demie de l'après-midi, que l'agent du fisc entend et reçoit la protestation suivante de notre part : « Je vous plains, Monsieur le Receveur, d'avoir « eu à accomplir cette triste besogne. Veuillez faire savoir « à ceux qui vous l'ont imposée que le bien volé ne profite « pas plus aux gouvernements qu'aux particuliers. Le gou- « vernement inique qui vous l'a commandée se trompe s'il « pense asservir l'Eglise de Jésus-Christ en la spoliant de « ses biens. Elle garde son honneur : cela lui suffit (1) ».

A ces iniquités il faut ajouter l'obligation pour la paroisse de louer à la commune le presbytère qui, même aux plus mauvais jours de la grande révolution, fut affecté gratuitement au curé intrus. Le presbytère et ses dépendances ne sont-ils pas le résultat des donations successives faites à travers les siècles pour constituer au curé une habitation convenable ? Qu'on ne vienne pas nous dire que nous ignorons la légitimité originelle de nos presbytères. Quand ce n'est pas l'histoire générale qui l'établit, c'est l'histoire locale qui la prouve. Le presbytère de Veurey, en particulier, a été abandonné à la paroisse par les Bénédictins de Voreppe, qui le possédaient en propre. S'il a été agrandi du côté Nord nous savons déjà que c'est grâce à la libéralité d'un fougueux révolutionnaire converti. Aussi nous avons des titres plus précis et plus positifs sur le domaine curial

---

(1) Archives paroissiales.

que certains particuliers n'en pourraient fournir sur leurs immeubles, et, cependant, qui oserait leur dénier leur droit de propriété ; partir de tels principes aurait pour aboutissant la négation et la destruction de la propriété elle-même.

Cependant c'est ce qu'a fait la loi de Séparation en obligeant l'Eglise, légitime propriétaire, à louer *sa propre propriété*. C'eût été un beau geste que de laisser les presbytères, et d'aller dans une maison quelconque savourer les délices de l'indépendance dans la plus légitime des fiertés, mais l'autorité ecclésiastique, regardant dans l'avenir, a reculé devant la perspective de voir aliéner pour toujours peut-être ces maisons curiales, voisines de l'église, et dont beaucoup étaient plus riches de souvenirs que d'ameublements ou de revenus !

Aussi pour répondre à ce vouloir de l'administration diocésaine avons-nous consenti un bail, qui d'ailleurs nous a paru raisonnable dans ses clauses, eu égard aux exigences préfectorales d'une part, et de l'autre à l'attitude moins libérale de plusieurs conseils municipaux de la région.

L'année 1907 aura été l'année des confiscations. Les générations veuroises à venir pourront en relire le millésime sur le socle de la Croix de l'Eygalen que nous avons fait ériger le 14 septembre de la même année en souvenir des Morts qui depuis des siècles y dorment à côté des fondations de l'antique chapelle de Sainte-Marie-Magdeleine. Elle pourra être aussi le mémorial douloureux des ruines matérielles de la Séparation.

Nous n'avons pas en effet à déplorer des ruines morales. Les indifférents ne le sont pas devenus davantage, mais les catholiques dignes de ce nom se sont réveillés, nous ont entouré de leur sympathie et ont prodigué à l'Eglise persécutée un dévouement que le Seigneur bénira et récompensera. Le peuple commence à comprendre, au moment où nous écrivons ces lignes, que l'argent volé par ses maîtres ne lui est point revenu d'une manière bien effective, et que le denier du culte, en définitive, est un nouvel impôt que la majorité se voit moralement obligée de supporter pour payer les caprices criminels de l'anticléricalisme. Quand donc le peuple comprendra-t-il parfaitement que les ennemis de la Religion, sont les ennemis du bien, et que les ennemis du bien, ne peuvent pas être les vrais amis du peuple. Déjà il est désenchanté de beaucoup de choses ; c'est un progrès, mais il hésite encore à se tourner franchement et courageusement vers sa vieille religion nationale qui l'a civilisé, éduqué, émancipé de la féodalité, défendu et aimé comme une mère. Avant de revenir aux idées saines, faudra-t-il qu'il éprouve des déceptions plus cruelles encore, qu'il fasse l'expérience d'hommes pires que ceux dont il est la victime aujourd'hui, ou bien que de grandes calamités viennent l'arracher à son engourdissement et lui dessiller les yeux ? C'est le secret de Dieu.

Quoi qu'il en soit et quoi qu'il doive advenir nous avons confié au bienheureux curé d'Ars (1) de veiller sur l'*esprit paroissial* qui sera une garantie de vitalité religieuse.

L'archange Saint-Michel, l'ange gardien de l'Eglise, de la France et du Purgatoire, gardera notre église contre les profanations, protègera notre petite congrégation des Saints-Anges, ainsi que la modeste association de la Bonne Mort, dont il est l'ange attitré, et ne laissera pas s'éteindre à Veurey la flamme du vrai patriotisme qui, avec la vraie religion, constitue ce qu'on peut appeler l'âme d'un pays.

Mais c'est à Jeanne d'Arc surtout que nous demandons plus particulièrement de veiller sur notre paroisse. Le 18 avril 1909 nous avions l'immense bonheur d'assister à sa béatification à Saint-Pierre de Rome. Au moment où elle nous a apparue dans la gloire du Bernin, à la fin de la lecture du Décret nous l'avons priée pour notre chère paroisse. Nous l'avons suppliée de ne jamais laisser tomber Veurey dans le schisme et l'hérésie, d'y faire éclore, par sa

---

(1) Notre vénéré sacristain, Georges Borel, décédé en 1910 après quarante-trois années consacrées au service paroissial, avait été dépositaire de la montre en or du curé d'Ars, et la lui avait rapportée à Ars. Elle lui avait été confiée par un ami du saint curé qui passait ses vacances chez Mlle Bourne du Châtelard. (Voir l'article paru dans la *Croix* hebdomadaire de l'Isère, les dimanche-lundi 19-20 décembre 1909)

puissante intercession, des fleurs de vertu et de piété (1), d'y maintenir la concorde et la prospérité, d'éloigner de chaque foyer ces fléaux de l'ordre moral qui démolissent les familles plus sûrement et plus irrémédiablement que les catastrophes matérielles. Nous avons été des premiers dans le diocèse à lui faire une place dans notre église. Le 20 mai, jour de l'Ascension, sa statue y était bénite avec l'autorisation de l'évêché par M. le Directeur de la *Croix de l'Isère*. Bleuets, marguerites des champs, œillets, branches d'acacia, gerbes de roses du Japon, toutes les fleurs de saison venaient faire leur cour à celle qui les avait si souvent portées à Notre-Dame de Bermont en ce beau mois de mai. La gloire de Dijon surtout, semblait fière de lui former une auréole parfumée. Ironie des choses et des mots ! Dijon ! les Bourguignons ! la trahison ! le repentir aussi et enfin l'amour ! Il faut croire que notre reposoir champêtre était au goût de la bergère et que les chants et symphonies avaient quelque chose des harmonies du *bois chesnu*, car, à *Magnificat*, au moment précis de l'encensement de la Bienheureuse, une pieuse hirondelle, entrée on ne sait comment, vint gazouiller gentiment au-dessus la tête de la Pucelle, sur la hampe d'une oriflamme tricolore ; puis, après s'être reposée quelques instants sur Saint-Michel, elle commençait une série d'évolutions qui nous ont tous un peu distrait de la Sainte Liturgie, mais nous ont profondément ému et charmé. Nous y avons vu comme un présage d'heureux jours pour la paroisse, comme une marque de satisfaction de la part de la Bienheureuse, comme un regard et un sourire de notre Protectrice Nationale.

Bienheureuse Jeanne d'Arc priez pour nous !

(1) Au moment où ce livre achève de s'imprimer nous apprenons la mort de sœur Gabrielle, née Marie-Joséphine-Caroline Bézamat, des Filles de la Charité, décédée le 3 août 1911, à l'âge de 72 ans, victime de son dévouement pour avoir pansé les plaies d'un chemineau atteint de la lèpre. Elle a consacré quarante-cinq ans de sa vie religieuse à soulager dans ce pays « *tous ceux qui souffraient sans distinction d'âge, de sexe, ni de croyance* » comme l'a si bien dit M. le Maire Fayolle, sur la tombe de celle qui fut une fleur exquise de vertu et de piété. La Commune lui donne une place gratuite à perpétuité et la Paroisse entière souscrit pour la pierre funéraire.

Cliché BOREL.
LA TOUR DES TEMPLIERS ou MAISON-FORTE

CHAPITRE XXII

Veurey au XIXe siècle

VIE COMMUNALE — LES MAIRES

Organisation de l'Administration communale. — Décentralisation. — Claude Saint=Ours. — La grêle de l'an XI. — Les Impôts. — Rétablissement du calendrier Grégorien. — Ban des vendanges. — La Saint=Napoléon. — Guerre d'Espagne. — Le général Chabert. — Les Autrichiens. — Cadastre. — Claude=Jean=Joseph Saint=Ours. — Le garde champêtre. — Louis Sallamand. — La garde nationale. — Fontaine publique. — Ecole des garçons. — La foire de Veurey. — Hector=Scipion Point. — Inondation de 1840. — Ecole des filles. — Terrains d'outrerive. — Révolution de 1848. — Irruption de la Voroyse. — Le chansonnier Joyeux=Martel. — Proclamation de l'Empire. — Le Pont de Veurey. — Adresse à l'Empereur. — La Pompe à incendie. — Ecole des Sœurs. — Les Sobriquets. — Le rocher de l'Ingrate. — La guerre. — M. Alphonse Amat. — La question postale. — M. Pierre Roche. — Assurance des bâtiments communaux. — M. Charles Didon. — M. Antoine Fleury. — Le Philloxera. — Ecole et Mairie. — Ingratitude populaire. — M. Albin Bourne. — Eclairage électrique. — Le Cimetière. — M. Georges

Oris. — **Pompe à incendie**. — **Adresse au Ministère**. — **Laïcisation**. — **M. Joseph Fayolle**. — **Séparation de l'Eglise et de l'Etat**. — **Vœux d'un citoyen**.

Depuis le grand mouvement communal qui a supplanté la féodalité, la séparation du spirituel et du temporel s'est dessinée progressivement. L'élément civil et l'élément religieux, sans divorcer, ont trouvé peu à peu leur assiette, mais c'est à l'aurore du XIXe siècle, après une évolution laborieuse pendant la période révolutionnaire que l'administration municipale est définitivement organisée avec le maire, l'adjoint et le conseil. Nos anciens consuls portaient fréquemment, comme Marc Borel, le titre de « consul de la paroisse » et nous avons vu nos châtelains prendre celui de « maire ». Désormais la paroisse et la commune auront leur sphère d'action respective tout en agissant de concert pour le bien du pays : c'est là un progrès réalisé par la Révolution, reconnaissons-le loyalement. Sous la Convention le Conseil général de la commune est représenté par son procureur André Alleyron. Le procureur s'appelle bientôt « agent général de la commune » et lorsque le curé constitutionnel Boisserand, d'abord secrétaire-greffier, prendra le titre d'agent général la séparation des pouvoirs sera déjà effectuée, quoique, chose digne de remarque, le curé assermenté ait ceint sa soutane (s'il en a encore une) de l'écharpe tricolore. Boisserand en effet ne signe plus « curé » mais simplement « agent général ». Le Consulat qui remplace le Directoire (9 novembre 1799) supprime les administrations cantonales le 26 ventôse an VIII. Veurey qui dépendait de Voreppe retrouve son autonomie que la centralisation outrancière de la Révolution lui avait enlevée (1). Le préfet Ricard lui donne comme maire Claude Saint-Ours et comme adjoint Louis Alleyron (15 floréal an VIII).

---

(1) Veurey a désormais sa municipalité, son maire et son état civil. Les Veurois ne sont plus obligés de se rendre à Voreppe pour faire légaliser les actes, mais Veurey demeure du canton de Voreppe, composé de six communes, jusqu'en 1802, année qui le voit supprimer.

Claude Saint-Ours, cy-devant (1) « agent de la commune », signe dorénavant « maire de Veurey ». A ce moment précis commence véritablement la commune avec son organisation, son indépendance et sa complète autonomie vis-à-vis des autres communes.

L'administration communale n'est pas chose facile à cette époque. Le pays est loin d'être prospère. La Révolution n'a pas précisément engendré le bien-être. Une délibération municipale du 21 messidor an XI déclare que les habitants de Veurey sont dans l'impossibilité de supporter aucune autre espèce d'impôts additionnels vu « la minimité de sa
« population, le peu d'étendue de son territoire, l'énormité
« de ses impositions foncières, la pénurie de l'argent occa-
« sionnée en grande partie par la stagnation du commerce
« et la fabrication des bateaux *qui est presque tombée en*
« *désuétude* et qui substantaient la majeure partie des habi-
« tants en leur procurant du travail ; vu enfin le fléau ter-
« rible qu'ils viennent d'essuier par une grêle qui est tombée
« dans cette commune le douze de ce mois à cinq heures du
« soir qui a détruit en moins de deux heures plus de la
« moitié des récoltes en blés, noix, raisins, indépendam-
« ment des préjudices qu'elle a causés aux vignes qui ne
« laissent aucun espoir de récolte pour l'année prochaine
« par l'élagation des jets de la présente année.......... et ce
« n'est qu'avec une extrême douleur qu'il (le conseil muni-
« cipal) se voit dans l'impossibilité absolue de donner au
« gouvernement *d'autres marques que celles de son zèle, de*
« *sa confiance et de son entier dévouement* (2) ».

La France accablée de lassitude abandonne sans trop de chagrin la République pour l'Empire. La transition d'ailleurs ne peut être trop brusque, car c'est le premier Consul qui est proclamé empereur. Depuis longtemps fiancée à César la République finit par se jeter dans ses bras. L'abbé

---

(1) Les communes du canton se distinguent dans les fêtes nationales (Archives paroissiales de Voreppe).

(2) Dans une autre délibération — sous le Consulat — nos conseillers municipaux « se bornent pour le présent à faire des vœux sincères
« pour la gloire et la prospérité de la République ; de son gouverne-
« ment et de son *chef auguste* ».

Maury l'avait annoncé en pleine Convention. La patrie continuera de donner ses enfants et ses ressources pour combattre les coalitions des princes, mais elle se ressaisit, s'unifie et reprend sa glorieuse destinée sous la main de l'homme de génie qui la gouverne.

Napoléon rétablit d'abord le calendrier Grégorien. Le calendrier révolutionnaire, bien inspiré dans les noms donnés aux mois, l'était moins pour les noms de jours. Sans parler du décadi qui n'était pas en harmonie avec la dépense des forces humaines dans le travail, ce calendrier avait le grave inconvénient de nous isoler et de faire table rase d'un passé glorieux pour la France, en datant son histoire de la prise de la Bastille qui commence à nous paraître singulièrement ridicule à côté des manifestations dont elle a été l'objet. Déconsidéré à cause de ses erreurs historiques et astronomiques, ce calendrier, dicté par la haine, ne pouvait vivre bien longtemps.

A Veurey, il cesse de faire loi le 31 décembre 1805 par cet arrêté du maire : « L'an quatorze de la République le dix
« nivôse nous soussigné maire, officier public de l'état civil
« de la commune de Veurey en exécution de l'article du
« décret impérial du 24 fructidor concernant le rétablisse-
« ment du calendrier Grégorien avons arrêté le présent
« registre à huit heures du soir et déclarons qu'il sera
« réouvert demain pour y inscrire les déclarations de nais-
« sances, adoptions, et reconnaissances pendant le cours de
« l'année 1806. Fait à la mairie les jour, mois, heure et an
« que dessus. Saint-Ours, maire. »

Claude Saint-Ours réprime l'esprit de *licence et de désordre* qui se manifeste en l'an XII dans la commune. Des individus frappent les portes des citoyens paisibles, tirent des coups de pistolets, portent des fusils jusque dans les cabarets, et déchirent les actes de l'autorité publique affichés pour l'utilité des citoyens. Le maire règlemente les cabarets où prennent naissance ces désordres.

Les chèvres se multiplient d'une façon si excessive qu'une taxe « sagement combinée » est établie pour opérer « sans violence la destruction d'une grande partie de ces ruminants ». Ladite taxe étant de trois francs par chèvre, et le nombre des chèvres se chiffrant à cinquante, c'est un revenu de cent cinquante francs pour la commune.

En 1806 Veurey a l'avantage de posséder le notaire impérial qui exerce dans le ressort de la justice de paix de Sassenage. C'est un regain de prestige accordé à notre commune qui avait été pendant plusieurs siècles la résidence du notaire royal et delphinal. Le titulaire est *Joseph-François Denolly*. Il se présente au maire de Veurey le 24 août 1806.

La carrière communale de la Perrière ou des Perrières réclame une réglementation. Une taxe est établie pour l'extraction de la pierre, excepté pour les habitants de Veurey qui peuvent y venir chercher les matériaux nécessaires pour « les constructions servant à leur habitation ou à leur usage ».

A cette époque l'ouverture ou ban des vendanges est encore fixée par un arrêté du maire. Cet arrêté est affiché à la porte de « l'église paroissiale » ou publié à son de trompe à « l'issue de la messe paroissiale ».

La trompe a remplacé la cloche qui jadis donnait le signal des vendanges, mais la sévérité du règlement n'a rien perdu. On nomme toujours des délégués pour aller visiter les vignes, et c'est sur leur rapport que le maire, prenant une moyenne raisonnable, décide de la date d'ouverture. Il est strictement défendu de vendanger sans permission. Le ban de vendanges, en empêchant de couper les raisins d'une façon trop hâtive, maintient la réputation du *vin de pays* et prévient le maraudage. C'est grâce aussi à ces bans consignés dans les archives communales que nous pouvons adopter certaines conclusions comme celle-ci : cycles chauds, cycles froids, autrefois comme aujourd'hui..... jadis comme aujourd'hui nous obéissons totalement à la clémence ou à la rigueur des saisons, à la succession des cycles de disette, et d'abondance. On s'illusionne donc quand on s'imagine que la terre s'échauffe ou se refroidit. Les moyennes restent les mêmes.

Nous voici au 15 août 1807. La fête de la Saint-Napoléon

vient de se célébrer à Veurey pour la première fois. Relisons le procès-verbal : « La fête de Saint-Napoléon, et en
« même temps l'époque de la naissance de sa majesté l'Em-
« pereur et Roi, du rétablissement du culte catholique en
« France et pour la paix continentale, a été célébrée et
« solennisée dans la commune de Veurey avec toute la
« pompe que les moyens et les localités ont pu permettre.
« Le peuple, qui en connaissait le programme à l'avance,
« s'est rendu en foule dans le Temple à l'heure indiquée
« ainsi que les autorités constituées qui ont été précédées
« *d'un piquet d'anciens guerriers* qui ont servi *avec hon-
« neur la patrie ;* tous ont assisté à *la messe et aux vêpres*
« après lesquels il a été chanté un *Te Deum* où chacun a
« manifesté des sentiments d'amour et de reconnaissance
« envers le *héros qui nous gouverne.*

« La joie publique s'est aussi manifestée hors de l'église
« par des festins qui se sont donnés dans les maisons, sur
« la place publique et par des danses sur la même place à
« l'abri des ardeurs du soleil par le moyen d'une vaste
« tenture et des feuillages qui la couvraient. Là nos jeunes
« citoyennes et nos jeunes citoyens se sont surpassés par
« l'élégance de leurs parures et de leur bonne tenue.

« Des troncs d'arbres et autres matériaux champêtres
« étaient *arrengés* autour en forme de gradins pour faire
« asseoir les spectateurs. Une tonne de bon vin et autres
« rafraîchissements étaient placés au fond d'un des côtés de
« l'emplacement dans une espèce de *buvète* formée par des
« feuillages. Des pains pris chez les boulangers ont été
« portés et distribués chez des pauvres veuves et des orphe-
« lins en aussi grande quantité que les moyens de la com-
« mune l'ont pu permettre. Enfin l'allégresse publique s'est
« manifestée chez toutes les classes des citoyens, et les
« habitants des hameaux les plus reculés se sont empressés
« de concourir et de participer à la fête qui se prolongera
« jusqu'à demain 16. Le bon ordre a parfaitement régné et
« régnera sans doute demain.

« Fait à Veurey en Mairie les jour et an que dessus.

« *Le Maire de Veurey*, SAINT-OURS. »

Par la Saint-Napoléon, fixée au 15 août, l'empereur ne fait que rétablir la fête nationale de l'Assomption inaugurée en 1638 par le pieux roi Louis XIII. Napoléon sans doute a le tort de s'introniser lui-même sinon à la place de la *divine Madame*, au moins devant Elle ; mais son génie a compris qu'on ne crée point ainsi des fêtes de toutes pièces, parce que la célébration des fêtes est avant tout une manifestation du cœur, et que le mieux est encore de s'accommoder des fêtes traditionnelles.

Les réjouissances publiques font bientôt place à l'angoisse et à l'humiliation provoquées par les affaires d'Espagne. Le *soleil d'Austerlitz* se voile de nuages. La guerre d'Espagne, si impolitique, en est comme l'éclipse du moins partielle. Veurey en sait quelque chose.

Deux de ses enfants y reçoivent le baptême du feu. C'est d'abord *Jean Allard-Jacquin*, du 119e de ligne, qui prend part à la bataille de Toulouse et à celle des Pyrénées où il est blessé deux fois. Un autre veurois, le caporal *Antoine-Germain Gillibert*, fils de Georges Gillibert et d'Anne Gerlat, combat au siège de Cadix, à la bataille de Burgos, à celle de Vittoria et à la prise mémorable de Saragosse. Blessé grièvement, il fournit néanmoins un congé de sept ans au service de l'empereur dans le 95e de ligne (1). Mais le soldat, vraiment malheureux de cette guerre, et qui appartient à Veurey par son mariage, c'est le général Chabert. Si la défaite de Baylen consterna un village en France ce fut bien le nôtre. L'écho en fut trop douloureux à Veurey, pour que notre plume se refuse à donner en raccourci quelques actes de ce drame qui a contribué à mettre en relief le patriotisme de notre général.

Nous avons quitté Théodore Chabert (2) au lendemain de

---

(1) Le 6 décembre 1856 M. Point, maire de Veurey, obtient la pension Napoléon pour ces deux vaillants.

(2) Le 13 ventôse, l'an III de la République une et indivisible, le général de brigade Théodore Chabert a son quartier général à Vienne. Dans une pièce de la procédure d'un Autrichien qui a volé une croix de diamant montée sur or, il corrige la formule *Haine à la royauté* en ajoutant *et à l'anarchie*.

son mariage et de sa nomination au commandement de la place de Maresille. « Là, dit M. Point (1), il fit une guerre continuelle aux dilapidateurs des deniers publics ». Les Marseillais reconnaissants l'envoient au Conseil des Cinq-Cents où il fait adopter au profit du Trésor une réforme importante dans le mode alors vicieux des adjudications (2). Il est moins heureux quand il prend position contre le général Bonaparte au 18 Brumaire. (L'empereur n'oubliera pas l'injure faite au premier Consul). Renommé député de Marseille, il récuse ce mandat et retourne à l'armée. On le retrouve à Bellinzone, à Marengo, en Toscane et dans le royaume de Naples. Le 25 prairial an XII (14 juin 1803), il est nommé *commandant* (3) de la Légion d'honneur et affecté à la division d'Indre-et-Loire. C'est précisément à Tours et dans les départements voisins que se forme en 1807 l'armée chargée d'envahir l'Espagne sous le nom de *Corps d'observation de la Gironde* (cette expression indique la politique cauteleuse de l'Empereur vis-à-vis de l'Espagne). Ainsi s'explique le choix fait du général Chabert pour commander la première brigade de la division Barbou sous les ordres supérieurs de Dupont.

C'est immédiatement après la prise de Cordoue que commencent les représailles des Espagnols. En rétrogradant sur Andujar nos soldats rencontrent presque à chaque pas des deux côtés de la route des blessés agonisants, des français suspendus aux arbres, crucifiés ou à moitié ensevelis en terre. Le fils du général Chabert est égorgé dans une reconnaissance. Madame Chabert, elle-même, tombe dans une embuscade. Thiers lui consacre une ligne dans son grand ouvrage (4) : « La femme du général Chabert, sans l'inter-
« vention d'un prêtre eût été assassinée (5). » Quelques jours avant, le capitaine Joly, beau-frère du général (6), vient

(1) Discours de M. Point au transfert des cendres du général Chabert.
(2) *Ibidem*.
(3) On disait alors *commandant* et non *commandeur*.
(4) Le Consulat et l'Empire.
(5) Livre XXXI. Juin 1808.
(6) Voir la *Croix* quotidienne de l'Isère, 26 juillet 1909, et la notice sur le général baron Chabert à la fin du volume.

d'échapper à la mort avec sa femme et sa fille d'une façon plus miraculeuse encore grâce à un chapelet qu'une bonne femme lui a passé autour du cou, à un crucifix que le majordome a placé dans ses mains, et « à sa chère petite Hortense (1), âgée alors de trois ans, fraîche comme la rose, à qui une superbe chevelure blonde » finit de donner l'illusion d'une petite madone espagnole. Dieu sait si le catholicisme des Français était une protection contre la fureur des Andalous !

A Baylen le général Chabert, qui commande l'avant-garde, fait vaillamment son devoir. Il a deux chevaux tués sous lui, et mérite par sa bravoure d'être choisi pour aller traiter avec l'ennemi. Il obtient des conditions meilleures : la division Barbou, la seule complètement enveloppée, remettra les armes, mais le reste de l'armée se retirera vers Madrid. Le 22 juillet 1808, nommé d'office par le Conseil de guerre et Dupont, il est obligé, malgré ses objections et ses instances, d'accepter la triste mission de signer la capitulation d'Andujar : capitulation rendue plus dure par les exigences et la mauvaise foi des Espagnols, et qui va être bientôt violée par eux d'une façon monstrueuse.

A leur débarquement en France, Dupont et les autres généraux sont arrêtés et transférés à Paris pour être détenus à la prison militaire de l'Abbaye.

L'acte d'accusation contre le général Chabert est ainsi conçu : « Le général de brigade Théodore Chabert, commandant de la Légion d'honneur, *est accusé de complicité* pour avoir *délibéré, arrêté* et *signé* les *articles de la capitulation.* »

Après vingt-trois mois de détention à l'Abbaye et onze mois de séjour à Chaillot, sous la surveillance d'un gendarme, M. Chabert est traduit pardevant la Haute-Cour impériale avec les généraux Dupont, Marescot et Villoutrays. Il est seul acquitté (2) comme le témoigne une lettre

---

(1) Grand-mère de Mme de Montrol.
(2) Le général Chabert est acquitté à *l'unanimité*. Le président, maréchal Berthier, prince de Wagram, motive avec force un avis favorable aux accusés.

du duc de Feltre (1), mais Napoléon fait observer que si la Haute-Cour a le droit d'absoudre Chabert, lui, l'Empereur, à celui de le condamner. Le premier Consul est vengé. Le général Chabert est privé de tous ses droits et condamné à la dégradation avec tous les inculpés.

Les souverains de l'Europe, las de la puissance et du despotisme de Napoléon, se sont coalisés plus étroitement que jamais (2). A l'Est le général Bübna, avec 90.000 Autrichiens, traverse la Suisse, envahit la Franche-Comté, le Bugey, la Savoie, et arrive avec 30.000 combattants sur les limites du département de l'Isère. Chabert met son épée brisée au service de la France, organise les gardes nationales à Voiron, reprend les Echelles, et se rend maître de Chambéry. L'empereur est toujours inexorable. Nous sommes en 1814. Mais les événements se pressent. L'Empire est renversé, les Bourbons rentrent, et par un brusque changement de fortune, Dupont devient ministre de la guerre. Chabert est réintégré dans son grade et son titre de commandeur auquel vient s'ajouter celui de chevalier de Saint-Louis.

Napoléon, échappé de l'Ile d'Elbe, vient de débarquer en France pour reconquérir sa couronne. Dans sa marche vers Paris il s'arrête un instant à Grenoble. Il fait appeler Chabert à l'hôtel des Trois-Dauphins où il est descendu. Ici laissons le général nous raconter lui-même cette mémorable entrevue (3).

« En 1815 l'Empereur arrivé à Grenoble me fit appeler. Je
« me rendis auprès de lui. Il m'accueillit par un *bonjour*
« *général* et me dit : Vous avez bien souffert ? Je lui répon-
« dis : Sire, vous m'avez traité d'une manière bien cruelle.
« et bien injuste. Il parut un peu déconcerté et me dit :
« Pourquoi avez-vous signé la capitulation ? Je lui répondis :

---

(1) Ministre de la guerre et membre de la Haute-Cour.

(2) J. Claude Michon tombe le 2 mai 1813 sur le champ de bataille de Lutzen. Il appartenait au 145e régiment d'infanterie de ligne.

(3) Le général Chabert combat à Saint-Julien (Haute-Savoie) sous le général Dessaix, qu'il ne faut pas confondre avec son illustre homonyme tué à Marengo. Les Autrichiens perdent 1.200 hommes. Dessaix n'en a que 300 hors de combat (1re invasion, 1814). « Il fut admirablement secondé par les généraux Chabert..... » (Saunier.)

« Sire, je ne connais point de loi qui défende de traiter avec
« l'ennemi lorsque le soldat a fait au-delà de ce qu'on peut
« humainement exiger de lui. Il me dit : Vous avez compris
« Vedel. Je lui répondis que lorsque les articles de la Capi-
« tulation furent arrêtés (Capitulation qui fut violée), je ne
« voulus rien signer avant d'avoir soumis le traité au géné-
« ral en chef et aux membres du Conseil de guerre. Je reçus
« ordre de comprendre le général Vedel et je partis pour me
« conformer aux instructions que j'avais reçues. Voyant que
« ma réponse l'embarrassait — il se frottait le front — et
« voulant enfin terminer je lui dis : Sire, puisque vous le
« voulez, j'admets que la capitulation est un délit ; mais
« pour que le délit existe, il faut que les opérations qui l'ont
« précédé ne se soient pas trouvées conformes aux principes
« de la guerre. Dans ce cas il y a délit mais il ne peut jamais
« être attribué à celui qui était chargé de traiter. Il me
« répondit : *Vous avez raison. Je vous ferai plus de bien
« que je ne vous ai fait de mal.* — « Sire vous avez beaucoup
« de bien à me faire, car vous m'avez fait beaucoup de
« mal ! » — Voulez-vous me servir. — Je suis et serai tou-
« jours disposé à servir mon pays. — Vous connaissez les
« généraux qui commandent les troupes attachées au duc
« d'Angoulême, il faudra faire tous vos efforts pour les
« ramener au drapeau tricolore. — Mais, mes moyens ? —
« Vous avez les gardes nationales, la gendarmerie, les
« douaniers ».

Chabert marche immédiatement à la rencontre des généraux qui poursuivent Napoléon. Il atteint le général Gardanne sur les hauteurs de Gap, fait avancer le drapeau
tricolore, et provoque ainsi des deux côtés le cri de : *Vive
l'Empereur.* Il rentre à Grenoble avec deux généraux et
trois brigades sans avoir tiré un coup de fusil. L'empereur
arrivé à Paris le nomme lieutenant-général (général de division) et commandant en chef des Gardes nationales de la
septième division militaire. Mais Louis XVIII refuse de
confirmer les grades conférés pendant les Cent-Jours. Louis-
Philippe en ramenant le drapeau tricolore répare ces injustices.

Le général Chabert, après tant de péripéties et de déboires, goûte enfin un repos bien mérité. La régularité de sa vie, sa robuste constitution et plus encore peut-être la sérénité que sa conscience puise dans le devoir accompli, lui permettront d'atteindre le grand âge de quatre-vingt-six ans (1).

La dernière phase de la vie militaire de Théodore Chabert nous ramène nécessairement aux Autrichiens contre lesquels il marcha en 1814 et en 1815. Veurey, situé sur la rive gauche, n'eut pas beaucoup à souffrir de l'invasion de 1814. Néanmoins les boulets autrichiens vinrent lui rendre visite. Notre maison-forte inquiéta l'ennemi au point qu'il essaya de la démolir à coups de canon. Elle porte encore les traces de ce bombardement. Quelques boulets donnant dans le mur nord, dans lequel se trouve l'escalier, y firent une brèche qui a été regarnie en briques. Les anciens racontent encore qu'il y eût plus d'une escarmouche d'une rive à l'autre et qu'à plusieurs reprises les cavaliers autrichiens, s'aventurant dans l'Isère, durent bien vite regagner la rive droite.

Tous ces événements se passent sous le maire Claude Saint-Ours qui est loin de négliger les choses communales. Le cadastre est en souffrance. Le parcellaire commencé en 1589 et achevé en 1590 est devenu d'un usage presque nul. Le *perrécaire* ou résumé du *parcellaire* de 1590, rédigé par M. Satre en 1768 est fort défectueux. Les Etats de sections et les Déclarations ordonnées et exécutées en 1791, basés sur le Perrécaire et les déclarations plus ou moins précises des propriétaires sont pleins d'erreurs. Le Conseil municipal décide la confection d'un nouveau cadastre qui cette fois sera basé sur l'arpentage. Dans cette même délibération nous lisons : « La commune contient en tout y compris les « fonds cy-devant nobles et ecclésiastiques et les commu-« naux *1200 sétérées* (2). La matrice du rôle foncier contient

---

(1) Le général Chabert est mort chrétiennement à Grenoble, le 27 avril 1845.

(2) Une délibération de 1845 donne comme superficie à Veurey onze cents hectares dont quatre cents en rochers, pâtures et broussailles. (Archives municipales.)

« 187 parcelles et 738 articles de propriété ». Ce cadastre nouveau s'impose d'autant plus que des impôts additionnels sont demandés aux habitants de Veurey pour la construction du pont du Drac dont ils doivent bénéficier. Le pont est commencé en l'année 1813. Le droit de péage permettra de rembourser aux communes intéressées la quote part qu'elles auront versée.

Claude Saint-Ours comprend très bien sa mission qui est de réparer les désastres de la Révolution. Il rétablit l'ordre et la concorde entre les citoyens, mais plusieurs années de disette, notamment 1811 (1), dont la récolte de blé est compromise en quelques jours, viennent malheureusement paralyser tous ses efforts. Les révolutions politiques font moins de dommage. Veurey passe du régime impérial à la première et à la seconde Restauration sans la moindre oscillation. La mairie va du père au fils. Claude-Jean-Joseph Saint-Ours est nommé maire le 3 septembre 1815 par le préfet avec Augustin-Philippe Chevalier aîné, pour adjoint. Tous deux prêtent le 1er octobre suivant le nouveau serment : « Je jure « et promets à Dieu de garder obéissance et fidélité au Roi, « de n'avoir aucune intelligence, de n'assister à aucun « conseil, de n'entretenir aucune ligue qui serait contraire « à son autorité, et si dans le ressort de mes fonctions ou « ailleurs j'apprends qu'il se trame quelque chose à son pré- « judice je le ferai connaître au Roi ».

C'est sous l'administration du nouveau maire que la commune est enfin dotée d'un garde champêtre qui remplace l'ancien mandeur. Le premier titulaire est Jean-Michel Guy, ancien militaire de l'armée piémontaise. Il est armé du vieux fusil de chasse. Ce n'est qu'en 1826 que le Conseil municipal le gratifiera d'une carabine. Il lui est assigné un traitement de 300 francs.

M. Saint-Ours prend des mesures sévères contre les mendiants et vagabonds. Le pontonnier reçoit l'ordre de « refuser le passage aux individus de ce genre ».

(1) L'année 1911 ne sera guère plus heureuse. La sécheresse d'une part et la grêle de l'autre compromettront plusieurs récoltes et surtout celle du vin : triste centenaire !

Le maire règlemente aussi les transbordements par le bac et revise complètement les tarifs du péage.

Après l'eau c'est le feu qui le préoccupe. Il constate « que « souvent des incendies sont produits par des toiles d'arai- « gnées mises en combustion par l'approche imprudente des « lumières ». Aussi invite-t-il les habitants à détruire les toiles d'araignées dans toutes les parties de leurs habitations, granges, écuries, etc...

L'enseignement public n'est pas cependant négligé. Le fils du garde champêtre devient instituteur communal en 1819. Joseph-Michel Guy n'est pas toutefois notre premier maître d'école après la Révolution. Avant lui un enfant de Veurey, Joseph Alleyron, a déjà enseigné et porté le titre si respectable d'instituteur de la jeunesse. Malheureusement il n'y a pas encore de bâtiment scolaire proprement dit et tout est provisoire : maître et salle d'école.

Le 21 septembre 1830 le Conseil municipal se réunit à l'effet de prêter serment au nouveau roi en vertu de la loi du 31 août de la même année. Claude-Jean-Joseph Saint-Ours n'aura qu'à modifier un mot au serment qu'il a prêté à Louis XVIII et à Charles X. Il est vrai que cette modification est importante. car Louis-Philippe Ier renonce au drapeau blanc, tait ses titres dynastiques et se considère plutôt comme un roi électif. Il est moins roi de France que roi des Français : « Je jure fidélité au *Roi des Français*, obéissance « à la charte constitutionnelle, et aux lois du royaume ». Ce n'est plus la monarchie héréditaire, ni le despotisme impérial, c'est la monarchie constitutionnelle dans toute l'acception du mot.

M. Saint-Ours, malgré ses trois serments, ne verra pas se succéder autant de régimes politiques que son père, car le 18 janvier 1852 il est remplacé à la mairie par M. Louis Sallamand.

Un des premiers objets de la sollicitude du nouveau maire est la garde nationale de Veurey qu'il est urgent d'équiper. Le capitaine est à ce moment M. Rochette. Cette milice communale grève sans nul doute le budget, mais d'autre part donne à la vie villageoise un relief et un mouvement propres à entretenir chez les jeunes gens l'amour de la discipline et de la patrie. On pourra sourire plus tard, dans les siècles de l'antimilitarisme, à propos de ces gardes nationales de nos communes rurales, mais en attendant, tous les dimanches, sur la place publique, à l'issue de la messe, les exercices de nos guerriers à l'uniforme incomplet donnent une leçon de patriotisme aux soldats en herbe, accroissent l'intensité de la vie communale dont ils constituent un nouveau centre, et lui apportent de nouveaux éléments de sécurité, de solidarité, et même de gaieté. Avec le tambour, les baudriers et les shakos de notre garde nationale s'en ira encore un peu de la poésie du village !...

Une des plus urgentes et plus épineuses questions qui intéressent la vie communale est assurément celle des eaux. Il n'est donc pas étonnant qu'elle se pose dès cette époque à Veurey. La place publique n'est pas encore dotée d'une fontaine, et le besoin s'en fait sentir. Les pourparlers et discussions prennent sans doute un certain temps, mais l'entente qui existe entre les notables et les édiles ne contribue pas peu à hâter la solution qui arrive enfin à la satisfaction de tous, grâce au *dévouement à la chose publique* dont ont fait preuve MM. Bourne, Amat, Penet, Gérante, la famille de Boisverd, et le maire, M. Sallamand, par le tact et la prudence avec lesquels il a dirigé les débats.

La question d'école est cependant d'un intérêt supérieur. L'avenir d'une commune, comme celui d'une nation, tient à l'enseignement. Jusqu'ici Veurey n'a eu que des instituteurs à titre provisoire. Le 10 novembre 1836 M. Sallamand et le Conseil agréent la nomination du sieur Riban Pierre comme instituteur communal à titre définitif. L'année suivante le maire prend l'initiative pour l'acquisition d'une maison d'école, soumet le projet au Conseil qui nomme à cet effet une commission de quatre membres. C'est la maison du sieur Porte, domicilié à Grenoble, qui est agréée et acquise au prix de quatorze cents francs ; le Conseil vote trois mille francs pour l'acquisition et l'aménagement nécessaires.

N'oublions pas que c'est encore sous la mairie de M. Louis

Sallamand — en 1832 — que la foire de Veurey a été établie et fixée au 12 septembre. Elle doit se tenir sur la place et dans la partie qui va de la place à la Tour. Cette partie est très exigüe et n'est pas autre chose qu'un chemin très étroit, presque un sentier, longeant d'un côté la propriété de Boisverd et de l'autre plusieurs jardins. Aussi en 1844 le maire Point accueillera-t-il avec empressement la somme que lui offrira le général Chabert pour l'acquisition desdits jardins, comme en fait foi l'acte ci-après : « Je soussigné Hector
« Point, maire de la commune de Veurey, canton de Sasse-
« nage (Isère), déclare avoir reçu cejourd'hui des « mains
« et deniers » de Monsieur le général Chabert, propriétaire
« en ladite commune, la somme de cent cinquante francs
« qu'il a offerte « spontanément, gracieusement, et gratui-
« tement à la commune de Veurey » pour l'aider à parfaire
« le prix d'acquisition projetée des terrains de jardin néces-
« saires à l'établissement d'un champ de foire à Veurey sur
« le parcours du chemin vicinal ordinaire n° 6 dit de
« l'Eglise ; laquelle somme de cent cinquante francs est
« acceptée pour cet usage et avec une profonde reconnais-
« sance par ladite commune dont je me trouve heureux
« d'être aujourd'hui l'interprète et le représentant auprès
« de ses bienfaiteurs Monsieur et Madame Chabert. Fait
« en mairie de Veurey le 17 novembre 1844. — *Le maire*,
« Hector POINT ».

M. Point a en effet succédé à M. Sallamand le 30 août 1840. Secrétaire de mairie et conseiller municipal sous son prédécesseur, le nouveau maire entre en fonctions avec une expérience indiscutable, une science pratique et théorique, et surtout avec un désintéressement qui en feront le maire de Veurey, le plus remarquable au cours du XIXe siècle.

Neveu par sa mère de Claude Saint-Ours, il hérite de son oncle les qualités administratives et le dévouement à la chose publique. Ses débuts sont marqués par l'inondation de 1840 que nous connaissons grâce à une délibération qui alloue la somme de deux cents francs aux sinistrés. Cette inondation — 18 novembre — survient à cent ans de distance, presque au jour anniversaire de l'inondation plus grave de 1740 — 20 et 21 novembre — appelée pour cette raison le « Déluge de la Saint-Thomas (1) ».

Les sinistrés, par un désintéressement qui mérite de ne pas passer inaperçu refusent le secours voté et manifestent l'intention d'en affecter le montant à l'acquisition d'une maison d'école. Bien qu'arrêté sous l'ancien maire, le projet d'école pour les garçons n'est pas encore réalisé au point de vue du local. L'école des filles sera même installée la première grâce à la libéralité de Mlle Félicité Riboulet, décédée le 28 février 1842, qui laisse en testament à la commune sa maison située près de l'église paroissiale pour servir de local à l'école des filles. Cette pieuse demoiselle, qui enseigne à Veurey depuis plusieurs années, mérite la reconnaissance publique dont le Conseil municipal se fait d'ailleurs l'interprète dans une délibération. Mlle Riboulet est remplacée par Mlle Rose Vallier.

M. Point s'oppose à l'extension de l'aménagement forestier sur les Trapettes et la Bournay. Parmi ses considérants fort sérieux et très nombreux, nous en relevons un qui montre la sollicitude du maire pour la jeunesse et la morale :
« Considérant que les enfants de la commune encore trop
« jeunes pour se livrer à des occupations viriles trouvent
« en exploitant des *pâturages aérés* un passe-temps salu-
« taire et productif qui fortifie leur constitution et les exerce
« de bonne heure à la vie laborieuse ; que s'ils étaient privés
« de cette occasion de travail et de bénéfice ils se répan-
« draient en maraudage dans les bois communaux et parti-
« culiers ou tomberaient dans la fainéantise ce qui serait
« une cause funeste de démoralisation qu'il est essentiel de
« prévenir. »

Le fils du général Point (2) constate avec mélancolie que

---

(1) C'est l'inondation de 1740 qui a été chantée dans *Grenoblo inonda*, poème patois par le sieur A. R., édité en 1741 chez André Faure, imprimeur-libraire, rue du Palais, Grenoble.

(2) Le père de M. Point, général de brigade, fut tué en forçant le défilé de Popoli dans les Abruzzes, le 24 décembre 1798. Sa veuve se remaria avec M. Bonefous. Le portrait du général est allé dans la famille Douron, à Tullins. M. Hector-Scipion Point était né le 12 octobre 1796.

la garde nationale a cessé d'exister, mais il ne veut pas que la commune se dessaisisse de tout le matériel d'armement de la milice disparue. « Considérant aussi que pour fortifier
« l'autorité contre les agressions possibles des malfaiteurs,
« l'insolence des vagabonds, et l'audace des délinquants ;
« donner un certain éclat aux *fêtes religieuses et nationales*
« et maintenir *l'attitude belliqueuse de la nation*, soit vis-
« à-vis des étrangers, soit dans l'intérêt de l'ordre légal et
« des libertés publiques, il importe de ne pas se dessaisir
« de tout son armement. » Le Conseil demande en consé-
« quence à conserver vingt-quatre fusils et huit sabres (1).

Défendre le territoire communal contre les tentatives de troubles ne suffit pas au vigilant magistrat ; il cherche encore à lui donner plus d'étendue, ce qui n'est pas chose facile. La commune de Voreppe possède plusieurs parcelles de terrain sur la rive gauche de l'Isère qui devrait cependant servir de frontière naturelle entre les deux pays. Il y a là évidemment quelque chose d'anormal, et qui ne pourrait s'expliquer que par des concessions faites à la communauté ou aux seigneurs de Voreppe par les dauphins ou leurs ayants droit car nous avons déjà vu que ces terrains étaient de mense delphinale. M. Point provoque une délibération dans laquelle le Conseil demande que les terrains *d'outrerive*, appartenant à la commune de Voreppe, sis à Corday, aux Ilots, aux Perrières et à la Rive, soient cadastrés à Veurey. Le préfet de l'Isère est prié d'en saisir le Conseil d'arrondissement et le Conseil général qui feront convertir le projet en loi à la prochaine législature. Cette entreprise a été couronnée de succès. Les Allobroges et les Voconces se sont à nouveau trouvés à l'abri de toutes sortes de litiges grâce à l'Isère qui ne tardera pas d'ailleurs à être absolument endiguée. On ne peut pas toujours méconnaître les indications de la nature au point de vue cadastral.

Afin d'amener un peu de bien-être dans la commune,

---

(1) Il faut dire que les gardes nationaux des communes rurales n'avaient pas l'uniforme complet. Ils n'avaient que le shako et le baudrier.

M. Point conçoit et propose l'établissement d'un atelier de tissage de soie dans le local de la mairie. Il s'agit de remédier au malaise économique provenant de causes diverses. La fabrication des bateaux est depuis longtemps dans un état précaire ; le filage du chanvre est sur son déclin et l'industrie des chapeaux de paille n'a pas donné ce qu'elle faisait espérer.

La nouvelle entreprise ne réussit pas davantage. Les affaires industrielles et commerciales, par le marasme dans lequel elles languissent, laissent pressentir la Révolution de 1848. Mais en attendant ce nouvel accès de convulsions nationales, Veurey y va de ses petites émotions civiques et se paie ses petits coups d'état qui d'ailleurs, empressons-nous de le dire, s'effectuent d'une façon très pacifique. Le 19 octobre 1846 M. Pierre Roche remplace M. Point à la mairie. Le 28 mars 1847 le Conseil est dissous. Un nouveau Conseil est installé le 9 mai suivant, et le nouveau maire, M. Point, entre en fonctions le 20 du *même* mois.

C'est à ce moment que le projet du pont sur l'Isère est mis à l'étude. M. Point dresse un réquisitoire nourri contre le projet de construction de ce pont à l'Echaillon. Le Conseil est d'avis « qu'il soit construit par actions avec retour à « l'Etat un pont suspendu en fil de fer, sur l'Isère, en face « de Veurey. » Quelques jours après, le 15 mars 1848, « M. Point est révoqué par un arrêté du 13 du même mois. « Il a déclaré cesser à l'instant ses fonctions de maire, a « remis à l'adjoint les papiers de la commune ainsi que les « clefs de la maison commune ».

Une crise nationale vient d'agiter la France. Le peuple demande la Réforme électorale et la Réforme parlementaire. Les barricades se dressent. Louis-Philippe, qui a détrôné Charles X, subit à son tour le même sort. Le gouvernement provisoire remplace la royauté et s'empresse de faire des réformes. Il abolit la peine de mort en matière politique, l'esclavage dans les colonies et proclame le suffrage universel ; mais Lamartine répudie le drapeau rouge. « Pour ma part, dit-il, je ne l'adopterai jamais car le drapeau tricolore a fait le tour du monde avec la République et l'Empire, avec vos libertés et vos gloires et le drapeau rouge n'a fait que le tour du Champ de Mars traîné dans les flots de sang du peuple » (25 février 1848).

La Commission municipale est constituée immédiatement avec MM. Pierre Gerin, Antoine Fleury, Louis Vieux, Jules-Siméon Amat et Pierre Roche qui est nommé président. Le 30 juillet on procède à l'installation du nouveau Conseil et le 8 août à l'élection du maire. C'est M. Point qui revient au pouvoir avec M. Roche comme adjoint.

L'année suivante le Conseil demande d'urgence le concours de l'Etat, du Département et d'un syndicat pour la confection de la digue Penet, « seule et dernière lacune existante sur l'endiguement de la rive gauche de l'Isère depuis l'embouchure du Drac jusqu'à Saint-Quentin ». Il sollicite également la faveur pour la commune de Veurey de former à elle seule une circonscription électorale à cause de tous les inconvénients qu'il y a pour les électeurs à se transporter à Sassenage.

Nous sommes arrivés à l'année 1851, marquée par une inondation de la Voroyse.

« Les mois de juin et de juillet, écrit M. Durand-Lainé (1),
« avaient été pluvieux. Une éclipse de soleil avait eu lieu le
« 28 juillet à trois heures après-midi. Le 29 au matin, le
« ciel était serein ; mais à midi le baromètre baissa rapi-
« dement. La chaleur était de vingt-cinq degrés centigrades.
« Vers le soir, un vent du sud-ouest poussait avec rapidité
« des nuages couleur de plomb vers les montagnes de Cha-
« lais et de la Grande-Chartreuse ; il fut suivi d'une pluie
« diluvienne qui dura jusqu'au lendemain matin à huit
« heures. Elle recommença à midi en filons épais et serrés.
« Le 31 juillet au matin l'air était accablant, le jour était
« plus sombre qu'à l'ordinaire, la pluie revint plus forte
« et plus abondante encore que la veille... L'obscurité du
« jour, l'abondance et l'épaisseur de la pluie, la noirceur de

(1) Rapport de M. Durand-Lainé, maire de Voreppe, lu au Conseil municipal de sa commune le 5 novembre 1851.

« l'eau, l'odeur bitumineuse et asphaltique qu'elle exhalait,
« les tremblements du sol augmentaient la terreur. »

Après avoir raconté les dégâts produits par l'irruption de la Roize, le maire de Voreppe ajoute : « D'autres communes
« ont été aussi en proie à la fureur des eaux ; on cite
« *Veurey*, Vaulnaveys, Voiron, etc..... On a dit : il est impos-
« sible qu'il y ait eu trombe, car les mêmes inondations ont
« eu lieu à Allevard, à Vaulnaveys, à *Veurey*, au Pont-en-
« Royans, etc..... Eh ! Messieurs, ne sait-on pas avec quelle
« rapidité l'"électricité voyage..... un coup de vent a suffi
« pour porter sur ces géants de nos montagnes des nuages
« qui se seront détachés de la grande masse arrêtée contre
« le Grand-Som. »

Par deux fois donc M. Durand-Lainé mentionne Veurey parmi les communes endommagées, et ce renseignement est d'autant plus précieux que les archives municipales sont muettes sur l'irruption de la Voroyse que nous ne connaissons d'une façon explicite que par une note au crayon trouvée dans les papiers de Joyeux-Martel. Je la cite textuellement, car elle ne manque pas de saveur dans sa forme un peu primitive : « Evénement du 31 juillet 1851. A 11 heures
« du matin Vauroise avait tellement grossi qu'on appréen-
« dait beaucoup. Je me dirigea chez le garde pour l'avertir
« du danger qui nous menacet afin d'apeler du secour avec
« l'aide d'un homme que le maire aurait pu trouver à l'ins-
« tant même. *Mais, le zèle ayant manqué*, à midi et un
« quart le pont en fer dit pacerelle était démoli et restait
« suspandu par une fisselle (lisons une *corde*) que des igno-
« rants avaient attachée à un moyeu voisin du pont : la
« fisselle casse et le pont est entréné par le torans. A une
« heure après midi les curieux s'aproche de l'événement du
« pont en fer ou pacerèle qui avait disparu ; alors tous
« épouvantés, on m'ordonna de battre la caisse. Alors je
« fais le tour du village en frapan sur ladite caisse d'une
« *main tremblante*. J'avertis le monde de courir ver la scie,
« que des maisons étaient en danger. La foule acouru, on
« mi des pièces de bois pour barré l'eau, à deux heures..... »

La note s'arrête là. Néanmoins elle nous fournit quelques détails intéressants qui étaient à recueillir.

Joyeux-Martel, tambour municipal, eut plus de succès dans la chanson patoise que dans la littérature française. Il s'était fait une large place dans la vie communale comme chansonnier. Lecteur sans discrétion de toutes sortes de productions, esprit gâté par les idées fausses ou avancées de l'époque, privé d'une direction intelligente et sûre, Joyeux-Martel n'a pu ni exploiter toute sa verve, ni donner à ses poésies patoises la prosodie, le rythme, le fini, qui caractérisent par exemple le *Grenoblo malhérou*, dont l'auteur connaissait d'autant mieux le patois qu'il était moins étranger à la langue latine.

Néanmoins, Joyeux est à l'affût du moindre événement pour le chanter. Il se met bien au diapason du village puisqu'il réussit à entraîner la foule. Sa maison, vrai bric-à-brac, est un centre de gaîté, mais son humeur satirique n'est jamais méchante, qu'il la traduise en français ou en patois. La *chanson du père Armand*, revenu à la vie trois jours après sa mort, n'est pas d'un mécréant. Le ton en est très respectueux à l'égard de la religion. Celle d'*Alphonse Hébert*, « qui jouait du violon tous les dimanches pendant la messe », est assez mordante. Lucifer assiège son lit de mort, et l'entraîne en enfer :

> « Il faut que tu descendes
> « Pour jouer du violon
> « Tu verras comme l'on danse
> « Et t'auras la confiance
> « D'y faire un rigodon. » *(bis)*

Hébert résiste encore, et promet de faire pénitence, mais il est trop tard :

> « Bref de tes cancans
> « Tiens voilà la musique
> « Avec toute la clique
> « C'est tous de bons enfants
> « Tu seras de la fête,
> « Entre dans ta chambrette
> « Danses-y maintenant. » *(bis)*

Ses chansons patoises ont plus de saveur, et partant sont plus populaires. La rime et la mesure laissent bien à désirer, mais le mouvement n'y manque pas. Un veurois, en « mil huit cent quarante-cinq », s'est laissé « *cabasser* la tête » par sa femme. C'est encore dans nos mœurs que le sexe fort ne doit point se laisser damer par l'autre. Sinon c'est le scandale qui doit s'expier publiquement :

>   Lo lundeman du mardi grâ
>   Il ont menâ
>   Lo plus près vésin su l'âno
>   A reculon
>   Près de dou cent que le menàvo
>   Et n'en rion...

La chanson, comme on le voit, vient au secours de l'histoire. Les dates même n'effraient pas le chansonnier. La chanson du *pan beni de Montaud*, comme la précédente, marque l'année 1845 :

>   En mil huit cent quarante cinq
>   De grand matin
>   Yia tré z'homo estraordinero
>   Que sont alla
>   A Montaud pe la Saint-Antoéno
>   Se régala.

Nos trois chantres s'en donnent à plaisir pour sauvegarder l'honneur du lutrin veurois, mais dans les longues ou les pauses, leurs regards envieux se portent sur le pain bénit « *tot en michet* » :

>   Lou tré chantou
>   Le regardavon
>   Pe navé ina
>   Oh ! mais quelou que le donavon
>   Les ont migea.
>   . . . .

C'est encore Joyeux-Martel qui, dans une chanson chantée sur l'air : « Au clair de la lune », nous a conservé le souvenir des fêtes de la *Sainte-Agathe*. Les femmes de Veurey s'étaient groupées sous le patronage de la vierge-martyre, on ne sait pour quelle raison, sans doute à cause de son martyre (1). Elles se plaignaient en effet d'être un peu délaissées les jours de fête. Elles n'avaient jamais ni repos ni trêve alors que ces messieurs oubliaient les fatigues de la semaine dans les cabarets hospitaliers. Le 5 février, fête de la Sainte, elles compensaient, dans des agapes généreuses, les jours sombres d'une abnégation excessive :

>   Le fenet étiont en brando
>   Pe fare in bon repas
>   Lou petios et lou lanjo
>   Etiont su lou papas.
>
>   I riont, i chantavo
>   I fayon lo saba
>   Tandis que lou paro
>   Fayont la sopa.

La morale arrive tout de même au dernier couplet :

>   Nia qu'ont arrivà chez ielle
>   Etiet lo matin
>   Y ayet in grand poélo
>   N'iayet rin dedin
>   Lou petios plouravo
>   Folliet lou chaufâ
>   Dieux petites clapo
>   Ne seuffision pa.

La plus intéressante, à notre avis, des productions de notre chansonnier est la *chanson des chenilles*. Au point de vue historique elle nous rappelle un fléau de l'année 1826, l'invasion des chenilles :

>   Brave geins veniez tout enteindro
>   Ce que j'en voé vo chanta
>   Ina chousa qu'a-t-arriva
>   Je savo bien que vo zu seyto
>   Mais je volo vo zu chanta
>   Pe vo z'en fare rappela.

---

(1) Ce patronage s'explique par le genre de martyre que subit la sainte et par le langage qu'elle tint au bourreau.

Je voê vo diro lou miraclo
Que sont arriva à Veurey
En dix-huit cent vinte-siey
Et tiant yet bien veritablo

Din lo corant du may de juin
A ben bien causa dè chagrin.

Hélas! totet sorte de bètict
Sont veinieu pe noz'affligier
Oh! mais suto le chanilliet
Ah! veissia ben de laide bètiet
Pusqu'a folu le benaizier
Pe pover s'en débarassier.

La Gerboud preniet sa banâta
Son arrosoi se dieux cruchet
Et tot-y-tiant y remplissiet
Din lo tinet à l'églèza
Son chenevot y benèziet
A causa de le chenilliet.

Disant : sortiez don laide bètiet
Sortiez don de mon chenevot
Trista pouison du démon
Granda salôparie du diablo
Sortiez totet de peritiet
Je vo conjuro à vo neyer
Ou sautâ din çeu de Cassot.

Mais situ coma y communçavo
A n'en jeta in plun bassin
Si vo vissia cheu lo vezin
Le chanilliet que se sauvavon
Et si n'ayont pas cocona
Y z'auriont bien totet creva.

Faudra don benèzier le puze
Pe pover le fare sauvâ
Lou cozin veniont no piquâ
Et le mousses veniont no mordre
Prenons garda lez'aragnet
Lou tavans et le rataplenet.

> Yore ne savons de remédo
> Pe no garanti de tot mâ
> Ainsi ne désesperons pâ
> Queque siezo que no z'arrivèzo
> Et ne cregnons de peri
> Jeusqu'à que no fodra mori.

Les deux derniers vers sont une perle de la Palisse qui, en patois, revêt une couleur particulière et termine assez heureusement la chanson des chenilles. La morale revient à celle-ci : « Il ne faut pas hâter sa mort par des chagrins superflus : elle viendra toujours trop tôt. Le mot de Joyeux-Martel nous rappelle ce mot en patois, toujours d'une paysanne à son fils : « *Te me faré mori avant mon termo !* » Joyeux en étant son nom et en pratiquant sa morale a vécu jusqu'à un âge très avancé, et s'est éteint chrétiennement à Sassenage, où, fidèle à l'esprit paroissial comme à l'esprit communal, il fit appeler le curé de Veurey pour en recevoir les derniers sacrements.

Revenons à l'année 1851, marquée par les méfaits de la Voroyse. C'est aussi une année de grosses charges communales. Le Conseil municipal décide un emprunt de huit mille francs à l'effet de construire un pont sur le Ruisset pour remplacer le vieux pont de bois, ainsi qu'un chemin neuf tendant du bas de Veurey à la place publique. En même temps la commune se voit obligée de fournir son contingent à l'entreprise des ponts suspendus de Saint-Quentin et de Veurey. C'est la même année que les vingt-quatre fusils et les six sabres-briquets, *qui se dégradent à la mairie*, sont réintégrés dans les arsenaux de l'Etat. On eût aimé à revoir quelques-unes de ces reliques de notre garde nationale dont plusieurs sans nul doute étaient allées au siège de Lyon en 1793.

L'année 1852 voit un nouveau serment substitué à celui de Louis-Philippe, et plus laconique encore : *Je jure obéissance à la Constitution et fidélité au Président.* Ce serment est prêté par les conseillers municipaux sans incident.

Quelques temps après une grosse question s'agite dans

l'assemblée municipale. Le préfet propose de distraire Veurey du canton de Sassenage et de rattacher notre commune au canton de Voreppe qui vient d'être formé. Un conseiller rappelle les mécontentements des Veurois pendant l'administration cantonale de Voreppe sous la Révolution et plaide en faveur de Sassenage. Un autre charge contre ce canton et contre Noyarey à propos du Furon et du Ruisset qui nous ont demandé notre concours pécuniaire sans que nous en retirions plus d'avantages. Après une assez longue et chaude discussion la majorité du Conseil se range en faveur de Voreppe, mais ce projet, quoique légalement adopté, ne s'est pas réalisé et nous sommes restés dans le canton de Sassenage selon les vieilles délimitations féodales de la baronnie de Sassenage.

M. Point est renommé maire le 7 juillet 1852 par un décret du Prince-Président. Tous les conseillers prêtent le serment.

Ce renouvellement des maires et adjoints fait pressentir le Coup d'Etat. Le 3 décembre le préfet Bérard invite la municipalité de Veurey à proclamer l'Empire sur la place publique le dimanche suivant. Voici la teneur de cette proclamation :

« Napoléon, par la grâce de Dieu et la volonté nationale
« Empereur des Français,

« A tous présents et à venir salut.

« Vu le Sénatus-consulte en date du 7 novembre 1852 qui
« soumet au Peuple le Plébiscite dont la teneur suit : « Le
« peuple veut le rétablissement de la dignité impériale dans
« la personne de *Louis-Napoléon Bonaparte* avec hérédité
« dans sa descendance directe légitime ou adoptive, et lui
« donne le droit de régler l'ordre de succession au trône
« dans la famille Bonaparte ainsi qu'il est prévu par le
« Sénatus-consulte du 7 novembre 1852 ».

« Vu la déclaration du Corps législatif qui constate que
« les opérations du vote ont été partout librement et régu-
« lièrement accomplies, que le recensement général des bul-

« letins a donné 7.824.189 bulletins portant le mot : *oui* —
« 253.145 bulletins portant le mot : *non* — 63.326 bulletins
« nuls ;

« Avons décrété et décrétons ce qui suit :

« Art. 1ᵉʳ. — Le Sénatus-consulte du 7 novembre 1852
« ratifié par le plébiscite des 21 et 22 novembre 1852 est pro-
« mulgué et devient loi de l'Etat.

« Art. 2. — Louis-Napoléon Bonaparte est empereur des
« Français sous le nom de *Napoléon III*.

« Ordonnons que les présentes, revêtues du sceau de l'Etat
« insérées dans le *Bulletin des Lois*, seront adressées aux
« Cours, Tribunaux, et autres Autorités administratives
« pour qu'ils les inscrivent dans leurs régistres, les obser-
« vent et les fassent observer.

« Les ministres, chacun en ce qui le concerne, sont char-
« gés d'en surveiller l'exécution.

« Fait au Palais de Saint-Cloud, le 2 décembre 1852.

« Signé : NAPOLÉON.

« Par l'Empereur :
« *Le Ministre d'Etat*,
« Signé : Achille FOULD.

« Vu et revêtu
« du sceau de l'Etat.

« *Le Garde des Sceaux, ministre de la Justice*,
« Signé : ALBATUCCI. »

La construction du pont suspendu n'intéressait pas moins les Veurois que la restauration de l'Empire. Passer d'un régime à l'autre, surtout quand c'est un Napoléon-président qui devient Napoléon-empereur, les préoccupe moins que de courir d'une rive à l'autre de l'Isère sur des poutrelles encore dépourvues de leur plancher. Les travaux sont achevés à la fin de l'année 1852 et l'inauguration a lieu le 1ᵉʳ janvier 1853. Nous n'avons trouvé aux archives municipales aucun procès-verbal de cette fête communale et même régionale. Les archives départementales sont également muettes à ce sujet. M. Rivoire-Vicat, inspecteur général des Ponts et Chaussées, agent-voyer en chef de l'Isère, a bien voulu nous donner quelques renseignements précis sur le Pont en regrettant de ne pouvoir nous satisfaire sur l'inauguration.

Le pont de Veurey, comme celui de Saint-Quentin, avait été concédé par décret du 21 février 1852 à MM. Arnaud et Clet (1) qui s'engageaient à le construire moyennant la perception, pendant 99 ans, d'un droit de péage conforme au tarif fixé par le cahier des charges, et l'allocation d'une subvention. M. Arnaud étant décédé, c'est M. Jean-Sébastien Clet, substitué à la société Arnaud-Clet, qui a fait la construction. Le pont a été officiellement livré à la circulation publique le 14 mars 1853, bien que la fête de l'inauguration ait eu lieu le 1er janvier précédent.

La concession courait du 8 mars 1852 ; elle a été rachetée par le Département suivant concession du 15 mars 1888, avec effet du 1er avril suivant, jour où a cessé la perception du péage pour la traversée du pont.

Le pont de Veurey mesure 200 mètres de longueur.

Quelques jours après l'inauguration du pont, le 20 février 1853, le Conseil municipal votait une adresse de félicitations à l'Empereur à l'occasion de son mariage avec Eugénie de Montijo, comtesse de Théba. La rédaction de cette adresse est toute de M. Point, comme il est facile de le constater. C'est une trop jolie et trop curieuse pièce d'archives pour ne pas la citer intégralement :

« Les soussignés, toujours unis de sentiments avec les
« plus fidèles serviteurs de votre Majesté,
« Ont l'honneur de déposer au pied de votre trône les féli-
« citations les plus ardentes, les plus respectueuses, et les
« plus sincères au sujet de la pieuse union que vous venez
« de contracter pour votre bonheur et pour celui des Fran-
« çais.

---

(1) M. Clet était le beau-père de M. Gachet, ancien maire de Grenoble.

« Ils bénissent votre mariage comme une inspiration
« divine qui est saluée par l'immense concert de l'allégresse
« nationale et comme un acte de haute politique qui cou-
« ronne avec gloire le plus digne penchant de votre cœur.

« Vous avez préféré pour votre alliance l'héroïque fidélité
« d'un sang illustre et vertueux à toute la splendeur des
« races souveraines qui furent coalisées contre la vôtre.

« Sur ce trône très chrétien et très français que vous avez
« relevé et qui bientôt représentera « toutes les légitimités
« du ciel et de la terre » vous avez partagé votre empire
« avec un « ange de bienfaisance et d'amabilité » dont tous
« les pas en montant au pouvoir furent des traits de gran-
« deur et de vertu.

« En faisant régner avec vous l'Espagne et l'Irlande fran-
« çaises, vous avez d'un seul mot et sans effusion de sang
« reconquis à la France tous les peuples amis qui regrettent
« encore ses aigles et son nom.

« Ainsi vous ne cessez de vous surpasser vous-même par
« le magnifique progrès d'une capacité toujours plus puis-
« sante qui s'exaltant au foyer d'un cœur magnanime
« vient arborer la gloire des Français sur l'édifice de leur
« bonheur.

« Les soussignés, maire, adjoint et conseillers municipaux
« de la commune de Veurey,

« ont l'honneur d'être avec le plus profond respect,

Sire,

« de votre Majesté impériale les plus dévoués serviteurs et
« sujets :

« CASSOUD, Louis VIEUX, G. GUIVET, Louis REPELLIN, Claude
« VIEUX, J. ROCHE, P. ROCHE, H. POINT, maire. »

Ce n'est pas une perle, c'est un collier de perles que
M. Point nous a laissé dans cette adresse. Nous avons souligné les plus jolies, et nous aurions regretté de passer les
autres sous silence. L'empereur et l'impératrice, s'ils ont lu
ce factum, ont dû s'amuser un peu au dépens de notre

excellent maire, qui n'y a pas tout perdu cependant, puisque la croix de la Légion d'honneur est venue récompenser son inviolable fidélité à l'Empire.

La même année (1853) la commune de Veurey demande à rester du canton de Sassenage dont elle fait partie depuis 51 ans. Nos édiles auraient pu ajouter que des liens plus que séculaires unissaient Veurey à Sassenage, puisque ces liens politiques et sociaux remontent aux âges les plus reculés de l'histoire.

Le 7 mai 1854, le Conseil délibère qu'une pompe à incendie avec ses accessoires sera achetée à la société la *Sauvegarde des Communes* au prix de six cents francs et que le paiement aura lieu en 15 années avec intérêt de 4 pour cent. Depuis le jour où la pompe a été installée à la maison commune, ce sont les citoyens eux-mêmes qui l'ont manœuvrée à tous les incendies qui se sont déclarés dans le pays. Nous aimons à constater que de l'année 1903 à l'année 1910, où nous sommes, nos pompiers improvisés, à qui il ne manque que l'uniforme, n'ont pas eu à exercer leur courage civique. Le dernier incendie important a été celui de la maison Menthe, sur la place publique.

C'est en 1855 que le Conseil municipal aborde le projet d'un chemin de grande communication entre Veurey et Voreppe. Le projet dort pendant un certain nombre d'années. Ce n'est qu'en 1864 que la commune de Veurey accepte l'état préfectoral de situation financière et le tracé administratif de ce chemin n° 3 *bis* dont il est question entre les deux communes ci-dessus. Enfin l'année 1866 voit se rectifier ledit chemin de Veurey à Voreppe. La seule critique que l'on peut lui adresser c'est que sa largeur laisse un peu à désirer : une voie de cette importance aurait pu supporter, en ce sens, quelques mètres de plus. Les progrès de l'automobilisme, en effet, ne peuvent guère peser encore dans la balance des conseils communaux. Cependant la construction de la ligne de chemin de fer préoccupe sérieusement les municipalités et nécessite de multiples délibérations sur l'emplacement des stations. Le Conseil municipal donne un avis favorable pour l'emplacement de celles de Voreppe et de Saint-Robert, appelées à desservir la commune de Veurey (1855) (1).

La même année il y a renouvellement du Conseil, nomination de M. Point, comme maire, et de M. Roche, comme adjoint, et prestation par tous du serment : « Je jure obéissance à la Constitution et fidélité à l'Empereur ». La municipalité est composée d'hommes de valeur et de confiance. Sans parler du maire et de l'adjoint qui se dévouent sans compter à la chose publique, nous pouvons citer MM. Valentin, de Montrol, Amat et Malépine-Cassoud, qui représente une des plus vieilles familles du pays.

Nous avons parlé au chapitre précédent de la grosse question de la reconstruction de l'église paroissiale. La commune est pauvre, mais néanmoins elle prête tout son appui moral à la paroisse dès les commencements de l'œuvre. En 1857 la municipalité demande à l'Etat une subvention de trois mille francs pour achever les travaux et fait abandon aux principaux bienfaiteurs de l'église des deux tiers qui reviennent à la commune sur le prix des concessions de terrain au cimetière ; l'autre tiers étant réservé aux pauvres. En 1858 elle sollicite l'approbation du devis des travaux d'achèvement de l'église et l'autorisation d'exécuter ces travaux en régie par emploi du secours ministériel de trois mille francs sous la conduite de M. le curé Gérante comme architecte-directeur. Notre commune a donc eu la bonne fortune d'avoir sous la main, pour ainsi dire, un curé actif, entreprenant, habile et persévérant, qui, aidé par la paroisse sans doute, prend sur lui toutes les responsabilités de la reconstruction de l'église : reconstruction qui s'impose absolument et que la commune ne pourrait éviter, au risque de se paralyser pour longtemps par de lourds emprunts. La paroisse et la commune, encore une fois, ne peuvent que bénéficier de leur entente cordiale, en procurant finalement par cette concorde le bien du pays.

---

(1) C'est aussi à cette époque que fut construit le chemin vicinal tendant de la place publique à la route départementale par le hameau de la Rive. Le projet avait été adopté en 1854.

Durant la période qui va de 1855 à 1865 notre Conseil municipal est appelé à donner son avis sur l'établissement ou le transfert de certaines foires des environs. Il donne son adhésion à plusieurs communes, notamment à Rives, Chirens, l'Albenc, Méaudre, mais il s'oppose formellement à ce que la commune de Noyarey puisse tenir une foire le 3 septembre de chaque année, en exprimant le vœu que « ladite foire précède de 40 jours au moins la foire de Veurey dans l'intérêt de celle-ci ou la suive de quarante jours dans l'intérêt de celle de Noyarey. »

Si la municipalité veille d'un côté à sauvegarder les intérêts matériels de ses administrés en protégeant la foire communale, de l'autre elle ménage les deniers publics en toute occasion. En 1862 le Conseil renvoie encore l'établissement d'une bibliothèque scolaire parce qu'elle « n'est pas
« d'une extrême urgence dans la commune de Veurey où
« les maisons particulières sont assez bien pourvues de bons
« livres distribués annuellement à titre de prix aux élèves
« des écoles depuis 20 ans ou prêtés aux habitants soit par
« la société autorisée de Saint-Vincent-de-Paul, soit par des
« personnes pieuses ; ou achetés par les familles pour
« l'usage de leurs enfants » La commune est d'ailleurs obligée de s'imposer pour faire face aux frais scolaires qui sont encore bien restreints à côté de ce qu'ils seront plus tard. L'école des garçons dépense 600 francs et les frais de l'école des filles se réduisent au traitement bien modeste de l'institutrice qui se chiffre à 144 francs (1). Le maître et la maîtresse, comme on dit alors, semblent accomplir leur tâche avec beaucoup de dévouement et à la satisfaction de tous, car on ne relève contre eux aucune récrimination. Le maire d'ailleurs, sait leur rappeler à leur installation en termes choisis et élevés les devoirs inhérents à leur noble mission. Dans le procès-verbal de l'installation de M. Prosper Genevey, qui sera un de nos meilleurs instituteurs, nous lisons ces mots : « Ensuite (après la prestation du serment) nous lui avons rappelé dans une sommaire allo-

---

(1) Délibération de l'année 1862.

cution les principaux devoirs qu'il aurait à remplir (1) ».

L'année suivante les mêmes formalités sont remplies et le même discours prononcé à l'occasion de l'installation comme institutrice de Mlle Rosalie-Agathe Vallier (2) qui remplace en cette qualité sa tante décédée, et si connue sous le nom de *Mademoiselle Rose*.

La nouvelle institutrice, quoique très appréciée aussi, ne fera qu'un très court stage à Veurey, car deux ans après, le 31 mai 1867, le Conseil municipal accepte officiellement la fondation assurée par M. et Mme de Montrol d'une école primaire de filles et d'une maison de charité à titre gratuit, perpétuel et public, sous la direction des Filles de la Charité de Saint-Vincent-de-Paul. De 1867 à 1903, c'est-à-dire, pendant la durée de 36 ans la commune de Veurey, plus fortunée que beaucoup d'autres, économisera le traitement d'une institutrice, le local et presque tous les frais accessoires. Le Conseil fait preuve en l'occurrence d'un libéralisme intelligent et d'une sollicitude pour les deniers publics qui sera surtout appréciée le jour où des constructions nécessitées par les lois de laïcité viendront obérer la caisse municipale. Ce Conseil composé de citoyens intelligents et dévoués, parmi lesquels nous remarquons M. Edgard Voilquin, est au pouvoir depuis deux ans, ayant été installé en 1865, avec M. Point, comme maire, renommé par arrêté préfectoral du 18 août de la même année. Deux jours après, le 20 août, la nouvelle municipalité adhère au rachat projeté du pont suspendu sur le Drac, mais ne prend à son égard aucun engagement pécuniaire avant que M. le Préfet n'ait proposé les bases de répartition et les contingents communaux de cette dépense. Le 12 août 1866 elle ménage encore les charges communales en refusant de concourir à la dépense projetée pour la rectification du chemin ordinaire du Chevalon à Veurey et pour son classement nouveau comme voie d'intérêt entre Voreppe, Veurey et le Fontanil. Elle ajourne à 1869 la rectification du chemin de Veurey

---

(1) Registre des délibérations, année 1864.
(2) Née à Plampinet, commune de Névache (Hautes-Alpes), en 1835.

à Montaud appelé au XVIIe siècle *chemin de la Madeleine*, à cause de l'église de Sainte-Marie-Magdeleine de l'Eygalen auprès de laquelle il passait. En retour elle s'occupe activement du reboisement de la Bournay et vote à cet effet une demande de subvention.

Si notre commune est moins riche en revenus que plusieurs de ses voisines, elle n'en bénéficie pas moins de la prospérité incontestable dont jouit la France sous le second Empire. A l'extérieur nous prodiguons presque inutilement notre sang et notre or, mais à l'intérieur le bien-être se fait sentir jusque dans le plus modeste village. L'agriculture, les arts et l'industrie sont encouragés, les villes assainies et embellies, la construction des chemins de fer — nous l'avons vu — est poussée avec une incroyable activité ; des institutions de crédit donnent au commerce un élan merveilleux ; des institutions de bienfaisance viennent en aide à l'ouvrier et l'instruction, comme nous avons pu en juger plus haut, est répandue parmi le peuple. Ajoutons que des traités de commerce donnent du stimulant à l'industrie, pendant que le canal de Suez abrège la route commerciale des Indes. L'Exposition universelle de 1867 marque l'apogée de cette prospérité nationale qui ne pouvait que provoquer la jalousie de nos voisins.

La vie sociale se ressent de ce bien-être général. La gaîté anime les relations. En somme, depuis la Révolution, il n'y a pas eu de jours trop malheureux et les Veurois, comme nous avons déjà pu le constater, ne se sont pas privés du bon rire qui, selon le joli mot d'un de nos Immortels, est « la gaîté en vacances ». Le sobriquet malicieux, sans être méchant, a survécu à tous les cataclysmes sociaux et à tous les bouleversements politiques. Encore une fois Veurey, de l'avis des étrangers qui y séjournent, est remarquable par la vitalité persistante du sobriquet. Citons-en quelques-uns des plus jolis cueillis avant la guerre de 1870 au cours du XIXe siècle :

    Bessoud la Treille.
    Cotin Bel-Air.
    Hyboud Peron, la Mousse.

Peron Gandolin.
Septépées, dit Popelin.
Zoé Lanterne (Tournier).
Morin, dit Nàve.
Borel Brayes.

Le peuple est heureux sous le second Empire, non seulement parce que la commune est prospère, mais aussi et surtout parce que les mœurs publiques n'ont pas été gâtées encore et que les idées subversives qu'on cherche déjà à infiltrer dans les esprits sont énergiquement combattues par les pouvoirs publics. Aussi le peuple rit et chante. Il a de la poésie au cœur et cette poésie se traduit jusque sur les rochers.

Au cours de nos recherches sur les souvenirs locaux nous entendîmes parler d'une inscription romaine, gravée sur un rocher de la vieille route qui conduit au Petit-Port. Plusieurs l'avaient vue jadis, mais on ne savait plus l'endroit précis où elle se trouvait. Nous la trouvâmes enfin un jour où le soleil la mettait en relief. Elle n'était pas en latin, comme tous l'avaient cru, mais en français sinon académique, du moins suffisamment intelligible, malgré deux mots effrités par les intempéries. La voici autant qu'il a été possible de la reconstituer : « Ingrate que je suis, je refuse plus (d'épouser) ce bon enfant Henri Bardin ». Il semble que ce sont des fiançailles rompues par l'ingratitude de la fiancée dont le frère dévoué et bon sculpteur vient exprimer sur la pierre du rocher l'aveu sincère et touchant. Ne serait-ce pas plutôt tout simplement une bonne petite farce, à la veuroise, ménagée au bon Henri Bardin ? Quoi qu'il en soit, l'inscription est en caractères majuscules se rapprochant beaucoup des caractères romains. Nous l'avons relevée comme une indication des mœurs de l'époque (de 1850 à 1860). En ce temps-là le rire pouvait se donner libre carrière sans être cependant ni méchant ni dévergondé. Nous avons cherché un nom pour ce rocher idyllique. Après en avoir examiné plusieurs qui pouvaient lui convenir, nous nous sommes arrêté à celui qu'inspire le premier mot de l'inscription et nous avons baptisé ce rocher fameux du nom de *Rocher de l'Ingrate*.

Après le bonheur de vivre, la douleur de survivre ; après les victoires, la défaite ; après les réjouissances publiques, la consternation générale. Napoléon III est prisonnier à Sedan. L'armée sur laquelle la France fonde ses espérances n'existe plus. La déchéance de l'Empire est prononcée le 4 septembre 1870 et la République proclamée. C'est la chute dans toutes les communes des municipalités dévouées à l'Empire.

A Veurey, MM. Georges Oris, Rémy Péron, Louis Repellin, suivent M. Point dans sa disgrâce. Une commission municipale remplace l'ancien Conseil et se compose de MM. Alphonse Amat (1), président, A. Fleury, secrétaire, Roche Pierre, F. Pelon, A. Dijon, H. Bardin, L. Bourne, Hébert Louis et F. Duport-Roux. Elle délibère pour la première fois le 13 octobre. Le 9 novembre suivant elle demande des virements de crédit pour achever le contingent de la commune aux dépenses prévisionnelles d'habillement, d'équipement, et trois mois de solde de la garde nationale mobilisée.

Le 14 mai 1871 la Commission municipale prend fin et le nouveau Conseil municipal est élu. Plusieurs membres évincés l'année précédente reviennent siéger à la mairie. Nous remarquons MM. de Montrol, Voilquin et Péron. M. Amat est élu maire. Notre petite révolution villageoise, comme on le voit, a été très pacifique et si ce n'était quelques exercices de territoriaux dans le pré de la Tour on ne soupçonnerait pas l'étendue de nos désastres, car, à Veurey, la mortalité des années 1870 et 1871 ne paraît pas augmenter du fait de la guerre.

(1) La famille Amat a joué un rôle assez important en Provence avant 1351, année où elle fut anoblie. On la disait venue d'Italie. Louis Amat qui s'établit en Provence venait du Dauphiné. Il mourut en 1284. En 1459, Etienne Amat épousait Anne-Claire d'Agoult. De cette famille sont sortis : un évêque de Senez, Antoine-Joseph Amat ; un procureur au bailliage de Graisivaudan ; deux procureurs au Parlement ; un député à l'Assemblée législative, Claude-Simon Amat, et Jean-Joseph Amat, député des Hautes-Alpes de 1827 à 1830.

Le nouveau Conseil demande que Veurey soit desservi par le bureau de poste de Voreppe. Les choses se passaient déjà ainsi autrefois, mais les crues de l'Isère et les difficultés qui en résultaient pour permettre de la passer à bac, obligèrent notre commune à dépendre de Sassenage. Depuis le pont suspendu ces raisons n'existent plus.

Il demande aussi (1873) un syndicat pour la juste répartition des eaux des fontaines publiques de Veurey ; émet le vœu (1875) que le gouvernement autorise la culture du tabac à Veurey : « le terrain convenant admirablement à cette plante » ; et décide la même année l'acquisition des immeubles Faresse, au prix de 12.000 francs à l'effet d'y installer l'école des garçons et la mairie.

Après avoir fait les fonctions de maire de novembre 1872 à mai 1874, M. Roche Pierre est élu maire. On remarque dans le conseil MM. Bourne, Marion et Louvat.

En 1876 les dépenses pour l'école des garçons se chiffrent à mille francs et pour l'école des filles à zéro (1). Cette page de budget est tout à fait suggestive, surtout si nous la plaçons à côté d'une délibération de 1902.

En 1879, toujours sous la présidence de M. Roche Pierre, qui a été réélu maire l'année précédente, le Conseil s'occupe d'assurer contre l'incendie et la foudre l'église, le presbytère, l'horloge, les cloches et le beffroi. La Mutuelle présentant les conditions les plus avantageuses est agréée (2).

Aux élections de janvier 1881, M. Charles-Joseph Didon est élu maire, mais comme il est presque toujours absent, c'est l'adjoint, M. Antoine Fleury, qui en exerce de fait les fonctions, du 23 janvier au 8 mai, où il est proclamé maire lui-même.

Nous sommes à l'époque des ravages du philloxéra et les municipalités commencent à s'émouvoir. Déjà sous la présidence du maréchal de Mac-Mahon la question fut portée aux Chambres et plusieurs remèdes furent préconisés, entr'autres l'irrigation pour les pays de plaines. Les lois

---

(1) Registres des délibérations, folio 130.
(2) Le tout fut assuré par 50.000 à 0.3 par 1.000.

du 15 juillet 1878 et du 2 août 1879 règlent la question des subventions accordées par l'Etat aux communes. Le Conseil municipal, dans sa délibération de 1881, rappelle d'abord l'article de la loi sur lequel il base une nouvelle demande de secours : « Lorsqu'une commune votera une subvention destinée à aider les propriétaires qui traiteront leurs vignes suivant l'un des modes approuvés par la Commission supérieure du philloxéra, l'Etat lui accordera une subvention égale qui se trouvera ainsi doublée. » Il ajoute : « Considérant que les vignes philloxérées de Veurey ont été traitées au sulfure de carbone, mode de traitement adopté par le Conseil supérieur et que les dépnses résultant des journées de travail n'ont pu encore être payées parce que le crédit inscrit au budget de la commune était insuffisant... »

Nos vignerons ont combattu le fléau avec une opiniâtre persévérance. Ils ont sauvé ainsi presque tous les vignobles. Aujourd'hui encore ils luttent sans relâche contre l'oïdium, le mildew et le black-rot. Les Veurois, héritiers des Templiers, apprécient le bon vin ; mais il faut leur rendre justice, ils aiment beaucoup *leur vigne* et savent très bien la *tailler*. Ils ont leurs principes et n'en démordent pas, mais ils réussissent et le succès leur donne raison. Ils négligent cependant un peu trop le vin blanc qui, grâce au sol rocheux et au soleil levant, est de beaucoup supérieur au vin rouge. Certain crû fait même penser au Grave. Le vin blanc, à la mode en ce moment, serait peut-être plus rémunérateur.

L'année 1883 est marquée par la réception de l'œuvre définitive, dressée par M. Riondet, et exécutée par M. Duport-Roux François, entrepreneur, adjudicataire de la nouvelle maison d'école, de la mairie et des dépendances. Le procès-verbal en est dressé le 15 avril.

Ces nouvelles dépenses venant s'ajouter à celles que nécessite la rectification du chemin de Veurey à Montaud et les faibles recettes provenant des bois communaux ne permettent pas à Veurey de fournir la contribution de 13.000 fr. exigée par l'établissement du nouveau pont du Drac. D'autre part, c'est le moment de racheter le pont de Veurey, et la quote-part de notre commune est de 9.000. On comprend aisément les réclamations du Conseil, qui constate d'ailleurs que certaines autres communes sont plus favorisées dans la distribution des parts. C'est ainsi que nous apprenons que la population de Veurey en 1886 est de 829 habitants et sa superficie de 1220 hectares.

Le 29 mars 1887, M. Hector Scipion Point s'éteint doucement et chrétiennement à l'âge de 91 ans. Il est enterré le lendemain, mais c'est à peine si l'on compte trente personnes à ses obsèques (1).

Né à Grenoble, le 12 octobre 1796, fils du général de brigade Point, mort sur le champ de bataille à l'armée d'Italie en 1798, le jeune Hector n'a que huit ans lorsqu'il entre au prytanée militaire de Saint-Cyr. Il assiste au sacre de Napoléon Ier en 1804. Lauréat annuel, il est reçu officier. Après deux petites campagnes il est envoyé en demi-solde dans ses foyers. Pour remettre sa santé ébranlée, il vient à Veurey en 1824 auprès de son oncle maternel, Claude-Jean-Joseph Saint-Ours, maire. Lieutenant en second d'artillerie il brise sa carrière militaire pour raisons de santé et de famille. De 1828 à sa mort il fait partie du Conseil de Fabrique. De 1840 à 1870, presque sans interruption, il administre Veurey comme maire et reçoit la croix de la Légion d'honneur, sous Napoléon III. Eloigné du pouvoir par les événements politiques qui ne peuvent entamer sa fidélité à l'Empire, il achève sa vie, comme il l'a passée d'ailleurs, dans la pauvreté (2), l'étude et les consolantes pratiques de la piété. Chrétien instruit et exemplaire, citoyen intègre et dévoué à la chose publique au point de remplir gratuitement les fonctions de secrétaire de la mairie pendant 30 ans, il mérite toute la reconnaissance des Veurois assurément, et voici que l'opinion publique toujours changeante, oublieuse de ceux qui ne peuvent plus la servir, adulatrice des hommes du jour, méconnaît ce digne citoyen, qui ne l'a

---

(1) M. Point était bachelier ès lettres.
(2) Le revenu annuel de M. Point, y compris sa pension, sa gratification de chevalier, et un débris patrimonial en rentes viagères, s'élevait à 747 fr. 70.

jamais flattée sans doute, mais aussi qui ne l'a jamais dupée ni égarée.

Que cette nouvelle preuve, ajoutée à tant d'autres, de l'instabilité de l'opinion et de l'ingratitude des foules vous rappelle, à vous qui travaillez au bien d'une collectivité, quelle qu'elle soit, qu'il ne faut jamais lui sacrifier ni les principes ni la conscience et que l'homme de caractère sort toujours grandi de la défaite honorable et des disgrâces populaires.

Le 10 août suivant M. Fleury, démissionnaire, est remplacé par M. Célestin Roche.

A l'occasion du Centenaire de la Révolution en Dauphiné, le Conseil municipal vote un crédit de 50 francs pour l'érection d'un monument commémoratif à Vizille. Dans cette délibération — du 13 novembre — on aurait pu rappeler que Veurey avait donné trois députés à l'Assemblée de Vizille, et que ces trois représentants avaient voté les revendications légitimes et modérées qui ne laissaient pas encore pressentir les sanglantes horreurs de 1793. Il n'y a peut-être pas beaucoup de petites communautés rurales qui aient eu comme la nôtre l'honneur d'avoir été si bien représentée à l'Assemblée provinciale.

L'année 1888 est marquée par des inondations partielles de l'Isère, qui semblent plus graves qu'en 1886. L'invitation adressée par le préfet du département aux communes pour secourir les sinistrés nous apprend en effet que le *nombre* des misères à soulager dépasse celui des désastres de 1886, et que les secours de l'Etat ne sont applicables qu'aux digues rompues. Le Conseil vote un secours comme en 1886.

Dès 1891 la municipalité aborde la question du cimetière. On prévoit déjà à cet effet une dépense de dix mille francs, mais c'est sous le maire suivant, M. Albin Bourne, élu en 1892, que le cimetière, ne remplissant plus les conditions prescrites par le décret du 23 prairial an XII, est officiellement transféré en Morêtel. La somme totale : acquisition du terrain et travaux s'élève à 15.100 francs.

M. Bourne attache également son nom à l'éclairage électrique de la commune et au tramway qui est d'abord à vapeur. La traction électrique n'est substituée à la traction à vapeur que sous la mairie de M. Georges Oris (1), élu en 1897. Le Conseil proteste « avec la dernière énergie » contre le prolongement de la ligne à Moirans, par le pont suspendu (1898). La même année il demande un secours de 400 francs sur les amendes correctionnelles pour faire l'acquisition d'une pompe à incendie, qu'une collecte faite par M. Claude Marion (2), et montant à 646 fr. 55, permet de réaliser. L'année suivante Veurey est muni de son téléphone et rattaché au réseau téléphonique départemental.

Nous sommes en l'année 1900, la dernière du XIXe siècle. Notre municipalité voulant clore dignement ce grand siècle vote à l'unanimité une adresse de félicitations à M. le Président de la République et à M. Wadeck-Rousseau, président du Conseil des Ministres. Les chroniqueurs de l'avenir nous seront reconnaissants de l'avoir citée en entier :

« Le Conseil municipal, à l'unanimité de ses membres pré-
« sents..... adresse au Président de la République..... et au
« ministère de défense républicaine, l'assurance de son res-
« pectueux dévouement, et ses sincères félicitations pour
« l'énergie qu'ils déploient à défendre la République contre
« *les assauts formidables de la réaction aux abois*. Il compte
« absolument sur leur dévouement pour faire aboutir les
« réformes depuis *si longtemps promises et attendues* ».

On peut se demander quelle est cette *réaction aux abois* et quels sont ces *assauts formidables*. M. Loubet et M. Waldeck-Rousseau ont dû esquisser un sourire en lisant cette adresse éloquente, comme autrefois l'Empereur au reçu de l'adresse rédigée par M. Point. Est-ce que la réaction aux abois serait cette légion de moines en partance pour la terre étrangère, chassés et bousculés par la loi de 1901, par la loi de Waldeck-Rousseau ? Mais alors si elle est *aux abois*

---

(1) Le tramway électrique a été inauguré en 1904.
(2) Président de la Fabrique et de la Société de Saint Vincent-de-Paul, décédé en septembre 1910. M. Fayolle, maire, fit son éloge au moment où la dépouille mortelle de ce fervent chrétien allait quitter le sol veurois pour aller reposer à Bourg (Ain).

comment ses assauts peuvent-ils être *formidables* ? Cette formule, cliché fort usé d'ailleurs, constitue une naïveté délicieuse qui n'aurait jamais du prendre son vol vers la capitale, et que corrige difficilement la formule des *desiderata* qui suit. Que fait donc le ministère de défense républicaine avec l'énergie qui le distingue contre la réaction aux abois pour laisser en souffrance des réformes *depuis si longtemps promises et attendues* ?

A moins que les réactionnaires ne soient les quelques bourgeois qui viennent de se cotiser généreusement pour acheter une pompe à incendie. En fait de pompe, la pompe de l'adresse municipale, est incomparable, mais elle peut s'expliquer un peu par le secours de 600 francs que le ministère Waldeck-Rousseau accordera quelques mois après à la commune de Veurey pour la réparation de la toiture de l'église paroissiale.

A propos de la demande en autorisation déposée par les Filles de la Charité (articles 13 et 18 de la loi du 1er juillet 1901) le Conseil municipal est invité par la préfecture à émettre son avis : 1° sur l'enseignement communal donné par les religieuses, et 2° sur l'Orphelinat. Sur la première question le Conseil « considérant qu'il y a nécessité absolue de doter la commune d'une école laïque de filles, décide à *l'unanimité* des membres présents de faire diligence pour arriver le plus promptement possible à transformer ces desiderata en réalité. » Nos édiles avaient, ce semble, des raisons de reconnaissance et d'économie, pour ne pas étaler un pareil empressement. — Sur la deuxième question, le Conseil « émet l'avis de laisser au gouvernement le soin de statuer sur la demande en autorisation des Filles de la Charité de Saint-Vincent-de-Paul de Veurey ». Ici la municipalité donne une preuve de son libéralisme, en faisant valoir dans les considérants les services que l'Orphelinat rend à la société et à la commune, ainsi qu'en refusant de prendre sur lui l'odieuse responsabilité de fermer un asile de la Charité, où de malheureuses petites orphelines trouvent des mères et un foyer. Tous les conseillers, *sauf deux*, votent le maintien de l'Orphelinat.

Ce libéralisme continue d'animer l'administration du nouveau maire, M. Joseph Fayolle, et du nouveau Conseil, élus en 1904. La municipalité mérite d'autant mieux la reconnaissance publique que de graves événements vont éprouver son esprit de justice et de conciliation. La Séparation de l'Eglise et de l'Etat, l'Inventaire des biens de l'Eglise, la location du presbytère au desservant n'ont été l'occasion d'aucune manifestation hostile du Conseil à l'égard de la Religion, et c'est l'honneur d'une municipalité que de savoir et vouloir maintenir, à travers les mauvais jours que nous traversons, toutes les libertés du culte catholique. Ah ! sans doute aujourd'hui les municipalités n'ont plus la liberté d'action, même en ce qui les intéresse directement et l'Etat de plus en plus centralisateur pèse de plus en plus lourdement sur les communes ; ce qui explique pourquoi celles-ci sont parfois obligées de subir l'application de certaines lois plus ou moins équitables sous peine de se voir couper les vivres par la préfecture ; mais il n'en est pas moins possible encore, malgré tous les obstacles, à des hommes de cœur, de gouverner une petite commune rurale comme la nôtre, à la satisfaction de tous les bons citoyens.

En somme depuis 1789, année où a commencé le régime municipal jusqu'à ce jour, les représentants de la commune se sont toujours inspirés plutôt de ce libéralisme intelligent qui seul sait ménager toutes les forces d'un pays et le modeste chroniqueur, citoyen de Veurey, qui a essayé de faire revivre ce petit mais glorieux village, se fait un devoir et un plaisir d'exprimer, en déposant la plume, les vœux sincères qu'il forme pour la prospérité de cette commune : prospérité essentiellement attachée à la repopulation, à l'aménagement des maisons pour villégiatures, à une administration communale sincèrement libérale, et enfin au maintien de la vieille religion nationale, sauvegarde suprême des bonnes mœurs, de l'urbanité, de la foi publique et de la civilisation.

ÉPILOGUE

Si la tâche que nous nous sommes imposée semble accomplie, l'œuvre, elle-même, n'est point achevée. Nous avons voulu écrire le *livre de vie*, ou *livre de raison* de Veurey (1). Un livre de ce genre ne se termine jamais, puisqu'il doit s'écrire au jour le jour et le chroniqueur ne dépose la plume que pour la passer à un autre. Grâce à de nouveaux documents — et chaque jour apporte au chercheur infatigable de nouveaux éléments d'information — notre continuateur pourra éclairer les parties obscures et imprécises de notre travail encore rempli de lacunes inévitables. Heureux serons-nous si nous avons pu du moins frayer, je ne dis pas un chemin, mais un sentier qui permette aux amateurs futurs de notre histoire locale de pouvoir remonter le passé encore enfoui sous tant de ronces.

Quelque modeste que soit notre entreprise elle nous a mis en contact avec les archives paroissiales et communales, et par là nous a permis de faire des constatations qu'il ne sera peut-être pas inutile de communiquer à nos lecteurs.

Les archives communales se réduisent depuis longtemps au registre des délibérations. Ce registre fournit sans doute bon nombre de données fort intéressantes ; mais que de choses délibérées, et même votées, qui ne sont pas réalisées selon la teneur de la délibération et même qui ne sont jamais actuées. Sans doute il y a les procès-verbaux de

---

(1) Cette modeste notice n'est pas autre chose que le développement des conférences faites par l'auteur à la Mairie, au cours du mois de septembre 1906 et si sympathiquement suivies par toutes les classes de la société veuroise.

réception des œuvres exécutées, mais que d'événements intéressant la vie communale, même au plus haut degré, s'engloutissent dans la nuit des temps. Les malheurs publics et les fêtes civiques, qui paraissent inoubliables, sur le moment, s'oblitèrent bien vite dans la meilleure des mémoires. Nous l'avons vu pour la construction du pont de Veurey et les inondations de l'Isère à propos desquelles nos registres communaux sont par trop silencieux. Pourquoi n'ouvrirait-on pas dans nos mairies, à côté des registres divers qui existent, un livre spécialement consacré à relater les faits accomplis, les « gesta » de la commune, *le livre de raison du temporel* de la localité. Ce petit travail supplémentaire, minime en somme, serait d'un prix inestimable pour ceux qui, plus tard, voudraient écrire une histoire communale et s'épargner une exploration longue et laborieuse dans le fouillis des délibérations. Puisse une parole plus autorisée que la nôtre faire parvenir auprès des pouvoirs publics ces desiderata d'un citoyen qui fait un grand cas des archives communales.

Les archives paroissiales donnent un peu plus de satisfaction. Les délibérations fabriciennes sont moins arides que les municipales. Leur matière plus morale et plus spirituelle nous captive davantage. Les annales des confréries, lorsqu'elles sont rédigées avec soin et continuité, nous permettent plus facilement d'étudier les mœurs d'une époque. Les comptes rendus de certaines fêtes chrétiennes nous mettent en contact avec la vie publique. C'est encore à l'Eglise que viennent se coudoyer grands et petits, riches et pauvres et ce sera toujours à l'Eglise que s'opérera la fusion des classes dans l'unité de la vie paroissiale. Si le secrétaire de la mairie ou le maire lui-même s'occupent de la chronique communale, c'est au curé à recueillir, dans un livre spécial aussi, *le livre de raison de la paroisse*, tout ce qui concerne celle-ci, comme l'avaient si bien compris certains recteurs d'avant la Révolution. Nous disons : *certains*, car il faut le reconnaître, beaucoup de ces dignes pasteurs, dans ces temps heureux se laissaient vivre, et restaient à la tête d'une paroisse pendant des quarts de siècle, en moyenne, sans rien consigner dans les registres paroissiaux. Entre deux baptêmes ou deux sépultures il leur arrivait, tous les dix ans à peine, de glisser un mot très laconique sur une mission, une visite pastorale de l'évêque, ou une bénédiction de cloche. Que de trésors perdus grâce à cette béate insouciance (1).

Nous ne sommes plus, nous, clergé, à cette époque de tout repos. En ce moment nous brûlons les étapes, et depuis trente ans nous assistons à une lutte désespérée entre l'Eglise et la Révolution : désespérée non pour l'Eglise qui a des promesses éternelles mais pour la Révolution qui a fait banqueroute à tous ses engagements, et semble même à l'heure présente, en ouvrant la porte au syndicalisme, renier les rêves qu'elle caressait lorsqu'elle supprimait nos vieilles corporations. Le combat pour les idées va devenir acharné dans chaque village. Qui notera au jour le jour les épisodes de cette guerre suprême ? Qui marquera les coups ? Qui relèvera ces ingratitudes dont l'histoire, selon Darras, *est un vaste répertoire ?* L'histoire, a dit Coppée, est un long cri de douleur. Les noms des victimes et ceux des bourreaux ne doivent pas être ensevelis dans l'oubli. L'histoire ne sera une « *maîtresse de la vie* (2) », pour les

---

(1) Ainsi nous aurions peut-être connu l'origine de l'histoire des chansons de Mai. Cette charmante tradition s'est perpétuée jusqu'à nos jours. La veille du 1er mai, les enfants viennent encore à Veurey chanter aux *huis* (portes) :

> Voici le joli mois de mai
> Le mois où les rosiers boutonnent
> Où les fillettes se couronnent
> Des fleurs du joli violet
>
> N'allez pas nous laisser chanter
> Car s'en va la nuit et le jour vient
> Et dans nos paniers nous n'avons rien.

et après la réception des œufs rémunérateurs :

> Monsieur, en vous remerciant
> De votre agréable présent
> Nous nous retirons
> Et nous redirons
> Que Dieu santé donne à toute la maison
> A Dieu, Monsieur, jusqu'à la prochaine saison.

(2) Cicéron.

générations à venir que si un homme de cœur — et pourquoi cet homme ne serait-il pas le curé ? — se voue dans chaque village, à ce métier si noble de chroniqueur, pour empêcher à tout jamais de prescrire contre la vérité historique.

Joseph MOUTON,
Curé de Veurey.

FIN

Le général baron Chabert

Articles parus dans la « Croix » quotidienne de l'Isère en 1909

Les greniers de Province. — Les chats archivistes. — Un manuscrit. — (1808-1908). — Capitulation de Baylen. — Veurey et la guerre d'Espagne. — Un général malheureux.

Avez-vous jamais pensé de faire une promenade dans votre galetas ? Comme exercice de *dromothérapie* ce n'est peut-être pas très pratique. En revanche, dans les combles, on peut faire d'intéressantes trouvailles. On n'y trouve pas que d'admirables *nids de guêpes* (1). Nos vieux greniers de province, pour peu que les rats ne leur donnent pas les marques d'un intérêt trop empressé, sont parfois de précieux dépôts d'archives. C'est précisément ce qui m'a réconcilié avec les chats qui sont, comme vous allez le voir, de vigilants *conservateurs* et d'intelligents *archivistes*.

C'est grâce à eux, en effet, que j'ai retrouvé un vieux procès-verbal du XVIIe siècle me fixant sur l'établissement à Veurey des Pénitents du Saint-Sacrement. C'est par eux que

---

(1) Allusion à un magnifique nid de guêpes que l'auteur a trouvé au presbytère de Veurey et a donné au Muséum de Grenoble.

plusieurs pages des *Flores divi Bernardi* me sont parvenues d'un in-folio à moitié rongé, imprimé à la même époque. Ils ont sauvé entr'autres choses cette épitre d'une remarquable latinité et toute débordante de dilection céleste que Saint-Bernard écrivait à Guy ou Guigues, prieur de la Grande-Chartreuse — *Guidoni priori carthusiensi, cœterisque sanctis qui cum eo sunt frater Bernardus de Claravalle.* — Enfin, et c'est là surtout ce qui m'a gagné à la gent féline, les chats m'ont gardé intact, après l'avoir défendu plus d'un demi-siècle, un manuscrit qui devait me fournir un des plus intéressants chapitres de notre histoire locale.

Un beau jour — les jours marqués par la plus petite découverte sont toujours beaux — je furetais, plein d'espoir, dans les greniers du presbytère de Veurey. Les presbytères ruraux ont cet avantage sur les presbytères de ville, qu'ils n'ont pas été transférés, et que beaucoup d'entre eux ont résisté à tous les ouragans révolutionnaires. Je furetais donc impatient, lorsque je vins à heurter un volume de théologie, gisant dans une poussière quelque peu sacrilège. Je l'ouvre et le feuillete fiévreusement. Une feuille jaunie comme le sont les premières feuilles d'automne s'en échappe tout à coup. C'est un manuscrit ! Il est aussitôt lu, j'allais dire, *dévoré.*

« Monseigneur, Messieurs. N'ayant point l'habitude de
« parler en public, je n'espère point vous persuader par
« mon éloquence. Depuis l'âge de seize ans, j'ai consacré
« ma vie au service et à la défense de ma Patrie, et jamais
« je n'ai pensé que l'art de l'orateur dût un jour m'être
« nécessaire... » On dirait que c'est un accusé qui se défend devant un tribunal auguste. Il est moins douteux que cet accusé qui se fait son propre avocat, n'a jamais été du barreau. C'est rassurant. Nous aurons la parole franche, loyale, précise, sans fard et sans fleurs d'un soldat. Ce sera du temps de gagné pour l'histoire.

« Le zèle et l'exactitude que j'ai mis dans l'exécution des
« ordres qui m'ont été donnés voilà la cause de mon infor-
« tune. Mais aujourd'hui pouvant établir mon innocence,

« j'ai tout lieu de penser qu'elle est à son terme... » Il s'agit donc d'un subalterne, d'un officier sans doute, peut-être d'un officier supérieur chargé par ses chefs d'une mission grave, plus douloureuse que glorieuse.

« Monseigneur et Messieurs, le 20 juillet 1808, le général Dupont, commandant en chef le corps d'observation de la Gironde me donna par écrit des pleins pouvoirs pour traiter avec les chefs de l'armée insurrectionnelle d'Andalousie... J'ai été désigné par les généraux composant le conseil de guerre, et nommé par le général en chef pour traiter une capitulation avec l'ennemi... Je persistais dans mon refus... mais je fus obligé de céder ». Plus de doute, il s'agit de cette désastreuse guerre d'Espagne (1808-1813), de la défaite de Dupont, et de la capitulation de Baylen, si fatale aux projets de Napoléon contre l'Espagne. En lisant cette défense c'est une des plus sombres journées de notre histoire que nous revivons, c'est le cœur même de la France que nous voyons saigner dans l'âme d'un soldat malheureux, victime de ses chefs hiérarchiques, et surtout d'un général en chef dont l'indécision avait causé la plus lamentable défaite. Mais quel est donc ce soldat ? « *J'étais au bivouac de ma brigade* ». C'est un général de brigade. Il a au-dessus de lui des généraux de division. C'est lui qui va être sacrifié. C'est toujours un peu comme cela dans les hiérarchies.

Je cherchai son nom assez longtemps. Les historiens passent assez rapidement sur les généraux qui faisaient partie du conseil de guerre de Dupont. Baylen s'est attaché à Dupont comme une tunique de Nessus. C'était justice — *Qui sentit honorem debet et sentire onus* — Dupont, c'est entendu, portera toujours devant l'histoire ce poids écrasant, mais en attendant, le général qui a signé au nom du général en chef sera arrêté, emprisonné, accusé, jugé, condamné, disgracié. Il gardera cependant son épée, et cette épée, il viendra l'offrir un jour à son empereur, à Grenoble, en porte de Bonne, pour le défendre pendant les Cent-Jours. A la tête des vétérans de l'Isère il relèvera le prestige de sa patrie devant l'envahisseur. Ce soldat fidèle malgré tout, est le *général baron Théodore Chabert*, veurois sinon par sa naissance, du moins, par son mariage, son séjour, et son tombeau, car c'est dans notre cimetière que ses cendres reposent.

Ainsi Veurey est associé à l'une des pages les plus émouvantes de l'histoire de France. Pour une si modeste commune c'est une gloire appréciable. Veurey, à l'époque, s'est passionné pour les événements dont son général n'était pas un des moindres acteurs. La *Popularité* acclama, tortura et pleura tour à tour le soldat fidèle à la consigne, car ainsi que le chante Casimir Delavigne :

> Elle est amie ardente et mortelle ennemie
> Et comme elle a sa gloire elle a son infamie!

La vie du général Chabert fût un drame, un vrai drame, un drame poignant. J'ai pensé qu'il n'était pas inutile de le raconter dans un temps où l'on n'acclame guère plus que ceux qui triomphent ou qui arrivent, à une époque où le malheur n'est presque plus salué.

Au moment où nous entrons dans les souvenirs et émotions patriotiques avec Jeanne d'Arc, et quand nous arrivons au centenaire de la funeste guerre d'Espagne sur laquelle on se remet à écrire, il me semble que des documents intimes et locaux ne pourront qu'intéresser les professeurs et amateurs d'histoire.

*
* *

Théodore Chabert (1758-1845). — Un général de la Révolution. — Siège de Lyon. — Une rencontre. — Toulon. — Banyuls. — Marseille. — Epilogue aux utopies de 89. — Un mariage.

Le manuscrit trouvé au presbytère de Veurey n'avait pas de signature. Au cours d'une visite que je faisais à une famille de ma paroisse, la conversation vint à tomber sur la guerre d'Espagne. On parla d'un général du nom de Chabert, de ses malheurs, de son long séjour dans notre commune, et de ses longs rapports avec le curé de l'époque. J'avais la clef de l'énigme. J'eus mieux. On me conduisit dans un salon à ornementation sévère comme tous ceux de nos vieux manoirs et tout à coup, je me trouvai en présence d'un général de division (1) du premier empire, cravaté de la Légion d'honneur, décoré de la Croix de Saint-Louis, avec le collet classique engonçant une belle tête brune, à physionomie très martiale, sans doute, mais immédiatement sympathique. C'était bien l'infortuné signataire d'Andujar, et c'était bien là, dans cette gentilhommière ancestrale de sa femme, sous ces ombrages discrets, en un soir longtemps crépusculaire — puisque le général Chabert est mort à 89 ans — qu'il avait médité sur le prix de la gloire si éloquemment taxé dans l'inscription du château de Finckinsteim : « Ex duris gloria. — C'est dur, la gloire ! »

Théodore Chabert naquit à Villefranche (Rhône), le 16 mai 1758. A seize ans (1774), à cet âge d'enthousiasme débordant et d'irrésistible entraînement, il s'engageait dans le régiment de Bourbonnais-Infanterie et partait pour Bastia : « Avant la fin de mes huit ans je m'étais réengagé. Mes parents me rachetèrent. J'ai servi neuf ans dans ce régiment dont trois mois sous Louis quinze ». Mais le tocsin révolutionnaire a sonné : on forme la garde nationale. Il est nommé capitaine et bientôt chef de bataillon. Il est au siège de Lyon. Kellermann et les Représentants du peuple le chargent d'enlever les redoutes du cimetière de la Croix-Rousse. Il s'acquitte si bien de sa mission qu'il est nommé général de brigade, le 3 Brumaire, an II de la République (23 octobre 1793), à l'âge de 35 ans.

A Toulon, il est fasciné avec beaucoup d'autres par l'opiniâtre génie d'un capitaine de vingt-quatre ans, dont il sera un jour heureux et même fier d'avoir eu à souffrir. Mais que d'étapes douloureuses le général aura à fournir

---

(1) Ce portrait se trouve chez Mme de Opigez de Boisverd.

avant de rencontrer à « l'enseigne des Trois-Dauphins » l'Empereur devenu équitable à force de malheurs !

Chabert suit Dugommier à l'armée des Pyrénées-Orientales. Il enlève Banyuls, a le bras cassé et l'épaule luxée au siège de Collioures, est grièvement blessé à Rose, et se voit obligé de réintégrer ses foyers. A peine rétabli, il rejoint Kellermann à l'armée des Alpes qui tient si héroïquement l'ennemi en échec de 1792 à 1796 et prépare les voies au vainqueur d'Arcole. Enfin il est nommé par le Directoire au commandement de la place de Marseille en état de siège, et c'est là que va commencer sa vie politique, si fatale à son avenir, et dont nous parlerons dans un prochain article.

Entre temps, le 11 fructidor an IV (25 août 1795), le général Chabert s'est marié. La convalescence obligatoire est venue providentiellement dénouer l'idylle, nouée sous les murs de Lyon (1793), et si souvent troublée par le bruit du canon.

A ce siège fameux — moins par la fureur des assiégeants que par l'héroïsme des assiégés — perdue dans l'armée révolutionnaire — le croirait-on ! — la garde nationale de Veurey combattait sous les ordres du capitaine Boisvert cy-devant noble François-Auguste-Raymond Chorot de Boisvert. Ce descendant de nos châtelains, il faut bien le dire, avait dès la première heure, salué les idées nouvelles, renoncé à ses titres, répudié son blason, et remplacé le *chevreau passant d'argent* par le *bonnet phrygien*.

A Lyon, il rencontre Théodore Chabert et se lie d'amitié avec lui. Le général l'a séduit par sa distinction, sa haute taille, et surtout par son patriotisme et ses idées. Ah ! les idées ! ce qu'elles vont se modifier chez l'un et chez l'autre au cours de ces années si tourmentées, si pleines d'imprévu qui constituent la première partie du XIXe siècle !

Le gentilhomme révolutionnaire, nourrisson de l'Encyclopédie, comme tant d'autres fils de la moyenne noblesse, ouvre bien vite les portes de son manoir au général de la Convention. Celui-ci, aux Cent-Jours, sera un des plus fidèles généraux de Napoléon, pendant que le citoyen Boisvert, persécuteur de la Religion dans l'Isère, ennemi des prêtres, vice-président du Conseil du District de Grenoble en 1795 (voir le 2ᵉ volume de Mlle de Franclieu), deviendra fabricien de l'église de Veurey, un ami dévoué de son curé, et un généreux donateur du presbytère, pour l'agrandissement duquel il n'hésitera pas à morceler son clos et à délier sa bourse. Qu'aurait-il pensé du dernier inventaire ? Ah ! la Révolution ! Voulez-vous bien la connaître ? croyez-moi. Lisez et fouillez l'histoire locale.

Le citoyen Boisvert accorda donc sans hésiter au citoyen-général Chabert, la main de sa fille : Eugénie-Hélène-Sophie qui devait être la grand-mère de Mme de Montrol, si connue dans la région par sa haute piété et sa charité. M. Point, maire de Veurey, fils lui aussi d'un général de la Révolution, faisait en ces termes, le 20 décembre 1867, l'éloge funèbre de la générale Chabert : « Madame la baronne « Chabert fût aussi distinguée par les belles qualités de « son esprit que par celles de son cœur. Elle sut adoucir « les amertumes dont fut abreuvé son époux. Elle allait au « devant des besoins des pauvres par l'abondante opportu- « nité de ses secours ! »

*
* *

Le général Chabert à Marseille. — Au Conseil des Cinq-Cents. — Un député veurois au Corps législatif. — 18 Brumaire. — Le représentant Chabert et le Consulat à vie. — Election de l'an VII.

Nous avons quitté le général Chabert au lendemain de son mariage et de sa nomination au commandement de la place de Marseille, déclarée en état de siège. C'est assurément un poste de confiance, mais environné d'embûches et fort périlleux. Pour un loyal soldat, ou plutôt pour un soldat tout simplement — car tout soldat est loyal, et ici le pléonasme friserait l'injure — il ne doit pas être facile en

1798 de passer à travers le réseau des conjurations, des délations, des trahisons, et des exécutions secrètes ou publiques du Jacobinisme maçonnique. Il suffit d'un faux pas pour être brisé. Quelque utopiste et modéré que soit son républicanisme, Théodore Chabert risque de ne pas paraître assez patriote, synonyme en ce temps-là d'intrigant et de vendu. C'est dans cette situation extrêmement dangereuse qu'il va se révéler en faisant tout son devoir.

Le fonctionnaire du Directoire est soldat avant tout, et comme tel il ne recule jamais devant la guerre. Cette fois il va la faire aux dilapidateurs des deniers publics. Les oiseaux de proie se sont abattus sur la France désemparée pour la dévorer. « Il leur fit une guerre continuelle », nous dit M. Point, dans son discours funèbre de 1867. Aussi le peuple l'estime, l'acclame, et lui accorde ses faveurs. Machiavel dit quelque part : « Demandez à un peuple son sang et sa liberté, mais ne touchez pas à sa bourse ». Preuve à l'appui : en 1799, le peuple baptisait Sièyès, du sobriquet de *Le Magot*. M. Caillaux ferait bien de relire Machiavel, et même de le méditer, si tant est que nos ministres soient encore accessibles à la réflexion. La troisième République, qui fait aujourd'hui son Directoire, n'a respecté jusqu'à présent aucune bourse. Comme la pre-première, elle entre dans le *coma* après une *prise* de fonds. D'ailleurs nous ne sommes pas en République, mais en Révolution.

Le commandant de la place de Marseille est fort modeste sur cette phase de sa vie assez courte d'ailleurs (1798-1799). « Je fus ensuite envoyé à Marseille. J'y restais six mois. Les Marseillais me nommèrent membre du Conseil des Cinq-Cents en remplacement d'un député qui fût déporté. A la fin de l'année, ils me renommèrent. Je n'acceptais pas, préférant retourner à l'armée (1) ».

Tout le monde connaît le coup d'Etat du 18 fructidor. Le Directoire est aux abois. Il est débordé par les réactionnaires qui arrivent dans les Conseils avec la majorité. Les

---

(1) Notes du général. Archives de la famille de Boisverd.

trois directeurs Barras, Rewbell et Lareveillère font arrêter leurs deux collègues, Carnot et Barthélemy, qu'ils soupçonnent être de connivence avec les royalistes, ainsi que 53 députés dont la plupart sont expédiés à la Guyane. C'est un de ces déportés que les électeurs de Marseille remplacent par le général Chabert, le 24 germinal an VI de la République, une et indivisible. « Le scrutin pour la nomination « du second membre du Corps législatif au Conseil des « Cinq-Cens pour un an se fait après l'appel et le rappel. « Les scrutateurs procèdent au dépouillement. Le citoyen « Théodore Chabert, général de brigade, commandant la « place de Marseille en état de siège, obtient la majorité « absolue, quatre vingt douze suffrages sur cent seize ; « il est de suite proclamé par le président ». (Procès-verbal de l'assemblée électorale des Bouches-du-Rhône).

Le président de l'assemblée électorale notifie son élection au général dans ce style de haut goût révolutionnaire, qui ne manque pas de saveur : « L'assemblée électorale de ce département vous a nommé, citoyen général, membre du Corps législatif au Conseil des Cinq-Cents pour un an. Elle aime à croire qu'après avoir combattu les tyrans coalisés contre la Liberté de la France Républicaine, et maintenu dans nos contrées la tranquillité publique, ce bien précieux, précurseur de tous les autres, vous ne concourrez pas avec moins de zèle à la proposition des lois sages et justes, qui seules peuvent en garantir la durée ». De son côté le commissaire du Directoire exécutif du Département écrit immédiatement au nouvel élu : « Recevez, citoyen général, le témoignage sincère et bien senti de la satisfaction que j'éprouve en vous voyant appelé au Corps législatif ».

Au Conseil des Cinq-Cents, M. Chabert siège à côté de son beau-père, M. de Boisverd, député de l'Isère. Veurey, qui avait déjà eu l'honneur d'envoyer à l'assemblée de Vizille trois députés : l'abbé de Saint-Ours, M. de Rivière, et M. Bourne, a donné encore au département de l'Isère un représentant au Corps législatif. Le beau-père et le gendre prennent leur rôle au sérieux. Le premier s'intéresse à l'agriculture et le second fait adopter au profit du Trésor une réforme importante dans le mode alors vicieux des adjudications. (M. Point).

Théodore Chabert ne siège qu'un an aux Cinq-Cents et c'est trop. Il voit le 18 Brumaire et ce sera son malheur. Il est de ceux qui craignent une dictature militaire et redoutent le général Bonaparte. Aussi n'hésite-t-il pas à voter pour le maintien de la Constitution de l'an III. Il s'écrie avec les autres : « A bas le Dictateur ! à bas le tyran ! hors la loi le nouveau Cromwel ! » Bonaparte, échappé grâce à son frère, au sort de César, a tout vu et tout entendu, et ce n'est pas pour lui que le philosophe romain a écrit : *Memoria labilis est :* la mémoire des hommes est glissante. Le représentant Chabert finit de brûler ses vaisseaux en votant contre le Consulat à vie. Il ne veut pas ouvrir à Bonaparte le chemin qui mène à l'Empire. L'Empereur aura meilleure mémoire que Louis XII et se souviendra de l'injure faite au Premier Consul.

Le 27 germinal an VII de la République française le collège électoral des Bouches-du-Rhône s'est réuni dans l'église des cy-devant Carmélites d'Aix, et a nommé le général Chabert, membre du Conseil des Cinq-Cents pour trois ans. L'élu refuse le mandat. La vie politique lui pèse. Il préfère, comme il le dit dans une de ses lettres, « retourner à l'armée ».

Le court passage du général aux Cinq-Cents a été désastreux pour son avenir. Il n'est pas de ceux dont la barque a toujours le vent en poupe, et qui, même à l'encontre de leurs pronostics, voient l'obstacle servir à leur élévation. On ne peut s'empêcher ici de rappeler une réflexion que fait M. Nettement dans son histoire de la conquête d'Alger : « L'obligation de toujours réussir est une obligation pesante aux hommes les plus forts, quand on considère l'inconstance naturelle des choses humaines, et ce qu'il y a de plus malheureux pour un individu ou un gouvernement, c'est de ne pouvoir vivre qu'à condition d'être toujours heureux ».

※
※ ※

Théodore Chabert (1758-1845). — Mont=Gotard. — Marengo. — Naples. — Un décret impérial. — La guerre d'Espagne et Talleyrand. — Cordoue. — Andujar. — Un mot de Thiers. — Epreuves et malheurs intimes. — Mme Chabert et sa fille sauvées par un prêtre. — Mme Simon.

Le général Chabert qui a combattu la dictature de Bonaparte est retourné au champ de bataille, et va concourir avec tant d'autres à cueillir des lauriers pour le futur empereur. Envoyé à l'armée du Danube et placé sous les ordres de Masséna, il est chargé de commander l'avantgarde dans la division du brave général Lorges. Passé à l'armée d'Helvétie il reçoit du général Lecourbe la mission de défendre le Mont-Gotard. A Belinzone, il échappe à l'ennemi. Il prend sa part à la sanglante bataille de Marengo « qui donna dans le moment, dit M. Thiers, la paix à la « République, et un peu plus tard l'empire au Premier « Consul » (14 juin 1800). Ses chefs l'envoient en Toscane, et de là dans le royaume de Naples, où, après la conclusion de la paix, il reçoit l'ordre du maréchal Soult de ramener en France les vingt-deux mille hommes qui composent le corps d'armée d'expédition. Par la paix d'Amiens (25 mars 1802) la France renonçait aux points qu'elle occupait dans le royaume de Naples.

L'année suivante, 25 prairial an XII (14 juin 1803) le général de brigade Chabert est promu commandant de la Légion d'honneur. Aujourd'hui on dit *commandeur*. « L'Empereur, en grand Conseil, vient de vous nommer, Monsieur, l'un des *commandans* de la Légion d'honneur. Je m'empresse de vous annoncer ce témoignage éclatant de la bienveillance de Sa Majesté Impériale, et de la reconnaissance de la Nation. — Signé : Lacépède ».

Les honneurs arrivent à Chabert avec sa nomination au commandement d'Indre-et-Loire. A Tours le général s'acquitte consciencieusement de ses devoirs professionnels, tout en paraissant se morfondre et rêver du champ de bataille où plusieurs de ses collègues se couvrent de gloire. Quatre années d'inactivité relative doivent être longues à un vrai soldat, à un général de la trempe de ceux du premier empire.

C'est précisément à Tours, et dans les départements voisins, que se forme en 1807 l'armée chargée d'envahir l'Espagne, sous le nom de *Corps d'observation de la Gironde* (cette expression indique la politique cauteleuse de l'Empereur vis-à-vis de l'Espagne). Ainsi se trouve expliqué le choix fait du général Chabert pour commander la première brigade de la division Barbou, sous les ordres supérieurs de Dupont.

Le procès de la guerre d'Espagne est vidé depuis longtemps. Elle n'a fait que des cadavres et des victimes de toutes sortes : victimes des hommes, des éléments, et des trahisons de la Fortune. Sur ce charnier une ombre se promène. C'est la silhouette de Talleyrand. Dans ses *Mémoires* le prince de Bénévent a écrit : « L'Empereur m'avait plusieurs fois entretenu de son projet de s'emparer de l'Espagne. Je combattis ce projet de toutes mes forces en exposant l'immoralité et les dangers d'une pareille entreprise ». On ne voit pas bien prendre cette attitude courageuse en face de Napoléon à cet homme qui, aux paroles violentes et aux gestes les plus offensants, opposait toujours une bouche souriante et une échine docile. M. de Grandmaison, dans sa belle histoire de la guerre d'Espagne a prouvé copieusement que Talleyrand avait conseillé d'occuper tout le pays du Nord jusqu'à l'Ebre, et de s'assurer le revers des Pyrénées. Les lettres de Talleyrand à Napoléon 1808, (archives de la Bibliothèque Nationale) sont toutes approbatives de la politique impériale en Espagne. « Votre majesté voudra-t-elle me permettre de lui faire tous mes compliments sur les affaires d'Espagne, etc... » Sans aller plus loin disons que Talleyrand, en cette affaire comme en beaucoup d'autres, a été le mauvais génie de Napoléon et de la France, et notre général comptera parmi ses victimes immédiates.

Napoléon, profitant des dissentions de la Cour d'Espagne, attire à Bayonne Charles IV et Ferdinand VII pour leur arracher une double abdication et substituer sur le trône son frère Joseph. L'Espagne se soulève toute entière à la nouvelle de ce guet-apens. Immédiatement nos soldats sont enveloppés dans une nuée de guérillas. Les corps français sont isolés les uns des autres, les généraux sont réduits à leurs propres inspirations, les approvisionnements et les guides font défaut, pendant que la dysenterie, provoquée par les chaleurs d'un été extraordinairement torride, couche par centaines les morts sur les routes. Le général Chabert a son fils auprès de lui. Sa femme suit l'armée avec sa fille encore en bas-âge, et se montre partout admirable d'endurance.

Le général Dupont marche sur Cordoue, prend cette ville, s'y ravitaille, et rétrograde sur Andujar. Des deux côtés de la route on rencontre à chaque pas des blessés agonisants, des français suspendus aux arbres, crucifiés même, ou à moitié ensevelis en terre. C'est le commencement de la voie douloureuse. Les vengeances de l'Espagnol n'ont plus de bornes. Elles s'exercent sur les malades, les blessés, les retardataires et n'épargnent ni les femmes ni les enfants. « Une sorte de chagrin, dit M. Thiers, s'empara de l'armée et y laissa des traces fâcheuses ».

Dupont a tort de temporiser à Andujar au lieu d'aller s'établir au plateau de Baylen, d'où il pourrait, sans danger, surveiller l'ennemi. Celui-ci a le temps de s'y loger ; sans doute le général Gobert s'y est installé, mais Gobert a été tué. Dufour qui l'a remplacé, a quitté Baylen pour se porter à la Caroline. Vedel a imité la manœuvre de Dufour, et Dupont au lieu de suivre Vedel pour occuper Baylen s'obstine à Andujar. Faute irréparable !

Fatal et incroyable aveuglement qui réserve à notre grandeur son premier écueil ! « N'accusons point la Providence, dit encore Thiers, après Bayonne nous ne méritions pas d'être heureux ». Cette parole fait honneur à celui qui l'a écrite. La haute philosophie chrétienne qu'elle renferme cicatrise mieux les blessures de la patrie que les malédictions jetées aux généraux malheureux.

Cependant tout semble conspirer pour décider Dupont à partir. Castanos s'avance avec vingt mille hommes sur la rive gauche du Guadalquivir. Les Français sont prêts à quitter la rive droite pour entrer dans le col, mais le général en chef paraît comme figé. Il est morne et silencieux. On dirait qu'une force invisible le paralyse et le fascine. Il se décidera quand l'armée espagnole sera à quelques mètres, au bout du pont d'Andujar. Le blé, le vin, le vinaigre si utile en pays chaud, manquent tout à fait. Le général Chabert est à droite de la ville avec sa brigade, et attend les ordres. Il ignore encore que son fils, son unique fils, envoyé en mission, vient d'être égorgé par les rebelles. Ce serait trop pour ce pauvre père qui a failli perdre il y a quelques jours sa femme et sa fille.

Le général entrait à Cordoue quand Mme Chabert qui se trouvait avec d'autres femmes d'officiers dans les fourgons fut surprise dans une embuscade. Elle allait être impitoyablement égorgée, elle aussi, avec sa petite fille, âgée de sept ans, lorsqu'un prêtre fit un rempart de son corps à la mère et à l'enfant, qui furent ainsi épargnées. Etait-ce l'aumônier militaire français ? était-ce un prêtre espagnol ? Nous n'avons pu l'établir, mais le fait a été consigné par M. Thiers, et Mme Chabert a eu l'honneur d'être nommée par l'auteur du Consulat et de l'Empire : « la femme du général Chabert, sans l'intervention d'un prêtre, eût été assassinée ». (Livre XXXI, Baylen).

La petite Sophie-Clarisse devint Mme Simon, mère de Mme de Montrol, et M. Point prononçait sur sa tombe les paroles suivantes : « Elle fût un modèle d'amabilité et de bienfaisance par les trésors de son esprit et de son cœur. C'est elle qui inspira à son époux et à ses enfants ces vertus chrétiennes qui en font aujourd'hui l'ornement et le bonheur sous les yeux et au grand bénéfice des habitants de Veurey ».

Episode dramatique à Andujar. — Le capitaine Joly. — Chapelet et Crucifix. — La Madone. — Fureur des Espagnols.

Le général Chabert avait comme aide de camp son beau-frère, le capitaine Joly, qui avait épousé Mlle Olympe de Boisverd, sœur de Mme Chabert. Le jour même où Dupont et son brigadier Chabert entraient à Cordoue — 8 juin 1808 — le capitaine Joly, laissé à Andujar, pour garder ce point stratégique, et protéger les familles d'officiers se voyait assailli par les brigands de la Sierra-Morena, et échappait miraculeusement à la mort avec sa femme et sa fille. Cette scène plus dramatique encore que celle de Mme Chabert, sauvée par un prêtre, est là en ce moment sous mes yeux, écrite de la main même du capitaine à qui je m'empresse de laisser la parole :

En tête on lit : « Chapelet reçu à Andujar, ville d'Andalousie, donné comme sauvegarde par une bonne femme au moment où une populace effrénée et révoltée venait pour m'égorger — deux heures du matin — 1808 ».

Le capitaine entre ensuite dans des détails fort émouvants. Citons-le textuellement :

« Ce chapelet m'a été donné et passé au cou par une vieille et pauvre femme qui se trouvait dans la maison où je logeais à Andujar, ville d'Andalousie, le 8 juin 1808, à 2 heures du matin, au moment où une cinquantaine d'hommes armés de vieux sabres, de couteaux, de poignards, de fusils et de piques enfonçaient la porte cochère ; ils étaient en général tous sans habits, ni veste, les bras nus, couverts de sang : ce qui n'est pas étonnant puisqu'ils venaient d'égorger et couper en petits morceaux le commandant de la place, et quatre soldats de la garde.

« Voici maintenant les causes auxquelles je dois la vie :

1º aux excellents conseils de ma chère Olympe qui m'empêcha de me défendre. J'aurais succombé sous le nombre et ma résistance aurait entraîné indubitablement la perte de tous ceux qui m'appartenaient ; 2º à un crucifix que le majordome me mit dans les mains ; 3º à ma chère petite Hortense, âgée alors de trois ans, enfant aussi intéressante que possible, que j'avais dans les bras, fraîche comme la rose, avec une superbe chevelure blonde. Cette ciconstance n'est point indifférente quand on saura que la sainte Vierge, pour laquelle les Espagnols ont une grande vénération, est représentée avec une semblable chevelure, et enfin au chapelet.

« Ils m'ont pris une paire de pistolets et se sont en allés. A 4 heures un bon nombre est revenu prendre mes domestiques. A 5 heures une autre bande est venue prendre ma voiture et mes cinq chevaux et un poulain. A 6 heures une bande est venue, m'a conduit aux prisons de la ville. Là mon premier logement a été aux basses fausses (sic) où j'ai trouvé des espagnols enchaînés ; à 8 heures j'ai été monté au rez-de-chaussée où j'ai eu le plaisir de trouver mes domestiques, M. Lerembourg, payeur divisionnaire, homme ferme, spirituel, et d'un sang-froid inaltérable parlant bien l'Espagnol ; à 10 heures il obtint pour lui et pour moi un appartement au premier étage où il y avait une espèce de lucarne, et une petite porte ; point de lit, ni chaise, ni banc, mais en revanche force malpropreté et poux. Le soir à 6 heures je sortis de là avec mon compagnon et je rejoignis ma chère et bien aimée Olympe qu'on avait réunie à sa sœur (Mᵐᵉ Chabert) avec sa femme de chambre et sa petite. Le lendemain on emmena mes deux domestiques et ceux de ma belle-sœur. C'était dans la maison de M. le marquis de Castégone. Pendant dix jours, que nous restâmes là, nous ne pûmes mettre la tête à la fenêtre quoique grillée. Le peuple s'assemblait le soir et le matin sous nos fenêtres et menaçait de nous égorger, faisait signe de nous couper la tête (« coupa la cabessa »). Le dixième jour de notre détention l'armée de retour de Cordoue nous délivra. Nota-bene : une circonstance bien singulière c'est que lors de ma sortie je retrouvai ma voiture sur un coin de place, toute dégarnie, vasistas et vitres brisés, mais — le savait-on — j'avais mis huit mille francs : ils étaient intacts : circonstance fort heureuse pour nous.

« Je m'arrête là ; je dirai seulement que toutes les années, à pareil jour, 8 juin, je regarde mon chapelet, et je me rappelle bientôt l'époque la plus critique de ma vie où j'ai éprouvé deux sentiments bien différents : le premier, lors de ma séparation de mon Olympe, et le second lors de notre réunion ».

Sur ce même papier mis très aimablement à ma disposition par l'arrière petite fille du capitaine Joly, et qui enveloppait le précieux chapelet, fidèlement conservé, je lis encore : Chapelet dont la vue sans doute a contribué à me sauver la vie à Andujar, Espagne, Andalousie ».

Cette page d'archives familiales vaut son pesant d'or. Elle nous donne une idée de la fureur et des représailles des Espagnols en 1808 ; nous apprend que les femmes de nos officiers affrontaient héroïquement les champs de bataille, et que de petites françaises de trois ans et de cinq ans subjuguaient les bandits que nos armes n'avaient pu réduire ; nous fournit enfin de très authentiques preuves de la protection de la Vierge, en même temps que de la merveilleuse efficacité du Crucifix et du Chapelet.

*
* *

La guerre d'Espagne (1808=1813). — Le drame de Baylen (19 juillet 1808). — La brigade Chabert.

J'ai toujours regretté d'avoir perdu un petit livre cartonné en bleu d'outremer que m'avaient donné les bons frères *Ignorantins* appelés de ce joli nom, non pas pour avoir étouffé la Science, mais pour avoir sans répit pourchassé l'Ignorance dans les milieux populaires. Il avait pour titre : *Batailles perdues par l'indécision des généraux depuis les temps les plus anciens*. Je ne sais plus si *Baylen* en était, mais cette défaite avait sa place dans cette litanie douloureuse des annales de la Guerre. Dupont n'avait sans doute lu que l'histoire des batailles gagnées. Le souvenir des autres avait fui sa mémoire. Celles-ci lui auraient appris qu'un ordre trop précipité, qu'un mouvement audacieux, intempestif, ou téméraire, peuvent se corriger, mais que l'inertie dans l'indécision est toujours fatale en présence d'un ennemi actif, entreprenant et résolu. Il aurait vu que les hésitations de l'esprit ont vite fait de paralyser la volonté, et qu'à certaines minutes marquées au cadran de la Fortune, il faut savoir lancer le *alea jacta est*. Il va l'apprendre hélas ! à ses dépens, et, ce qui est autrement déplorable, aux dépens de la France elle-même.

Son irrésolution de quatre jours — du 14 au 18 juillet — à Andujar, est un gain d'autant pour l'ennemi qui a le temps de masser 15.000 hommes en face de notre quartier général et 18.000 à Baylen, à la sortie du col. Le 17 il était temps encore dans la soirée, dit Thiers, de se porter à Baylen puisque les Espagnols n'y devaient arriver que le 18. Dupont remet encore au lendemain l'exécution de sa pensée, et même il ne veut partir que la nuit sans faire sauter le pont d'Andujar pour dérober son mouvement. Ce n'est pas cette prudence que le poète (Delille) a proclamée l'égale du courage :

« La prudence en vertu peut valoir le courage ».

La prudence pour Dupont était de mettre le Guadalquivir entre lui et Castanos.

Alors commença la voie douloureuse. On s'ébranle le 18 entre 8 heures et 9 heures du soir. Une brigade d'infanterie, *la brigade Chabert*, ouvre la marche. Elle se compose de trois bataillons de la quatrième légion de réserve et d'un bataillon suisse-français, environ 2.800 hommes. Une batterie de 6 pièces de 4 et un escadron l'accompagnent. Ensuite viennent les bagages, occupant deux à trois lieues ; puis la brigade Pennetier, 2.800 hommes environ ; enfin la cavalerie réduite à 1.800 hommes, les marins de la garde et le reste de l'artillerie. L'armée française est de 9.400 hommes.

La chaleur n'a jamais été plus étouffante : elle passe 40 degrés. La moitié de l'armée a la dysenterie. L'atmosphère est de feu. La poussière soulevée par la colonne en marche vient aveugler les hommes et les chevaux qui ne peuvent se désaltérer au Rumblar dont le lit est désséché. Cinq cents hommes suivent les bagages à pied, ressemblant plutôt à des déterrés qu'à des vivants. Les fourgons sont en effet réservés aux plus malades, aux femmes et aux enfants d'officiers, à l'argent de l'armée et du général en chef, ainsi qu'aux trésors pris à Cordoue. Ici nous devons citer une réflexion du général Chabert trouvée dans ses *Observations sur les opérations du corps d'armée de la Gironde* : « Si le général Dupont, au lieu d'employer les troupes à la garde de ses fourgons chargés d'or et d'argent les eut employés contre l'ennemi la victoire au lieu de la défaite aurait été pour nous. »

Le 19 juillet, au point du jour, nos soldats croyant trouver les avant-postes de Védel se heurtent aux Espagnols, et reçoivent une décharge de mousqueterie. Sur le champ l'avant-garde du général Chabert se met en défense et riposte. Le reste de la brigade a le temps d'arriver, et permet de repousser l'ennemi jusqu'à l'entrée d'une petite plaine que ferme Baylen. Là les 18.000 hommes de Reding et de Coupigny, rangés sur trois lignes, avec une artillerie redoutable, déciment pendant neuf heures notre petite armée qui débouche difficilement du col. Chabert fait placer 6 pièces de 4 immédiatement démontées. Les chasseurs du brave général Dupré font des prodiges. Trois drapeaux sont pris aux Espagnols. Védel toujours ne vient pas. Il est dix heures. Quelques officiers conseillent d'aller à sa rencontre en se frayant un passage vers la Caroline. Dupont ne se rend pas à cet avis et persiste à attaquer de front. Il est renversé de cheval et frappé d'un biscaïen au bas-ventre. Chabert a deux chevaux tués sous lui. On tente un dernier effort. Les marins de la garde s'élancent : ils sont broyés. Dupont rachète ses fautes par sa bravoure, mais deux régiments suisses qui combattent avec nous passent à l'ennemi. Nous n'avons plus que 3.000 hommes n'ayant ni bu ni mangé depuis 36 heures. Le désespoir est dans toutes les âmes. Dupont prête l'oreille pour entendre le canon du général Védel. On entend bien des détonations d'artillerie, mais c'est en arrière et non à gauche. C'est Castanos qui s'avance dans le col. La douleur du général en chef est à son comble. Vedel qui s'est attardé n'arrive à Baylen qu'à 5 heures. Il ignore la trêve demandée par Dupont et veut enfoncer la droite de l'ennemi. Il refuse de croire le parlementaire qui lui est envoyé, et fait prisonnier un bataillon d'infanterie Espagnole. A l'instant un aide de camp de Dupont vient lui prescrire de cesser le feu. C'est trop tard. La bataille est bien perdue cette fois.

« L'infortuné général Dupont, ajoute M. Thiers, si bril-
« lant, si heureux, rentre dans sa tente accablé de peines
« morales qui le rendent presque insensible aux peines phy-
« siques de deux blessures douloureuses. Ainsi va la for-
« tune, à la guerre comme dans la politique, comme partout
« en ce monde, monde agité, théâtre changeant, où le bon-
« heur et le malheur s'enchaînent, se succèdent, s'effacent,
« ne laissant, après une longue suite de sensations con-
« traires, que néant et misère. »

La bravoure des Gobert, des Chabert, des Pryvé, des Dupré, non plus, n'est pas payée. Résister quatorze heures avec neuf mille hommes contre plus de trente mille laisse l'honneur intact. Mais le *gloria victis* ne supprime pas l'éternel *Malheur aux Vaincus*. « La défaite peut être glo-
« rieuse, disait l'autre jour, M. le marquis de Vogué à
« Malplaquet ; elle n'en est pas moins la défaite avec son
« cortège d'humiliations, de souffrances, de mutilations
« douloureuses. La gloire acquise par le vaincu n'en efface
« pas l'amertume, et n'en prescrit pas les devoirs ». Le malheur comme la mort est aveugle, et le poète (Lamartine) n'a pas oublié de chanter cette cécité maudite :

« Si du moins au hasard il décimait les hommes
« Ou si sa main tombait sur nous tant que nous sommes
    Avec d'égales lois!
Mais les siècles ont vu les âmes magnanimes
La beauté, le génie, ou les vertus sublimes
    Victimes de son choix.

***

Le général Chabert (suite et fin). — Capitulation d'Andujar. — Arrestation et détention. — La Haute=Cour. — L'entrevue de la rue Montorge. — Réparations. — Le commandant des Gardes nationales de l'Isère. — Fin chrétienne.

Le Conseil de guerre de Baylen confie à Chabert la douloureuse mission de signer la capitulation d'Andujar parce que la bravoure de ce général a rempli d'admiration les Espagnols eux-mêmes. Il se récuse, mais l'autorité militaire ordonne. Il n'a plus qu'à obéir.

Cette capitulation ménage notre honneur (art. 3, 4, 18) et le retour de nos soldats de France (art. 6, 7, 13, 14, 17) mais après les signatures données et acceptées elle ne tarde pas à être violée officiellement. Si, au cours de nos articles précédents, nous appelons *bandits* ceux qui égorgent des femmes et des enfants sans défense cette qualification, comme on peut s'en convaincre, ne s'adresse pas à l'armée régulière. Ici, nous sommes en présence d'une violation dont la responsabilité reste entière au gouvernement espagnol. Nous ne pouvons que partager l'opinion du général Chabert dans sa défense : « Des peuples, les plus barbares, respectent les traités ; les Espagnols ont violé celui fait avec leur armée. L'armée française vengera cette atrocité ». Le duc d'Angoulême, lors de l'expédition de 1823 donnera aux Espagnols une haute leçon d'humanité, en les protégeant eux-mêmes par son ordonnance d'*Andujar*, contre les menées de l'absolutisme triomphant, Les Français savent se venger avec leur esprit aussi bien qu'avec leur épée.

Arrêté à Marseille le 11 novembre 1808, au lazaret de cette ville qu'il a commandée et représentée jadis, Chabert est conduit à Paris, détenu vingt-trois mois à l'Abbaye, puis transféré à Chaillot, où il attend encore onze mois, sous la surveillance d'un gendarme, sa comparution devant la

Haute-Cour impériale, présidée par le maréchal Berthier, prince de Wagram.

L'acte d'accusation est ainsi libellé : « Le général de brigade Théodore Chabert, commandant de la Légion d'honneur, est accusé de complicité pour avoir délibéré, arrêté, et signé les articles de la capitulation ». L'accusé n'a pas de peine à se défendre. Il n'a pas délibéré ni arrêté la capitulation, puisqu'il n'a pas siégé au conseil de guerre, et s'il l'a signée, c'est sur l'ordre du général Dupont. Le père vient au secours du soldat, et les juges sont profondément émus quand Théodore Chabert rappelle « son fils, son seul fils, égorgé dans une reconnaissance ».

Le général Chabert est acquitté à l'unanimité, et même il est le seul acquitté comme nous l'apprend une lettre du duc de Feltre ; mais l'Empereur fait observer que si la Haute-Cour a le droit d'absoudre, lui, Napoléon a celui de condamner. Chabert est privé de tous ses droits et condamné à la dégradation. Libre cependant, il revient en Dauphiné et va, en vrai Cincinnatus, vivre bien modestement jusqu'en 1814, sur les légumes de son jardin (1). Le premier Consul est enfin vengé.

Napoléon, échappé de l'île d'Elbe, a débarqué en France, pour reconquérir sa couronne. Dans sa marche de géant vers la capitale il s'arrête quelques heures à Grenoble. Il fait mander Chabert à l'hôtel des Trois-Dauphins. Ici laissons le général nous raconter lui-même cette mémorable entrevue et cette conversation encore *inédite :*

« En 1815 l'Empereur arrivé à Grenoble me fit appeler. Je me rendis auprès de lui. Il m'accueillit par un « bonjour général ! » et me dit : « Vous avez bien souffert ? » Je lui répondis : « Sire, vous m'avez traité d'une manière bien cruelle et bien injuste ». Il parut un peu déconcerté et me dit : « Pourquoi avez-vous signé la capitulation ? » Je lui répondis : « Sire, je ne connais point de loi qui défende de traiter avec l'ennemi lorsque le soldat a fait au-delà de ce qu'on peut humainement exiger de lui ». Il me dit : « Vous

---

(1) A Saint-Egrève.

avez compris Vedel ». Je lui répondis que « lorsque les articles de la capitulation furent arrêtés, je ne voulus rien signer avant d'avoir soumis le traité au général en chef et aux membres du conseil de guerre. Je reçus ordre de comprendre le général Vedel et je partis pour me conformer aux instructions que j'avais reçues. » Voyant que ma réponse l'embarrassait — il se frottait le front — et voulant enfin terminer je lui dis : « Sire, puisque vous le voulez, j'admets que la capitulation est un délit ; mais pour que le délit existe il faut que les opérations qui l'ont précédé ne soient pas trouvées conformes aux principes de la guerre. Dans ce cas il y a délit, mais il ne peut jamais être attribué à celui qui était chargé de traiter ». Il me répondit : « Vous avez raison. Je vous ferai plus de bien que je ne vous ai fait de mal. — Sire, vous avez beaucoup de bien à me faire, car vous m'avez fait beaucoup de mal. — Voulez-vous me servir ? — Je suis et serai toujours disposé à servir mon pays. — Vous connaissez les généraux qui commandent les troupes attachées au duc d'Angoulême ; il faudra faire tous vos efforts pour les ramener au drapeau tricolore. — Mais, mes moyens ? — Vous avez les gardes nationales, la gendarmerie, les douaniers ».

Voici de nouveau Chabert à la tête des Gardes nationales de l'Isère. Déjà, en 1814, c'est lui qui les organisa contre les Autrichiens à Voreppe, à Voiron, et se rendit maître des Echelles et de Chambéry.

En arrivant à Paris, l'Empereur le nomme lieutenant-général. Son grade de général de brigade et sa croix de commandeur lui ont d'ailleurs été restitués avant les Cent-Jours par Dupont, devenu ministre de la guerre de Louis XVIII par un brusque changement de fortune. Il part immédiatement à la rencontre de l'armée royaliste, atteint le général *Gardanne* sur les hauteurs de Gap, fait avancer seul le drapeau tricolore, et par ce stratagème provoque le cri unanime de « Vive l'Empereur ! » Il rentre à Grenoble avec deux généraux et trois brigades sans avoir tiré un coup de fusil.

Louis XVIII refuse de confirmer les grades conférés pendant les Cent-Jours, mais Louis-Philippe, en ramenant le drapeau tricolore, répare toutes ces injustices. Le 22 mars 1831, Théodore Chabert est placé dans le cadre de réserve avec le grade de lieutenant-général. Le 1ᵉʳ mai 1832 il est admis à la retraite, et sa pension se trouve portée à 5.000 francs. Il peut enfin faire honneur aux engagements qu'il a contractés pendant sa détresse. Il prélève même sur ses économies pour agrandir le champ de foire de Veurey et doter son église paroissiale. La régularité de sa vie, sa robuste constitution, et plus encore peut-être la sérénité que sa conscience puise dans le devoir accompli, lui permettent d'atteindre le grand âge de quatre-vingt-six ans. Il s'éteint très chrétiennement à Grenoble le 27 avril 1845.

Le malheur, au dire de ses petites nièces, avait adouci son caractère au lieu de l'aigrir, et l'avait rapproché de notre sainte religion qu'il avait d'ailleurs toujours aimée et respectée.

Aujourd'hui il dort à l'ombre d'un mausolée de beau style *empire* — c'était justice — dans le cimetière de Veurey où ses cendres furent transférées le 20 décembre 1867. On aurait pu lui graver l'épitaphe de Silvio Pellico :

> Sotto il peso della croce
> Imparà la via del cielo
> Christiani, pregate per lui
> E siguite lo

> Sous le poids de la croix
> Il apprit le chemin du ciel
> Chrétiens, priez pour lui
> Et suivez-le.

Si nous avons essayé de le réhabiliter et de le faire revivre, c'est que non seulement Veurey, mais encore le Dauphiné, et en particulier le département de l'Isère, lui doivent un souvenir impérissable : souvenir déjà immortalisé par l'Arc de triomphe de l'Etoile sur lequel on peut lire le nom du général baron Théodore Chabert (1).

(1) Archives de la famille Chorot-Boisverd.

Mouvement de la Population

A VEUREY

De 1637 à 1909

Années	Baptêmes	Mariages	Décès		Années	Baptêmes	Mariages	Décès	
1637	25	»	»	(1)	1698	28	4	18	
1640	27	»	»		1699	19	2	36	(4)
1643	35	»	»		1701	22	2	15	
1646	35	»	»		1705	26	3	13	
1650	28	»	»		1709	22	1	30	
1655	49	»	»		1716	15	1	11	
1660	33	»	»		1720	24	8	5	
1666	26	»	»		1724	26	8	10	
1668	27	2	14	(2)	1728	25	3	14	
1670	28	4	20		1730	22	2	17	
1674	35	12	24		1736	28	2	16	
1679	30	2	30		1740	26	5	11	
1682	32	2	52	(3)	1746	28	4	23	
1685	19	4	18		1750	23	5	2	
1689	29	3	16		1755	25	5	12	
1693	15	3	34		1760	26	9	28	

(1) Nous ne croyons pas devoir donner l'état civil de chaque année. Cela ne semble pas nécessaire pour établir la moyenne d'une époque ou d'un siècle.

(2) C'est en 1668 que les curés commencent de donner les mariages et les décès.

(3) Mortalité enfantile. (4) *Item.*

Années	Baptêmes	Mariages	Décès		Années	Baptêmes	Mariages	Décès	
1765	25	4	23		1830	22	13	24	
1770	28	8	36		1835	29	7	11	
1775	30	7	16		1840	24	7	15	
1780	22	6	17		1845	21	3	10	
1789	26	8	22		1850	17	4	12	
1795	22	10	27		1855	17	8	28	
1800	31	12	28		1860	15	6	17	
1805	17	6	34	(1)	1870	15	3	22	
1810	24	10	17		1871	12	5	18	
1816	19	5	11		1875	22	5	12	(4)
1818	22	7	41	(2)	1880	11	6	25	
1820	24	4	15		1885	12	8	15	
1822	30	5	25		1890	4	9	12	
1824	32	12	17	(3)	1895	10	5	25	
1825	22	7	8		1900	10	6	14	
1827	24	6	27		1905	7	5	5	
1829	23	5	19		1909	2	3	9	

(1) En 1800 (an VIII) nous n'enregistrons aucun divorce, ainsi qu'en 1810.

(2) 20 décès d'enfants sur 41.

(3) Cette année est marquée par la sépulture du centenaire Vieux-Poule.

(4) Remarquons que c'est à partir de l'avènement de la République maçonnique que la natalité baisse en France. La religion n'est pas impunément attaquée par le Pouvoir. Le peuple déserte l'église. Il n'apprend plus ses devoirs et par conséquent ne peut plus les pratiquer. Les statistiques sont de douloureux sujets de réflexion.

TABLEAU

DES

Principales inondations de l'Isère

depuis les temps les plus reculés
jusqu'à nos jours
et dont Veurey a eu nécessairement à souffrir
dans sa partie basse appelée La Rive

---

580. — Inondation.

592. — Autre inondation.
Saint Hugues, évêque de Grenoble, fait construire dans cette ville un pont sur l'Isère ; on croit que ce pont en remplaçait un précédent, qui aurait été emporté par les eaux.

1219. — 14 et 15 septembre. Rupture subite du lac de Saint-Laurent, au Bourg-d'Oisans. Le pont du Drac (l'ancien) est emporté, ainsi que le pont en pierre, sur l'Isère.

1377. — Fortes crues du Drac.

1469. — 8 août. L'Isère inonde la plaine en aval de Grenoble.

1471. — Inondation du Drac qui vient affouiller les remparts de Grenoble jusqu'aux fondations.

1524. — Au mois de février. L'eau couvre une partie de la plaine.

1525. — 22 août.

1579. — Au mois de septembre. « La seconde semaine de « septembre 1579, la Reyne estant encore à Grenoble,

« la rivière de l'Isère fust si grande et plus que homme
« lors vivant ne l'avait veu ; elle emporta, par furie,
« plusieurs maisons le long de la rue Saint-Laurent et
« dessus le pont ; elle fit des dommages innextimables ;
« la Reyne craignant quelque submersion, ne voulust
« coucher en ladicte ville ; mais se retira, sur le soir,
« au monastère de Montfleury, qui est sur le haut des
« vignes de Grenoble. On estait esmerveillé de telle
« inondation et déluge, veu qu'il n'avait rien pleu en
« Dauphiné. » — Manuscrit d'Eustache Piémont. Cette
reine était Catherine de Médicis venue à Grenoble pour
tenter une conciliation entre catholiques et protestants.

1651. — 14 novembre. Deux arches et la tour du pont de pierre à Grenoble sont emportées par l'Isère. On va en bateaux sur la place Notre-Dame.

Même année, 30 novembre, nouvelle inondation aussi terrible que la précédente.

1673. — 5 juillet.

1711. — 11 février.

1729. — 14 juillet. Débordement de l'Isère dans la plaine.

1732. — Autre débordement de l'Isère.

1733. — 14 et 15 septembre. Inondation chantée par Blanc-la-Goutte dans le *Grenoblo Malhérou*.

1737. — Débordement de l'Isère.

1740. — 20 et 21 novembre. Cette inondation appelée Déluge de la Saint-Thomas, a inspiré *La Coupi de la lettra* (1) et le *Grenoblo inonda* (2).

1764. — 20 juin.

1787. — 23 juillet.

1778. — 25 et 26 octobre. Déluge de Saint-Crépin.

---

(1) *La Coupi de la lettra*, de Blanc-la-Goutte, fait suite au *Grenoblo malhérou*.

(2) Le *Grenoblo inonda* est du sieur A. R. Grenoble, André Faure, MDCCXLI.

1816. — 31 juillet.

1839. — 17 septembre.

1840. — 18 novembre.

1841. — 25 novembre.

1849. — 17 juin. Débordement en amont et en aval de la ville.

Même année, 2 novembre, crue de l'Isère.

1851. — 1er août. Irruption de la Voroyse : panique à Veurey ; à Voreppe, débordement de la Royse.

1852. — 13 août. Débordement dans toute la plaine.

1856. — 31 mai.

1859. — Beauplan fut inondé. La famille d'Agoult fut recueillie en barque, et reçut l'hospitalité au château de Veurey (1). (Notice par J.-J.-A. Pilot.)

1886. — Des souscriptions publiques sont faites pour les sinistrés.

1888. — Inondation plus grave que celle de 1886. — Les riverains de droite ont le plus souffert. — Souscriptions publiques.

1910. — En même temps que la Seine à Paris, l'Isère déborde dans la vallée en amont de Grenoble et à Saint-Quentin. Les riverains du Petit-Port et habitants des Bains-de-l'Echaillon sont inondés et subissent des dégâts assez considérables. On commençait à redouter une catastrophe pour la Rive qui est fort en contre-bas de l'Isère actuellement.

(1) Ce château, alors propriété de la famille Penet, a été acheté par M. Marion le 26 mars 1872. Les tilleuls actuels figuraient déjà dans un plan de la propriété daté du 26 mars 1772.

Curés de Veurey

Julien SAUJON	?-1580-?
Claude BARBIER	?-1631-?
Gaspard de SAUGEY	? -1641
Pierre PUISSANT	1641-1657
Anthoyne RIPERT	1657-1688
Laurent VIDEL	1688-1718
Jean-Baptiste DUFOUR	1719-1748
Jean DURAND	1748-1785
Louis DURAND	1785-1802
Etienne RAPOUD	1802-1816
Joseph DÉPELAY	1816-1825
Pierre GÉRANTE	1825-1877
Jean-Joseph GIRERD	1877-1879
Joseph-Lucien THOMAS	1879-1886
Joseph-Alfred BARDE	1886-1896
Auguste PERRIN	1896-1898
Auguste ROZAND	1898-1903
Joseph-Hippolyte MOUTON	1903-1910
Nicolas REY	1910-

Les Châtelains de Veurey

1454. — Jehan CHOROT, reçut le dauphin Louis II (Louis XI).
1550. — Jacques CHOROT.
1579. — George CHOROT.
1580. — Claude de ST-OURS (1), appelé aussi *Ravinel*, nommé par J. Vachon, 27 février.
1586. — Jehan CHOROT.
1595. — Claude de ST-OURS. Le même que ci-dessus.
1600. — Jehan CHOROT (2), notaire royal-dalphinal-garde du scel royal.
1631. — Marc CHOROT fait l'inventaire (1631) des titres, reconnaissances et terriers des seigneurs.
1658. — Claude CHOROT, marié à Marguerite Merle.
1675. — Gaspard CHOROT.
1681. — Claude CHOROT.
1704. — Marc CHOROT, marié à Suzanne Labory-Boisverd.
1740. — Claude CHOROT-BOISVERD, châtelain et maire, avocat au Parlement.
1770. — Antoine-Léonard BOISVERD. Il signe Boisverd-Favière.
1787. — Jean-Antoine DISDIER, notaire de Sassenage.
1789. — Claude-Pierre BOISVERD-LABORY, dernier châtelain et premier maire.

(1) Claude Ravinel Saint-Ours, nommé par le seigneur Jean Vachon, fut révoqué par lui en 1586.

(2) Jehan Chorot revient au pouvoir en 1600. C'est lui qui paraît dans l'affaire des moulins parocchiaux et bannaux. Il vend deux parcelles de vignes situées au côteau de Rabot, au-dessus de Grenoble, pour la fondation du monastère des Visitandines de Sainte-Marie-d'en-Haut (1618). Jehan Chorot reçoit sa charge de Jean Vachon qui a révoqué Claude Saint-Ours sur les plaintes et doléances des consuls et habitants de Veurey. Il la passe à son fils Marc le 31 juillet 1626.

Consuls de Veurey

XVIe Siècle

1589. — Jacques Bœuf.
Id. — Michel Ravinel-Forrier.
1597. — Georges Duport-Roulz.

XVIIe Siècle

1602. — Antoine Béril.
1622. — Pierre Malespine.
1640. — Anthoyne Borel-la-Mayrie.
1642. — Georges de St-Ours.
1643. — Laurent Trappet.
1657. — Marc Borel.
1679. — Jean Bernard-Basset.
1698. — Noël Sallamand-Compagnon.
1700. — Jaque Oriol.

XVIIIe Siècle

1713. — Daniel de St-Ours.
1759. — Verne.
1787. — Jaque Chorot.
1788. — François Malépine-Cassoud.
1789. — François Rochette.

Maires de Veurey

Claude-Pierre de BOISVERD...................... 1790-1792
André ALLEYRON, procureur de la commune (1)... 1792-1793
Etienne BOISSERAND, agent de la commune (2).... 1793-1794
Claude SAINT-OURS, agent général (3)........... 1794-1800
Claude ST-OURS, le même que ci-dessus, maire... 1800-1815
Claude-Jean-Joseph ST-OURS, fils du précédent.. 1815-1832
Louis SALLAMAND................................ 1832-1840
Hector-Scipion POINT........................... 1840-1846
Pierre ROCHE................................... 1846-1847
Hector-Scipion POINT........................... 1847-1848
Pierre ROCHE, président de la commission municipale (4)...................................... 1848-1848
Hector-Scipion POINT, maire.................... 1848-1870
Alphonse-Jules-Siméon AMAT, président de la commission municipale............................ 1870-1871
Alphonse AMAT, maire........................... 1871-1874
Pierre ROCHE................................... 1874-1881
Charles-Joseph DIDON........................... 1881-1881
Antoine FLEURY................................. 1881-1887
Célestin ROCHE................................. 1887-1892
Albin BOURNE................................... 1892-1897
Georges ORIS................................... 1897-1904
Joseph FAYOLLE................................. 1904-

(1) Ce titre équivaut à celui de maire. André Alleyron prend aussi celui d'*agent de commune*.
(2) *Item*.
(3) *Item*.
(4) *Item*.

TABLE DES MATIÈRES

A mes Paroissiens 7
CHAPITRE PREMIER. — *Physionomie générale* 9
— II. — *Veurey avant la conquête romaine* 15
— III. — *Veurey sous la domination romaine* 25
— IV. — *Veurey sous les Mérovingiens* 31
— V. — *Les Carolingiens. Les Dauphins.*
   Veurey du VIIIe au XIIIe siècle 37
— VI. — *Veurey au XIIIe siècle* 43
— VII. — *Veurey au XIVe siècle* 49
— VIII. — *Les Saint-Ours de l'Eschaillon* 65
— IX. — *Veurey au XVe siècle* 79
— X. — *Veurey au XVIe siècle* 91
— XI. — *Veurey au XVIIe siècle.*
   La Paroisse. — Les Curés 111
— XII. — *Veurey au XVIIe siècle.*
   La Communauté. — Les Consuls 131
— XIII. — *Vie familiale et vie sociale à Veurey au XVIIe siècle* 149
— XIV. — *Veurey au XVIIIe siècle.*
   La Paroisse. — Les Curés 167
— XV. — *Veurey au XVIIIe siècle.*
   La vie communale. — Les Consuls. — Les Seigneurs 185
— XVI. — *Veurey au XVIIIe siècle.*
   Vie familiale et vie sociale 205
— XVII. — *Veurey et la Révolution.*
   Assemblées Constituante et Nationale 231

TABLE DES MATIÈRES

Chapitre XVIII. — *Veurey sous la Révolution.*		
	La Convention. — La Terreur............	241
— XIX. — *Veurey sous la Révolution.*		
	Vie sociale et communale...............	261
— XX. — *Veurey au XIXe siècle.*		
	La Paroisse. — Les Curés (1801-1850)......	275
— XXI. — *Veurey au XIXe siècle.*		
	La Paroisse. — Les Curés (1850-1910)......	295
— XXII. — *Veurey au XIXe siècle.*		
	Vie communale. — Les Maires...........	321
Epilogue..		365
Le général baron Chabert............................		369
Mouvement de la population à Veurey de 1637 à 1909.		393
Tableau des principales inondations de l'Isère............		395
Curés de Veurey......................................		398
Châtelains de Veurey.................................		399
Consuls de Veurey....................................		400
Maires de Veurey.....................................		401

Grenoble. — Imprimerie G. Guirimand, 56, av. Félix-Viallet.

www.ingramcontent.com/pod-product-compliance
Lightning Source LLC
Chambersburg PA
CBHW060548230426
43670CB00011B/1736